CON FANTASIA

REVIEWING AND EXPANDING FUNCTIONAL ITALIAN SKILLS

**MARCEL DANESI,
MICHAEL LETTIERI &
SALVATORE BANCHERI**

University of Toronto

Heinle & Heinle Publishers

I(T)P An International Thomson Publishing Company

Pacific Grove · Albany · Bonn · Cincinnati · Detroit · London · Madrid · Melbourne
Mexico City · New York · Paris · San Francisco · Tokyo · Toronto · Washington

The publication of *CON FANTASIA* was directed by the members of the Heinle & Heinle College Publishing Team:

Editorial Director: Carlos Davis
Market Development Director: A. Marisa Garman
Production Services Coordinator: Gilberte Fleurimond-Vert

Also participationg in the publication of this program were:

Publisher: Stanley J. Galek
Director, Production: Elizabeth Holthaus
Project Manager: Julia Price
Assistant Editor: Stephen Frail
Production Assistant: Laura Ferry
Associate Market Development Director: Melissa Tingley
Manufacturing Coordinator: Barbara Stephan
Illustrator: Kate Marion
Interior and Cover Design: Carol H. Rose
Maps: Deborah Perugi
Cover Artist: Judy Reed
Compositor: Publication Services, Inc.

Photo credits appear at the back of the book.

LIBRARY OF CONGRESS CATALOGING-IN-PUBLICATION DATA

Danesi, Marcel.
    Con fantasia: reviewing and expanding functional Italian skills /
    Salvatore Bancheri, Michael Lettieri.
        472 p.   cm.

                                                                    CIP

Manufactured in the United States of America

ISBN: 0-8384-5972-2

10 9 8 7 6 5 4 3 2 1

CONTENTS

PREFACE xi

1 *Ciao!* 1

Tema concettuale	Fare conoscenza e incontrare qualcuno
Vocabolario	Gente 5
Note grammaticali	Nomi 6
	Pronomi personali in funzione di soggetto 10
	L'indicativo presente 12
	Verbi regolari 12
	Verbi irregolari 14
	Usi dell'indicativo presente 16
Per la comunicazione	Chiedere informazioni 18
	Negare 19
	Salutare e presentare 20
Taccuino culturale	Incontrare qualcuno in Italia 22
Letture	«Ciao, Irina!» 3
	«Piacere, Charlie Brown» di Charles M. Schulz 24

2 *L'amore!* 29

Tema concettuale	Esprimere sentimenti, idee, ecc.
Vocabolario	Colori 33
Note grammaticali	L'articolo indeterminativo 35
	Gli aggettivi qualificativi (I) 36
	Il congiuntivo presente 37
	Verbi regolari 37
	Verbi irregolari 39
	Usi del congiuntivo (I) 40
	Congiuntivo e indicativo 40
	Con verbi che esprimono opinione, paura, speranza, ecc. 40

Piacere   42

Per la comunicazione   Parlare di sé   44
                       Esprimere sentimenti   46

Taccuino culturale   Il matrimonio in Italia   48

Letture   «Dove sogni di incontrare il tuo grande amore?»   31
          «Amore!» di C. Cerati   50

3 *Dottore, come mi trova?*   54

Tema concettuale   Il corpo e la salute

Vocabolario   Le parti del corpo   58

Note grammaticali   L'articolo determinativo   61
                    L'imperativo   63
                        Verbi regolari   63
                        Verbi irregolari   65
                    Usi del congiuntivo (II)   66
                        Con espressioni impersonali   66
                        In frasi interrogative indirette e in affermazioni negative   67

Per la comunicazione   Parlare della salute   68
                       Andare dal medico   69

Taccuino culturale   Il sistema sanitario in Italia   71

Letture   «Dottore, come mi trova?»   56
          «Un dottore fatto in casa» di N. Salvataggio   73

4 *Sei videodipendente?*   78

Tema concettuale   Mass media e comunicazione

Vocabolario   La televisione   82

Note grammaticali   Plurali invariabili dei nomi   84
                    Il presente progressivo   86
                    Gli aggettivi qualificativi (II)   88
                        Posizione dell'aggettivo   88
                        Buono, bello, grande e *santo*   90

Usi del congiuntivo (III)   92
    Per esprimere bisogno   92
    Dopo il superlativo relativo e con costruzioni impersonali   93
    Con congiunzioni e indefiniti   94
    In costruzioni idiomatiche   94

Per la comunicazione   Comunicare oralmente   96
    Parlare al telefono   97
    Scrivere una lettera   98

Taccuino culturale   La televisione in Italia   100

Letture   «Il lettore Commodore»   80
    «Come funziona la fabbrica dei programmi televisivi?»
      di Ivano Cipriani   103

5 *Un vero "computer" da polso* 108

Tema concettuale   **L'ora, i giorni, la settimana, i mesi, l'anno**

Vocabolario   Giorni, mesi e stagioni   112
    I numeri cardinali   114

Note grammaticali   Verbi riflessivi   116
    Presente indicativo e congiuntivo   116
    Imperativo   116
    Categorie di verbi riflessivi   117
    Dimostrativi   119
    Possessivi   121

Per la comunicazione   Indicare l'ora   123
    Esprimere rapporti di tempo   126
    Indicare la data   129

Taccuino culturale   Tradizioni   131

Letture   «Un vero "computer" da polso»   110
    «Ghirlandetta dei mesi» di Renzo Pezzani   133

6 *In famiglia* 137

Tema concettuale   **Parlare di sé e della famiglia**

Vocabolario   La famiglia   141

Note grammaticali	I possessivi e i nomi di parentela 143
	Il passato prossimo 144
	Verbi coniugati con *essere* 146
	Le preposizioni articolate 149
Per la comunicazione	Parlare di sé 152
	Esprimere piacere/sorpresa 153
	Esprimere rabbia/delusione/ironia 153
Taccuino culturale	La famiglia in Italia 156
Letture	«Modulo di richiesta per la carta American Express» 139
	«Il cantico delle creature» di San Francesco d'Assisi 158

7 *L'Italia dei viaggi* 163

Tema concettuale	Viaggiare
Vocabolario	Paesi, lingue, nazionalità 168
Note grammaticali	Il passato congiuntivo 170
	Il pronome oggetto diretto 171
	Il pronome oggetto indiretto 174
	Il pronomi diretti e indiretti: una sintesi 174
Per la comunicazione	Viaggiare 177
	Chiedere per sapere 179
	In albergo 182
Taccuino culturale	Un po' di geografia 184
Letture	«L'Italia dei viaggi» 166
	«Il lungo viaggio» di Leonardo Sciascia 187

8 *Impariamo a mangiar bene* 192

Tema concettuale	Mangiare e bere
Vocabolario	I cibi 196
Note grammaticali	L'imperfetto indicativo 199
	I pronomi doppi 202
	I tempi indefiniti 205
	L'infinito 205
	Il gerundio 206

Per la comunicazione	Parlare di quantità 208
	Al ristorante 212
	Fare la spesa 213
Taccuino culturale	La cucina italiana 214
Letture	«La dieta corretta per lui e per lei» 194
	«Contro il logorio bevo tè» 216

9 *I mezzi di trasporto* **222**

Tema concettuale	I mezzi di trasporto
Vocabolario	I mezzi di trasporto 228
Note grammaticali	L'imperfetto congiuntivo 229
	Il *si* impersonale 232
	Ci, ne 234
	Ci 234
	Ne 235
Per la comunicazione	In macchina 238
	All'aeroporto 239
	Alla stazione ferroviaria 240
Taccuino culturale	Le macchine e il traffico in Italia 242
Letture	«Caravans international» 225
	«Storia di un falegname e d'un eremita» di Gianni Celati 245

10 *A tutto sponsor!* **253**

Tema concettuale	Sport e tempo
Vocabolario	Gli sport 258
Note grammaticali	Plurale di nomi invariabili 259
	Il perfetto o l'imperfetto? 260
	Il trapassato indicativo e congiuntivo 262
	Il passato remoto 263
Per la comunicazione	Parlare del tempo 268
	Reagire al tempo 271
	Parlare di sport 272

Taccuino culturale   Lo sport in Italia   274

Letture   «A tutto sponsor»   255
                          «La quiete dopo la tempesta» di Giacomo Leopardi   276

11 *Incontro con gli astri*   **285**

Tema concettuale   Caratteristiche personali e sociali

Vocabolario   Attributi fisici, sociali e personali   290

Note grammaticali   I superlativi   291
                          Il futuro   292
                              Il futuro semplice   292
                              Il futuro anteriore   294
                              Usi del futuro   294
                          Il nome   297
                              Particolarità del genere   297
                              Nomi alterati   298

Per la comunicazione   Parlare di sé e degli altri   300
                          Reagire a diverse situazioni   302

Taccuino culturale   Formule di cortesia   304

Letture   «Oroscopo della settimana»   287
                          «La pigrizia» di Natalia Ginzburg   308

12 *Al lavoro*   **313**

Tema concettuale   Lavoro e soldi

Vocabolario   Mestieri e professioni   318

Note grammaticali   I numeri ordinali   320
                          Plurale di nomi e aggettivi in -*ista*   322
                          Il condizionale   322
                              Il condizionale semplice   323
                              Il condizionale passato   323
                              Usi del condizionale   324
                          La frase ipotetica   326

Per la comunicazione   In banca   328
                          Al lavoro   330

	In ufficio 331
Taccuino culturale	Le banche in Italia 333
Letture	«Una proposta di lavoro?» 316
	«La roba» di Giovanni Verga 336

13 *Noi e gli animali*   **343**

Temi concettuali	Gli animali
	Svaghi: cinema, musica...
Vocabolario	Gli animali 348
Note grammaticali	Il nome: regole particolari 350
	Nomi numerabili e non numerabili 350
	Nomi composti 351
	Pronomi e aggettivi vari 353
	La comparazione 353
	Il superlativo 354
	Superlativi irregolari 355
	Pronomi e aggettivi utili 356
	Gli avverbi 358
Per la comunicazione	Uscire per divertirsi 359
	Organizzare una festa 360
	Al cinema 361
Taccuino culturale	Musica e cinema 363
Letture	«Cane vendesi» di Charles M. Schulz 346
	«Matrimonio all'italiana» 366

14 *Così va il mondo!*   **370**

Tema concettuale	Rapporti uomo-donna
Vocabolario	La casa 374
Note grammaticali	Il causativo 377
	Verbi modali 378
	Pronomi relativi 380

Per la comunicazione	Esprimere amore, odio, apprezzamento, tristezza, irritazione 382
Taccuino culturale	La condizione femminile 384
Letture	«Così va il mondo» 372 «Si parva licet» di Cesare Pavese 386

15 *Idee moda*   **394**

Tema concettuale	La moda
Vocabolario	L'abbigliamento 399

Note grammaticali	Il passivo 400
	Costruzioni verbali 403
	    Verbo + infinito 403
	    Espressioni verbali particolari 403
	Discorso diretto e indiretto 405

Per la comunicazione	In un negozio di abbigliamento 406 In una calzoleria 408
Taccuino culturale	La moda in Italia 410
Letture	«Idee moda» 396 «Le scarpe rotte» di Natalia Ginzburg 412

GLOSSARY 417

VERBS 425

INDEX 440

PREFACE

An intermediate or follow-up course in a language requires not only that students review and reinforce the basic linguistic and communicative skills they have already acquired. The course must also provide ample opportunities to expand these skills in order to develop proficiency in using the language in an autonomous manner. For this reason, teachers of intermediate courses often discover that they must go beyond a simple grammar review format and supplement their courses with materials designed to help their students become more consciously aware of the uses of the language they are studying.

Con fantasia started out in just this way—as a supplementary manual of activities that we designed for our own intermediate Italian programs at the University of Toronto. After two decades of pilot testing and developing the manuscript in consultation with other teachers, we have now reworked it into a textbook that reflects what can be called a *conceptual-functional* approach to second-year college Italian. Its construction and make-up are such that it can be envisaged either as a year-long review text or as a manual for use in both the two-semester and the three-quarter academic programs. Since its explanations and activities make it highly user-friendly, it can also be used as an advanced text in a high school setting.

It is our sincere hope that *Con fantasia* will provide teachers of Italian with a source of language, discourse, and cultural topics that will make the review of Italian a pleasant and meaningful experience.

It is impossible to thank all those who have helped us develop and pilot the manuscript in its various forms throughout the many years. We are especially indebted to all our students who have been the inspiration for this book. We hope that students of Italian will find that this book makes their review of the language an enjoyable and worthwhile experience.

Program Components

Con fantasia Student Text

Con fantasia contains many varied and diverse opportunities for the review and expansion of grammar, vocabulary, discourse, and cultural knowledge. The broad range of learning strategies and activities it includes, together with its great number of exercises, allows instructors to pick and choose exercises and activities as required. It is perhaps best suited as a follow-up program to the introductory manual *Adesso,* also published by Heinle & Heinle.

Con fantasia Instructor's Edition

The *Instructor's Edition* of *Con fantasia* provides the teacher with a detailed description of the program's methodology, section-by-section teaching tips and suggestions, an itemized list of teaching tips for TAs and suggested syllabi (semester- and quarter-based) for teaching with *Con fantasia.*

Con fantasia Workbook/Lab Manual

A *Workbook/Laboratory Manual* for *Con fantasia* is also available. Its contents and learning objectives are coordinated chapter by chapter with this textbook and with an accompanying tape program. The *Workbook* provides mechanical exercises for the practice of grammar and vocabulary items and more open-ended exercises for practicing reading and writing. The *Laboratory Manual* contains a taped pronunciation section and two additional taped segments per chapter featuring Italian conversations and narrations. These segments are followed by detailed listening comprehension activities.

Con fantasia Lab Tape Program

The *Laboratory Tape Program* for *Con fantasia* consists of fifteen lesson-by-lesson audio programs, each containing a taped pronunciation section and two additional segments featuring Italian conversation and narrations. The *Lab Manual* includes accompanying exercises for the *Tape Program.*

Overall Organization

There are three main parts to this book, each consisting of five chapters focusing on a specific verb theme:

▲ **Part 1 (Chapters 1–5)** focuses on present tenses (indicative, subjunctive, and imperative).

▲ **Part 2 (Chapters 6–10)** focuses on past tenses (indicative and subjunctive).

▲ **Part 3 (Chapters 11–15)** focuses on future, conditional, and indefinite tenses.

The focus on a certain verb theme does not exclude the use of other tenses in the five chapters of a specific part. It simply means that most of the conceptual, linguistic, and communicative material is structured around the verb theme. This organizational format will allow the learners to master a verbal dimension as they apply it to various communicative situations.

Chapter Organization

Each chapter is built around a conceptual focus (socializing, telling time, etc.). All the activities are related to the designated conceptual area in some functional way.

This unique conceptual-functional organization of the lexical, grammatical, communicative, and cultural material in each chapter distinguishes *Con fantasia* from other Italian textbooks.

The focus and objectives of each chapter are announced at the beginning. The conceptual theme or themes of the opening piece of realia are amplified and reworked in a synthetic fashion throughout the chapter. Students are given ample opportunities to review and expand functionally upon their previously acquired language and communication skills. By the end of the chapter, they are in a position to use these skills in a creative and imaginative way—hence the title *Con fantasia* of this textbook.

The material used in one chapter is constantly recycled throughout the book, giving *Con fantasia* a unique thematic unity and cohesiveness as a review text. The overall orientation of a chapter can be characterized as consisting of a learning flow that starts from a *doing* phase, moves forward to a *reflecting* stage, and then goes back to a *doing* phase—the latter involving creative, spontaneous, and open-ended language use. Moreover, the many opportunities provided for students to express themselves are designed to encourage confidence from the very start.

The sections (in order) that make up each of the fifteen chapters are the following: *Stimolo alla lettura → Lettura → Dopo la lettura → Stimolo linguistico → Vocabolario → Note grammaticali → Per la comunicazione → Il momento creativo → Taccuino culturale → Stimolo alla lettura → Lettura → Dopo la lettura → Con fantasia → Lessico utile.* These can be grouped in terms of three phases that reflect the "doing—reflecting—imaginative doing" flow described above.

Phase 1: Doing

Stimolo alla lettura → Lettura → Dopo la lettura → Stimolo linguistico

This opening phase is organized around a piece of realia (an excerpt from a *fotoromanzo,* an ad, etc.) that contains aspects of language, vocabulary, communication, or culture related to the chapter's conceptual focus. For example, in the first unit, the *fotoromanzo* excerpt contains a dialogue based on the functions of greeting, questioning, negating, and being ironic. The thematic and linguistic contents of this text are interwoven into the remainder of the chapter, thus contextualizing all its contents and activities.

The excerpt (*Lettura*) is preceded by a *Stimolo alla lettura* section, which contains prereading activities, and is followed up by a *Dopo la lettura* section that aims to quickly test the student's comprehension of the text, as well as to provide an opportunity for the student to think about and discuss aspects of its contents. A *Stimolo linguistico* section concludes this opening phase. This consists of exercises designed to accustom the students to one or more of the structures, notions, or functions to be covered in the chapter. In effect, this section allows the students to become familiar *inductively* with what is to be learned in the vocabulary, grammar, or communication sections of the chapter: that is, without the benefit of formal explanation and practice.

Phase 2: Reflecting

Vocabolario → Note grammaticali → Per la comunicazione →
Il momento creativo → Taccuino culturale

This second phase starts with a *Vocabolario* section highlighting one or two areas of vocabulary related to the chapter theme(s). The lexical items and expressions are glossed in English. Commentaries on any pattern or feature related to, or derived from, the vocabulary theme are included when required.

Each topic in the *Note grammaticali* section is explained and exemplified in English with nontechnical explanations that focus on similarities and differences vis-à-vis corresponding English structures.

The *Per la comunicazione* section then points out and practices the communicative aspects related to the chapter theme. Each one is presented with English glosses and explanations. The *Vocabolario, Note grammaticali,* and *Per la comunicazione* sections are each followed by an *Applicazione* section, consisting of one or more exercise sets.

The *Momento creativo* section contains suggestions for group work and role-playing based on some aspect of, or related to, the chapter's theme(s). This *momento* allows the students, in effect, to link their knowledge of vocabulary, grammar, and communication strategies to the conceptual focus of the chapter in a spontaneous, autonomous fashion.

The final section of this second phase is the *Taccuino culturale*. This contains basic information on some aspect of culture or civilization related to the chapter's theme. It too is followed by one or more exercise sets (*Applicazione*).

The main objective during this second phase is to get the students to reflect upon the language forms and communicative strategies that are required to realize the conceptual theme(s) outlined during the opening phase.

Phase 3: Doing again (imaginatively)

Stimolo alla lettura → Lettura → Dopo la lettura →Con fantasia

This third phase starts off with a piece of realia or an excerpt from the work of some important Italian writer that is related to the chapter theme(s). The excerpt is preceded by prereading activities and information (*Stimolo alla lettura*) and is followed up by various postreading activities (*Dopo la lettura*). The *Con fantasia* section then allows the students to synthesize all that they have learned in the chapter, encouraging them to use their *fantasia* to carry out language and communicative tasks related to the chapter theme(s).

Each chapter ends by listing the main vocabulary items used in it (*Lessico utile*). Many of these are recycled in the remainder of the book.

Abbreviations

m.	=	masculine
f.	=	feminine
fam.	=	familiar/informal
pol.	=	polite/formal
sing.	=	singular
pl.	=	plural
pers.	=	person
isc	=	3rd-conjugation verb that uses -*isc*- in present tenses

Acknowledgments

The authors wish to thank the following people for their contributions to *Con fantasia:* Mary Root Taucher, Julia Price, Julie Gallagher, Kimberly Etheridge, Carol Rose, David Baker, Gilberte Fleurimond-Vert, and Laura Ferry.

iao!

Tema concettuale	**Fare conoscenza e incontrare qualcuno**
Vocabolario	Gente
Note grammaticali	Nomi
	Pronomi personali in funzione di soggetto
	L'indicativo presente
	Verbi regolari
	Verbi irregolari
	Usi dell'indicativo presente
Per la comunicazione	Chiedere informazioni
	Negare
	Salutare e presentare
Taccuino culturale	Incontrare qualcuno in Italia
Letture	«Ciao, Irina!»
	«Piacere, Charlie Brown» di Charles M. Schulz

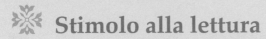

Stimolo alla lettura

A. Il dizionario. Metti alla prova (*test*) la tua conoscenza della lingua italiana.

Che cosa vuol dire... ?

1. mente
   a. mind
   b. mint

2. ricordare
   a. to record
   b. to remember

3. circa
   a. around, nearby
   b. circus

4. avvenire
   a. to come
   b. to happen

5. avere la faccia tosta
   a. to be cheeky, fresh
   b. to be shy

6. posto
   a. place
   b. post, mail

B. Test. Rispondi alle domande scegliendo una delle alternative proposte e discuti le tue risposte con gli altri membri della classe.

1. Se c'è una persona che non conosci e vorresti conoscere, cosa fai?
   a. Chiedi ad un amico/un'amica di presentartela.
   b. Ti presenti da solo(-a).*
   c. Aspetti fino a quando lui/lei si fa avanti (*makes the first move*) per parlarti.

2. Se un estraneo (*stranger*) ti ferma per strada per parlarti, cosa fai?
   a. Lo ignori.
   b. Ti fermi a parlargli.

*Adjectives in this book are usually listed in the masculine-singular form, often with the feminine-singular ending in parentheses, as here—**da solo(-a)**. The gender of certain nouns is invariable—**la persona, la guida, la spia,** for instance, are always feminine.

LETTURA

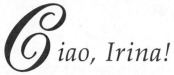

Ciao, Irina!

Leggi attentamente la seguente pagina tratta da (*taken from*) un fotoromanzo italiano, facendo particolare attenzione alle convenzioni sociali.

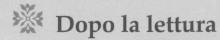

Dopo la lettura

A. Ricordi quello che hai letto? Indica se ciascuna delle seguenti affermazioni è vera (V) o falsa (F).

1. _____ Irina non conosce Francesco.
2. _____ Francesco non conosce il nome di Irina.
3. _____ Irina e Francesco si sono appena conosciuti.
4. _____ Francesco e Irina frequentano gli stessi posti.
5. _____ Secondo Francesco, Irina ha la faccia tosta.

B. Discutiamo! Rispondi a piacere alle seguenti domande, discutendo le tue risposte con gli altri membri della classe.

SECONDO TE...

1. che tipo di persona è Irina? 2. che tipo di persona è Francesco?
3. che professione o mestiere *(job)* fanno? 4. Francesco ha veramente la faccia tosta? Perché sì/no?

STIMOLO LINGUISTICO

A. Dal maschile al femminile. Completa in modo opportuno.

MASCHILE	FEMMINILE
1. il mio professore	_____
2. _____	le mie amiche
3. il tuo fidanzato	_____
4. _____	le mie compagne
5. il mio collega	_____
6. _____	la mia dottoressa
7. mio fratello	_____

B. Sai fare le seguenti cose? Svolgi i seguenti compiti comunicativi secondo il modello.

MODELLO   Sono le otto di mattina. Stai uscendo di casa. Saluta i tuoi genitori.
Ciao/Arrivederci!

1. Sono le due del pomeriggio. Saluta la tua amica Carla. 2. Sono le dieci di mattina. Stai uscendo dall'aula. Saluta l'insegnante d'italiano.

3. È sera. Saluta il dottor Neri.   **4.** Presenta il tuo amico Gianni a Maria, una tua compagna di scuola.   **5.** Presenta l'insegnante d'italiano ai tuoi genitori.

VOCABOLARIO GENTE

l'amante (*m./f.*)	*lover*
l'amico(-a)	*friend*
il bambino/la bambina	*child*
il/la collega	*colleague, work associate*
il compagno/la compagna	*chum, friend, playmate*
la donna	*woman*
l'estraneo(-a)	*stranger*
il fidanzato/la fidanzata	*fiancé/fiancée*
il nemico/la nemica	*enemy*
il professore/la professoressa	*professor, middle/high school teacher*
il ragazzo/la ragazza	*boy/girl, boyfriend/girlfriend*
il signore/la signora	*gentleman/lady*
lo studente/la studentessa	*student*
l'uomo	*man*

APPLICAZIONE

Ma anche Marco è un tuo amico! Francesco sta parlando a Irina di certe persone che lui conosce. Assumi il ruolo di Irina e rispondi seguendo il modello.

> **MODELLO**   FRANCESCO: Maria è una mia amica. (Marco)
> IRINA: **Ma anche Marco è un tuo amico!**

1. Il signor Rossi è un mio collega. (la signora Betti)
2. Franco è un bambino intelligente. (Claudia)
3. Gina ha un amante. (Mario)
4. Mio fratello è studente. (tua sorella)
5. Mio fratello ha la ragazza. (tua sorella)
6. Gina ha tante compagne. (Angelo)
7. I miei amici hanno tutti una fidanzata. (le mie amiche)
8. Giorgio è un brav'uomo. (Maria)
9. Lui è professore. (lei)

NOTE GRAMMATICALI

NOMI

■ *Nomi* are words that allow you to name and label persons, objects, concepts, places, and so on. Generally, they are recognized by their vowel ending: nouns ending in **-o** are usually masculine, those ending in **-a** feminine. Nouns ending in **-e** can be either masculine or feminine.

MASCULINE	FEMININE
-o	**-a**
il ragazzo	la ragazza
-e	**-e**
il padre *father*	la madre *mother*

■ Most nouns are pluralized by changing these endings as follows:

	SINGULAR	PLURAL
MASCULINE	**-o**	**-i**
	il ragazzo	i ragazzi
MASCULINE/FEMININE	**-e**	**-i**
	il padre	i padri
	la madre	le madri
FEMININE	**-a**	**-e**
	la ragazza	le ragazze

■ Exceptions to this pattern will be dealt with in a later chapter. Note, however, that in this chapter you have encountered one irregular noun: **l'uomo** (*sing.*)—**gli uomini** (*pl.*).

■ Feminine nouns ending in **-ca** or **-ga** change to **-che** and **-ghe**, respectively, in the plural.

SINGULAR	PLURAL
l'amica	le amiche
la collega	le colleghe

■ Note that **collega** can be both masculine and feminine.

il collega	i colleghi
la collega	le colleghe

■ Generally, masculine nouns ending in **-co** change to **-ci** or **-chi**, according to the following pattern:

-ci	**-chi**
if the vowel **-e** or **-i** precedes the **-co**	if any other vowel or any consonant precedes the **-co**
l'amico—gli amici	il cuoco (*cook*)—i cuochi
il greco (*Greek*)—i greci	il banco (*desk*)—i banchi

■ A masculine noun ending in **-go** generally changes to **-ghi**. However, if the ending is **-logo** and refers to people, then it changes to **-logi**.

-gi	**-ghi**
il biologo (*biologist*)—i biologi	il lago (*lake*)—i laghi

■ **Attenzione!** The word **dialogo** (*dialogue*) does not refer to people, so its plural form is **dialoghi**.

■ Masculine nouns ending in **-cio** and **-gio** generally change to **-ci** and **-gi**, respectively.

-ci	**-gi**
il bacio (*kiss*)—i baci	l'orologio (*watch*)—gli orologi

■ Feminine nouns ending in **-cia** and **-gia** retain the **-i-** if the stress falls upon it. The same is true for masculine nouns ending in **-io**.

STRESSED **-i-**	UNSTRESSED **-i-**
la farmacia (*drugstore*)—le farmacie	la faccia (*face*)—le facce
la bugia (*lie*)—le bugie	la valigia (*suitcase*)—le valige
lo zio (*uncle*)—gli zii	il negozio (*store*)—i negozi

■ When referring to both males and females in the plural, the masculine plural form is used.

MASCULINE	FEMININE
gli amici *friends* (in general)	le amiche *female friends*
i colleghi *colleagues* (in general)	le colleghe *female colleagues*

■ When nouns refer to people, the following endings often correspond to changes in gender.

MASCULINE	FEMININE
-o	**-a**
amico	amica
-e	**-e**
amante	amante
-e	**-a**
signore	signora
-e	**-essa**
studente	studentessa

■ The same applies to titles, which can also be used as nouns.

avvocato	*lawyer, attorney*
dottore/dottoressa	*Dr.*
ingegnere	*engineer*
professore/professoressa	*Professor*
signora	*Mrs. /Ms.*
signore	*Mr.*
signorina	*Miss/Ms.*

■ The definite article is dropped before titles in direct speech, that is, when speaking directly to the person. In masculine titles ending in **-re**, the final **-e** is dropped when the title is followed by a name.

DISCORSO DIRETTO	DISCORSO INDIRETTO
Professor Binni, come sta?	Il professor Binni sta bene.
Professor Binni, how are you?	*Professor Binni is well.*
Dottoressa Meli, dove abita?	La dottoressa Meli abita qui vicino.
Dr. Meli, where do you live?	*Dr. Meli lives nearby.*

Today there is a growing tendency to use both the masculine form of a professional title and the corresponding masculine noun to refer to females as well: **L'avvocato Maria Binni è molto brava.** (*The attorney Maria Binni is very good.*)

APPLICAZIONE

A. Quale delle tre? Indica la parola che si distingue dalle altre nella formazione del femminile e poi forma il plurale di tutte e tre le parole.

1. professore, ragazzo, estraneo   **2.** amante, studente, dottore
3. amico, fidanzato, collega   **4.** uomo, fratello, compagno

B. Attenzione ai plurali! Rispondi alle domande seguendo il modello.

MODELLO   Ma in questa città c'è un solo negozio?
Ma no! Ci sono tanti negozi!

1. Ma in questa città c'è una sola farmacia?
2. Ma in questo paese c'è un solo lago?
3. Ma in questa classe c'è un solo banco?
4. Ma in questa scuola c'è un solo professore?
5. Ma in questa casa c'è un solo orologio?
6. Ma in questa classe c'è un solo ragazzo?
7. Ma in questo ristorante c'è un solo cuoco?

C. *Self-test!* Dalla seguente lista manca o la forma singolare o quella plurale del nome. Fornisci la forma mancante.

SINGOLARE	PLURALE
1. cuoco	_____
2. _____	colleghi
3. greco	_____
4. biologo	_____
5. dialogo	_____
6. uomo	_____
7. _____	baci
8. _____	valige
9. bugia	_____
10. faccia	_____

PUNTEGGIO
8–10: eccezionale
6–7: bravo(-a)
1–5: hai bisogno di ripassare il nome

D. Il gioco delle coppie. Con un compagno/una compagna crea dei mini-dialoghi seguendo il modello.

> MODELLO   Chiedi al professor Tozzi come sta.
> **—Professor Tozzi, come sta?**
> **—Bene, grazie./Non c'è male...**

Chiedi...

1. alla signorina Mazzotta come sta.   **2.** al signor Marchi dove abita.
3. alla signora Franchi se conosce la professoressa d'italiano.   **4.** al professor Binni se oggi c'è un esame.   **5.** all'ingegner Fabbri se sa parlare l'inglese.   **6.** alla dottoressa Giusti dove ha il suo studio (*office*).
7. all'avvocato Nerini se abita qui vicino.

PRONOMI PERSONALI IN FUNZIONE DI SOGGETTO

SINGOLARE		PLURALE	
io	*I*	noi	*we*
tu	*you (fam.)*	voi	*you (fam., pol.)*
lui (egli)	*he*	loro (essi)	*they (m.)*
lei (ella)	*she*	loro (esse)	*they (f.)*
Lei	*you (pol.)*	Loro	*you (pol.)*
(esso)	*it (m.)*	(essi)	*they (m.)*
(essa)	*it (f.)*	(esse)	*they (f.)*

■   Recall that these pronouns are normally omitted in sentences with one subject, because the verb indicates the person and number of the subject: **Io conosco Irina.** = **Conosco Irina.**

■   However, if more than one subject is involved, then these pronouns are required. They are also required for emphasis and after words like **solo (solamente/soltanto)** *only*, **anche (pure, perfino)** *also, too, even,* and **neanche (nemmeno, neppure)** *not even, neither, not . . . either.*

MORE THAN ONE SUBJECT	EMPHASIS	AFTER *SOLO, ANCHE,...*
Io conosco Irina, ma lui no. *I know Irina, but he doesn't.*	Sei tu, Irina? *Is that you, Irina?*	Solo noi conosciamo Francesco. *We're the only ones who know Francesco.*
Lui non ricorda mai niente, ma lei ricorda sempre tutto. *He never remembers anything, but she always remembers everything.*	Oggi pago io! *Today I'm going to pay!*	Anche loro sono amici di Irina. *They too are friends of Irina.* Neanche loro parlano inglese. *They don't speak English either.*

■ The pronouns **egli** and **ella** are used rarely and only in literary or formal style. Their respective plural forms are **essi** and **esse**.

ORDINARY STYLE	FORMAL/LITERARY STYLE
Francesco è italiano. **Lui** è l'amico di Irina.	Dante era un grande poeta. **Egli** era fiorentino.
Francesco is Italian. He is Irina's friend.	*Dante was a great poet. He was Florentine.*

■ **Esso** and **essa** refer to animals and things, corresponding to English *it*. Their respective plural forms are **essi** and **esse**. They also are used rarely and only in literary or formal style. In a sentence they are generally left out.

—Quel libro è interessante?
—*Is that book interesting?*

—Sì, è interessante.
—*Yes, it is interesting.*

APPLICAZIONE

A. Anch'io! Rispondi alle domande con i pronomi adatti.

MODELLI   Io amo la musica classica. E tu? (anche)
Anch'io amo la musica classica.

Io non guardo la TV stasera. E tuo fratello? (nemmeno)
Nemmeno lui guarda la TV stasera.

1. Io ho la fidanzata. E Marco? (pure)
2. Io ho tanti amici. E Paola? (perfino)
3. Io non amo il jazz. E tu e tua sorella? (neanche)
4. Io non vado al cinema stasera. E tu? (neppure)
5. Dante era un grande poeta. E Petrarca (*Petrarch*)? (anche)
6. I francesi sono molto simpatici. E gli italiani? (anche)

B. Vengo anch'io? Rispondi alle seguenti domande in modo affermativo con i pronomi adatti.

MODELLO   Vengo anch'io?
Sì, vieni anche tu.

1. Viene anche tua sorella?
2. Vieni anche tu?
3. Vengono anche i signori Rossi?
4. Viene anche Marco?
5. Veniamo anche noi?
6. Venite anche voi?

L'INDICATIVO PRESENTE

Verbi regolari

■ Italian verbs are categorized into three conjugations. Each conjugation can be recognized by its infinitive ending, the verb form that you will find in a dictionary: for example, **parlare** to speak.

FIRST CONJUGATION	SECOND CONJUGATION	THIRD CONJUGATION
VERBS ENDING IN **-are**	VERBS ENDING IN **-ere**	VERBS ENDING IN **-ire**
ascoltare *to listen to*	chiudere *to close*	aprire *to open*
aspettare *to wait for*	conoscere *to know*	capire *to understand*
frequentare *to attend,*	*(someone)*	dormire *to sleep*
go to, frequent	credere *to believe*	finire *to finish*
guardare	perdere *to lose*	partire *to leave, depart*
to look at, watch	ripetere *to repeat*	preferire *to prefer*
parlare *to speak*	vedere *to see*	sentire *to feel, hear*
ricordare *to remember*	vendere *to sell*	
tornare *to return,*		
go back		

■ To form the present indicative of regular verbs, drop the infinitive ending (**ascolt-, chiud-, dorm-, cap-**) and add the following endings to the stems:

	ascoltare	chiudere	dormire	capire
io	ascolt**o**	chiud**o**	dorm**o**	cap**isco**
tu	ascolt**i**	chiud**i**	dorm**i**	cap**isci**
lui/lei/Lei	ascolt**a**	chiud**e**	dorm**e**	cap**isce**
noi	ascolt**iamo**	chiud**iamo**	dorm**iamo**	cap**iamo**
voi	ascolt**ate**	chiud**ete**	dorm**ite**	cap**ite**
loro	ascolt**ano**	chiud**ono**	dorm**ono**	cap**iscono**

■ Verbs conjugated like **capire** (which require the insertion of **-isc-** between the stem and all endings, except the ones for the first- and second-person plural) will be indicated with **isc** whenever the verb is introduced formally in a chapter.

■ Some verbs undergo spelling changes:

If the verb ends in **-care** or **-gare**, then an **-h-** must be added before endings beginning with an **-i-** in order to preserve the hard *c* or *g* sound.

cercare *to look for*
(io) cerco **BUT** (tu) cerchi, (noi) cerchiamo
pagare *to pay*
(io) pago **BUT** (tu) paghi, (noi) paghiamo

■ If the verb ends in **-ciare, -giare,** or **-gliare,** use only one **-i-** before endings beginning with an **-i-.**

cominciare *to start*
(io) comincio **BUT** (tu) cominci, (noi) cominciamo

mangiare *to eat*
(io) mangio **BUT** (tu) mangi, (noi) mangiamo

sbagliare *to make a mistake*
(io) sbaglio **BUT** (tu) sbagli, (noi) sbagliamo

■ If the verb ends in **-iare,** then the **-i-** of the stem is retained only if it is stressed in the second-person singular.

UNSTRESSED	STRESSED
cambiare *to change*	inviare *to send*
(io) cambio, (tu) cambi,...	(io) invio, (tu) invii
	sciare *to ski*
	(io) scio, (tu) scii

APPLICATIONE

A. Anche loro... Francesco parla sempre di se stesso. Ogni volta che dice qualcosa, Irina gli risponde che lui non è il solo a fare queste cose. Assumi il ruolo di Irina, seguendo il modello.

MODELLO   Io gioco sempre a tennis. (loro)
            Anche loro giocano sempre a tennis.

1. Io torno sempre a casa tardi la sera. (noi)
2. Io parlo e capisco tre lingue. (il mio professore)
3. Domani io parto per le vacanze. (i miei genitori)
4. Io mangio sempre al ristorante. (io e Maria)
5. Io comincio a lavorare sempre alle sei. (mio padre)
6. Io ascolto sempre musica classica. (i miei amici)
7. Al bar pago sempre io per tutti! (noi)
8. Io, in questa città, conosco tutti. (loro)

B. Domanda e risposta. Con un compagno/una compagna crea dei mini-dialoghi seguendo il modello.

MODELLI   tuo fratello / vendere / la macchina
—**Tuo fratello vende la macchina?**
—**Sì, vende la macchina.**

(tu) / sentire / la mia voce (*voice*)
—**Senti la mia voce?**
—**Sì, sento la tua voce.**

1. i tuoi amici / mangiare / tardi la sera
2. gli studenti / ascoltare / quello che dice l'insegnante
3. (voi) / cercare / qualcosa
4. (tu) / cominciare / un nuovo lavoro oggi
5. Paola / aspettare / qualcuno dopo la lezione
6. (lei) / credere / a tutto quello che dicono
7. (voi) / andare / regolarmente alla lezione d'italiano
8. i tuoi genitori / guardare / la TV tutte le sere
9. (tu) / ricordare / come si coniugano i verbi
10. (loro) / inviare / molte lettere agli amici
11. (io) / parlare / bene l'italiano

Verbi irregolari

■ Here are some common irregular verbs in the present indicative. (For the conjugations of more irregular verbs, see the Appendix.)

andare	*to go*	vado, vai, va, andiamo, andate, vanno
avere	*to have*	ho, hai, ha, abbiamo, avete, hanno
bere	*to drink*	bevo, bevi, beve, beviamo, bevete, bevono
dare	*to give*	do, dai, dà, diamo, date, danno
dire	*to say, tell*	dico, dici, dice, diciamo, dite, dicono
dovere	*to have to*	devo/debbo, devi, deve, dobbiamo, dovete, devono/debbono
essere	*to be*	sono, sei, è, siamo, siete, sono
fare	*to do, make*	faccio, fai, fa, facciamo, fate, fanno
potere	*to be able to*	posso, puoi, può, possiamo, potete, possono
rimanere	*to stay, remain*	rimango, rimani, rimane, rimaniamo, rimanete, rimangono
salire	*to go up*	salgo, sali, sale, saliamo, salite, salgono
sapere	*to know*	so, sai, sa, sappiamo, sapete, sanno
stare	*to stay*	sto, stai, sta, stiamo, state, stanno
tenere	*to keep, hold*	tengo, tieni, tiene, teniamo, tenete, tengono
uscire	*to go out*	esco, esci, esce, usciamo, uscite, escono
venire	*to come*	vengo, vieni, viene, veniamo, venite, vengono
volere	*to want*	voglio, vuoi, vuole, vogliamo, volete, vogliono

■ Note the differences in meaning between **conoscere** and **sapere**.

CONOSCERE	SAPERE
to know, to be acquainted with (someone)	*to know something*
Irina **conosce** Francesco.	Francesco non **sa** dov'è Irina.
to be familiar with	*to know how to* + *infinitive*
Irina non **conosce** il Bar Italia.	Francesco non **sa** guidare la macchina.

■ The verb **avere** + *noun* is used to describe a state of being, whereas in English the same is usually conveyed by *to be* + *adjective*.

avere... anni	*to be . . . years old*
avere bisogno di	*to need*
avere caldo	*to be hot*
avere fame	*to be hungry*
avere freddo	*to be cold*
avere fretta	*to be in a hurry*
avere paura	*to be afraid*
avere ragione	*to be right*
avere sete	*to be thirsty*
avere sonno	*to be sleepy*
avere torto	*to be wrong*
avere voglia di	*to feel like*

■ Finally, note that **stare** is used in health expressions in place of **essere**.

— Ciao, Irina come **stai?**
—*Hi, Irina, how are you?*

—Io **sto** bene, e tu?
—*I'm well, and you?*

APPLICAZIONE **A. Che cosa fai stasera?** Con un compagno/una compagna crea dei mini-dialoghi seguendo il modello.

MODELLO   che cosa / fare / tu / stasera
—Che cosa fai stasera?
—Non faccio niente./Faccio i compiti./Vado al cinema./Esco con gli amici./ecc.

1. che cosa / dire / il tuo amico   **2.** che cosa / volere fare / voi / stasera   **3.** quando / venire / i tuoi amici / a casa mia   **4.** con chi / uscire / Maria / stasera   **5.** quanto tempo / rimanere / i tuoi amici / a scuola di solito   **6.** dove / andare / tu / domani sera   **7.** che cosa / bere / loro / a pranzo (*lunch*) di solito   **8.** che cosa / dovere fare / noi / stasera   **9.** perché / essere / tu / depresso   **10.** che / fare / i tuoi amici / dopo la lezione   **11.** potere venire / anch'io / al cinema

B. Sapere o conoscere? Chiedi ad un compagno/una compagna se la persona indicata *sa* o *conosce* certe cose. Segui i modelli.

> MODELLI   gli amici di Irina / il francese
> —**Gli amici di Irina sanno il francese?**
> —**Sì, gli amici di Irina sanno il francese./No, gli amici di Irina non sanno il francese.**
>
> tu / Jennifer
> —**(Tu) conosci Jennifer?**
> —**Sì, conosco Jennifer molto bene./No, non conosco Jennifer affatto.**

1. Francesco / guidare la macchina (*drive the car*) **2.** tu / i miei amici **3.** voi / il francese **4.** i tuoi amici / la Spagna **5.** loro / parlare l'italiano **6.** Irina / Francesco **7.** tu / cosa fare in questo caso

C. Ho ragione? Svolgi i seguenti compiti comunicativi con un compagno/una compagna.

> MODELLO   Chiedi ad un compagno/una compagna se tu hai ragione.
> —**Ho ragione?**
> —**Sì, hai ragione./No, non hai ragione.**

Chiedi ad un compagno/una compagna...

1. come sta. **2.** chi è il suo cantante/la sua cantante preferito(-a).
3. quanti anni ha. **4.** se tu hai torto. **5.** se ha freddo. **6.** se ha bisogno di qualcosa. **7.** se ha voglia di uscire stasera. **8.** se ha paura.
9. se ha fretta. **10.** se ha fame.

Usi dell'indicativo presente

■   The present indicative is generally rendered in English by three present tenses: **aspetto** = *I wait, I am waiting, I do wait.*

■   However, it can also be used to express an immediate future action (*I'll be waiting*) and an ongoing action such as *I have been waiting.* In the latter case, the verb is always followed by **da**, which renders both *since* and *for* + *time expression.*

DA = SINCE (TIME EXPRESSION = WHEN)	DA = FOR (TIME EXPRESSION = HOW LONG)
Francesco esce con Irina dal 1992.	Francesco esce con Irina da due anni.
Francesco has been going out with Irina since 1992.	*Francesco has been going out with Irina for two years.*
Francesco non vede Irina da ieri.	Francesco non vede Irina da cinque ore.
Francesco hasn't seen Irina since yesterday.	*Francesco hasn't seen Irina for five hours.*

■ Some verbs that require a preposition in English do not require one in Italian.

aspettare
Francesco aspetta Irina.　　　*Francesco is waiting **for** Irina.*

cercare
Francesco cerca Irina.　　　*Francesco is looking **for** Irina.*

ascoltare
Io ascolto sempre la radio.　　　*I always listen **to** the radio.*

■ Finally, to make a verb negative just add **non** before it: **Irina non cerca Francesco.**

APPLICAZIONE

A. Da quando non vedi Giorgio? Irina fa una serie di commenti sui suoi amici. Assumi il suo ruolo seguendo il modello.

MODELLI　　　io / Giorgio / tre mesi
Io non vedo Giorgio da tre mesi.

Marina / Marco / gennaio
Marina non vede Marco da gennaio.

1. Francesco / Marina / domenica
2. i miei amici / Marco / una settimana
3. io / le mie amiche / quattro giorni
4. tu / Barbara / 1992
5. io e mia sorella / i nostri cugini / Natale
6. io / Gina / sette mesi
7. tu / il professore / ieri

B. Da quando aspetti Irina? Rispondi liberamente alle domande seguendo il modello.

MODELLO　　　Da quando aspetti Irina?
Aspetto Irina da due ore/un'ora/ecc.

1. Da quando ascoltiamo la radio?
2. Da quanto tempo cercate quel libro?
3. Da quando esci con Irina?
4. Da quando aspettano l'autobus?
5. Da quanto tempo Paolo aspetta Diana?
6. Da quanto tempo studi l'italiano?

PER LA COMUNICAZIONE

CHIEDERE INFORMAZIONI

che (che cosa/cosa)	*what*
chi	*who*
perché	*why, because*
dove	*where*
come	*how*
quando	*when*
quale	*which*
quanto	*how (much, many)*

■ Note that **quale** changes to **quali** in the plural: **Quale macchina preferisci?** *Which car do you prefer?* **Quali macchine preferisci?** *Which cars do you prefer?*

■ Note that **Qual è... ?** *Which is . . . ?* is written without an apostrophe before the verb form **è**.

■ **Quanto** is invariable when used as a pronoun: **Quanto costano?** *How much do they cost?* But when it is used as an adjective, it agrees with the noun: **Quanti amici hai?** *How many friends do you have?* **Quante cose vuoi fare?** *How many things do you want to do?*

APPLICAZIONE

Dove vai stasera? Con un compagno/una compagna crea dei mini-dialoghi in base allo stimolo dato. Segui il modello.

MODELLI   andare / stasera
—**Dove vai stasera?**
—**Vado al cinema./Non esco stasera./ecc.**

chiamarsi
—**Come ti chiami?**
—**Mi chiamo Debbie.**

1. stare (Come...)
2. chiamarsi
3. andare / dopo la lezione
4. fare / tante domande in classe
5. essere / il ragazzo seduto vicino a te
6. essere / il tuo colore preferito
7. caffè / bevi ogni giorno

NEGARE

non... più	*no more, no longer*
non... mai	*never, not ever*
non... ancora	*not yet*
non... niente (non... nulla)	*nothing*
non... nessuno	*no one*
non... neanche (non... nemmeno)	*not even*
non... affatto	*not at all*
non... né... né	*neither . . . nor*

■ Note that for emphasis you can use the negative adverb at the beginning of the sentence without the **non.**

NORMAL	EMPHATIC
Non mangio mai tardi la sera.	Mai mangio tardi la sera!
I never eat late at night.	*I never eat late at night!*
Non viene nessuno stasera.	Nessuno viene stasera!
No one is coming tonight.	*No one is coming tonight!*

APPLICAZIONE

Il bugiardo. Francesco dice sempre bugie. Nega tutto quello che lui dice, seguendo il modello.

MODELLO Marina è sempre triste.
Ma che dici! Marina non è mai triste!

1. Marina ama ancora Giorgio.
2. Io ti chiamo sempre.
3. Marco è già arrivato.
4. I miei amici sanno tutto.
5. Vengono tutti alla festa.
6. È proprio vero!
7. Io dico sempre la verità.

ROMA

Cuore Sole Colosseo Gatti S. Pietro Obelischi Botticella Gelati

Bulletto Tevere Lupa Fori Pasta Parchi Antichi Fontane

La Città Sui 7 Colli

SALUTARE E PRESENTARE

FUNCTION	FAMILIAR/INFORMAL SPEECH	POLITE/FORMAL SPEECH
Saying hello:		
Morning through afternoon	Ciao	Buongiorno (Buon giorno)
Evening	Ciao	Buonasera (Buona sera)
Good morning	Buongiorno	Buongiorno
Good evening	Buonasera	Buonasera
Saying good-bye:		
Morning through afternoon	Ciao/Arrivederci	Buongiorno/ ArrivederLa
Evening	Ciao/Arrivederci	Buonasera/ ArrivederLa
Good night	Buonanotte (Buona notte)	Buonanotte (Buona notte)
See you later	A più tardi	A più tardi
See you soon	A presto	A presto
See you tomorrow	A domani	A domani
See you tonight	A stasera	A stasera
Excuse me[1]	Scusa/Scusami	Scusi/Mi scusi
How's it going?	Come va?	Come va?
Thank you	Grazie	Grazie
You're welcome	Prego	Prego

■ Introductions:

FUNCTION	FAMILIAR/INFORMAL SPEECH	POLITE/FORMAL SPEECH
Let me introduce you to . . .	Ti presento...	Le presento...
What's your name?	Come ti chiami? (chiamarsi *to be called*)	Come si chiama?
My name is . . .	Mi chiamo...	Mi chiamo...
A pleasure	Piacere	Piacere
Delighted	—	Molto lieto(-a)
The pleasure is mine	Il piacere è mio	Il piacere è mio
Where do you live?	Dove abiti? (abitare *to live*)	Dove abita?
I live on . . . Street	Abito in via...	Abito in via...

[1]You may also use **Permesso!** *Excuse me, please!* when passing someone (for instance, making your way through a crowded bus).

A. Che cosa diciamo quando... ? Rispondi in modo appropriato.

MODELLO   Che cosa diciamo quando incontriamo un amico?
Ciao!

Che cosa diciamo...

1. quando la mattina incontriamo l'insegnante di italiano?
2. quando vogliamo sapere l'indirizzo (*address*) di una persona che non conosciamo?
3. a qualcuno che ci ha appena detto «Grazie»?
4. quando vogliamo scusarci con una persona che non conosciamo?
5. prima di andare a letto?

B. Recitiamo! Con dei compagni/delle compagne, metti in scena le seguenti situazioni.

MODELLO   Presenta Marina a Francesco.
TU: **Francesco, ti presento Marina.**
FRANCESO: **Piacere.**
MARINA: **Il piacere è mio.**
ecc.

1. Presenta Franco a Irina.
2. Presenta un compagno/una compagna all'insegnante.
3. Presenta i tuoi genitori ad un amico/un'amica.

IL MOMENTO CREATIVO   Con un tuo compagno/una tua compagna crea una possibile continuazione al fotoromanzo di Irina e Francesco. Rappresentate la vostra scenetta davanti alla classe.

Taccuino Culturale

INCONTRARE QUALCUNO IN ITALIA

Quando gli italiani si incontrano, di solito si danno la mano (darsi la mano *to shake hands*). In Italia i titoli—*dottore, avvocato,* ecc.—si usano molto di più che in Nord America. Il titolo *dottore/dottoressa* si usa non solo per salutare un medico, ma anche per chiunque (*anyone who*) abbia una laurea universitaria (*university degree*). Quando due amici si incontrano, non solo si danno la mano ma, specialmente se non si vedono da parecchio tempo (*quite a while*), si abbracciano o si baciano sulle guance (*cheeks*).

Agli amici, ai membri della famiglia, ai bambini e, in generale, alle persone con cui si è in grande familiarità si dà del *tu (one uses the "tu" form of address)*. Agli altri—alle persone con cui non si è in grande familiarità—si dà del *Lei.*

Se parliamo a più di una persona, usiamo il *voi* o il *Loro.* Il *voi* si può dare sia a persone con cui siamo in familiarità che a persone che non conosciamo bene o a cui dobbiamo rispetto. Il *Loro* è molto formale ed è usato generalmente da camerieri, da commessi o da impiegati con i loro clienti.

A. Vero o falso? Indica se ciascuna delle seguenti affermazioni è vera (V) o falsa (F).

1. _____ Quando gli italiani si incontrano, di solito si danno la mano.
2. _____ In Italia si usano raramente i titoli.
3. _____ Il titolo *dottore/dottoressa* si usa non solo per un medico, ma anche per le persone che hanno una laurea universitaria.
4. _____ Agli amici e ai membri della famiglia si dà del *Lei.*
5. _____ Al professore si dà del *tu.*

B. Convenzioni sociali. Rispondi liberamente alle seguenti domande e discuti le tue risposte con gli altri membri della classe.

1. Perché, secondo te, quando le persone si incontrano, si danno la mano?
2. In quale maniera il modo di salutare in Italia è diverso da quello in Nord America?
3. In che modo l'uso dei titoli in Italia è diverso da quello in Nord America?
4. Con quali persone dovremmo (*ought we*) usare il *tu?*
5. Con quali persone dovremmo usare il *Lei?*

 ## Stimolo alla lettura

A. Come si dice... ? Rispondi alle seguenti domande scegliendo una delle alternative proposte.

1. Come si dice *now* in italiano?
   a. adesso   **b.** dopo

2. Come si dice *team?*
   a. partita   **b.** squadra

3. Cosa diciamo quando rispondiamo al telefono?
   a. Pronto?   **b.** Arrivederci.

4. Cosa diciamo quando ci presentano qualcuno?
   a. Che bella sorpresa!   **b.** Lieto di conoscerLa.

5. Come si dice *down here?*
   a. quaggiù   **b.** lassù

B. Chi è Charlie Brown? Rispondi alle seguenti domande con una frase completa.

1. Chi è Charlie Brown? Lo conosci?   **2.** Ricordi i nomi di alcuni amici di Charlie Brown?   **3.** Che tipo di bambino è Charlie Brown?

Piacere, Charlie Brown

Leggi attentamente le seguenti strisce (*strips*) di Charlie Brown.

¹*Peppermint* ²*boss* ³*fella, guy* ⁴*shortstop*

❄ Dopo la lettura

A. Ricordi quello che hai letto? Fa' il seguente test. Indica se le seguenti frasi sono vere (V) o false (F). Correggi le frasi false.

1. _____ Charlie Brown parla al telefono con Roy.
2. _____ «Piperita» Patty pensa che il nome di Charlie Brown sia Ciccio Brown.

3. _____ «Piperita» Patty non vuole giocare nella squadra di Charlie Brown.
4. _____ «Piperita» Patty vuole conoscere Linus.
5. _____ Snoopy è l'interbase della squadra.
6. _____ Charlie Brown non vuole presentare «Piperita» Patty alle altre ragazze.

B. Ricostruiamo il dialogo! Riscrivi le battute (*lines*) nell'ordine corretto in modo da ricostruire il dialogo.

«PIPERITA» PATTY: Lieta di conoscerti, Snoopy.
SNOOPY: Il piacere è mio.
CHARLIE BROWN: «Piperita», ti presento Snoopy.
LINUS: Piacere, «Piperita».
CHARLIE BROWN: Quest'altro amico si chiama Linus. Linus, questa è «Piperita» Patty.

C. Recitiamo! Con un tuo compagno/una tua compagna completa il seguente dialogo. Poi rappresentate insieme il dialogo davanti alla classe.

—Ciao, Roy. Che bella sorpresa!

—_____

—Come si chiama questa ragazza?

—_____

—Cosa vuole?

—_____

—Bene. Quando viene, la presento agli amici.

D. Riscrivi e leggi. Riscrivi il fumetto in forma narrativa e poi leggilo davanti alla classe.

Charlie Brown risponde al telefono. La persona che lo chiama è Roy...

E. Lavoro di gruppo. Con alcuni dei tuoi compagni crea una possibile continuazione al fumetto di Charlie Brown. Poi rappresentate insieme la vostra scenetta davanti alla classe.

❈ Con fantasia

A. Incontri. Trova un modo di reagire (*react*) alle seguenti situazioni. Prima scrivi le tue reazioni e poi leggile alla classe.

1. Un amico/un'amica ti incontra in un ascensore (*elevator*), ma fa finta (*pretends*) di non vederti. Cosa potresti dirgli/dirle? 2. Incontri un uomo/una donna per strada che si ferma e ti saluta, ma tu non ricordi chi è. (È un tuo vecchio professore/una tua vecchia professoressa? È un amico/un'amica di famiglia?) Cerca di scoprire (*discover*) chi è senza far capire niente.

B. Giochiamo! Indovina le parole nascoste (*hidden*) con l'aiuto (*help*) delle definizioni.

1. __ M __ __ __ E __
2. __ T __ __ __ __ __ __ S __ __
3. __ M __ O __
4. __ O __ O
5. A __ __ __ __ __ O

DEFINIZIONI

1. *Lover* in inglese.
2. Il femminile di *studente*.
3. È sinonimo di *compagno*.
4. È il contrario di *donna*.
5. *Lawyer* in italiano.

C. Compiti comunicativi. Svolgi i seguenti compiti comunicativi.

MODELLO   Chiedi ad un tuo compagno/una tua compagna quanti anni ha.
Quanti anni hai, Debbie?

1. È sera. Saluta l'insegnante.
2. Stai andando a casa. Saluta gli amici ed i compagni di scuola.
3. Presenta un amico/un'amica ad un altro amico/un'altra amica.
4. Presenta tuo fratello all'insegnante.

D. Conosci i tuoi compagni di classe? Prepara cinque o sei domande che vorresti fare ad un tuo compagno/una tua compagna di classe che ancora non conosci. Poi scegli un compagno/una compagna, presentati, fagli/falle le domande che hai preparato, scrivi le risposte su un foglio di carta e presenta il tuo nuovo amico/la tua nuova amica alla classe. Il tuo compagno/La tua compagna farà la stessa cosa con te.

E. Tema. Scrivi un componimento di circa cento parole su uno dei temi seguenti. Poi leggilo in classe e discuti le tue idee con gli altri membri della classe.

1. Salutare è cortesia, rendere il saluto è obbligo.
2. Chi trova un amico trova un tesoro.

LESSICO UTILE

abitare	to live, dwell	capire	to understand
affatto	at all	che	what, that
l'amante (m./f.)	lover	chi	who
l'amico(-a)	friend	chiamarsi	to be called
ancora	yet	chiedere	to ask (for)
andare	to go	chiudere	to close
andare via	to go away	ciao	hi/bye
aprire	to open	come	how
arrivederci	good-bye (fam.)	cominciare	to begin
arrivederLa	good-bye (pol.)	conoscere	to know, be familiar with (someone)
ascoltare	to listen to		
aspettare	to wait for	credere	to believe
avere	to have	dare	to give
avere la faccia tosta	to be fresh, cheeky	dire	to say
l'avvocato	lawyer	la donna	woman
il bacio	kiss	dormire	to sleep
bere	to drink	dove	where
la bugia	lie	dovere	to have to
buonanotte (buona notte)	good night	l'estraneo(-a)	stranger
		essere	to be
buonasera (buona sera)	good evening/good day	la faccia	face
		fare	to do, make
buongiorno (buon giorno)	good morning/good day	fare amicizia	to make friends
		fare finta	to pretend

la farmacia	*drugstore*	potere	*to be able to*
il fidanzato/la fidanzata	*fiancé/fiancée*	preferire	*to prefer*
		prego	*you're welcome*
finire	*to finish*	presentare	*to introduce*
frequentare	*to attend, frequent*	quaggiù	*down here*
grazie	*thank you*	quale	*which*
guardare	*to look at, watch*	quando	*when*
incontrare	*to meet*	quanto	*how much/many*
l'ingegnere	*engineer*	il ragazzo/la ragazza	*boy/girl, boyfriend/ girlfriend*
inviare	*to send*		
il lago	*lake*	recitare	*to act*
lassù	*up there*	ricordare	*to remember*
mai	*never*	rimanere	*to remain*
mangiare	*to eat*	ripetere	*to repeat*
la mente	*mind*	salire	*to go up*
mettere alla prova	*to test*	sapere	*to know*
neanche	*not even, not either*	sbagliare	*to make a mistake*
il negozio	*store*	scegliere	*to choose*
il nemico/la nemica	*enemy*	sentire	*to feel, hear*
nessuno	*no one, nobody*	la sorpresa	*surprise*
né... né	*neither . . . nor*	la squadra	*team*
niente/nulla	*nothing*	stare	*to stay*
ogni	*every*	tenere	*to hold, keep*
l'orologio	*watch, clock*	tornare	*to return, go back*
pagare	*to pay (for)*	l'uomo	*man*
parlare	*to speak*	uscire	*to go out*
partire	*to leave, depart*	la valigia	*suitcase*
perché	*why, because*	vedere	*to see*
perdere	*to lose*	vendere	*to sell*
più	*more*	venire	*to come*
il pomeriggio	*afternoon*	volere	*to want*
il posto	*place*		

L'amore!

Tema concettuale	**Esprimere sentimenti, idee, ecc.**
Vocabolario	Colori
Note grammaticali	L'articolo indeterminativo
	Gli aggettivi qualificativi (I)
	Il congiuntivo presente
	Verbi regolari
	Verbi irregolari
	Usi del congiuntivo (I)
	Congiuntivo e indicativo
	Con verbi che esprimono opinione, paura, speranza, ecc.
	Piacere
Per la comunicazione	Parlare di sé
	Esprimere sentimenti
Taccuino culturale	Il matrimonio in Italia
Letture	«Dove sogni di incontrare il tuo grande amore?»
	«Amore!» di C. Cerati

Stimolo alla lettura

A. Test. Rispondi e scoprirai chi sei. I grandi amori possono nascere in posti diversi: in discoteca, in spiaggia, perfino (*even*) al museo. Rispondi al test scegliendo una delle alternative proposte. Va' poi a pagina 31 e leggi il profilo del tuo carattere.

Dove sogni di incontrare il tuo grande amore? Spiega la tua risposta.

1. al fast-food   **2.** in campeggio   **3.** sulle piste da sci (*ski slopes*)   **4.** in discoteca   **5.** al museo   **6.** in casa   **7.** al luna park (*amusement park*)   **8.** mentre corri (*while you're jogging*)

B. Il dizionario. Metti alla prova la tua conoscenza della lingua italiana.

Che cosa vuol dire... ?

1. alleato
  a. ally
  b. man

2. angolo
  a. corner
  b. anger

3. cameratesco
  a. bedroom
  b. comradely

4. complice
  a. complex
  b. accomplice

5. condividere
  a. to confuse
  b. to share

6. deciso
  a. decibel
  b. single-minded

7. pari passo
  a. equally
  b. paired

8. spaventare
  a. to spare
  b. to scare off

LETTURA

Dove sogni di incontrare il tuo grande amore?

Leggi attentamente i seguenti profili.

1 AL FAST-FOOD Sei un tipo pratico, dinamico, deciso, con i piedi ben piantati[1] per terra. Perciò inquadri[2] il tuo incontro in un ambiente non molto diverso da quello che frequenti solitamente[3] in città.

2 IN CAMPEGGIO Sei una persona avventurosa, piena di iniziative e non ti chiedi mai che cosa ci sia dietro l'angolo,[4] quali incognite[5] ti riservi il futuro. Vivi alla giornata e nei rapporti umani lasci che sia il tempo a decidere al posto tuo.[6]

3 SULLE PISTE In amore sei esigente e la coppia ideale, per te, è quella che avanza sempre nella medesima[7] direzione, di pari passo. Hai paura dei colpi di testa[8] e cerchi nel/nella partner soprattutto un/una complice e un alleato/un'alleata.[9]

4 IN DISCOTECA Sei essenzialmente un/un'esibizionista. Ti piace essere al centro dell'attenzione. Hai bisogno che gli altri sappiano ciò che fai, come stai. Perfino il tuo amore deve passare l'esame di quelli del tuo ambiente.

5 AL MUSEO Sei una persona romantica e sensibile.[10] Ti piace coltivare affetti[11] e amicizie nella più totale privacy. Pretendi[12] dal tuo/dalla tua partner perfetta identità di vedute.[13] Vuoi condividere con lui/lei ogni tuo interesse e hobby.

6 IN CASA (durante una festicciola da te organizzata o un party per pochi intimi) Sei una persona molto semplice e spontanea, con un forte senso della famiglia. Qualche scossone,[14] tuttavia, non ti farebbe male...

7 AL LUNA PARK Ami il rischio e le incognite. Ti piace trovarti ogni volta come sull'orlo[15] dell'abisso. Gli incontri sentimentali per te devono portarsi dietro un certo non so che[16] di eccitante mistero.

8 MENTRE CORRI Certo non sei eccessivamente sentimentale o sdolcinato(-a).[17] Con l'altro sesso hai un rapporto aperto e cameratesco. Ti considerano una persona molto forte.

[1]*planted* [2]*you envision* [3]*usually* [4]**dietro...** *around the corner* [5]*uncertainties* [6]**al...** *in your place* [7]*same* [8]**colpi...** *rash actions* [9]*ally* [10]*sensitive* [11]*feelings* [12]*You expect* [13]*viewpoints* [14]*jolt* [15]*edge* [16]**un...** *a certain I don't know what* [17]*maudlin*

Dopo la lettura

A. Ricordi quello che hai letto? Completa ciascuna delle seguenti frasi in modo opportuno.

1. Chi sogna di incontrare il grande amore ad un fast-food è una persona...
a. pratica e dinamica.
b. romantica e sensibile.

2. Chi sogna di incontrare il grande amore in campeggio è una persona...
a. esigente.
b. avventurosa e piena di iniziative.

3. Chi sogna di incontrare il grande amore in discoteca...
a. ama essere al centro dell'attenzione.
b. ama il rischio.

4. Chi sogna di incontrare il grande amore in casa...
a. è un esibizionista.
b. è una persona molto semplice e spontanea.

5. Chi sogna di incontrare il grande amore mentre fa il jogging...
a. è una persona eccessivamente sentimentale.
b. è considerata una persona molto forte.

B. Parliamone! Rispondi alle seguenti domande, discutendo le tue risposte con i tuoi compagni.

1. Tu credi nell'amore a prima vista (*at first sight*)? Perché sì/no?
2. Quali caratteristiche cerchi in una persona dell'altro sesso, specialmente nel tuo ragazzo/nella tua ragazza? Perché?
3. Di solito, dove vai quando esci con una persona dell'altro sesso? Al cinema, in discoteca... ? Perché?

C. Giochiamo con gli aggettivi. Descrivi te stesso/te stessa selezionando le parole adatte e dando un esempio per ogni scelta che fai.

pratico, dinamico, deciso, con i piedi ben piantati per terra, avventuroso, pieno di iniziative, semplice, con un forte senso della famiglia, esigente, esibizionista, romantico, sensibile, sentimentale, sdolcinato

MODELLO esibizionista
Sono un/un'esibizionista perché per i party mi metto sempre i vestiti più belli che ho.

STIMOLO LINGUISTICO

A. Ricordi il congiuntivo? Un amico ti chiede se alcune cose sono vere o no. Rispondi alle domande usando *Dubito che*. Non dimenticare di usare il congiuntivo.

MODELLO   È vero che lui va al campeggio?
No, dubito che vada al campeggio.

È vero che...

1. Maria è una ragazza dinamica?   **2.** loro vivono alla giornata?   **3.** lui ama il rischio?   **4.** Marco con la sua ragazza ha un rapporto aperto? **5.** lei sa tutto?   **6.** voi organizzate una festa?

B. Rispondi! Rispondi a piacere alle seguenti domande.

MODELLO   Ti piace il fast-food? Perché sì/no?
No, il fast-food non mi piace perché non fa bene alla salute.

1. Ti piace andare in discoteca? Perché sì/no?   **2.** Ti piace andare al luna park? Perché sì/no?   **3.** Organizzi feste in casa? Se sì, descrivile.   **4.** Hai un hobby? Se sì, qual è?

VOCABOLARIO

COLORI

arancione	*orange*
azzurro	*blue*
bianco	*white*
blu *(invariable)*	*blue*
celeste	*light blue*
giallo	*yellow*
grigio	*gray*
marrone	*brown*
nero	*black*
rosa *(invariable)*	*pink*
rosso	*red*
verde	*green*
viola *(invariable)*	*violet, purple*

Di che colore è? Rispondi alle seguenti domande in modo appropriato.

> MODELLO   Di che colore è l'insegna di McDonald's ?
> **L'insegna di McDonald's è rossa e gialla.**

1. Di che colore è la bibita «Orange Crush»?   **2.** Di che colore sono i tuoi «jeans»?   **3.** Di che colore è di solito (*usually*) il cielo (*sky*) d'estate?   **4.** Di che colore è di solito la carta?   **5.** Di che colore è la margherita (*daisy*)?   **6.** Di che colore è l'erba?   **7.** Di che colore sono di solito i capelli delle persone anziane (*elderly*)?   **8.** Di che colore sono le castagne (*chestnuts*)?

USI METAFORICI

diventare rosso(-a)	*to become embarrassed*
essere al verde	*to be broke*
essere di umore nero	*to be in a bad mood*
essere giallo dalla rabbia	*to be extremely angry*
farne di tutti i colori	*to cause a lot of trouble*
passare una notte bianca/	*to have a sleepless night*
passare una notte in bianco	
incontrare il principe azzurro	*to meet Prince Charming*
vedere tutto rosso	*to be extremely angry*
fare una vita grigia	*to lead a dull life*

A. Una vita grigia. Sei al fast-food con un compagno/una compagna di scuola. State chiacchierando mentre mangiate un hamburger e delle patatine fritte. Completa il dialogo con un altro studente/un'altra studentessa.

TU: Anche tu sei di umore ___ !

LUI/LEI: Eh, sì! Sono quasi sempre al ___ e faccio una vita ___ . E tu cos'hai?

TU: Niente. Ultimamente, mia sorella ne sta facendo di tutti i ___! Ieri mi ha fatto passare una notte ___ ! È stata quasi tutta la notte al telefono con il suo principe ___ . Mi fa diventare ___ dalla rabbia!

B. Adesso tocca a te! Rispondi alle domande con frasi complete.

1. Sei una persona che diventa rossa facilmente? Perché sì/no?   **2.** Di solito, cosa ti fa diventare di umore nero o giallo(-a) di rabbia?   **3.** Tu credi nel «principe azzurro»? Perché sì/no?   **4.** Di solito perché una persona passa la notte in bianco?

NOTE GRAMMATICALI

L'ARTICOLO INDETERMINATIVO

■   The form of the indefinite article (*a, an*) changes according to the gender and initial sound of the noun or adjective it precedes.

MASCULINE	FEMININE
uno *before* **z, s** + *cons.,* **gn, pn, ps, x, i** + *vowel*	**una** *before any consonant*
uno zero *a zero*	una spiaggia *a beach*
uno sbaglio *a mistake*	una discoteca *a disco*
uno gnocco *a dumpling*	una giornata *a day*
uno pneumatico *a tire*	una festa *a party*
uno psicologo *a psychologist*	una città *a city*
uno xilofono *a xylophone*	
uno iogurt *a yogurt*	
un *before any other sound (vowel or consonant)*	**un'** *before any vowel*
un museo *a museum*	un'iniziativa *an initiative*
un angolo *a corner*	un'amica *a friend*

■   Note that the apostrophe is used only in the feminine: **un amico** vs. **un'amica**. And note that the article changes according to the first sound of any adjective that precedes the noun: **un'amica brava** = **una brava amica; uno studente bravo** = **un bravo studente.**

APPLICAZIONE

A. Test. Dove vorresti incontrare il tuo grande amore? Completa con le forme appropriate dell'articolo indeterminativo.

1. *Al fast-food!*
   Sei _____ persona pratica e dinamica. Sogni il tuo incontro in _____ ambiente simile a quello che frequenti in città.
2. *Sulle piste!*
   (*Lei*) Cerchi _____ alleato, _____ amico e _____ complice nel tuo partner.
   (*Lui*) Cerchi _____ alleata, _____ amica e _____ complice nella tua partner.
3. *Al museo!*
   Pretendi dal tuo partner _____ perfetta identità di vedute.

B. Che cos'è? Anagramma le seguenti parole. Segui il modello.

MODELLO   miaco
              È un amico.

1. seomu   **2.** gliosba   **3.** guiort   **4.** micaa   **5.** roze   **6.** saca

GLI AGGETTIVI QUALIFICATIVI (I)

■ The color terms introduced above are generally used as descriptive adjectives. As you may recall from your previous study of Italian, they follow the noun they modify and agree with it in gender and number. There are three patterns to keep in mind.

1. If the adjective ends in **-o**, make the following changes:

	MASCULINE	FEMININE
SINGULAR	**-o** il vestito ross**o** il fiore ross**o**	**-a** la matita ross**a** la parete (*wall*) ross**a**
PLURAL	**-i** i vestiti ross**i** i fiori ross**i**	**-e** le matite ross**e** le pareti ross**e**

2. If the adjective ends in **-e**, make the following changes:

	MASCULINE	FEMININE
SINGULAR	**-e** l'abito verd**e** il fiore verd**e**	**-e** la gonna verd**e** la parete verd**e**
PLURAL	**-i** gli abiti verd**i** i fiori verd**i**	**-i** le gonne verd**i** le pareti verd**i**

3. Some color adjectives are invariable.

	MASCULINE	FEMININE
SINGULAR	l'abito blu il fiore viola	la gonna blu la parete viola
PLURAL	gli abiti marrone (*but also* marroni) i fiori viola	le gonne marrone (*but also* marroni) le pareti viola

A. Dal singolare al plurale. Trasforma al plurale come nell'esempio.

MODELLO   la giacca nera
le giacche nere

1. la camicia verde
2. il principe azzurro
3. il fiore giallo
4. la scarpa marrone

5. il vestito viola
6. la parete bianca
7. l'abito blu

B. Recitiamo! Con un compagno/una compagna metti in scena la seguente situazione.

Due persone devono incontrarsi alla stazione dei treni. Siccome (*since*) non si conoscono, descrivono al telefono come saranno vestite per l'appuntamento.
Non dimenticare di usare i colori (cappotto blu, pantaloni grigi, ecc.)

IL CONGIUNTIVO PRESENTE

Verbi regolari

■ The present subjunctive of regular verbs is formed in the same way as the present indicative, by dropping the infinitive suffixes and adding the following endings. Note, once again, the use of **-isc-** for some third-conjugation verbs:

	amare *to love*	chiedere *to ask for*	scoprire *to discover*	capire *to understand*
io	ami	chieda	scopra	capisca
tu	ami	chieda	scopra	capisca
lui/lei/Lei	ami	chieda	scopra	capisca
noi	amiamo	chiediamo	scopriamo	capiamo
voi	amiate	chiediate	scopriate	capiate
loro	amino	chiedano	scoprano	capiscano

■ As was the case for the present indicative, verbs ending in **-care** and **-gare** are written with an **h** before **i** and, therefore, throughout the entire conjugation.

(io) cerchi, (tu) cerchi, (lui/lei/Lei) cerchi, (noi) cerchiamo, (voi) cerchiate, (loro) cerchino

(io) paghi, (tu) paghi, (lui/lei/Lei) paghi, (noi) paghiamo, (voi) paghiate, (loro) paghino

■ Similarly, verbs ending in **-ciare**, **-giare**, and **-gliare** are not written with a double **i**.

> (io) cominci, (tu) cominci, (lui/lei/Lei) cominci, (noi) cominciamo,
> (voi) cominciate, (loro) comincino
>
> (io) mangi, (tu) mangi, (lui/lei/Lei) mangi, (noi) mangiamo, (voi) mangiate,
> (loro) mangino
>
> (io) sbagli, (tu) sbagli, (lui/lei/Lei) sbagli, (noi) sbagliamo, (voi) sbagliate,
> (loro) sbaglino

■ Verbs ending in **-iare** are not written with a double **i** unless the **i** is stressed (see Capitolo 1, p. 13).

> (io) invii, (tu) invii, (lui/lei/Lei) invii, (noi) inviamo, (voi) inviate, (loro) inviino

■ Because many endings are similar, it is often necessary to use the subject pronouns to avoid confusion: **Gianni crede che tu abbia torto/Gianni crede che io abbia torto.**

APPLICAZIONE

Esprimi la tua opinione! Rispondi alle domande iniziando la risposta con le parole tra parentesi. Segui il modello.

> MODELLO   Gianni frequenta quel ristorante?   (mi sembra che)
> **Sì, mi sembra che frequenti quel ristorante.**

1. Costa molto andare in discoteca? (credo che) *costi*
2. Maria pretende molto dal suo ragazzo? (pare che)
3. Al ristorante pagano sempre loro? (dubito che) *paghino*
4. Risponde sempre Lucia al telefono? (è probabile che)
5. Monica studia spesso con Marianna? (penso che) *studi*
6. Loro ti considerano una persona molto forte? (è possibile che)
7. John capisce l'italiano? (non so se) *capisca*
8. Giovanni mangia spesso al fast-food? (sembra che)
9. I ragazzi partono domani per il campeggio? (credo che) *partano*
10. I tuoi amici sciano molto d'inverno? (non sono sicuro[-a] se)
11. Loro cercano lavoro? (credo che) *cerchino*

Verbi irregolari

■ Verbs that are irregular in the present indicative are also irregular in the present subjunctive.

andare	*to go*	vada, vada, vada, andiamo, andiate, vadano
avere	*to have*	abbia, abbia, abbia, abbiamo, abbiate, abbiano
bere	*to drink*	beva, beva, beva, beviamo, beviate, bevano
dare	*to give*	dia, dia, dia, diamo, diate, diano
dire	*to say, tell*	dica, dica, dica, diciamo, diciate, dicano
dovere	*to have to*	debba, debba, debba, dobbiamo, dobbiate, debbano
essere	*to be*	sia, sia, sia, siamo, siate, siano
fare	*to do, make*	faccia, faccia, faccia, facciamo, facciate, facciano
potere	*to be able to*	possa, possa, possa, possiamo, possiate, possano
rimanere	*to stay, remain*	rimanga, rimanga, rimanga, rimaniamo, rimaniate, rimangano
salire	*to go up*	salga, salga, salga, saliamo, saliate, salgano
sapere	*to know*	sappia, sappia, sappia, sappiamo, sappiate, sappiano
stare	*to stay*	stia, stia, stia, stiamo, stiate, stiano
tenere	*to keep, hold*	tenga, tenga, tenga, teniamo, teniate, tengano
uscire	*to go out*	esca, esca, esca, usciamo, usciate, escano
venire	*to come*	venga, venga, venga, veniamo, veniate, vengano
volere	*to want*	voglia, voglia, voglia, vogliamo, vogliate, vogliano

APPLICAZIONE

I consigli. In una rivista hai una rubrica (*column*), nella quale rispondi ai tuoi lettori. Da' loro dei consigli, seguendo il modello.

MODELLO   essere importante che / tu / dire sempre la verità
È importante che tu dica sempre la verità.

1. essere necessario che / tu / essere pratico(-a) e deciso(-a)
2. bisognare che / noi / non dare importanza alle parole degli altri
3. essere essenziale che / loro / sapere essere semplici e spontanei(-e)
4. essere importante che / una coppia / avere un rapporto aperto
5. essere necessario che / voi / fare molto sport
6. essere importante che / tuo fratello / uscire più spesso
7. essere necessario che / tu / stare più calmo(-a)
8. essere consigliabile (*advisable*) che / voi / andare al party
9. bisognare che / tu / volere bene al (*love*) tuo/alla tua partner
10. essere importante che / voi / tenere tutto questo in mente

USI DEL CONGIUNTIVO (I)

Congiuntivo e indicativo

■ The present subjunctive has the same communicative function as the present indicative. It allows you to speak in the present and to talk about continuous actions or states. The difference is one of "mood": the subjunctive adds your perspective, or point of view, to the message, and it allows you to express nonfacts (doubts, opinions, and the like).

INDICATIVE = "FACTUAL"	SUBJUNCTIVE = "NONFACTUAL"
So che Gianni **è** un tipo pratico. *I know that John is a practical type.*	**Credo** che Gianni **sia** un tipo pratico. *I believe that John is a practical type.*
È vero che l'insegnante **sa** tutto. *It's true that the teacher knows everything.*	**Non è possibile** che l'insegnante **sappia** tutto. *It's not possible that the teacher knows everything.*
Tutti **dicono** che Marco **ama** Maria. *Everyone says that Marco loves Maria.*	Tutti **pensano** che Marco **ami** Maria. *Everyone thinks that Marco loves Mary.*

Con verbi che esprimono opinione, paura, speranza, ecc.

■ Here are some common verbs/expressions requiring the subjunctive:

avere paura *to be afraid*	preferire *to prefer*
credere *to believe*	ritenere *to maintain (conj. like* tenere*)*
desiderare *to desire*	sembrare *to seem*
dubitare *to doubt*	sospettare *to suspect*
esigere *to demand, expect*	sperare *to hope*
immaginare *to imagine*	temere *to fear*
pensare *to think*	volere *to want*

■ When the antecedent in the main clause is the same in the subordinate clause, it is preferable to use the infinitive.

DIFFERENT ANTECEDENT	SAME AS THE ANTECEDENT
Gina crede che tu sia dinamico.	Gina crede di essere dinamica. *Gina believes that she (herself) is dynamic.*
I miei amici dubitano che io sia pratico.	I miei amici dubitano di essere pratici. *My friends doubt that they (themselves) are practical.*
Io spero che tu venga domani.	Io spero di venire domani. *I hope to come tomorrow.*

A. Tu e il tuo partner! Nelle seguenti frasi mancano alcuni verbi. Completa gli spazi vuoti (*empty*) con i verbi suggeriti, mettendoli al presente indicativo, al presente congiuntivo o all'infinito, secondo il caso.

1. dire
—Sei sicuro(-a) che il tuo/la tua partner ti ___*dice*___ sempre la verità.
—Hai paura che il tuo/la tua partner non ti ___*dica*___ mai la verità.
—Voi due vi ___*dite*___ sempre la verità.

2. sapere
—Pensi che il tuo/la tua partner ___*sappia*___ tutto su di te.
—Pensi di ___*sapere*___ tutto sul tuo/sulla tua partner.
—Sei sicuro che il tuo/la tua partner non ___*sa*___ niente su di te.

3. essere
—Il tuo/La tua partner sa che tu ___*sei*___ esigente in amore.
—Tu ritieni di ___*essere*___ esigente in amore.
—Tu speri che il tuo/la tua partner non ___*sia*___ esigente in amore.

B. Formiamo delle frasi! Forma delle frasi con le seguenti parole.
1. io / dubitare / che / loro / andare *vadano* / campeggio / domani
2. io / non / credere / che / lui / essere *sia* / tipo / pratico
3. lui / pensare / che / nei rapporti umani / essere *sia* / tempo / a decidere
4. noi / sapere / che / tu / essere *sei* / persona / sensibile e romantica
5. noi / preferire / che / voi / non frequentare *frequentiate* / quell'ambiente

C. Esprimi la tua opinione! Scrivi qualcosa su quello che pensi rispetto alle seguenti affermazioni. Imita il modello. Poi leggi davanti alla classe quello che hai scritto.

MODELLO   Il tuo partner/La tua partner deve avere il tuo stesso carattere.
         —**Sì, penso/credo/ecc. che il mio/la mia partner debba avere il mio stesso carattere perché solo così possiamo andare sempre d'accordo.**
         —**No, non penso/dubito/ecc. che due persone dello stesso carattere possano andare mai d'accordo.**

1. L'amore è cieco (*blind*).
2. Il primo amore non si scorda mai. (*One's first love is never forgotten.*)
3. Gli amici si conoscono nelle avversità. (*A friend in need is a friend indeed.*)

PIACERE

■ The present indicative and subjunctive forms of the verb **piacere** are:

INDICATIVE   piaccio, piaci, piace, piacciamo, piacete, piacciono
SUBJUNCTIVE   piaccia, piaccia, piaccia, piacciamo, piacciate, piacciano

■ Recall that the verb **piacere** renders the idea of *to like*, but it really means *to be pleasing to*. For this reason, you must rearrange your sentences mentally when using it.

John likes Claudia. =

| *Claudia* | *is pleasing* | *to John.* |
| Claudia | piace | a Gianni. |

I like you. =

| *You* | *are pleasing* | *to me.* |
| (Tu) | piaci | a me. |

■ Such sentences can always be rearranged as follows:

Claudia piace a Gianni. *or* A Gianni piace Claudia.
(Tu) piaci a me. *or* (Tu) a me piaci.

■ Generally, if the indirect object (**a Gianni, a me**) follows the verb, it is more emphatic.

■ To use this verb, you will need to use the indirect object pronouns. Their grammatical functions will be described more fully in Capitolo 7. Here, you will need them to express your likes and dislikes. If you have forgotten them, they are as follows:

mi/a me	*to me*
ti/a te	*to you (fam.)*
gli/a lui	*to him*
le/a lei	*to her*
Le/a Lei	*to you (pol.)*
ci/a noi	*to us*
vi/a voi	*to you (pl.)*
gli/a loro	*to them*

■ The forms **a me, a te**, and so on, are used:

If more than one person is involved.

I like Claudia, you don't. =

Claudia *is pleasing* *to me,* *not to you.*
Claudia piace **a me,** non **a te.**

To avoid confusion, usually when two or more clauses are involved.

I like her, but she doesn't like me. =

She *is pleasing* *to me,* *but* *I am not pleasing* *to her.*
Lei piace **a me,** ma io non piaccio **a lei.**

To resolve potential ambiguities.

Gli piace. = Piace **a lui.** *or* Piace **a loro.**

■ Note that **piacere** can also be followed by an infinitive in constructions such as:

Mi piace andare al cinema.   *I like going (to go) to the movies.*
Non ci piace mangiare tardi.   *We do not like eating late.*

■ Finally, note that when referring to people, the expression **essere simpatico a** can sometimes be used instead of **piacere.**

Gianni mi piace. = Gianni mi è simpatico.
Maria non vi piace. = Maria non vi è simpatica.
I tuoi amici non ci piacciono. = I tuoi amici non ci sono simpatici.
Le tue amiche non gli piacciono. = Le tue amiche non gli sono simpatiche.

APPLICAZIONE

A. Ti piace? Con un compagno/una compagna crea mini-dialoghi, seguendo il modello.

MODELLO   le patatine fritte
                   —**Ti piacciono le patatine fritte?**
                   —**Sì, mi piacciono./No, non mi piacciono.**
                   —**Piacciono anche a me./Non piacciono neanche a me.**

1. il fast-food   2. andare in campeggio   3. fare il jogging   4. le feste
5. la Coca-Cola   6. essere al centro dell'attenzione   7. andare in discoteca
8. studiare   9. i soldi   10. il baseball

B. Maria piace a me! Con un compagno/una compagna crea mini-dialoghi imitando il modello.

> MODELLO   Maria / a Mario
> —**Maria piace a Mario?**
> —**Sì, gli piace/piace a lui.**

1. Nora / a Gino
2. Gino / a tua sorella
3. Paola e Giovanna / a quei ragazzi
4. l'insegnante / a Debbie
5. la sorella di Franco / ai tuoi amici
6. i cantanti rock / all'insegnante
7. il corso d'italiano / a tuo fratello

C. Esprimi la tua opinione! Completa ogni frase in modo appropriato.

1. Mi piace il corso d'italiano perché... 2. Ai miei genitori non piace/piacciono... 3. All'insegnante d'italiano non piace/piacciono... 4. Noi non piacciamo all'insegnante quando... 5. Io non sono simpatico(-a) alla gente quando... 6. Lui/Lei non mi è simpatico(-a) quando... 7. Ecco le cose che mi piace fare quando sono a casa il weekend... 8. Quando esco con il mio ragazzo/la mia ragazza, mi piace andare...

PER LA COMUNICAZIONE

PARLARE DI SÉ

MI CHIAMO...	*MY NAME IS . . .*
il nome	*first name/name in general*
il cognome	*surname/family name*
chiamarsi	*to be called*
ABITO IN VIA..., NUMERO...	*I LIVE AT (NUMBER, STREET)*
l'indirizzo	*address*
la via	*street*
il corso	*avenue*
la piazza	*square*
IL MIO NUMERO DI TELEFONO/IL MIO	
NUMERO TELEFONICO È...	*MY PHONE NUMBER IS . . .*
il telefono	*phone*
il prefisso	*area code*
fare il numero	*to dial*

HO... ANNI	I AM . . . YEARS OLD
la data di nascita	date of birth
il luogo di nascita	place of birth
l'età	age
Sono nato(-a) il tre maggio 1972.	I was born on May 3, 1972.

LO STATO CIVILE	MARITAL STATUS
sposato(-a)	married
celibe (m.) / nubile (f.)	single
divorziato(-a)	divorced
figli	children

A. Vi presentiamo Lucia Signorelli. Dal seguente modulo (*application form*) mancano le indicazioni. Forniscile e poi rispondi alle domande che seguono.

```
Nome :   Lucia
         Signorelli
         (02) 24.46.78
         4 aprile 1948
         Sposata
         via Maggiore, 5
         Milano
```

1. Come si chiama la persona che ha compilato questo modulo?
2. Qual è il suo numero di telefono? E il prefisso?
3. Quando è nata? Quanti anni ha?
4. Qual è il suo stato civile?
5. Dove abita?

B. Ora tocca a te! Adesso fornisci tutti i tuoi dati personali nel modo suggerito.

MODELLO   nome
           Il mio nome è Debbie.

1. nome
2. cognome
3. indirizzo
4. numero di telefono

5. data di nascita
6. luogo di nascita
7. età
8. stato civile

C. Giochiamo con gli aggettivi.

1. Descrivi la tua personalità, usando gli aggettivi seguenti. (Gli aggettivi sono tutti nella forma maschile.)

attivo	fedele (*faithful*)
ambizioso	paziente
dinamico	impaziente
avaro (*greedy*)	timido (*shy*)
generoso	superficiale
buono	ribelle (*rebellious*)
cattivo	pigro (*lazy*)
coraggioso	sincero
curioso	individualista
deciso	leale (*loyal*)
indeciso	ostinato (*obstinate*)

2. Ora descrivi il carattere di una persona a te cara.

ESPRIMERE SENTIMENTI

FUNZIONE	ESPRESSIONI
expressing dislike	Quella persona non mi piace.
expressing dislike more strongly	odiare = *to hate* detestare = *to detest* sopportare = *to bear, stand*
expressing to be sorry, not minding	Mi dispiace, ma non hai ragione. = *I'm sorry, but you're wrong.* Anche a noi dispiace. = *We're sorry too.* Ti dispiace fare questo? = *Do you mind doing this?* No, non mi dispiace. = *No, I don't mind.*
expressing anger, offense, indignation	Ma come? = *What do you mean?* Non sono affari tuoi/Suoi! = *It's none of your business!* E con ciò? = *And so?* Ma che dici/dice? = *What are you saying?*
expressing happiness, approval	Che bello! = *How nice!* essere contento(-a) = *to be happy* essere soddisfatto(-a) = *to be satisfied*
expressing a bad mood	essere giù = *to be down* essere depresso(-a) = *to be depressed*
expressing fear	avere paura = *to be afraid* temere = *to fear*
expressing hope	sperare = *to hope*

A. Come si dice in italiano...? Un tuo amico che non parla italiano ti chiede come si dicono alcune frasi in italiano. Aiutalo.

Come si dice...?

1. I don't like this house.
2. I hate this color.
3. I'm sorry, but I can't come.
4. It's none of your business.
5. What are they saying?
6. I'm feeling down today.

B. Per essere felici. Scegli ciò che per te è più importante per essere felici. Giustifica la tua scelta.

essere onesti
essere intelligenti
essere gentili
essere ricchi
avere il senso dell'umorismo
essere belli

essere istruiti
essere pratici
stare bene di salute
essere fisicamente forti
essere alla moda
essere snelli *(thin)*

IL MOMENTO CREATIVO   Con un tuo compagno/una tua compagna metti in scena una delle seguenti situazioni.

1. In una discoteca un ragazzo chiede ad una ragazza di ballare. Lei non vuole ballare con lui e, per non offenderlo, trova una scusa.

2. In un fast-food una ragazza vede il ragazzo di cui è innamorata *(in love)*. Lui, però, non la sopporta *(can't stand her)*. Lei lo invita a mangiare qualcosa. Lui rifiuta l'invito trovando una scusa.

IL MATRIMONIO IN ITALIA

La legge di riforma del diritto di famiglia (*family law*) stabilisce che «con il matrimonio il marito e la moglie acquistano gli stessi diritti (*rights*) e assumono i medesimi doveri (*duties*)». Quando la donna si sposa (*gets married*) mantiene generalmente il suo cognome.

Come in America, il matrimonio è celebrato alla presenza di un ufficiale dello stato civile o di un ministro religioso. La cerimonia religiosa ha anche effetti civili. La cerimonia del matrimonio si chiama «sposalizio». I futuri sposi annunciano il matrimonio con «le partecipazioni» (*wedding invitations*). Dopo la cerimonia civile o religiosa, i giovani sposi vanno in «luna di miele» (viaggio di nozze).

In Italia, il divorzio, legalizzato nel 1970 , si può ottenere dopo tre anni di separazione legale. La legge sul divorzio è stata modificata ultimamente per proteggere «il coniuge (*spouse*) più debole». Le persone divorziate possono risposarsi immediatamente dopo lo scioglimento del matrimonio. La donna, anche se non si risposa, perde il cognome del marito. Lo può conservare però in aggiunta al proprio (*along with her own*) se esso può esserle d'aiuto (ad esempio nella carriera) o può comunque giovare (*be useful*) ai figli.

L'Italia, dopo gli Stati Uniti, è il paese che adotta più bambini. Una coppia, per potere adottare un bambino, deve essere sposata da almeno tre anni e deve avere altri prerequisiti prescritti dalla legge.

A. Indovinello! Indovina (*guess*) le parole definite sotto.

1. Accordo tra un uomo e una donna celebrato alla presenza di un ministro religioso.
2. I biglietti con cui i futuri sposi annunciano il matrimonio.
3. Periodo subito dopo lo sposalizio.
4. Si puó ottenere dopo tre anni di separazione legale.
5. *To get married* in italiano.

B. Il tuo matrimonio. Rispondi alle seguenti domande.

1. Che matrimonio (tipo di cerimonia, ricevimento, ecc.) sogni?
2. Dove vuoi andare in luna di miele?   3. A chi manderai le partecipazioni?   4. Dove abiterai con tuo marito/tua moglie?
5. Quanti figli pensi di avere?

C. L'uomo/La donna dei miei sogni. Descrivi l'uomo/la donna dei tuoi sogni, utilizzando le parole seguenti nelle loro forme appropriate.

Fisico: alto, basso, tarchiato (*stocky*), magro, grasso, snello (*thin*)
Capelli: neri, castani (*brown*), rossi, biondi, grigi, bianchi, lisci (*straight*), ricci (*curly*)
Naso: regolare, irregolare, aquilino (*beaked*)
Bocca: larga, stretta
Labbra: sottili (*thin*), carnose (*thick*)
Orecchie: strette, larghe, sporgenti (*sticking out*)
Carattere: (see the list in exercise C, page 46)

Stimolo alla lettura

Opinioni, esperienze e punti di vista personali. Rispondi alle seguenti domande. Poi discuti le tue risposte con il tuo insegnante e gli altri studenti.

1. Secondo te, che cosa cercano i giovani oggi nel loro partner?
2. I giovani come affrontano il futuro? Con trepidazione (*apprehension, anxiety*)? Con tranquillità (*confidence*)? Con indifferenza?
3. Pensi che la condizione delle donne nel matrimonio oggi sia cambiata? Perché sì/no?
4. In che tipo di mondo, secondo te, cresceranno i tuoi figli?
5. Che cosa significano per te le seguenti parole: lavoro, educazione, religione, amore? Esprimi brevemente la tua opinione su questi argomenti, usando *Credo che/Penso che.*

 # LETTURA  _more!_

Leggi attentamente il seguente brano di C. Cerati. Mentre leggi, annota tutti i verbi che sono al presente congiuntivo.

Un giorno disperatamente piansi[1] prendendo la decisione di restare sola. Era paura: la paura di chi ha vissuto continuamente in bilico[2] tra il bisogno di libertà e il bisogno di sicurezza, la paura di diventare adulta per sempre.

Ora sono qui, avendo da poco compiuto trent'anni e assolutamente trepidante[3] per il mio avvenire come un'adolescente; non tanto perché io per questo domani abbia speranze o timori, quanto perché ritengo che questo mio domani sia già l'oggi di molte donne nate dopo di me e che la libertà l'hanno avuta in dono dal tempo in cui viviamo. Mia figlia crescerà in un mondo che ha camminato,[4] a dispetto del[5] mio isolamento e della mia infelicità; a lei vorrei lasciare qualcosa perché non si smarrisca[6] come è accaduto a me per pregiudizio e paura. Voglio che viva libera in luoghi dove si possa essere liberi, conoscendo il significato di questa parola.

Per anni ho sentito parole agitarsi dentro di me, parole che non potevo afferrare perché la mia vita era simile alla morte, perché ogni giorno mi sforzavo di ascoltare altre parole: ubbidienza, sacrificio, gratitudine, lavoro, onestà, castità, maldicenza,[7] verginità, educazione, prestigio, carriera, autorità, religione, dovere, dovere, dovere... mentre io sempre pensavo a una parola sola, importante: amore.

Amore materno, amore filiale, amore spirituale, amore casto, amore legittimo, amore carnale, amore sbagliato, amore malato, amore perverso, amore coniugale, amore adolescente, amore responsabile, amore distruttivo, amore costruttivo, amore posseduto e subito perduto, amore impossibile. [...]

Ora questa montagna di parole si è condensata ed è esplosa: non sarò mai più la stessa, ma voglio essere me stessa.

[1] _I wept_   [2] _on the edge_   [3] _afraid_   [4] _changed, evolved_   [5] **a...** _despite_   [6] _get lost_ (smarrirsi)   [7] _gossip, slander_

 ## Dopo la lettura

A. Ricordi quello che hai letto? Rispondi alle domande con frasi complete.

1. Di che cosa ha paura la narratrice?   **2.** Quanti anni ha appena (_just_) compiuto?   **3.** Perché la vita della narratrice era «simile alla morte»? **4.** A quale parola pensava sempre? Perché?   **5.** La narratrice è ancora come era una volta? Come vuole essere ora la narratrice?   **6.** Secondo te, che tipo di persona è la narratrice?

B. Completa gli spazi vuoti. Dalla seguente parafrasi della lettura mancano diverse parole. Forniscile.

Un giorno la narratrice prese la decisione di restare _____. Aveva paura di diventare _____ per sempre. Adesso _____ trent'anni ed è assolutamente _____ per il suo avvenire. Ritiene che le donne _____ dopo di lei siano libere. Per anni ha sentito agitarsi dentro di lei parole che non poteva _____, mentre lei sempre pensava a una parola sola, importante: _____. Ora vuole soltanto essere se _____.

C. Riassunto. Riassumi con parole tue la lettura precedente. Poi confronta il tuo riassunto con quello di un tuo compagno/una tua compagna. Chi è riuscito (*succeeded*) a fornire il riassunto più preciso, più dettagliato—tu o il tuo compagno/la tua compagna?

 # Con fantasia

A. Desideri personali... Esprimi cinque desideri personali. Usa *Io voglio che/Desidero che*. Poi paragona (*compare*) i tuoi desideri con quelli degli altri studenti.

B. Ti piace...? Di' se le seguenti cose/persone ti piacciono o no. Poi spiega la tua risposta.

MODELLO   le persone semplici
Sì, le persone semplici mi piacciono, perché non è difficile renderle contente.
No, le persone semplici non mi piacciono, perché hanno un carattere troppo prevedibile.

1. le persone esigenti   2. il rischio   3. le camicie viola   4. andare in discoteca   5. mangiare al ristorante   6. lo iogurt

C. Che cos'è? Indovina rispondendo con l'articolo indeterminativo.

MODELLO   si organizza spesso in casa
una festa/un party

1. si mangia a McDonald's
2. il contrario di *un amico*
3. si dice quando non vogliamo dire la verità
4. si porta per sapere che ora è
5. un medico che «analizza» i sentimenti e i pensieri dei suoi pazienti

D. Combina le frasi. Abbina le frasi riportate a destra con quelle della colonna di sinistra.

1. _____ Giovanni è sposato?
2. _____ Non sono affari miei!
3. _____ Vi dispiace aiutarmi?
4. _____ Giovanni mi piace.
5. _____ Qual è il tuo indirizzo?

a. I like John.
b. What is your address?
c. It's none of my business!
d. Is John married?
e. Do you mind helping me?

E. Lavoro di gruppo. Metti in scena con un tuo compagno/una tua compagna una delle seguenti scenette.

1. Amore a prima vista al supermercato.
2. Intervista ad una persona famosa (Madonna, Oprah, Geraldo, ecc.) in cui gli/le si chiede quali caratteristiche cerca nel/nella partner.

F. E per finire... Prepara il profilo di una persona che sogna di incontrare il suo grande amore all'università (o in un altro posto: in chiesa, al bar, al cinema, al mare, ecc.). Poi leggilo in classe e discuti le tue idee con gli altri studenti.

LESSICO UTILE

l'ambiente (*m.*)	*ambiance, place*	**divorziato(-a)**	*divorced*
arancione	*orange*	**dubitare**	*to doubt*
augurare	*to wish*	**essere al verde**	*to be broke*
azzurro(-a)	*blue*	**essere di umore nero**	*to be in a bad mood*
bianco(-a)	*white*	**essere giallo di rabbia**	*to be extremely angry*
blu (*inv.*)	*dark blue*	**l'età** (*f.*)	*age*
celeste	*light blue*	**farne di tutti i colori**	*to cause a lot of trouble*
celibe (*m.*)	*single*	**giallo(-a)**	*yellow*
chiedere	*to ask for*	**grigio(-a)**	*gray*
il cognome	*surname, family name*	**l'indirizzo**	*address*
credere	*to believe*	**inviare**	*to send*
desiderare	*to desire*	**la luna di miele**	*honeymoon*
detestare	*to detest*	**marrone**	*brown*
diventare rosso(-a)	*to become embarrassed*	**nero(-a)**	*black*

il nome	name	**il rumore**	noise
nubile (*f.*)	single	**sciare**	to ski
il numero di telefono	telephone number	**sopportare**	to bear, stand
odiare	to hate	**sperare**	to hope
ordinare	to order	**sposato(-a)**	married
piacere	to like, be pleasing to	**il telefono**	telephone
la piazza	square	**temere**	to fear
il prefisso	area code	**verde**	green
rosa (*inv.*)	pink	**la via**	street
rosso(-a)	red	**viola** (*inv.*)	violet, purple

Dottore, come mi trova?

3

Tema concettuale	**Il corpo e la salute**
Vocabolario	Le parti del corpo
Note grammaticali	L'articolo determinativo
	L'imperativo
	Verbi regolari
	Verbi irregolari
	Usi del congiuntivo (II)
	Con espressioni impersonali
	In frasi interrogative indirette e in affermazioni negative
Per la comunicazione	Parlare della salute
	Andare dal medico
Taccuino culturale	Il sistema sanitario in Italia
Letture	«Dottore, come mi trova?»
	«Un dottore fatto in casa» di N. Salvataggio

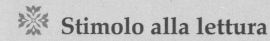

Stimolo alla lettura

Com'è la tua salute? Se non lo sai... te lo dico io! Fa' il seguente test, segnando con un visto (√) le caselle che ti riguardano. Controlla poi l'analisi delle tue risposte alla fine dell'esercizio.

1. a. ☐ Non ho quasi mai mal di testa.
    b. ☐ Non ho quasi mai mal di pancia (*stomach*).
    c. ☐ Non ho quasi mai il raffreddore (*cold*).
    d. ☐ Non sono sovrappeso (*overweight*).
    e. ☐ La mia pressione del sangue è quasi sempre normale.

2. a. ☐ Faccio almeno un controllo (*check-up*) medico all'anno.
    b. ☐ Faccio ginnastica tutti i giorni.
    c. ☐ Mangio regolarmente e adeguatamente.
    d. ☐ Ho cura della mia igiene personale.
    e. ☐ Vesto in modo opportuno quando fa freddo.

3. a. ☐ Mangio troppi dolci.
    b. ☐ Bevo troppi alcolici.
    c. ☐ Fumo.
    d. ☐ Bevo troppi caffè.
    e. ☐ Prendo troppe medicine non necessarie.
    f. ☐ Dopo cena mi siedo subito davanti alla TV o vado subito a letto.

4. a. ☐ Spesso lavoro più di dieci ore al giorno.
    b. ☐ Dormo poco.
    c. ☐ Non mi prendo mai una vacanza.
    d. ☐ Salto spesso i pasti (*meals*).
    e. ☐ Non trovo mai un minuto per rilassarmi.

ANALISI DELLE RISPOSTE

1. 4–5 visti: sei in ottimo stato di salute.
2. 4–5 visti: hai cura della tua salute.
3. 5–6 visti: sfrutti (*abuse*) troppo il tuo corpo.
4. 4–5 visti: sfrutti troppo le tue energie fisiche.

Dottore, come mi trova?

Leggi attentamente la seguente pagina tratta da un fotoromanzo italiano.

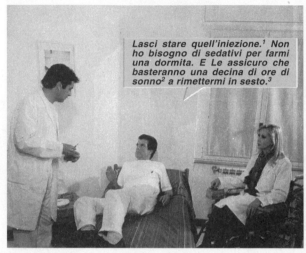

Lasci stare quell'iniezione.[1] Non ho bisogno di sedativi per farmi una dormita. E Le assicuro che basteranno una decina di ore di sonno[2] a rimettermi in sesto.[3]

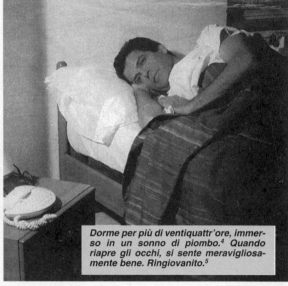

Dorme per più di ventiquattr'ore, immerso in un sonno di piombo.[4] Quando riapre gli occhi, si sente meravigliosamente bene. Ringiovanito.[5]

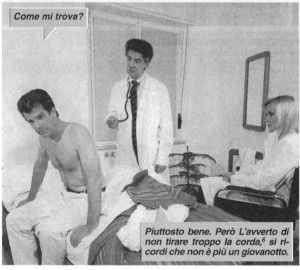

Come mi trova?

Piuttosto bene. Però L'avverto di non tirare troppo la corda,[6] si ricordi che non è più un giovanotto.

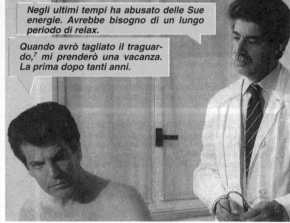

Negli ultimi tempi ha abusato delle Sue energie. Avrebbe bisogno di un lungo periodo di relax.

Quando avrò tagliato il traguardo,[7] mi prenderò una vacanza. La prima dopo tanti anni.

---

[1] *shot*   [2] *sleep*   [3]**rimettermi...** *to pick myself up*   [4]**sonno...** *deep*   [5] *rejuvenated*   [6]**tirare...** *test your luck*
[7]avrò... *I'm better (lit., I've crossed the finish line)*

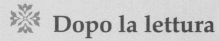

Dopo la lettura

A. Ricordi quello che hai letto? Indica se ciascuna delle seguenti affermazioni è vera (V) o falsa (F). Correggi poi le affermazioni false.

1. _____ Il paziente vuole l'iniezione.
2. _____ Il paziente afferma che ha bisogno di un sedativo.
3. _____ Dopo il sonno il paziente si sente ringiovanito.
4. _____ Il dottore ha bisogno di un periodo di relax.
5. _____ Il dottore ha abusato delle sue energie.

B. Parliamone! Rispondi liberamente alle seguenti domande, discutendo le tue risposte con gli altri membri della classe.

1. Secondo te, sono necessari lunghi periodi di relax? Perché sì/no?
2. Quali sono le attività che ti rilassano di più?
3. Quando non riesci a dormire, cosa fai per addormentarti?
4. Secondo te, è vero che il ritmo della vita moderna ci costringe (*forces*) spesso ad abusare delle nostre energie? Giustifica la tua risposta.

STIMOLO LINGUISTICO

A. Tu sei il medico! Di' a un paziente di fare le seguenti cose. Segui il modello. Fa' attenzione alle forme dell'imperativo di cortesia (*polite imperative*). Te le ricordi?

> MODELLO   Di' al paziente di prendere questa medicina.
> **Prenda questa medicina.**

Di' al paziente di...

1. prendere un sedativo 2. dormire di più 3. non abusare delle sue energie 4. non fumare 5. non bere troppo 6. non correre tanti rischi 7. aprire la bocca 8. essere più responsabile verso se stesso 9. fissare un altro appuntamento

B. Il ritratto. Descrivi fisicamente le seguenti persone.

> MODELLO   il presidente degli Stati Uniti
> **È un uomo alto con i capelli grigi...**

1. i tuoi genitori 2. il tuo vicino/la tua vicina di banco 3. Robin Williams 4. Madonna 5. l'insegnante d'italiano

VOCABOLARIO

LE PARTI DEL CORPO

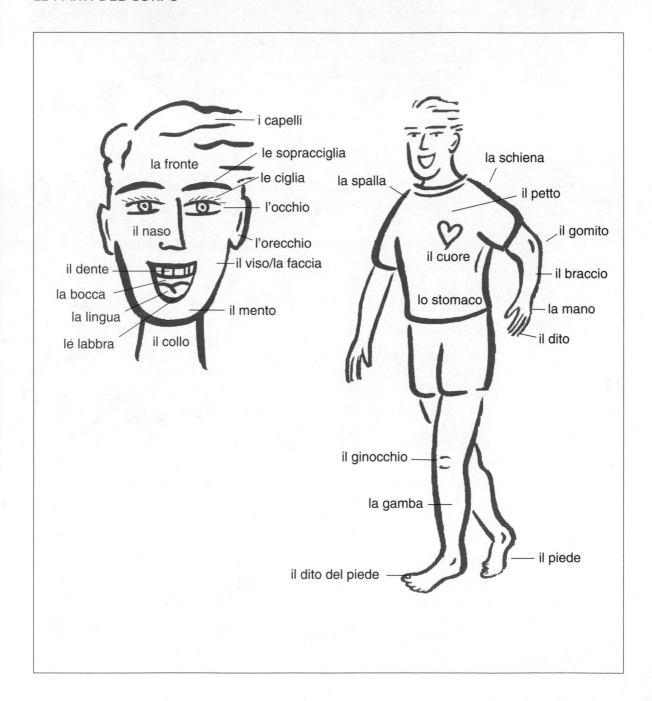

i capelli

le sopracciglia

la fronte

le ciglia

l'occhio

il naso

l'orecchio

il dente

il viso/la faccia

la bocca

la lingua

lé labbra

il mento

il collo

la schiena

la spalla

il petto

il gomito

il cuore

il braccio

lo stomaco

la mano

il dito

il ginocchio

la gamba

il piede

il dito del piede

■ Note the following irregular plural forms:

il braccio	le braccia
il ciglio (*eyelash*)	le ciglia
il dito	le dita
il ginocchio	le ginocchia
il labbro (*lip*)	le labbra
l'orecchio	le orecchie
il sopracciglio (*eyebrow*)	le sopracciglia

■ The plurals of **l'orecchio** and **il ginocchio** are also **gli orecchi** and **i ginocchi**.

■ The plural form of **la mano** is **le mani**.

APPLICAZIONE

A. Che cos'è? Rispondi alle definizioni secondo il modello.

MODELLO   Serve per parlare.
la bocca

1. Serve per sentire. **2.** Serve per odorare (*smell*). **3.** Servono per correre. **4.** Servono per contare. **5.** Servono per baciare. **6.** Si mettono nei guanti (*gloves*). **7.** Abitano... nelle scarpe.

B. Conosci bene il tuo corpo? Indovina le parole nascoste. Tieni presente che a lettera uguale corrisponde numero uguale.

1.	₁S	₂T	₃O	₄M	₅A	₆C	₇O
2.	2	8	1	2	5		
3.	9	5	1	3			
4.	10	8	9	2	8		
5.	11	3	6	6	5		
6.	11	12	5	6	6	13	3
7.	14	13	9	3	6	6	15 13 3
8.	14	3	4	13	2	3	

C. Che cosa Le fa male? Con un compagno/una compagna crea un mini-dialogo tra dottore e paziente, seguendo il modello.

> MODELLO   la gamba
> DOTTORE: Allora, quale gamba Le fa male?
> PAZIENTE: Mi fanno male tutte e due le gambe!

1. l'occhio   **2.** il ginocchio   **3.** l'orecchio   **4.** il braccio   **5.** la mano
6. il piede

USI METAFORICI

costare un occhio della testa	*to cost an arm and a leg*
avere la testa fra le nuvole	*to have one's head in the clouds*
essere in gamba	*to be a smart person (to be on the ball)*
Le bugie hanno le gambe corte.	*Lies don't get you very far.*
alzare il gomito	*to get drunk, to drink too much*
In bocca al lupo!	*Good luck!*

■ Note also that the following nouns, when they have a figurative meaning, are masculine in the plural.

SINGULAR	PLURAL = METAPHORICAL MEANING
il ciglio *eyebrow*	i cigli della strada/di un fosso/ecc. *edges of a road, a ditch, etc.*
il labbro *lip*	i labbri di una ferita/ecc. *lips of a wound, etc.*
il braccio *arm*	i bracci di una croce/ecc. *arms of a cross, etc.*

APPLICAZIONE

A. Ora tocca a te! Svolgi i seguenti compiti comunicativi usando le espressioni appena imparate.

> MODELLO   Augura (*wish*) buona fortuna a Gianni.
> **Gianni, in bocca al lupo!**

1. Di' a Marisa che una visita medica costa veramente tanto.
2. Di' al tuo compagno/alla tua compagna che l'insegnante è molto bravo(-a).
3. Di' al tuo amico/alla tua amica che è sempre distratto(-a) (*distracted*).
4. Di' a tuo fratello che è sempre meglio dire la verità.
5. Di' a Luigi di non bere troppo.

B. **Le ciglia o i cigli?** Fornisci la forma adatta.

1. Si usano per abbracciare. **2.** I margini di una ferita. **3.** Li ha una croce. **4.** Si trovano all'apertura della bocca. **5.** Peli (*hairs*) che proteggono gli occhi. **6.** Sono ai lati (*sides*) di una strada.

NOTE GRAMMATICALI

L'ARTICOLO DETERMINATIVO

■ Like the indefinite article, the form of the definite article (*the*) changes according to the gender and initial sound of the noun or adjective it precedes.

MASCULINE		
SINGULAR		**PLURAL**
lo	*Before* **z, s** + *cons.,* **gn, ps, pn, x, i** + *vowel*	**gli**
lo zio		gli zii
lo sbaglio		gli sbagli
lo gnocco		gli gnocchi
lo psicologo		gli psicologi
lo pneumatico		gli pneumatici
lo xilofono		gli xilofoni
lo iogurt		gli iogurt
l'	*Before any vowel*	**gli**
l'amico		gli amici
il	*Before any other consonant*	**i**
il piede		i piedi
FEMININE		
la	*Before any consonant*	**le**
la gamba		le gambe
l'	*Before any vowel*	**le**
l'amica		le amiche

■ Unlike English, the article is repeated before each noun or adjective, because its forms vary.

Conosco lo zio, l'amica, il fratello e gli amici del nostro medico di famiglia.

■ In addition to the ways in which it is used in English, the definite article is also used with noncount nouns and with nouns that function as "general" subjects.

WITH NONCOUNT NOUNS	WITH GENERAL SUBJECTS
Il pane nero è buono. *Brown bread is good.*	I medici italiani sono bravi. *Italian doctors are good.*
L'amore è cieco. *Love is blind.*	Gli amici sono importanti. *Friends are important.*

■ Note that the article replaces the possessive pronoun when referring to parts of the body or clothing.

Mi fanno male i denti.   *My teeth hurt.*
Lei si mette sempre i guanti. *She always wears her gloves.*

A. Un po di traduzione! Traduci le seguenti frasi. Attenzione all'uso dell'articolo!

1. I don't like milk.
2. Italian is my favorite subject.
3. I am afraid of dogs.
4. John's children are very beautiful.
5. Professor Jones is American.
6. I always wear my hat.
7. Patience is a rare virtue.
8. Strawberries are as sweet as sugar.

B. Formiamo delle frasi! Forma delle frasi con le seguenti parole. Attenzione all'uso dell'articolo!

1. amici / essere / importanti
2. pane / nero / non / mi / piacere
3. amore / essere / cieco
4. dottoressa / Bruni / essere / italiana
5. tu / preferire / caffè / o / tè?

L'IMPERATIVO

Verbi regolari

■ The imperative forms of regular verbs are summarized in the following chart:

	chiamare	prendere	dormire	finire
tu	chiama	prendi	dormi	finisci
Lei	chiami	prenda	dorma	finisca
noi	chiamiamo	prendiamo	dormiamo	finiamo
voi	chiamate	prendete	dormite	finite
Loro	chiamino	prendano	dormano	finiscano

■ The imperative allows you to express commands and give advice: **Chiama il medico!** *Call the doctor!* Therefore, it almost never requires a subject pronoun, unless you want to make it clear to whom you are addressing the command: **Tu, Gianni, vieni qui; voi, invece, andate là!**

■ Note that, as in all present tenses, third-conjugation verbs are distinguished according to whether or not they require **-isc-**. Also, the spelling changes associated with verbs ending in **-care, -gare, -ciare, -giare, -gliare** and **-iare** apply to the imperative as well.

Signor Dini, paghi il conto! / Signora Dini, cominci, per favore!

■ To form a negative imperative add **non** before the verb, except for the second-person-singular (**tu**) form. In this case, the infinitive of the verb is used.

	AFFIRMATIVE	NEGATIVE
tu	Gianni, chiama il medico!	Gianni, non chiamare il medico!
Lei	Signora Dini, prenda la medicina!	Signora Dini, non prenda la medicina!
voi	Paolo, Maria, dormite!	Paolo, Maria, non dormite!

Farmacia
VIA CHIANTIGIANA - PANZANO IN CHIANTI (FI)
profumeria – dermocosmesi
alimenti e articoli per l'infanzia
dietici specializzati
sanitari – veterinaria Tel. 852023

A. I consigli del medico! Recita la parte del medico, dando ai pazienti i seguenti consigli. Usa l'imperativo di cortesia.

> MODELLO   fissare un altro appuntamento
> **Fissi un altro appuntamento!**

1. non abusare del cibo (*do not overeat*)
2. cominciare subito questa dieta
3. aprire la bocca
4. finire la medicina
5. mangiare più verdura (*vegetables*)
6. chiudere gli occhi

B. Gli ordini della mamma! Recita la parte della mamma che dà ordini al suo bambino/alla sua bambina. Segui il modello.

> MODELLO   mangiare la verdura
> **Mangia la verdura.**

1. finire la pasta   2. spegnere la televisione   3. non guardare la televisione   4. telefonare ai nonni   5. pulire la stanza   6. dormire 7. non disturbare papà

C. Gli ordini del professore! Recita la parte del professore che dà ordini ai suoi studenti. Segui l'esempio.

> MODELLO   studiare la lezione
> **Studiate la lezione.**

1. scrivere gli esercizi sulla lavagna
2. aprire il libro
3. non copiare
4. finire i compiti
5. cominciare a scrivere
6. correggere gli errori
7. prendere la penna
8. non parlare

D. Quali ordini daresti? In base ad ogni situazione, forma una frase/delle frasi all'imperativo.

> MODELLO   Sono le undici di sera e la tua sorellina sta ancora guardando la televisione.
> **Vittoria, non guardare più la televisione. Va' a dormire!**

1. Un tuo amico sta mangiando un hamburger, anche se il medico gliel'ha proibito.

2. L'insegnante sta spiegando la lezione troppo velocemente e tu non capisci niente.
3. La tua amica ti telefona mentre tu stai studiando per l'esame d'italiano, per il quale dovrebbe studiare anche lei.
4. Sei un medico e il tuo paziente/la tua paziente mangia e beve troppo.
5. Il tuo fratellino studia poco e gioca troppo con gli amici.

Verbi irregolari

■ The polite forms of the imperative (**Lei, Loro**) are the corresponding present subjunctive forms.

andare	(Lei) vada, (Loro) vadano
avere	(Lei) abbia, (Loro) abbiano

■ The first- and second-persons plural (**noi, voi**), unless otherwise indicated, are the same as the corresponding present indicative forms.

andare	(noi) andiamo, (voi) andate
bere	(noi) beviamo, (voi) bevete

■ Two exceptions to this are

avere	(noi) abbiamo, (voi) abbiate
essere	(noi) siamo, (voi) siate

■ The second-person-singular (**tu**) form is the same as the corresponding present indicative form, unless otherwise indicated.

bere	(tu) bevi
rimanere	(tu) rimani

■ Exceptions to this are

andare	(tu) va' (vai)
avere	(tu) abbi
dare	(tu) da' (dai)
dire	(tu) di'
essere	(tu) sii
fare	(tu) fa' (fai)
sapere	(tu) sappi
stare	(tu) sta' (stai)

Occhio all'imperativo! Di' alle seguenti persone di fare le cose indicate. Segui il modello.

> MODELLO Di' al tuo compagno di dire sempre la verità.
> **—John, di' sempre la verità!**

Di'...

- al tuo compagno/alla tua compagna
- all'insegnante
- a Daniela e Cristoforo
- al signor Marchi e alla signora Binni

1. di dire sempre la verità **2.** di non avere paura **3.** di stare tranquillo(-a)(-i) **4.** di non andare via **5.** di dare retta (*to pay attention*) a te **6.** di essere paziente **7.** di fare un appuntamento col medico **8.** di non bere la Coca-Cola **9.** di andare a casa **10.** di essere gentile(-i)

USI DEL CONGIUNTIVO (II)

Con espressioni impersonali

■ Here are some common expressions indicating both factual and nonfactual states (see Capitolo 2). The latter, of course, require the subjunctive in the subordinate clause. Note that all these expressions are impersonal; that is, they occur only in the third person.

FACTUAL (WITH INDICATIVE)	NONFACTUAL (WITH SUBJUNCTIVE)
essere certo *to be certain*	essere inutile *to be useless*
essere chiaro *to be clear*	essere importante *to be important*
essere evidente *to be evident*	essere bene/male *to be good/bad*
essere noto *to be known*	essere strano *to be strange*
essere ovvio *to be obvious*	essere un peccato *to be a pity*
essere vero *to be true*	essere logico *to be logical*
non esserci dubbio *to be beyond any doubt* (Non c'è dubbio che...)	essere probabile/improbabile *to be probable/improbable*
significare/volere dire *to mean*	essere possibile/impossibile *to be possible/impossible*
essere sicuro *to be sure*	bisognare/essere necessario *to be necessary*

In frasi interrogative indirette e in affermazioni negative

■ When factual verbs and expressions are put into the negative or interrogative, they can be interpreted as nonfactual and thus require the subjunctive.

AFFIRMATIVE (WITH INDICATIVE)	NEGATIVE/INTERROGATIVE (WITH SUBJ.)
Lui dice che è vero. *He says it's true.*	Tu dici che sia vero? *Are you saying that it's true?*
So che il medico viene. *I know that the doctor is coming.*	Non so se venga anche lui. *I don't know if he too is coming.*
È vero che lui è un bravo medico. *It's true that he is a good doctor.*	Non è vero che lui sia un bravo medico. *It's not true that he is a good doctor.*

■ The use of the subjunctive can extend to all factual verbs, if you add some nonfactual element to the message.

Tutti dicono che lui è malato.

Tutti dicono che sia malato, ma io so che non è vero.

Tutti sono sicuri che lui è un bravo medico.

Tutti sono sicuri che lui sia un bravo medico, ma non è vero.

APPLICAZIONE

A. Indicativo o congiuntivo? Ripeti le seguenti frasi seguendo il modello.

MODELLO   Tu corri troppi rischi. (È chiaro che)
         È chiaro che tu corri troppi rischi.

1. Tu hai bisogno di un'iniezione. (È ovvio che) *hai*
2. Voi dormite bene. (È importante che) *dormiate*
3. Io vengo con voi. (È probabile che) *venga*
4. Tu hai sempre sonno. (È ovvio che) *hai*
5. Sei un bravo medico. (Non c'è dubbio che) *sei*
6. Sapete la verità. (È importante che) *sapiate*   *conoscano*
7. Non conoscono il dottor Giusti. (È un peccato che) *conoscano*
8. Non sei più un giovanotto. (È evidente che) *sei*
9. La dottoressa Franchi è in gamba. (È evidente che) *è*
10. La nuova medicina costa un occhio della testa. (È vero che) *costa*
11. È vero? (Dici che) *sia*
12. Ti senti ancora male. (È impossibile che) *senta*

B. Indicativo o congiuntivo? Completa le frasi liberamente.

1. È evidente che quest'anno a scuola io non _____.
2. È proprio vero che tu e Carla _____?
3. È impossibile che l'insegnante _____.
4. Bisogna che voi due, dopo la lezione di oggi, _____.
5. Non è certo che lui _____ con me stasera.
6. È proprio strano che lui _____.
7. Non ti sento. È inutile che tu _____.
8. Non è giusto che tutti _____ quello che dici tu!

PER LA COMUNICAZIONE

PARLARE DELLA SALUTE

FUNZIONE	ESPRESSIONI
expressing pain and hurt	**avere (un) mal di... / fare male**
	Ho mal di testa. *I have a headache.*
	Ho mal di gola. *I have a sore throat.*
	Mi fa male la testa. *My head hurts.*
	Mi fa male la gola. *My throat hurts.*
expressing how one feels	**sentirsi/stare bene/male...**
	Mi sento bene. / Sto bene. *I feel well.*
	Ti senti male. / Stai male. *You feel bad.*
	—Come ti senti? *How do you feel?*
	—Così così. *So-so.*
	essere stanco morto *to be dead tired*

■   Note that the expression **fare male** often involves indirect objects and indirect object pronouns. These correspond to English possessives: **Mi fanno male le ginocchia**. *My knees hurt.*; **Gli fa male la schiena**. *His back hurts.*, etc.

Ecco la cura! Con un compagno/una compagna crea dei mini-dialoghi seguendo il modello.

> MODELLO   la testa/stare a casa oggi
> —**Hai mal di testa?**
> —**Sì, mi fa male la testa.**
> —**Allora, sta' a casa oggi!**

1. la schiena / stare a letto tutto il giorno
2. la gola / prendere un'aspirina
3. gli occhi / non guardare la televisione
4. gli orecchi / non ascoltare la musica rock
5. lo stomaco / non mangiare troppo
6. i piedi / non camminare molto

ANDARE DAL MEDICO

COME SI DICE?

to make an appointment	fissare un appuntamento
to examine/to give a medical examination	visitare
(medical) examination	la visita (medica)
check-up, medical, physical	la visita di controllo
to prescribe a medicine/prescription	prescrivere una medicina/una ricetta
medicine	la medicina, il farmaco
first aid/emergency room	il pronto soccorso
sickness	la malattia
I'm nauseated./I feel sick.	Ho la nausea.
I have a cold.	Ho il raffreddore.
I'm allergic to . . .	Sono allergico(-a) a...

A. Dal medico! Svolgi insieme ad un tuo compagno/una tua compagna un dialogo seguendo le indicazioni date.

> ISTRUZIONI   PAZIENTE: Dice al medico di non sentirsi bene.
> MEDICO: Chiede al paziente dove gli/le fa male/ecc.
> PAZIENTE: Dopo la visita, chiede al medico cosa ha.
> MEDICO: Gli/Le dice quello che ha e prescrive qualcosa.
>
> MODELLO   PAZIENTE: Dottore, non mi sento bene.
> MEDICO: ...

B. Giochiamo! Abbina le parole della colonna a sinistra con la definizione corrispondente.

1. _____ medico
2. _____ medicina
3. _____ visita medica
4. _____ pronto soccorso
5. _____ ricetta

a. Esame fatto per controllare lo stato dell'organismo.
b. Sinonimo di *farmaco*.
c. Ordinazione di medicine scritta e firmata dal medico.
d. Chi pratica la medicina.
e. Luogo di prima cura.

IL MOMENTO CREATIVO   Con un tuo compagno/una tua compagna metti in scena la seguente conclusione al fotoromanzo di pagina 56.

Il paziente non ha seguito i consigli del medico. Le sue condizioni sono peggiorate e ritorna a farsi visitare.

ᴛACCUINO ᴄULTURALE

IL SISTEMA SANITARIO IN ITALIA

In Italia il sistema sanitario è passato da un'assistenza gratuita (*free of charge*) ad un'assistenza semigratuita.

Le medicine, per esempio, sono divise in tre categorie. La prima categoria è costituita da quei farmaci (*medicines*) assolutamente necessari e dati gratis a coloro che hanno diritto all'esenzione (*exemption*). La seconda comprende quelle medicine da pagare soltanto al 50 per cento in quanto non insostituibili (*indispensable*). Della terza categoria fanno parte quelle medicine da pagare al 100 per cento perché non indispensabili.

Hanno diritto all'esenzione, per esempio, i bambini fino a sei anni, gli anziani (*seniors*) al di sopra dei 65 anni con reddito (*income*) familiare non superiore a 70 milioni annui, quelle persone che hanno perso il posto di lavoro e sono disoccupate (*unemployed*), ecc. Tutte queste persone pagano solo il ticket (*prescription charge*): tre mila lire se la ricetta è per un solo farmaco; sei mila lire se la prescrizione è per più medicine, visite specialistiche ed analisi.

Tutto il territorio nazionale è diviso in U.S.L. (Unità Sanitarie Locali) che offrono i servizi base di assistenza e orientamenti medici.

Per le visite mediche si va dal medico, in una clinica privata, all'ambulatorio oppure all'ospedale.

APPLICAZIONE

A. Vero o falso? Indica se ciascuna delle seguenti affermazioni è vera (V) o falsa (F).

1. _____ In Italia i farmaci sono divisi in tre categorie.
2. _____ La prima categoria comprende farmaci non necessari.
3. _____ La seconda categoria contiene farmaci da pagare al 50 per cento.
4. _____ La terza categoria contiene farmaci indispensabili.
5. _____ I bambini fino a sei anni pagano solo il ticket.
6. _____ Tutti gli anziani oltre i 65 anni hanno diritto all'esenzione.
7. _____ Le Unità Sanitarie Locali offrono i servizi base e orientamenti medici.

3 DOTTORE, COME MI TROVA?   **71**

B. **Discussione in classe!** Rispondi liberamente alle seguenti domande, discutendo le tue risposte con gli altri membri della classe.

1. Pensi che siano necessarie tutte le ricette che prescrivono i medici? Perché sì/no?

2. Pensi che oggigiorno prendiamo troppi farmaci?

3. Credi che la sanità pubblica debba essere controllata dallo stato anche in America? Perché sì/no?

4. Sei mai stato(-a) al pronto soccorso? Se sì, descrivi la tua esperienza.

 # Stimolo alla lettura

Tu sei un bravo medico? In tutti noi—come leggeremo nella lettura a pagina 73—c'è il desiderio di fare il medico, specialmente con le malattie degli altri. Ma il bravo medico prende cura (*looks after*) innanzitutto della sua salute. E tu, ti prendi cura della tua salute? Prova a fare un altro test e avrai la risposta. Con un tuo compagno/una tua compagna completa il seguente questionario. Poi insieme controllate i vostri risultati.

IERI...	PUNTEGGIO SÌ	NO
1. Hai preso lo zucchero con il caffè o il tè?	0	1
2. Hai bevuto latte?	1	0
3. Hai mangiato frutta/verdura?	1	0
4. Hai mangiato dolci/cioccolatini?	0	1
5. Hai bevuto alcolici?	0	1
6. Hai mangiato cereali/pasta?	1	0
7. Hai fatto ginnastica?	1	0
8. Hai fumato?	0	1
9. Ti sei alzato(-a) prima delle otto?	1	0
10. Sei andato(-a) a letto prima delle undici?	1	0
11. Hai guardato la televisione per più di due ore?	0	1
TOTALE		

RISULTATI

9–11: Complimenti! Per te la salute è importante. Sei sicuramente in buona salute. Saresti un bravo medico.

7–8: Non c'è male. Però devi e puoi migliorare le tue abitudini.

0–6: Attenzione! Devi prenderti più cura della tua salute.

LETTURA

$\mathcal{U}$n dottore fatto in casa

Leggi con attenzione il seguente brano di N. Salvataggio.

Il dottore dilettante può essere un qualunque[1] geometra estroso[2] o un ragioniere appassionato[3]: non è mai un laureato[4] in medicina.

Qualche settimana fa, in una balera emiliana,[5] si è messo in luce uno di questi guaritori[6] volontari. Al termine di un faticoso[7] shake, una giovinetta aveva bevuto una bibita ghiacciata e s'era sentita male all'improvviso. Perduti i sensi, fu allungata[8] per terra, ai bordi della pista da ballo,[9] mentre il fidanzato supplicava tra i curiosi «un dottore prego, c'è qui un dottore?». Poco dopo si avvicinò un signore in occhiali, sui trentacinque anni, stempiato[10] e vestito di blu. Si chinò[11] sulla fanciulla, le tastò[12] il polso, pose delicatamente l'orecchio sul cuore, infine operò la respirazione bocca-bocca, come si è visto fare tante volte in TV.

Ma a questo punto si fece largo[13] il medico del quartiere, con la borsa degli strumenti. Con molta urbanità chiese all'uomo in blu, che soffiava nella bocca della ragazza: «Scusi, Lei è dottore?». L'altro interruppe finalmente l'operazione e asciugandosi il sudore[14] della fronte rispose: «Sì. Sono dottore in economia e commercio».

Forse la passione del guaritore si prende come un virus, una malattia. Ne restano contagiati soprattutto coloro[15] che vivono nell'ambiente delle case di cura, degli ospedali, delle fabbriche medicinali. Un contabile[16] del Policlinico, per fare un esempio, resisterà difficilmente alla tentazione di consigliare un farmaco se il nipotino[17] ha buscato[18] un febbrone. Non diversamente si comportano, pare, gli impiegati, i commessi viaggiatori, gli uscieri delle case farmaceutiche di prestigio. «Cavaliere bello, dia retta a[19] me che ho esperienza da vendere: questo sciroppo[20] è un toccasana,[21] ce n'è rimasta una bottiglia intera dall'ultima volta che mia suocera ha avuto la bronchite».

[1] any kind of   [2] bizarre   [3] keen   [4] graduate   [5] dance hall in Emilia-Romagna   [6] healers   [7] tiresome   [8] stretched out   [9] dance floor   [10] balding   [11] he bent down (chinarsi)   [12] he felt   [13] **si...** made his way   [14] sweat   [15] those   [16] accountant   [17] grandson   [18] caught   [19] **dia...** pay attention to   [20] syrup   [21] sure remedy

✳ Dopo la lettura

A. Ricordi quello che hai letto? Completa le seguenti frasi in modo opportuno.

1. Il dottore dilettante
   a. non è mai un laureato in medicina.
   b. è sempre un laureato in medicina.

2. In una discoteca emiliana
   a. un giovane si è improvvisamente sentito male.
   b. una giovane donna si è improvvisamente sentita male.

3. Si avvicinò alla ragazza
   a. un signore in occhiali.
   b. una signora sui trentacinque anni.

4. L'uomo che operò sulla ragazza la respirazione bocca-bocca era
   a. un dottore in medicina.
   b. un dottore in economia e commercio.

5. La passione del guaritore contagia soprattutto
   a. i giovani che frequentano le discoteche.
   b. coloro che vivono negli ambienti degli ospedali e delle fabbriche medicinali.

B. Studio del vocabolario! Accoppia in modo logico.

1. _____ un laureato in medicina
2. _____ un signore stempiato
3. _____ una balera emiliana
4. _____ un faticoso shake
5. _____ una bibita ghiacciata
6. _____ allungata per terra

a. un locale da ballo in Emilia-Romagna
b. un ballo moderno che stanca
c. un dottore
d. un uomo con pochi capelli
e. sdraiata per terra
f. una bevanda fredda

C. Lavoro di gruppo. Metti in scena con dei compagni la seguente situazione.

Ad una festa, qualcuno si sente male. Uno degli invitati è «un dottore dilettante». S'avvicina e fa una sua «diagnosi». Per fortuna, un altro invitato/un'altra invitata è veramente un medico. Questa persona fa la vera diagnosi.

✤ Con fantasia

A. Giochiamo! Anagramma le seguenti parole e poi metti l'articolo determinativo.

> MODELLO   lloco
> **il collo**

1. ccabo   **2.** dipie   **3.** bbrala   **4.** dati   **5.** ccibraa   **6.** ohcci
7. reohiocc   **8.** sona   **9.** mastoco   **10.** naschie

B. Consigli e ipotesi! Di' alle seguenti persone di fare le cose indicate. Poi spiegane il motivo, usando un'espressione che richieda il congiuntivo.

mangiare più verdura   prendere la medicina   dormire di più
lavorare di meno   finire tutto lo sciroppo

> MODELLO   al tuo compagno
> **—Giorgio, mangia più verdura!**
> **—Bisogna che tu mangi più verdura perché ti fa molto bene.**

1. al signor Rossi   **2.** ai tuoi due amici, Carlo e Maria   **3.** ai signori Rossi   **4.** a tuo fratello

C. Indicativo o congiuntivo? Scegli la risposta corretta.

> MODELLO   È importante che
> a. Maria sta bene.
> b. Maria stia bene.
> **È importante che Maria stia bene.**

1. È un peccato che
   a. il tuo amico stia male.
   b. il tuo amico sta male.

2. Non c'è dubbio che
   a. il tuo amico stia male
   b. il tuo amico sta male.

3. È evidente che Gianni
   a. ha un po' di febbre.
   b. abbia un po' di febbre.

4. È ovvio che
   a. tu non ti senti bene.
   b. tu non ti senta bene.

5. È probabile che
   a. gli faccia male lo stomaco.
   b. gli fa male lo stomaco.

D. Sai fare l'interprete? Immagina di essere in un locale da ballo quando improvvisamente una tua amica si sente male. Nel locale c'è un medico che parla solo l'inglese e, siccome la tua amica non conosce l'inglese, tocca a te fare l'interprete. Di' alla tua amica ciò che ti dice di riferirle il medico.

> MODELLO   MEDICO: Tell her to breath hard.
> TU: **Respira forte.**

1. Tell her to stay calm.   **2.** Tell her to open her eyes.   **3.** Tell her to close her eyes.   **4.** Tell her not to be afraid.   **5.** Tell her not to dance anymore.

E. Tema. Immagina di essere un medico che scrive per una rivista specializzata sulla salute e rispondi alla seguente lettera che un lettore ti ha inviato. Poi leggi la tua risposta alla classe.

> Ho attraversato un periodo difficile e, su consiglio del mio medico di famiglia, ho seguito una terapia con sedativi. Senza cambiare di molto la mia alimentazione sono aumentato di otto chili in tre mesi. Pensa che sia colpa dei farmaci?

LESSICO UTILE

avere (un) mal di testa	to have a headache	essere allergico	to be allergic
		è bene/male che	it is good/bad
avere la testa fra le nuvole	to have one's head in the clouds	è certo che	it is certain
		è chiaro che	it is clear
avere la nausea	to be nauseated, feel sick	è evidente che	it is evident
la bocca	mouth	è importante che	it is important
il braccio	arm	è in gamba che	he/she is smart, bright, on the ball
il ciglio	eyelash		
il collo	neck	è indiscutibile che	it is beyond question
costare un occhio della testa	to cost an arm and a leg	è inutile che	it is useless
		è logico che	it is logical
il dente	tooth	è noto che	it is known
il dito	finger	è ovvio che	it is obvious

è un peccato che	to be a pity	il mento	chin
è possibile/	to be possible/	il naso	nose
impossibile che	impossible	l'occhio	eye
è probabile/	to be probable/	l'orecchio	ear
improbabile che	improbable	il petto	chest
è strano che	to be strange	il piede	foot
è vero che	to be true	prima dei pasti/	before/after meals
la faccia	face	dopo i pasti	
il farmaco	medicine	il pronto soccorso	first aid, emergency room
la febbre	fever, temperature	il raffreddore	cold
la fronte	forehead	respirare	to breathe
la gamba	leg	ricoverarsi in	to be admitted into the
il ginocchio	knee	ospedale	hospital
la gola	throat	la schiena	back
il gomito	elbow	il sopracciglio	eyebrow
In bocca al lupo!	Good luck!	la testa	head
il labbro	lip	la verdura	vegetables
la lingua	tongue	visita di controllo	check-up, physical
la malattia	sickness	visita (medica)	(medical) examination
la mano	hand	visitare	to examine/to give a
la medicina	medicine		medical examination

Sei videodipendente? 4

Tema concettuale	**Mass media e comunicazione**
Vocabolario	La televisione
Note grammaticali	Plurali invariabili dei nomi
	Il presente progressivo
	Gli aggettivi qualificativi (II)
	Posizione dell'aggettivo
	Buono, bello, grande e *santo*
	Usi del congiuntivo (III)
	Per esprimere bisogno
	Dopo il superlativo relativo e con costruzioni impersonali
	Con congiunzioni e indefiniti
	In costruzioni idiomatiche
Per la comunicazione	Comunicare oralmente
	Parlare al telefono
	Scrivere una lettera
Taccuino culturale	La televisione in Italia
Letture	«Il lettore Commodore»
	«Come funziona la fabbrica dei programmi televisivi?» di Ivano Cipriani

❋ Stimolo alla lettura

Sei videodipendente? Sei al passo con la tecnologia? Fa' il seguente
test, scegliendo le risposte che sono più appropriate per te. Non dimenticare di controllare l'analisi delle tue risposte dopo il test.

1. Per ascoltare la musica, quali dei seguenti mezzi usi di più?
   a. il disco
   b. la cassetta musicale
   c. il compact disc

2. Di solito scrivi i tuoi saggi (*essays*)
   a. a mano.
   b. con la macchina da scrivere.
   c. con il computer.

3. Sai usare il VCR per... (*puoi scegliere più di una risposta*)
   a. vedere delle videocassette?
   b. registrare un programma?
   c. copiare un'altra videocassetta?

4. Sai usare... (*puoi scegliere più di una risposta*)
   a. il computer?
   b. il lettore (*player*) di CD?
   c. il lettore di dischi laser?

Analisi delle risposte
Calcola il tuo punteggio come segue.
1 punto per ogni risposta «a».
2 punti per ogni «b».
3 punti per ogni «c».

Punteggio
18 punti: Sei all'avanguardia.
12–17 punti: La nuova tecnologia ti attira molto.
8–12 punti: Ti piace usare la nuova tecnologia.
0–7 punti: Hai paura della tecnologia.

Il lettore Commodore

Leggi attentamente la seguente pubblicità tratta da una rivista italiana.

COMMODORE DYNAMIC TOTAL VISION

IL PRIMO LETTORE MULTIMEDIALE INTERATTIVO PER IMPARARE[1] E DIVERTIRVI.

CDTV Da oggi avete una rivoluzionaria opportunità. Potrete rendere ancora più intelligente e divertente la vostra televisione. Come fare? Semplice: regalatele[2] Commodore Dynamic Total Vision (per gli amici CDTV), il primo lettore multimediale interattivo. Troppi paroloni[3] difficili? Nessun problema: se sapete usare un telecomando,[4] il gioco è fatto. Il CDTV, oltre ai normali compact disc audio, legge i nuovi dischi CDTV, che vi permetteranno di esplorare un mondo nuovo fatto di immagini video, testi, grafica, voce e musica di elevata qualità. Per voi e tutta la vostra famiglia, il modo più facile e geniale[5] per apprendere e divertirvi.

Commodore
FACILE IL DIFFICILE.

[1] *to learn* [2] *give it* [3] *big words* [4] *remote control* [5] *intelligent*

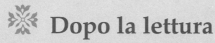
Dopo la lettura

A. Ricordi quello che hai letto? Correggi ogni frase in modo appropriato secondo il contenuto del manifesto pubblicitario (*contents of the ad*).

> MODELLO   Il lettore Commodore è difficile da operare.
> **No, il lettore Commodore è facile da operare.**

1. Il lettore Commodore non è interattivo.
2. Il lettore Commodore è il modo più difficile e antipatico (*unpleasant*) per apprendere e divertirsi.
3. Il lettore multimediale rende la televisione più stupida e noiosa.
4. Il lettore multimediale permette di esplorare un mondo vecchio fatto di immagini astratte, testi, grafica, voce e musica di bassa qualità.
5. Con il telecomando, il gioco diventa difficile.
6. Il lettore multimediale legge solo i compact disc audio.

B. Discutiamo! Rispondi liberamente alle seguenti domande, discutendo le tue risposte con gli altri membri della classe.

1. Tu hai un lettore di dischi laser/un semplice videoregistratore? Se sì, di che marca è? Lo usi spesso o poco? Quando e per quali ragioni lo usi?
2. Pensi che la televisione sia un mezzo facile e geniale per apprendere e divertirsi? Perché sì/no?
3. Quali programmi televisivi guardi regolarmente e perché?
4. L'espressione «un mondo nuovo fatto di immagini video» è appropriata per descrivere la società moderna? Perché sì/no?

STIMOLO LINGUISTICO

A. Mi dovresti aiutare... Ogni volta che tu chiedi a tua sorella di aiutarti a fare le faccende di casa (*chores*), lei si rifiuta. Tu rispondile seguendo il modello. Nota che dopo la congiunzione dovrai usare il congiuntivo al presente progressivo (congiuntivo presente di *stare* + *gerundio*). Ti ricordi come si forma il gerundio?

> MODELLO   guardare la televisione / benché
> **Benché tu adesso stia guardando la televisione, mi dovresti aiutare a fare le faccende di casa.**

1. guardare il tuo programma preferito / sebbene (*although*) **2.** fare i compiti (*homework*) / nonostante (*even though*) **3.** divertirsi con il video / benché **4.** scrivere una lettera / sebbene **5.** lavorare al computer / benché

B. Sai scrivere una lettera? Completa liberamente le due lettere.

Caro Luigi,
    non puoi immaginare chi ho visto l'altro ieri. _____
_____
_____
           _____
	Gentile professore,
	    Le scrivo perché non ho il coraggio di dirLe questo in persona. _____
	          Distinti saluti,
	          _____

VOCABOLARIO

LA TELEVISIONE

accendere (la televisione)	*to turn on (the TV)*
il canale	*channel*
il documentario	*documentary*
l'intervista	*interview*
il programma	*program*
il programma a puntate	*series*
la rete televisiva	*network*
lo schermo	*(television) screen*
spegnere* (la televisione)	*to turn off (the TV)*
lo spot/l'annuncio pubblicitario	*commercial*
il telecomando	*remote control*
il telegiornale	*television news*
il televisore	*television set*
la trasmissione	*transmission, broadcast*
il videoregistratore	*VCR*

ALTRE PAROLE UTILI

la casa editrice	*publishing house*	la radio	*radio*
il giornale	*newspaper*	la radio portatile	*portable radio*
il giornale radio	*radio news*	la stampa	*the press*
la pubblicità	*advertising*	lo stereo	*stereo*

***Spegnere** is an irregular verb: Pres. ind: **spengo, spegni, spegne, spegniamo, spegnete, spengono**; Pres. subj.: **spenga, spenga, spenga, spegniamo, spegniate, spengano.**

■ Note the difference between . . .

funzionare = *to work (things)*	**lavorare** = *to work (people)*
Il mio televisore non funziona bene.	Gianni lavora in una fabbrica.
My TV set is not working well.	*John works in a factory.*
suonare = *to play (an instrument)*	**giocare (a)** = *to play (physically)*
Io suono il pianoforte.	Io gioco a tennis.
I play the piano.	*I play tennis.*

■ Note also that *to see something on television* is rendered by **vedere qualcosa alla televisione.** The expression *on the radio* is similarly rendered by **alla radio.**

APPLICAZIONE

A. Come si dice in italiano? Un tuo compagno/Una tua compagna deve fare una relazione orale sui mass media. Perciò ti chiederà come si dicono alcune parole. Rispondi seguendo il modello.

MODELLO   *television* (penso che)
—**Tu sai come si dice** *television* **in italiano?/ Mi sai dire come si dice...?**
—**Penso che si dica** *televisione.*

1. *remote control* (Credo che)   2. *to turn on the TV* (Mi pare che)   3. *TV news* (Penso che)   4. *radio news* (Immagino che)   5. *VCR* (Credo che)   6. *portable radio* (Penso che)   7. *television series* (Penso che)   8. *TV set* (Credo che)   9. *TV network* (Mi sembra che)   10. *newspaper* (Mi pare che)

B. Spegnere, accendere, lavorare o funzionare? Nella seguente pubblicità della SONY mancano alcuni verbi. Completa in modo appropriato.

(1) _____ il televisore SONY! Guardate che belle immagini! Quando lo (2) _____, però, non le vedrete più! Come risolvere il problema? Compratelo! È un televisore che (3) _____ meglio di tutti gli altri. Tutti quelli che (4) _____ per la SONY ne hanno comprato uno! Ma anche se voi (5) _____ per un'altra ditta (*company*), sicuramente vi piacerà. Così potrete dire agli amici: «Quando la sera io (6) _____ il mio televisore, vedo un mondo fatto di immagini! E quando, prima di andare a dormire, lo (7) _____, continuo a vedere le immagini nella mia immaginazione!» Il televisore SONY (8) _____ anche quando sognate!

C. Scegli la parola giusta! Completa in modo opportuno, scegliendo tra **a** e **b**.

1. Questo libro è stato pubblicato dalla _____ Heinle & Heinle di Boston.
   a. casa editrice
   b. stampa

2. Paolo, hai comprato il _____?
   a. giornale radio
   b. giornale

3. Ieri sera alla _____ ho visto un programma interessantissimo.
   a. radio
   b. televisione

4. Sandra, ti piace la _____ della Benetton?
   a. televisione
   b. pubblicità

5. Ieri abbiamo visto il film su uno _____ gigante (*big, wide*).
   a. schermo
   b. stereo

6. Gianni, sai _____ il violino?
   a. suonare
   b. giocare

NOTE GRAMMATICALI

PLURALI INVARIABILI DEI NOMI

■ Nouns ending in **-amma**, **-ema**, **-oma**, and **-emma** derive from Greek and are all masculine.

SINGULAR	PLURAL (CHANGE **-a** TO **-i**)
il programma	i programmi
il telegramma	i telegrammi
il problema	i problemi
il tema (*theme, composition*)	i temi
il diploma	i diplomi
il dilemma	i dilemmi

■ Nouns ending in **-si** are also of Greek origin. They are usually feminine and are all invariable.

SINGULAR	PLURAL
la crisi (*crisis*)	le crisi (*crises*)
la tesi (*thesis*)	le tesi (*theses*)
l'ipotesi (*hypothesis*)	le ipotesi (*hypotheses*)
l'analisi (*analysis*)	le analisi (*analyses*)

■ The noun **radio** is invariable: **la radio—le radio**. This is because it is an abbreviation of **la radioricevente**. Here are a few more nouns of this type:

SINGULAR	PLURAL
il cinema (il cinematografo)	i cinema
l'auto (l'automobile, *f.*)	le auto
la foto (la fotografia)	le foto
la moto (la motocicletta)	le moto
lo stereo (il sistema stereofonico)	gli stereo

■ Note, finally, that **la pubblicità** and all nouns ending in an accented vowel do not change in the plural.

SINGULAR	PLURAL
la città	le città
l'università	le università
il caffè	i caffè
il tè (*tea*)	i tè

No, no! Riscrivili al plurale! Lavori in un'azienda pubblicitaria (*ad agency*), per cui bisogna scrivere una serie di titoli per delle pubblicità. Il tuo collaboratore scrive tutti i titoli al singolare. Tu, invece, li riscrivi cambiando al plurale. Segui il modello.

> MODELLO   Ferrari! L'auto perfetta!
> **Ferrari! Le auto perfette!**

1. L'auto della FIAT è eccezionale!   **2.** Con Kodak la foto è sempre bella!
3. La moto della Suzuki è veloce!   **4.** Per i tuoi CD, usa il sistema stereofonico SONY!   **5.** La città oggi è troppo affollata (*crowded*)! Compra una casa in campagna.   **6.** Il caffè e il tè Segafredo sono sempre buoni!
7. Non avrai nessun problema con il televisore SONY!   **8.** Vuoi mandare un telegramma in Italia? Usa «Quickpost»!   **9.** Per la tua tesi di laurea, usa il computer Olivetti.

IL PRESENTE PROGRESSIVO

■ The present progressive, indicative and subjunctive, allows you to focus on an ongoing action. It is a little more precise than the present indicative or subjunctive at rendering such actions as *I am working* or *you are watching*.

ONGOING ACTION	GENERAL PRESENT ACTION
In questo momento guardo/sto guardando la TV. *At this moment I'm watching TV.*	Guardo sempre la TV. *I always watch TV.*
Penso che adesso lei stia leggendo. *I think that she is reading now.*	È evidente che lei legge tutti i giorni. *It is evident that she reads every day.*

■ The present progressive is formed with the present indicative or subjunctive of **stare** plus the gerund of the verb. Regular gerunds are formed as follows:

-are	guardare	guard**ando**
-ere	vedere	ved**endo**
-ire	finire	fin**endo**

■ There are only a few exceptions to this rule. Here are some of the more common verbs:

fare	fac**endo**
dire	dic**endo**
bere	bev**endo**

PRESENT PROGRESSIVE INDICATIVE	PRESENT PROGRESSIVE SUBJUNCTIVE
(io) sto guardando/ vedendo/finendo	(io) stia guardando/ vedendo/finendo
(tu) stai guardando/ecc.	(tu) stia guardando/ecc.
(lui, lei, Lei) sta guardando	(lui, lei, Lei) stia guardando
(noi) stiamo guardando	(noi) stiamo guardando
(voi) state guardando	(voi) stiate guardando
(loro) stanno guardando	(loro) stiano guardando

■ Recall the use of **da** with the present indicative in time constructions (Capitolo 1). Note that there are two ways of relating this type of action, and that the use of the progressive is very common with this structure.

REGULAR	EMPHATIC
Non guardo la televisione dalla settimana scorsa.	**È** + **da** + *time expression* (= *since when*) È dalla settimana scorsa che non guardo la televisione.
Sto leggendo il giornale da due ore.	**È/ Sono** + *time expression* (= *for how long*) Sono due ore che sto leggendo il giornale. È un'ora che sto leggendo il giornale.

■ To say *How long . . . ?* you can say either **Quanto tempo è che...?** or **Da quanto tempo...?**

Quanto tempo è che studi l'italiano?   *How long have you been studying*
Da quanto tempo studi l'italiano?   *Italian?*

■ Since the present progressive refers only to ongoing actions, you cannot use it to express *to be about to*. In this case you must use either the expression **stare per** + infinitive, or simply the present tense.

STARE PER	PRESENT INDICATIVE/SUBJUNCTIVE
Quel programma sta per cominciare. *That program is about to begin.*	Quel programma comincia tra due minuti. Penso che quel programma cominci tra due minuti.
Sto per andare a dormire. *I'm about to go to sleep.*	Vado a dormire fra qualche minuto. Lei crede che io vada a dormire fra qualche minuto.

A. Cosa stai facendo? Con un compagno/una compagna forma domande e risposte nel modo indicato.

> MODELLO   guardare la TV / tu
> —**Cosa stai facendo, guardi la TV?**
> —**Sì, sto guardando la TV.**

1. ascoltare la radio / tuo fratello   **2.** leggere il giornale / tu   **3.** bere il caffè / i tuoi amici   **4.** guardare la TV / voi   **5.** cambiare canale / tu

B. Da quanto tempo? Con un compagno/una compagna crea dei mini-dialoghi secondo i modelli.

> MODELLI   tu / guardare / il programma / stamani
> —**Da quando guardi questo programma?**
> —**È da stamani che guardo questo programma.**
> —**Non è possibile che tu lo stia ancora guardando.**
>
> tua sorella / guardare / il programma / tre ore
> —**Quanto tempo è che tua sorella guarda questo programma?**
> —**Sono tre ore che mia sorella guarda questo programma.**
> —**Non è possibile che tua sorella lo stia ancora guardando.**

1. voi / ascoltare / quel CD / due ore   **2.** loro / guardare / quel documentario / un'ora   **3.** lui / dormire / da ventiquattro ore **4.** loro / parlare del film / tre ore   **5.** le tue amiche / essere al telefono / un'ora   **6.** tu / dire e fare / questo / tre anni

C. Completa! Completa liberamente le frasi.

1. Ogni volta che io sto per guardare la TV...   **2.** Sebbene a te non piaccia quel programma,...   **3.** È da ieri che dormo perché...   **4.** Non vedo Maria da due anni, perché...

GLI AGGETTIVI QUALIFICATIVI (II)

Posizione dell'aggettivo

■   As discussed in Capitolo 2, descriptive adjectives usually follow the nouns they modify: **il lettore multimediale, la televisione italiana, i giornali importanti,** etc. They can also occur as predicates after "linking" verbs such as *essere, sembrare, diventare: Quella ragazza sembra molto intelligente; Quei programmi sono italiani.*

■   Some adjectives can be used before or after the noun: **È un programma nuovo./È un nuovo programma.** In most cases this is a matter of stylistic choice. By placing the adjective before the noun, you put more emphasis on it. However, in some cases the difference in position signals a difference in meaning.

BEFORE A NOUN	AFTER A NOUN
È un **povero** ragazzo. *He's a poor boy (= not fortunate).*	È un ragazzo **povero**. *He's a poor boy (= not rich).*
È una **cara** ragazza. *She's a dear (kind) girl.*	È un televisore **caro**. *It's an expensive TV set.*
È un **vecchio** amico. *He's an old friend (of many years).*	È un amico **vecchio**. *He's an elderly friend.*

■ If the adjective is itself modified by an adverb, or if the noun phrase is made up of more than one adjective, then the whole construction follows the noun.

È un bel ragazzo.	È un ragazzo molto bello. *He's a very handsome boy.*
È una brava ragazza.	È una ragazza veramente brava. *She's a truly wonderful girl.*
È una bella ragazza ed è anche brava.	È una ragazza bella e brava.

Buono, bello, grande e santo

■ The adjectives **bello** *beautiful, handsome,* **buono** *good,* **santo** *saintly, holy,* and **grande** *big, great* can be put before or after the noun. If they are put after, their endings change in the normal fashion (**il libro bello, la bambina buona**). But when they precede the noun, their forms change. Note that the singular forms **gran** and **grand'** are optional, and that **buono** is inflected like the indefinite article (see Capitolo 2), and **bello** like the definite article (see Capitolo 3).

MASCULINE		
BEFORE...	SINGULAR	PLURAL
z, s + *cons.*, **gn, ps, pn, x,** **i** + *vowel*	**buono** studente	**buoni** studenti
	bello stereo	**begli** stereo
	grande psicologo	**grandi** psicologi
	Santo Stefano	**Santi** Stefano e Paolo
any vowel	**buon** amico	**buoni** amici
	bell'orologio	**begli** orologi
	grand'amico/**grande** amico	**grandi** amici
	Sant'Antonio	**santi** uomini
any other consonant	**buon** bambino	**buoni** bambini
	bel televisore	**bei** televisori
	gran film/**grande** film	**grandi** film
	San Pietro	i **Santi** Pietro e Paolo

FEMININE		
BEFORE...	SINGULAR	PLURAL
any consonant	**buona** bambina	**buone** bambine
	bella giacca	**belle** giacche
	gran/grande macchina	**grandi** macchine
	Santa Caterina	**sante** donne
any vowel	**buon'**amica	**buone** amiche
	bell'amica	**belle** amiche
	grand'/grande amica	**grandi** amiche
	Sant'Anna	le **Sante** Anna e Caterina

■ As with other adjectives, the position of **buono, bello,** and **grande** affects their meaning. Essentially, when they follow the noun, they have a literal meaning. When they precede it, their meaning varies. Note that **bravo** means *good at something*.

È un libro bello.   *It's a beautiful book (in appearance).*
È un bel libro.   *It's a good book (in contents).*

Maria è una buon'amica.   *Mary is a good friend.*
È anche una brava studentessa.   *She's also a good student.*

■ When two or more nouns are modified by the same adjective, the adjective is normally pluralized. If the nouns are all feminine, then the adjective is in the feminine plural. If the nouns are masculine, or of mixed gender, then the adjective is in the masculine plural.

la televisione e la radio italia**ne**   *(two feminine nouns)*
il programma e il canale italia**ni**   *(two masculine nouns)*
la televisione e i programmi italia**ni**   *(a masculine and a feminine noun)*

■ To pluralize adjectives ending in **-co, -go, -cio, -gio, -io**, follow the same patterns that apply to nouns with these endings (Capitolo 1).

SINGULAR	PLURAL
simpatico *nice, pleasant*	
il ragazzo simpatico	i ragazzi simpatici
la ragazza simpatica	le ragazze simpatiche
tedesco *German*	
il ragazzo tedesco	i ragazzi tedeschi
la ragazza tedesca	le ragazze tedesche
lungo *long*	
il programma lungo	i programmi lunghi
la serata lunga	le serate lunghe

APPLICAZIONE

A. Sì, è un bel programma. Rispondi affermativamente alle seguenti domande, usando liberamente un verbo o un'espressione che regge *(takes)* il congiuntivo. Segui il modello.

MODELLO   È bello questo film?
                Sì, penso che sia un bel film.
                Sì, pare che sia un bel film.

1. È bello questo programma?   **2.** È bella questa attrice?   **3.** È bello questo attore?   **4.** È buono questo caffè?   **5.** È buona questa radio?   **6.** È buona questa auto?   **7.** È bello questo stereo?

B. Qual è la frase giusta? Scegli la frase corretta.

1. **a.** Voglio bere un buono caffè.
   b. Voglio bere un buon caffè.

2. **a.** Gianni e Paolo sono grandi amici.
   b. Gianni e Paolo sono gran amici.

3. **a.** Anna e Monica sono buone amiche.
   b. Anna e Monica sono buoni amiche.

4. **a.** Carlo e Marco sono due bei ragazzi.
   b. Carlo e Marco sono due belli ragazzi.

5. **a.** Il ragazzo porta i capelli lungi.
   b. Il ragazzo porta i capelli lunghi.

6. **a.** Che bei stereo!
   b. Che begli stereo!

7. **a.** Giovanni e Sergio sono due ragazzi simpatichi.
   b. Giovanni e Sergio sono due ragazzi simpatici.

8. **a.** È un buon uomo.
   b. È un buon'uomo.

9. **a.** Questa è un'immagine di Santo Stefano?
   b. Questa è un'immagine di San Stefano?

10. **a.** Questa è un'immagine di Santo Michele?
    b. Questa è un'immagine di San Michele?

C. Il mio migliore amico! Descrivi il tuo migliore amico/la tua migliore amica usando le seguenti parole.

caro, vecchio, simpatico, bello, grande, buono, bravo, alto, basso

USI DEL CONGIUNTIVO (III)

Per esprimere bisogno

■ Expressions of necessity and need require the subjunctive in subordinate clauses. Necessity is expressed by **essere necessario**, **occorrere**, **avere bisogno**, or **bisognare**.

È necessario che tu venga.	*It is necessary that you come.*
Occorre che tu lo faccia.	*It is necessary that you do it.*
Bisogna che tu ti diverta.	*It is necessary that you enjoy yourself.*
Ho bisogno di un televisore che funzioni bene.	*I need a television that works well.*

■ Expressing need requires some elaboration. In such cases need can be conveyed by **occorrere**, **metterci**, and **volerci**. These verbs are used in different ways to express the same thing. For example, the sentence *I need two hours to finish* can be rendered in the following three ways:

Ho bisogno di
Mi occorrono } due ore per finire.
Ci metto

■ **Occorrere**, like **piacere**, requires an indirect object or an indirect object pronoun (see Capitolo 2): **Mi occorre un'ora; Ti occorrono due giorni;** etc. (literally, *An hour is needed by me; Two days are needed by you; etc.*)

■ **Metterci** renders, more specifically, the concept of *to take + amount of time:* **(io) Ci metto un'ora; (tu) Ci metti due giorni;** etc. Note that **mettere** is conjugated in the normal fashion: **(io) ci metto** *it takes me/I need,* **(tu) ci metti** *it takes you/you need,* etc.

■ **Volerci** renders the English expression *It takes + amount of time:* **Ci vuole un'ora. Ci vogliono due giorni.**

Dopo il superlativo relativo e con costruzioni impersonali

■ The subjunctive is used as well in subordinate clauses following superlative and impersonal verbs or constructions. An impersonal verb has only third-person forms.

WITH SUPERLATIVE CONSTRUCTIONS	WITH IMPERSONAL VERBS/ CONSTRUCTIONS
È il programma più interessante che io abbia visto. *It's the most interesting program that I have seen.*	Si dice che sia un buon programma. *It is said/They say that it is a good program.*
È il disco meno piacevole che io conosca. *It's the least pleasing record that I know.*	Conviene che lo faccia anche tu. *It is useful/appropriate that you do it too.*
È il minimo che io possa fare. *It's the least I can do.*	Non importa che tu non abbia un lettore multimediale. *It doesn't matter that you do not have a laser scanner.*

Con congiunzioni e indefiniti

■ The subjunctive is required after certain conjunctions like **benché/sebbene** *although*, **affinché/perché** *so that*, **prima che** *before*, **a meno che... non** *unless*, **purché** *provided that*, **senza che** *without*; and after indefinites like **qualsiasi/qualunque** *whichever*, *whatever*, **dovunque** *wherever*, and **chiunque** *whoever*.

Benché/Sebbene quel programma mi piaccia, stasera non lo guarderò.	*Although I like that program, I'm not going to watch it tonight.*
Affinché/Perché tu possa vedere meglio il programma, comprerò un nuovo televisore.	*So that you can see the program better, I'm going to buy a new TV set.*
Prima che cominci il telegiornale c'è un documentario.	*Before the TV news begins there's a documentary.*
Non starò a casa stasera, a meno che non trasmettano la partita.	*I'm not going to stay home tonight, unless they put on the game.*
Anch'io starò a casa, purché facciano vedere la partita.	*I'm also staying at home provided they show the game.*
Lo faccio senza che tu me lo dica.	*I'll do it without your telling me.*
Qualsiasi/Qualunque programma facciano vedere, stasera esco.	*Whichever/No matter which program they show, I'm going out tonight.*
Dovunque tu vada, ti seguo.	*Wherever you go, I'll follow.*

■ Note that **perché** means both *because* and *so that*. It does not require the subjunctive when it means *because*.

■ The conjunction **a meno che** is followed by **non** in the subordinate clause. This is because it literally means *if . . . (not)*: **Non lo faccio a meno che non me lo chiedano.** *I won't do it unless they (if they do not) ask me.*

In costruzioni idiomatiche

■ Finally, the subjunctive is used idiomatically in wish constructions, which have the following form:

(Che) Dio ti benedica!   *(May) God bless you!*
(Che) Lo faccia, se vuole!   *Let him do it, if he wants to!*

A. Giochiamo con la pubblicità! Completa opportunamente i seguenti annunci pubblicitari con **aver bisogno di, occorrere, essere necessario, volerci** o **metterci,** secondo il caso.

1. Per vedere meglio i vostri programmi preferiti, _____ che compriate una Phillips!
2. Oggi, tutti _____ un lettore Commodore!
3. _____ poca intelligenza per capire che RCA è il televisore per voi!
4. Vi _____ una nuova radio? Comprate Walkman IX!
5. _____ un'ora ad accendere la TV? Comprate il telecomando Parker!
6. Se _____ troppo tempo per accendere la TV, usate il telecommando SONY!

B. Occhio al congiuntivo! Completa liberamente.

1. Studio prima che...
2. Vedrò la partita alla TV a meno che...
3. Comprerò un televisore SONY purché...
4. Non passa una settimana senza che l'insegnante d'italiano non...
5. Qualsiasi cosa il presidente degli Stati Uniti..., lui non è mai d'accordo.
6. Dovunque lei..., lui la segue.
7. Benché quella videocassetta... troppo, io la comprerò.

C. Completa! Completa liberamente i seguenti annunci pubblicitari.

MODELLO   Il lettore Commodore? È il più bel lettore che...
ci sia/possiate comprare/ecc.

1. Il sistema stereofonico Commodore VII? È tra i migliori che...
2. Potete vedere tutti i programmi che volete, purché...
3. Le foto Kodak? Sono le più belle che...
4. SONY ci ha dato i televisori più belli! Che Dio _____ SONY!

D. A piacere! Forma liberamente delle frasi con gli stimoli dati. Segui il modello.

MODELLO   avere il videoregistratore / sebbene
Sebbene io abbia il videoregistratore, non lo uso mai./Io ho il registratore, sebbene non lo usi mai.

1. non sapere suonare il violino / sebbene   2. giocare a baseball / purché   3. ascoltare il giornale radio / prima che   4. il mio telecomando non funzionare / benché   5. ho deciso di guardare i programmi a puntate / qualsiasi

PER LA COMUNICAZIONE

COMUNICARE ORALMENTE

Buona vacanza!	*Have a good vacation!*
Buona giornata!	*Have a good day!*
Buona fortuna!	*Good luck!*
Buon compleanno!	*Happy birthday!*
Buon viaggio!	*Have a good trip!*
Buon divertimento!	*Have a good time!*
Anzi...	*As a matter of fact!/On (Quite) the*
	contrary . . .
Non sei in anticipo, anzi sei	*You're not early. As a matter of fact*
in ritardo.	*you're late.*
Non è difficile, anzi!	*It's not difficult, quite the contrary!*
Chissà...	*Who knows . . .*
Chissà quando ci rivedremo!	*Who knows when we will meet again!*
Dunque...	*Well then/Well (now) . . .*
Dunque, dicevo che...	*Well, I was saying that . . .*
Senti (fam.)/Senta (pol.)...	*Listen/Listen here . . .*
Di'/Dimmi pure. (fam.)	*Go ahead (Tell me).*
Mi dica./Dica pure. (pol.)	

APPLICAZIONE

A. Rispondi! Rispondi a ciascuna affermazione in modo logico, seguendo il modello.

MODELLO   Domani ho un esame!
Buona fortuna! Spero che ti vada bene!

1. Domani parto. Vado in Francia per affari (*business*).   **2.** Stasera vado al cinema con gli amici.   **3.** Ho bisogno di rilassarmi. Vado nei Caraibi per una settimana.   **4.** La prossima settimana vado in Italia.   **5.** Oggi è il mio compleanno.   **6.** (al mattino) Vado a lavorare: ho molto da fare.

B. La ruota delle parole! Chiedi al tuo compagno/alla tua compagna di scegliere cinque numeri della ruota (*wheel*). Una volta scelti i numeri, formulate insieme delle frasi con le parole che si trovano nelle rispettive caselle. Leggete infine le vostre frasi alla classe.

MODELLO   1. anzi...
Non mi dispiace, anzi mi fa piacere!/Carla non mi è antipatica, anzi!

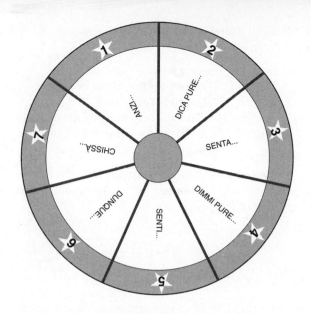

PARLARE AL TELEFONO

Pronto!	*Hello!*
Chi parla?/Chi è?	*Who is it?*
Sono Claudia/il signor Bruni/ecc.	*This is Claudia/Mr. Bruni/etc.*
C'è Mario/la signora Morelli/ecc.?	*Is Mario/Mrs. Morelli/etc., in?*
Potrei/Posso parlare con...?	*May I speak with . . .?*
Desidererei parlare con...	*I would like to speak with . . .*
La linea è occupata.	*The line is busy.*
La linea è libera.	*The line is free.*
Resta (*fam.*)/Resti (*pol.*) in linea!	*Stay on the line!*
Fa' (*fam.*)/Faccia (*pol.*) il numero!	*Dial the number.*
Che prefisso ha/hai?	*What's your area code?*
Scusi, ho sbagliato numero.	*I'm sorry, I've dialed the wrong number.*
Qual è il tuo/Suo numero di telefono?	*What's your telephone number?*

APPLICAZIONE

A. Al telefono! Svolgi i seguenti compiti comunicativi.

MODELLO   Rispondi al telefono.
Pronto! Chi parla?

1. Chiedi se c'è la signora Berti.   **2.** Rispondi al telefono e presentati.
3. Chiedi di parlare con il signor Torelli.   **4.** Di' a Paolo di restare in
linea.   **5.** Chiedi a Teresa il suo numero di telefono.   **6.** Chiedi al
dottor Rossi il suo prefisso telefonico.

B. Pronto! Con un compagno/una compagna, crea dei mini-dialoghi. Segui il modello.

MODELLO   un programma a puntate
—Pronto, Debbie. Sono io, Tom.
—Oh, ciao, Tom! Che c'è?
—Hai visto l'ultimo episodio di *90210*?
—No. È l'unico programma che non mi piaccia./No, sebbene io lo guardi regolarmente./ecc.

1. un programma a puntate   **2.** un film alla televisione   **3.** un documentario sugli animali   **4.** un'intervista a una persona famosa   **5.** un programma sportivo

SCRIVERE UNA LETTERA

Gentile signore/signora/signorina	*Dear Sir/Madam/Miss*
Caro Gianni/Cara Maria	
Carissimo Gianni/Carissima Maria	
Mio caro.../Mia cara...	
A chi di spettanza	*To whom it may concern*
Spettabile (Spett.le) Ditta/Banca...	*Dear Madam or Sir (of firm/company)*
Suo/Sua	*Yours truly/Sincerely*
Cordiali/Distinti saluti	
La saluto cordialmente	
Un abbraccio	*A hug*
Ti saluto affettuosamente	*Affectionately*
Un caro saluto	

■ Here are some writing tips:

- Do not capitalize **io** unless it is the first word in a sentence.
- When the conjunction **e** and the preposition **a** occur before a word beginning with a vowel, you may write (and pronounce) them as **ed** and **ad: Marcello ed Elena/Parla ad alta voce.**
- Do not capitalize days of the week, months of the year, nationalities, and languages unless they occur as the first word in a sentence.
- After **Caro Gianni, Cara Maria,** etc., and **Gentile signore/signora,** etc., do not capitalize the first word in a letter.

    Caro Gianni,
       ti scrivo questa lettera perché...

- You may capitalize the first word after **Spett.le**....

• On an envelope, the number of the street follows the street name, and the postal code precedes the city name.

Gentile Dottor G. Marchi
via Della Torre, 34
00121 Roma

A. La lettera! Scrivi una breve lettera a ciascuna delle seguenti persone. Presenta le tue lettere, con apposite buste (*appropriate envelopes*), al resto della classe. Poi discutete insieme la loro forma e il loro contenuto.

1. ad un amico/un'amica (digli/dille che adesso lavori per un'azienda pubblicitaria) **2.** ad un'azienda pubblicitaria (esprimi la tua opposizione ai tipi di manifesti pubblicitari che pubblica regolarmente) **3.** al caporedattore (*editor-in-chief*) di un giornale (protesta contro uno degli articoli pubblicati recentemente sul suo giornale)

B. Caro/Cara... Svolgi il seguente compito con un compagno/una compagna. Scrivi una breve lettera (sui tuoi problemi di scuola, sui tuoi problemi affettivi, ecc.) ad una rubrica di giornale che offre consigli. Il tuo compagno/La tua compagna dovrà rispondere alla tua lettera.

MODELLO   sui tuoi problemi di scuola
Cara Stella,
   ho tanti problemi a scuola. I miei voti sono bassi, non ho voglia di studiare e i miei amici vogliono che io esca sempre con loro. Che cosa devo fare?
                                                                    Carlo
Caro Carlo,
   tu sei ovviamente molto pigro (*lazy*) e troppo socievole. Devi studiare di più, benché non ti piaccia e non ne abbia voglia.
                      Stella

IL MOMENTO CREATIVO   Con un tuo compagno/una tua compagna metti in scena uno degli annunci pubblicitari suggeriti dai seguenti slogan.
1. «Con il telefonino (*cellular phone*) SONY, potrete chiamare chiunque, quando volete!!!»
2. «Con il lettore interattivo Phillips, potrete fare delle cose straordinarie!!!»

Taccuino Culturale

LA TELEVISIONE IN ITALIA

La televisione italiana nasce (*is born*) ufficialmente il 3 gennaio 1954. Ci sono oggi tre canali statali: RAIUNO, RAIDUE e RAITRE. RAI sta per Radio Audizioni Italiane (*Italian Broadcasting Corporation*), sebbene sia ora comunemente chiamata RAI-TV.

Nella seconda metà (*half*) degli anni Settanta nascono le televisioni private, tra cui le tre reti di Silvio Berlusconi: Canale 5, Italia 1 e Rete 4. La struttura dei programmi è simile a quella dei programmi nordamericani. La pubblicità viene inserita periodicamente durante un programma. Ci sono molti programmi nordamericani doppiati (*dubbed*) che vanno in onda (*on the air*) regolarmente.

A. Ricordi quello che hai letto? Riassumi i dettagli più importanti della nota culturale appena letta.

1. nascita della televisione italiana → **il 3 gennaio 1954**
2. i tre canali statali
3. significato dell'acronimo RAI
4. le tre reti fondate da Silvio Berlusconi
5. alcune caratteristiche dei programmi televisivi italiani

B. Che programma è? Leggi la pagina tratta da una guida TV italiana (pagina 102). Con gli altri membri della classe:

1. Cerca di indovinare i tipi di programmi elencati (quiz, film, ecc.)
2. Paragona (*compare*) la selezione dei programmi offerti a quella di una guida TV nordamericana.
3. Scegli un programma (anche se non è nella lista) e descrivilo alla classe. La classe cercherà di indovinare il programma da te descritto.

C. Discussione! Sei d'accordo con le seguenti affermazioni? Elabora la tua risposta.

1. La televisione offre una grande varietà di programmi.   **2.** La televisione è influenzata politicamente.   **3.** La televisione riflette le mie idee.   **4.** C'è troppa pubblicità in televisione.   **5.** Ci sono troppi canali televisivi.

 ## Stimolo alla lettura

Lavoro di gruppo. Insieme ad un tuo compagno/una tua compagna cerca di elencare le varie fasi che di solito precedono la messa in onda di un romanzo sceneggiato (*soap opera*).

1. formulazione dell'idea
2. proposta dell'idea
3. _____
4. _____
5. _____
6. _____

Ora paragonate il vostro elenco con quello dei vostri compagni. Quale gruppo ha proposto l'elenco più completo? La lettura di pagina 103 vi aiuterà a rispondere a questa domanda.

89° giorno dell'anno
Il sole sorge
alle 6,14
Luna nuova

I santi del giorno
S. Amedeo
S. Vittore
S. Giovanni

OGGI•TV
Mercoledì 30 marzo

RAIUNO

CANALE GUIDA SHOWVIEW 001

7.00 Tg1 Notiz. (Ore 8/9) 9249127
7.35 Tgr Economia - Tg1 1026924
9.35 Cuori senza età Tf 7125672
10.05 Uno per tutti "Buona Pasqua"
Varietà per ragazzi 5980905
11.00 Tg1 Nel corso 7291419
11.40 Calimero Cartoni 2388547
12.00 Blue jeans Telefilm 24943
12.25 Che tempo fa - Tg1 5095498
12.35 La signora in giallo Telefilm
"Mentire è un'arte" 8836030
13.30 Telegiornale Notiz. 8634
14.00 Primissima Attualità 9363
14.30 Il mondo di Quark 2080479
15.05 Uno per tutti Ragazzi 11457127
17.40 Calcio: Cagliari - Inter
Coppa Uefa
Nell'intervallo Tg1 3823547
19.40 Miraggi Gioco 6772699
19.50 Che tempo fa 4877063
20.00 Tg1 - Tg1 Sport 90479
20.35 Miraggi Gioco 8822214
20.40 Film Sfida d'onore
Drammatico, Usa, '91 254924
22.20 Tg1 Notiziario 8249740
22.25 La sporca dozzina Tf 4787127
23.15 Tgs Mercoledì sport 698479
24.00 Tg1 Notte Notiziario 7431
0.30 Dse sapere Cultura 7700431
1.00 Film Questa specie di amore
Drammatico, Italia, '71 2968528
2.50 Film Giulietta e Romeo
Dramm., Italia, '64 88145967
4.30 Facciaffittasi Telefilm

RAIDUE

CANALE GUIDA SHOWVIEW 002

6.30 Conoscere la bibbia 3153740
6.40 Quante storie... ! 4275943
7.45 L'albero azzurro 9394363
8.45 Euronews Attualità 6918295
9.00 Lassie Telefilm 5189
9.30 Quando si ama Soap 4209214
10.50 Detto tra noi mattina 5728160
11.45 Tg2 Telegiornale 7932108
12.00 I fatti vostri 62905
13.00 Tg2 Ore tredici 10108
13.25 Tg2 Economia 6611721
13.40 Beautiful Soap 9786450
14.00 I suoi primi 40 anni 86127
14.20 Santa Barbara Soap 4618740
15.10 Tg2 Flash Notiziario 4837566
15.15 Detto tra noi Attualità 1645189
17.00 Tg2 Telegiornale 67030
17.05 Tg2 Motori 877289
17.20 Il coraggio di vivere 7462498
18.20 Tgs Sportsera 1179653
18.30 In viaggio con... 26672
18.45 Hunter Telefilm 7923498
19.35 Meteo 2 2916498
19.45 Tg2 Telegiornale 210011
20.15 Tg2 Lo sport 8825301
20.20 Ventieventi Gioco 6632672
20.40 Film Cattiva condotta
Dramm., Australia, '93 261214
22.30 Tribune Rai Attualità 53382
24.00 Tg2 Notte - Meteo 2 33493
0.20 Il coraggio di vivere 9717948
1.25 Un giustiziere a New York
Telefilm 60632528
2.30 Videocomic Varietà

CANALE 5

CANALE GUIDA SHOWVIEW 005

6.30 Tg 5 - Prima pagina 3045740
9.00 Maurizio Costanzo show
Talk show(R) 66536547
11.45 Forum Rb di casi giudiziari
Con Rita Dalla Chiesa 2909856
13.00 Tg 5 Notiziario 89740
13.25 Sgarbi quotidiani 4508295
13.40 Sarà vero? Gioco
Con Alberto Castagna 2285905
15.30 Agenzia matrimoniale
Talk show 9634
16.00 A tutto disney
"Bim Bum Bam" 778450
18.00 Flash Tg 5 Notiziario 21653
18.05 Ok il prezzo è giusto! Gioco
Conduce Iva Zanicchi 8919547
19.00 La ruota della fortuna Gioco
Con Mike Bongiorno 3498
20.00 Tg 5 Notiziario 2547
20.30 Dallo Stadio Meazza
Coppa Campioni:
Champions League
Milan - Anderlecht 979301
22.25 Striscia la notizia 8580585
22.40 Spazio 5 Notiziario 8142160
23.20 Maurizio Costanzo show
Talk show 642455
24.00 Tg 5 Notiz. nel corso 89764
1.30 Sgarbi quotidiani (R) 4683257
1.45 Striscia la notizia (R) 9858306
2.00 Tg 5 Edicola Rubrica 6811783
2.30 Zanzibar Telefilm 8236561
3.30 A tutto volume Rb 8247677
4.30 I cinque del quinto piano

Come funziona la fabbrica dei programmi televisivi?

Leggi con attenzione il seguente brano di I. Cipriani, soffermandoti (*concentrating*) sulle varie fasi che precedono la produzione di un romanzo sceneggiato.

Come funziona la fabbrica dei programmi televisivi? Secondo quali criteri pratici si muove, di quali «macchine» si serve, che cosa può fare, a quali controlli esterni e interni si sottopone[1]?

Facciamo l'esempio della produzione di un romanzo sceneggiato.[2] Questa produzione si divide in «segmenti», cioè in una serie di operazioni alle quali corrispondono ruoli professionali e mansioni[3] precise.

a) formulazione dell'idea;

b) proposta, approvazione dell'idea e definizione del passaggio alla fase operativa;

c) stesura[4] di un soggetto e di una sceneggiatura;

d) definizione dei costi e preventivi[5] degli impianti e dei mezzi di produzione necessari, degli spazi di ripresa[6] (studi, esterni, ecc.) e dei tempi di lavorazione;

e) scelta del regista, degli attori e del personale artistico;

f) realizzazione vera e propria;

g) montaggio[8] del materiale;

h) eventuale doppiaggio,[9] scelta e realizzazione delle musiche e missaggio[10];

i) controllo del prodotto;

j) decisione sui tempi di messa in onda,[11] orari e canali di programmazione;

l) lancio[12] pubblicitario;

n) messa in onda;

o) commercializzazione del prodotto, ossia[13] sua vendita ad altre reti televisive, riduzione in film, accordi per la produzione di oggetti, album, figurine, libri, manifesti, legati alla vicenda, ai personaggi o attori dello sceneggiato.

Ciascuna di queste fasi contiene ulteriori[14] divisioni e parcellizzazione[15] del lavoro; quando si è in studio, ad esempio, solo il regista e i suoi diretti assistenti hanno sott'occhio il quadro generale, mentre i datori di luci o i cameramen o gli operai conoscono poco o niente del lavoro che stanno realizzando e si limitano a eseguire correttamente le indicazioni del regista.

[1]*submit to (sottoporsi)* [2]**romanzo...** *soap opera* [3]*tasks, duties* [4]*draft* [5]*estimates* [6]*filming, shooting* [7]*director* [8]*editing* [9]*dubbing* [10]*mixing* [11]**messa...** *telecast* [12]*launching* [13]*that is to say* [14]*further* [15]*parceling off*

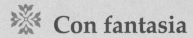

Dopo la lettura

A. Domande sul contenuto. Rispondi alle seguenti domande.

1. Che tipo di esempio fa l'autore per dimostrare come funziona la fabbrica dei programmi televisivi?
2. Come si divide la produzione?
3. Nella fase iniziale, che cosa viene formulato? steso? definito? scelto?
4. Metti in ordine sequenziale le seguenti fasi della produzione: lancio pubblicitario, messa in onda, realizzazione vera e propria, eventuale doppiaggio, montaggio del materiale, controllo del prodotto, decisione sui tempi di messa in onda, commercializzazione del prodotto
5. Che cos'altro contiene ciascuna delle fasi?
6. Chi ha sott'occhio il quadro generale?
7. Che ruolo svolgono i datori di luci e i cameramen?

B. Discussione in classe. Rispondi liberamente alle seguenti domande, discutendo le tue risposte con gli altri membri della classe.

1. Quale dei mezzi di comunicazione di massa (radio, televisione, stampa), secondo te, influenza maggiormente l'opinione pubblica? Puoi darne una spiegazione?
2. Quale dei mezzi risponde di più ai tuoi interessi e alle tue preferenze? Spiega il perché.
3. Quale programma televisivo guardi abitualmente? Perché?

Con fantasia

A. Giochiamo! Nel seguente puzzle ci sono nove parole che si riferiscono alla televisione e ai mass media. Trovale. Le parole si possono leggere da sinistra a destra, da destra a sinistra.

```
B T E L E C O M A N D O M L P O L M L O P O L I K R
N M G I O R N A L E M K L O L O T I T M L J U H Y I
R A D I O M K S T A M P A M K L M K L R E T E I O T
E L A N A C M L O S T E R E O M L O P L I P P L I E
P U B B L I C I T À M L O S C H E R M O M K L P O L
```

B. Anagrammi grammaticali! Metti in ordine le parole dei seguenti titoli tratti da manifesti pubblicitari.

1. i / programmi / più / bei / ci / siano / vedere / che / SONY II / con / potrete

2. voi / fa / per / mettete / se / ci / tempo / troppo / telecomando / il / C-Commodore IV / accendere / ad / televisore / il

3. SONY / comprate / per / televisore / un / potere / la TV / meglio / vedere

C. La tua guida TV!

1. Prova a tradurre in italiano il titolo dei seguenti programmi televisivi: *The Wheel of Fortune, The Young and the Restless, Married with Children, 60 Minutes, Jeopardy, The Price is Right.*

2. Scrivi una guida TV nella quale elenchi (*list*) e descrivi i programmi menzionati nella prima domanda.

> MODELLO   *The Wheel of Fortune*
> **La ruota della fortuna: gioco di fortuna in cui una persona deve indovinare una parola o un'espressione mano mano che queste si formano in base a indizi...**

D. Lavoro di gruppo. Diversi gruppi di studenti dovranno mettere in scena il seguente episodio.

Titolo: «*La vita di Al Bundy (Married . . . with Children!)*»

Personaggi:
- il padre: Al Bundy, pigro, disinteressato, gli è antipatica la moglie, ma non le altre donne
- la madre: Peggy Bundy, odia il marito, ma non gli altri uomini
- il figlio: Bud, ha lo stesso carattere del padre
- la figlia: Kelly, ha lo stesso carattere della madre

Trama: La famiglia sta litigando (*arguing*) perché Kelly vuole sposarsi. Il padre non vuole spendere soldi per il matrimonio, la madre non sa come dovrà vestirsi e Bud è completamente disinteressato. L'episodio termina quando entra il fidanzato di Kelly e dice qualcosa di veramente inaspettato (*unexpected*). L'intero episodio deve essere programmato sarcasticamente, imitando il vero programma televisivo.

E. Mia cara... Ecco la lettera che Daniele ha scritto a Ornella e una parte della risposta di Ornella. Completa liberamente la lettera di Ornella.

Mia cara Ornella,

ti amo ancora. Però devo dirti che sto uscendo con un' altra ragazza. Si chiama Laura. È lei che insiste che noi usciamo insieme. Spero che non ti dispiaccia. Mi ami ancora?

Un abbraccio,
Daniele

Caro Daniele,

grazie della tua lettera del mese scorso. Stai veramente uscendo con Laura?

_____

_____

E non mi scrivere o telefonare mai più!
Ornella

LESSICO UTILE

accendere	to turn on (the TV)	anzi	as a matter of fact, on the contrary
l'annuncio pubblicitario	commercial	apprendere	to learn
affinché	so that	basso	short (in height)
a meno che... non	unless	bello	beautiful, handsome

benché	*although*	la pubblicità	*advertising*
bravo	*good (at something)*	purché	*provided that*
breve	*brief*	qualsiasi/qualunque	*whichever*
buono	*good*	regalare	*to give (as a gift)*
il canale	*channel*	il/la regista	*director*
la casa editrice	*publishing house*	la rete televisiva	*network*
chiunque	*whoever*	il romanzo	*novel*
corto	*short (in length)*	lo schermo	*screen*
il documentario	*documentary*	sebbene	*although*
dovunque	*wherever*	senza che	*without*
dunque	*well then, therefore*	servirsi di	*to make use of*
la fabbrica	*factory*	spegnere	*to turn off*
funzionare	*to work, operate*	la stampa	*the press*
il giornale	*newspaper*	lo stereo	*stereo*
grande	*big, large, great*	suonare	*to play*
l'intervista	*interview*	il telecomando	*remote control*
lavorare	*to work (at a job)*	il telefonino	*cellular telephone*
perché	*so that*	il telegiornale	*TV news*
prima che	*before*	il televisore	*TV set*
il programma a puntate	*series*	la trasmissione	*transmission, broadcast*
		il videoregistratore	*VCR*

$\mathcal{U}$n vero «computer» da polso 5

Tema concettuale   L'ora, i giorni, la settimana, i mesi, l'anno

Vocabolario   Giorni, mesi, stagioni
                          Numeri cardinali

Note grammaticali   Verbi riflessivi
                              Presente indicativo e congiuntivo
                              Imperativo
                              Categorie di verbi riflessivi
                          Dimostrativi
                          Possessivi

Per la comunicazione   Indicare l'ora
                          Esprimere rapporti di tempo
                          Indicare la data

Taccuino culturale   Tradizioni

Letture   «Un vero "computer" da polso»
                          «Ghirlandetta dei mesi» di Renzo Pezzani

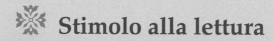

Stimolo alla lettura

A. Le grandi scoperte. Sei bravo(-a) in storia? Ricordi le date storiche più importanti? Fa' il seguente test e lo scoprirai. Vedi i risultati a pagina 136.

1. Cristoforo Colombo partì dalla Spagna per le Americhe
   a. il 3 agosto 1492.
   b. il 3 settembre 1592.
   c. il 3 luglio 1452.

2. Cristoforo Colombo raggiunse l'isola di San Salvador
   a. il 12 ottobre 1592.
   b. il 12 ottobre 1492.
   c. il 22 ottobre 1492.

3. Due astronauti americani sono scesi sulla luna
   a. il 20 luglio 1969.
   b. il 20 luglio 1979.
   c. il 20 luglio 1959.

4. Il telefono fu inventato in America dall'italiano Antonio Meucci
   a. nel 1857.   **b.** nel 1957.   **c.** nel 1557.

5. Guglielmo Marconi riuscì (*succeeded*) a trasmettere messaggi a distanza senza l'aiuto dei fili
   a. nel 1685.   **b.** nel 1985.   **c.** nel 1895.

6. L'americano Edison inventò la lampadina elettrica
   a. nel 1960.   **b.** nel 1579.   **c.** nel 1879.

7. Negli Stati Uniti i fratelli Wright riuscirono a volare con un apparecchio a motore
   a. nel 1703.   **b.** nel 1903.   **c.** nel 1945.

8. Il primo orologio fu costruito (*was built*) intorno al (*around*)
   a. 1360.   **b.** 1660.   **c.** 1860.

*U*n vero «computer» da polso!

Leggi attentamente il seguente annuncio pubblicitario.

- *Orologio al quarzo*
- *Sveglia[1] programmabile*
- *Segnale 'beep' ogni ora*
- *Calcolatore 8 cifre*

GARANZIA 1 ANNO

A sole L. 19.900
Un vero ''computer'' da polso

• **L'orologio calcolatore con sveglia** è un vero ''computer da polso''. Al quarzo, ha **8 funzioni** da orologio: • **ore** • **minuti** • **secondi** • **giorno della settimana** • **mese** • **data** • **segnale 'beep'** allo scadere di ogni ora[2] • **sveglia/allarme** programmabile con 24 ore di anticipo. **Il calcolatore** con visore[3] **8 cifre ha 5 funzioni: le 4 operazioni** e la **virgola fluttuante**.[4] Originale ed utilissima idea regalo.
OROLOGIO CALCOLATORE
102819 .... L. 19.900

---

[1] *alarm clock*   [2]**allo...** *on the hour*   [3] *viewer*   [4]**virgola...** *floating decimal point*

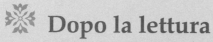

Dopo la lettura

A. Ricordi quello che hai letto? Completa gli spazi usando le seguenti parole.

computer minuti settimana calcolatore orologio anno secondi lire mese otto ora

1. Questo _____ con sveglia è un vero _____ da polso. Ha _____ funzioni: ore, _____, _____, giorno della _____, _____, data, segnale «beep» allo scadere di ogni _____. Ha anche un _____ a otto cifre. Questo orologio è garantito un _____ e costa soltanto 19.900 _____.

B. Rispondi! Rispondi liberamente alle seguenti domande. Discuti le tue risposte con gli altri membri della classe.

1. Tu porti sempre l'orologio? Perché sì/no?

2. Di che marca è? Descrivilo.

3. Perché gli orologi per uomo e quelli per donna sono spesso differenti nello stile? Pensi che sia giusto? Perché sì/no?

4. A chi regaleresti un orologio? Perché?

STIMOLO LINGUISTICO

A. In una gioielleria. Con un compagno/una compagna svolgi dei mini-dialoghi, come nel modello. Nota che dovrai usare le varie forme dell'aggettivo dimostrativo e dell'aggettivo possessivo **mio**. Te le ricordi?

MODELLO   orologio / quello / ragazza
    —Vorrei vedere quell'orologio.
    —Per chi lo vuole comprare?
    —Per la mia ragazza.

1. orologio / questo / ragazzo

2. anello (*ring*) / quello / fidanzato

3. braccialetto (*bracelet*) / questo / ragazza

4. orecchini (*earrings*) / quello / bambina

5. collana (*necklace*) / questo / fidanzata

6. spilla (*brooch*) / quello / ragazza

B. Domanda e risposta. Con un compagno/una compagna, svolgi i seguenti compiti comunicativi.

> MODELLO   Chiedi al tuo compagno/alla tua compagna quanti ne abbiamo (*what the date is*) oggi.
> —**Debbie, quanti ne abbiamo oggi?**
> —**Oggi ne abbiamo tredici.**

Chiedi ad un tuo compagno/una tua compagna...

1. a che ora si alza di solito la mattina
2. a che ora va a dormire di solito
3. che ore sono adesso
4. quando è nato(-a) (la data completa)
5. che giorno della settimana è
6. in che mese siamo
7. quanti ne abbiamo oggi
8. a che ora inizia la lezione d'italiano
9. in che stagione siamo

VOCABOLARIO

I GIORNI DELLA SETTIMANA

lunedì	*Monday*	venerdì	*Friday*
martedì	*Tuesday*	sabato	*Saturday*
mercoledì	*Wednesday*	domenica	*Sunday*
giovedì	*Thursday*		

I MESI E LE STAGIONI DELL'ANNO

gennaio	*January*	luglio	*July*
febbraio	*February*	agosto	*August*
marzo	*March*	settembre	*September*
aprile	*April*	ottobre	*October*
maggio	*May*	novembre	*November*
giugno	*June*	dicembre	*December*
la primavera	*spring*	l'autunno	*fall, autumn*
l'estate	*summer*	l'inverno	*winter*

■ The definite article is used with the days of the week and other time expressions to indicate a habitual occurrence.

Lunedì vado al cinema.
Monday I'm going to the movies.

Il lunedì vado sempre al cinema.
On Mondays (Every Monday) I always go to the movies.

Domenica guardo la partita.
Sunday I'm watching the game.

La domenica guardo la partita.
On Sundays (Every Sunday) I watch the game.

Stasera ascolto la radio.
Tonight I'm listening to the radio.

La sera ascolto la radio.
In the evenings I listen to the radio.

A. Indovina! Rispondi, seguendo il modello.

MODELLO   È il primo giorno della settimana.
lunedì

1. È il primo mese dell'anno.
2. Ha 28 giorni.
3. Ha inizio il 21 marzo.
4. È l'ultimo mese dell'anno.
5. I mesi della primavera.
6. I mesi con trenta giorni.
7. Ultimo giorno della settimana, dedicato al riposo.
8. È la stagione più calda.
9. È la stagione più fredda.
10. Termina il 21 dicembre.

B. Che fai? Con un compagno/una compagna svolgi i seguenti mini-dialoghi.

MODELLI   lunedì / di solito
    —Che fai il lunedì di solito?
    —Il lunedì esco con gli amici/vado a lezione d'italiano/ecc.

lunedì
    —Che fai lunedì?
    —Lunedì penso di andare a vedere il nuovo film di Bertolucci.

1. sabato sera / di solito
2. domenica
3. la sera / di solito
4. stasera
5. domenica / di solito
6. l'estate / di solito

I NUMERI CARDINALI

1. uno	16. sedici	40. quaranta
2. due	17. diciassette	50. cinquanta
3. tre	18. diciotto	60. sessanta
4. quattro	19. diciannove	70. settanta
5. cinque	20. venti	80. ottanta
6. sei	21. ventuno	90. novanta
7. sette	22. ventidue	100. cento
8. otto	23. ventitré	200. duecento
9. nove	24. ventiquattro	. . .
10. dieci	25. venticinque	1.000 mille
11. undici	26. ventisei	2.000 duemila
12. dodici	27. ventisette	1.000.000 un milione
13. tredici	28. ventotto	2.000.000 due milioni
14. quattordici	29. ventinove	1.000.000.000 un miliardo
15. quindici	30. trenta	

■ From 20 to 99: Add on the numbers from 1 to 9, dropping the final vowel before **uno** and **otto** (since these too begin with a vowel) and accenting the numbers ending in **-tré: trentuno, cinquantotto, novantatré.** Note that **uno**, and numbers ending in **-uno**, are inflected like the indefinite article when they occur before a noun (or preceding adjective): **uno studente, trentun giorni, ventuno studenti, quarantun anni**, and so on.

■ Long numbers can be written as one word (223.000 = **duecentoventitremila**) or as separate words **(duecento ventitré mila).**

■ When followed by a noun, **milione** and **miliardo** have **di: un milione di dollari, tre miliardi di lire,** and so on.

■ Here are some useful expressions:

circa, quasi
   Ho bisogno di circa venti minuti.
   Pesa quasi una tonnellata!

almost, nearly
   I need about twenty minutes.
   It weighs almost a ton!

il doppio
   Per questa camicia io ho pagato
     il doppio.

double, twice as much
   For this shirt I paid twice as
     much.

una dozzina
una ventina di, una trentina di...

a dozen
about twenty, thirty . . .

centinaia/migliaia (*sing.:* centinaio/migliaio)
   un centinaio di persone
   centinaia di libri

hundreds/thousands
   about a hundred people
   several hundred books

■ Finally, note the following:

l'addizione: due più due fa quattro	*addition: two plus two makes four*
la sottrazione: due meno due fa zero	*subtraction: two minus two makes zero*
la moltiplicazione: due per due fa quattro	*multiplication: two times two makes four*
la divisione: due diviso due fa uno	*division: two divided by two makes one*
pari (*invariable*)	*even*
dispari (*invariable*)	*odd*

A. Indovinelli (*riddles*) **numerici!** Scrivi (in lettere, *non* in numeri) la risposta alle seguenti operazioni, seguendo i modelli.

MODELLI   34, 36, 38...
quaranta
$3 + 9 =$
Tre più nove fa dodici

1. 1, 3, 5...
2. 2, 4, 6...
3. 12, 15, 18...
4. 25, 35, 45,...
5. 123, 223, 323...
6. 3.002, 5.002, 7.002...
7. $34 \times 20 =$
8. $90.000 \div 90 =$
9. $78 + 45 =$
10. $4.567 + 1.111 =$
11. $560 \times 3 =$
12. $456 \quad 234 =$
13. $12 + 890 =$

B. Giochiamo ancora con i numeri! Di' le seguenti cose in maniera diversa.

MODELLI   Ho bisogno di dodici rose.
Ho bisogno di una dozzina di rose.
Ci sono quasi venti studenti in questa classe.
Ci sono una ventina di studenti in questa classe.

1. Conosco quasi trenta studenti in questa classe.
2. Bruno ha circa venti orologi!
3. In questo corso ci sono dodici studenti.
4. Per quell'orologio ho pagato due volte di più!
5. Alla festa sono venute quasi cento persone.
6. Al concerto c'erano circa mille persone.
7. Il governo ha quasi 2.000.000.000 di deficit.
8. Ho quasi cinquant'anni.

NOTE GRAMMATICALI

VERBI RIFLESSIVI

Presente indicativo e congiuntivo

■ Reflexive verbs require reflexive pronouns (*myself*, *yourself*, etc.), because they refer back to the subject. They are placed right before the verb, which is then conjugated in the usual way.

(io) mi lavo	*I wash myself*
(tu) ti lavi	*you wash yourself*
(lui/lei/Lei) si lava	*he washes himself/she washes herself/you (pol.) wash yourself*
(noi) ci laviamo	*we wash ourselves*
(voi) vi lavate	*you wash yourselves*
(loro) si lavano	*they wash themselves*

■ Reflexive verbs in the subjunctive are conjugated in the normal fashion with the reflexive pronouns: **Penso che lui non si senta bene**.

■ In the present progressive, the reflexive pronouns can come before **stare** (the most common position) or can be attached to the gerund: **vestirsi** (*to get dressed*): **mi sto vestendo/sto vestendomi**. The same pattern applies to modal constructions (verb constructions with **potere, dovere, volere**): **mi devo vestire/devo vestirmi**. Note that when you add a reflexive pronoun onto the infinitive, you must drop the **-e: sentire/sentirsi; vestire/vestirmi.**

Imperativo

■ To form the imperative of reflexive verbs, attach the reflexive pronouns to the nonpolite forms. Note that the stress remains where it would normally be without the pronoun attachments.

alzarsi *to get up*	**pulirsi** *to clean oneself*
(tu) alzati	(tu) pulisciti
(Lei) si alzi	(Lei) si pulisca
(noi) alziamoci	(noi) puliamoci
(voi) alzatevi	(voi) pulitevi
(Loro) si alzino	(Loro) si puliscano

■ To form the negative imperative, you have the choice of putting the pronoun before or after the nonpolite forms. Remember that the infinitive is used in the second-person singular.

AFFIRMATIVE	NEGATIVE	
	BEFORE	AFTER
(tu) alzati	non ti alzare	non alzarti
(Lei) si alzi	non si alzi	—
(noi) alziamoci	non ci alziamo	non alziamoci
(voi) alzatevi	non vi alzate	non alzatevi
(Loro) si alzino	non si alzino	—

Categorie di verbi riflessivi

■ Some verbs have both a reflexive and a nonreflexive form.

NONREFLEXIVE	REFLEXIVE
lavare *to wash*	lavarsi *to wash oneself*
vestire *to dress*	vestirsi *to dress oneself*
alzare *to raise up, lift*	alzarsi *to get up*
svegliare *to wake (someone)*	svegliarsi *to wake up*
mettere *to put*	mettersi *to put on*
comprare *to buy*	comprarsi *to buy (for) oneself*
chiamare *to call*	chiamarsi *to be called, named*
pulire *to clean*	pulirsi *to clean oneself*

■ Some verbs have only a reflexive form.

sedersi*	*to sit (down)*
rendersi conto	*to realize*
divertirsi	*to enjoy oneself*

■ A few have optional reflexive and nonreflexive forms with the same meaning.

ricordare/ricordarsi	*to remember*
dimenticare/dimenticarsi	*to forget*

*Pres. ind.: **mi siedo, ti siedi, si siede, ci sediamo, vi sedete, si siedono**; Pres. subj.: **mi sieda, ti sieda, si sieda, ci sediamo, vi sediate, si siedano**; Imperative: **siediti, si sieda, sediamoci, sedetevi, si siedano.**

■ Some verbs can be changed into reflexives that have a reciprocal meaning.

telefonare—telefonarsi   *to phone one another*
Noi ci telefoniamo ogni sera.   *We phone each other every evening.*

parlare—parlarsi   *to speak to one another*
Loro non si parlano.   *They do not speak to each other.*

APPLICAZIONE

A. Novità moda! Dai seguenti annunci pubblicitari mancano i verbi indicati. Mettili nelle loro forme appropriate (presente indicativo; presente congiuntivo; presente progressivo, indicativo o congiuntivo, ecc.) secondo il caso.

1. Solo chi porta uno Swatch _____ (divertirsi) e si gode (*enjoys*) la vita!
2. Vuoi _____ (vestirsi) con gusto (*tastefully*)? _____ (comprarsi) uno Swatch!
3. _____ (svegliarsi) sempre troppo tardi la mattina? Se comprate uno Swatch non dovete più _____ (preoccuparsi): vi sveglierete sempre in orario!
4. Forse non tutti noi _____ (rendersi conto) di quanto importante sia un buon orologio!
5. _____ (dimenticarsi) sempre la data? Non _____ (ricordarsi) il giorno della settimana? Mettiti un orologio che indica ore, minuti, secondi, data e mese.
6. Vuoi un orologio che ti _____ (svegliare) in musica? Metti al polso questo bellissimo orologio «Made in Italy»!
7. Volete sapere sempre l'ora? Volete un vero «computer» da polso? Volete un'originale ed utilissima idea regalo? _____ (comprarsi) il nostro orologio!
8. Quando io devo _____ (ricordarsi) l'ora, _____ (mettersi) sempre lo Swatch!

B. Siediti! Di' alle seguenti persone di fare le cose indicate.

MODELLO   Di' a tuo padre di sedersi.
                 Siediti!

Di'...

1. a tua sorella di non sedersi.   **2.** al signor Giusti di non sedersi.   **3.** a Michele e Vanna di ricordarsi di comprare i biglietti.   **4.** a tuo fratello di non dimenticarsi di spegnere la TV.   **5.** al piccolo Luigi di lavarsi le mani.   **6.** a tua madre di mettersi il cappotto.   **7.** ai tuoi amici di vestirsi in fretta.

C. La routine. Settimana dopo settimana a casa tua si fanno sempre le stesse cose. Completa le frasi, scegliendo il verbo giusto e mettendolo nella sua forma appropriata.

1. Il lunedì mio fratello _____ (lavare/lavarsi) i piatti (*dishes*).

2. Il martedì io _____ (chiamare/chiamarsi) la mia amica.

3. Il mercoledì, di solito, io e il mio amico Carlo _____ (telefonare/telefonarsi). **4.** Il giovedì mia sorella e le sue amiche _____ (incontrare/incontrarsi) al Bar Italia. **5.** Il venerdì i miei genitori _____ (fare/farsi) la spesa (*shopping*). **6.** La domenica tutti noi _____ (svegliare/svegliarsi) tardi.

DIMOSTRATIVI

■ Demonstratives can have adjective and pronoun functions and forms. The demonstrative adjective **questo** *this* is inflected like a normal adjective. The demonstrative adjective **quello** *that* is inflected in the exact same way as the definite article (see Capitolo 3).

MASCULINE		FEMININE	
SINGULAR	PLURAL	SINGULAR	PLURAL
questo/quest'	**questi**	**questa/quest'**	**queste**
questo ragazzo	questi ragazzi	questa zia	queste zie
quest'amico	questi amici	quest'amica	queste amiche
quello/quell'/quel	**quegli/quegli/quei**	**quella/quell'**	**quelle**
quello zio	quegli zii	quella ragazza	quelle ragazze
quello studente	quegli studenti	quella zia	quelle zie
quello psicologo	quegli psicologi		
quell'amico	quegli amici	quell'amica	quelle amiche
quel ragazzo	quei ragazzi		

■ Demonstrative adjectives can be easily "transformed" into pronouns (*this one, that one*, etc.) as follows:

The pronoun forms of **questo** are the same as those of the adjective, except that **quest'** is not used.

Questo ragazzo è bravo.	**Questo** è bravo.	*This one is good.*
Questi libri sono nuovi.	**Questi** sono nuovi.	*These are new.*
Questa radio è nuova.	**Questa** è nuova.	*This one is new.*
Queste cose sono belle.	**Queste** sono belle.	*These are nice.*
Quest'orologio è mio.	**Questo** è mio.	*This one is mine.*

The pronoun forms of **quello** are **quello/quelli** in the masculine, and **quella/quelle** in the feminine.

Quel ragazzo è bravo.	**Quello** è bravo.	*That one is good.*
Quello studente è americano.	**Quello** è americano.	*That one is American.*
Quell'amico è francese.	**Quello** è francese.	*That one is French.*
Quei libri sono nuovi.	**Quelli** sono nuovi.	*Those are new.*
Quegli studenti sono americani.	**Quelli** sono americani.	*Those are American.*
Quegli amici sono francesi.	**Quelli** sono francesi.	*Those are French.*
Quella donna è simpatica.	**Quella** è simpatica.	*That one is nice.*
Quell'amica è brava.	**Quella** è brava.	*That one is good.*
Quelle macchine sono italiane.	**Quelle** sono italiane.	*Those are Italian.*

APPLICAZIONE

A. Questo o quello? Sei un commesso/una commessa in una gioielleria. Con un compagno/una compagna svolgi i seguenti mini-dialoghi, come nel modello.

MODELLO   orologio
—Signore/Signora, desidera quest'orologio o quell'orologio?
—Non desidero né questo né quello!

1. orologi   **2.** anello   **3.** braccialetto   **4.** braccialetti   **5.** spilla
6. collane   **7.** orecchini

B. Quanto costa quest'orologio? Con un tuo compagno/una tua compagna prepara dei dialoghi, seguendo il modello.

MODELLO   orologio / 100.000
—Quanto costa quest'orologio?
—Costa centomila lire.

1. anello / 550.000   **2.** braccialetto / 2.000.000   **3.** orecchini / 375.000
4. spilla / 80.000   **5.** penne / 30.000   **6.** libri / 100.000

C. Le piace quell'orologio? Con un tuo compagno/una tua compagna prepara dei dialoghi, seguendo il modello.

MODELLO   orologio / 2.000.000
—Le piace quell'orologio?
—Sì, mi piace. Quanto costa?
—Costa due milioni (di lire).
—*(liberamente)* **Allora preferisco quello che costa di meno./ecc.**

1. anello / 900.000   **2.** braccialetto / 3.500.000   **3.** orecchini / 500.000
4. spilla / 345.000

POSSESSIVI

Possessive adjectives and pronouns have the same forms.

	MASCULINE		FEMININE	
	SINGULAR	PLURAL	SINGULAR	PLURAL
my	il mio	i miei	la mia	le mie
your (fam.)	il tuo	i tuoi	la tua	le tue
his/her/its/your (pol.)	il suo	i suoi	la sua	le sue
our	il nostro	i nostri	la nostra	le nostre
your	il vostro	i vostri	la vostra	le vostre
their/your (pol.)	il loro	i loro	la loro	le loro

Il suo orologio è nuovo. Il mio è vecchio.

La mia stagione preferita è la primavera. E la vostra qual è?

Il loro amico arriva venerdì, il nostro domani.

Il mio bambino ha due anni. E il tuo?

■ Note that the definite article is part of the form. It is dropped only under certain circumstances, which will be discussed in the next chapter.

■ The use of the indefinite article before a possessive adjective gives the idea of *of mine, of yours,* etc.: **un mio amico** *a friend of mine,* **una loro amica** *a friend of theirs.*

■ Be careful with the **suo** forms. These agree with the noun they modify in gender and number, and can mean either *his, her,* or *your (pol.).* To avoid ambiguity, use **di lui, di lei.**

l'amico di Gianni	il **suo** amico	l'amico **di lui**	*his* friend
l'amico di Maria	il **suo** amico	l'amico **di lei**	*her* friend
l'amica di Gianni	la **sua** amica	l'amica **di lui**	*his* friend
l'amica di Maria	la **sua** amica	l'amica **di lei**	*her* friend

■ To distinguish between *your (pol.)* and *his, her,* in writing, the possessive may be capitalized: **il Suo amico** *your friend.* The same applies in the plural: **i loro amici** *their friends* vs. **i Loro amici** *your (pol.) friends.*

■ The adjectival form **il proprio** renders the idea of *one's own*: **Ciascuno ama i propri figli.** *Everyone loves one's own children.* The use of **il proprio** with the possessive adjective is emphatic, rendering the idea of *my very own, your very own*: **L'ho fatto con le mie proprie mani.** *I did it with my very own hands.*

■ With reflexive verbs, the possessive adjective is often unnecessary, unless there is a need to indicate the possessor of the object. Thus it is usually omitted and replaced with the definite article: *I put on my jacket.* = **Mi metto la giacca.**; *She washes her face.* = **Lei si lava la faccia.**, and so on.

■ The pronoun forms of the possessive correspond exactly to the adjectival ones. They are, so to speak, possessive adjectives "without the nouns" they modify.

ADJECTIVE	PRONOUN
Il mio amico è italiano.	Anche **il mio** è italiano. *Mine too is Italian.*
Le nostre amiche vanno via domani.	Anche **le nostre** vanno via domani. *Ours too are leaving tomorrow.*

■ The article is always used with the pronoun forms, but may be dropped when the forms follow a linking verb (**essere, sembrare**, etc.) as a predicate: **È il mio libro.** = **È il mio. / È mio.**

A. Occhio ai possessivi! Con un compagno/una compagna svolgi i seguenti mini-dialoghi, secondo il modello.

MODELLO —È tuo l'orologio?
—Sì, è il mio orologio.
—Ma è proprio il tuo?
—Sì.

1. È tua la penna? **2.** È di Marianna l'orologio? **3.** È vostra la macchina? **4.** È di Marcello la medicina? **5.** È mio il caffè? **6.** Sono nostri i dischi? **7.** Sono di Gianni i libri? **8.** È mia la foto? **9.** Sono nostri gli orologi? **10.** Sono tue le cassette?

B. No, non è un mio amico! Rispondi negativamente alle seguenti domande usando gli aggettivi possessivi.

MODELLO Questo è un amico di John?
No, non è un suo amico.

1. Questa è l'automobile dei signori Smith? **2.** Signor Rossi, questi sono i Suoi libri? **3.** Questo è un tuo amico? **4.** Signorina, questa è la mia penna? **5.** Signorina, questo libro è mio?

PER LA COMUNICAZIONE

INDICARE L'ORA

Che ora è?/Che ore sono?

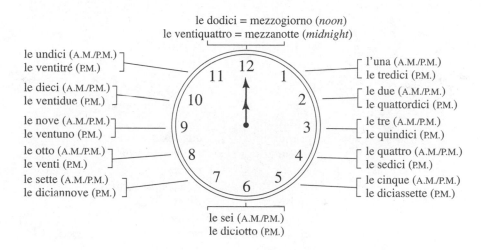

le dodici = mezzogiorno (*noon*)
le ventiquattro = mezzanotte (*midnight*)

le undici (A.M./P.M.)
le ventitré (P.M.)

le dieci (A.M./P.M.)
le ventidue (P.M.)

le nove (A.M./P.M.)
le ventuno (P.M.)

le otto (A.M./P.M.)
le venti (P.M.)

le sette (A.M./P.M.)
le diciannove (P.M.)

l'una (A.M./P.M.)
le tredici (P.M.)

le due (A.M./P.M.)
le quattordici (P.M.)

le tre (A.M./P.M.)
le quindici (P.M.)

le quattro (A.M./P.M.)
le sedici (P.M.)

le cinque (A.M./P.M.)
le diciassette (P.M.)

le sei (A.M./P.M.)
le diciotto (P.M.)

■ Both the 12-hour and the 24-hour clocks are used in Italy. The latter is used for official times (radio and television broadcasts, airline and train schedules, and so on) as **le tredici, le quattordici**, etc.

■ Here's the simplest way to tell time:

	HOUR	AND	MINUTES
3:22	le tre/le quindici	e	ventidue
4:56	le quattro/le sedici	e	cinquantasei
10:12	le dieci/le ventidue	e	dodici

■ To indicate the minutes from the half-hour to the hour, it is more common to give the next hour minus (**meno**) the number of minutes left to reach it.

	NEXT HOUR	LESS	MINUTES
3:58	le quattro	meno	due
4:40	le cinque	meno	venti
10:50	le undici	meno	dieci

■ You can also use the verb **mancare**: 3:58 = *It's two minutes before four* = **Mancano due minuti alle quattro;** 4:40 = **Mancano venti minuti alle cinque;** 1:59 = **Manca un minuto alle due,** and so on.

■ Note the following:

un quarto   *a quarter*
mezzo (mezza)   *half*

3:15	le tre	e	quindici/un quarto
4:30	le quattro	e	trenta/mezzo (mezza)
10:45	le dieci	e	quarantacinque/tre quarti
	le undici	meno	un quarto

■ Periods during the day:

il mattino	*morning*
la mattina	
di mattina	A.M. *(in the morning)*
del mattino	
il pomeriggio	*afternoon*
del pomeriggio	*in the afternoon*
la sera	*evening*
di sera	P.M. *(in the evening)*
la notte	*night*
di notte	*at night*
il mezzogiorno	*noon*
a mezzogiorno	*at noon*
la mezzanotte	*midnight*
a mezzanotte	*at midnight*
il minuto	*minute*
il secondo	*second*

■ So instead of **le quattordici**, you can say **le due del pomeriggio**. Here are some equivalent ways to relate time at specific periods of the day and night. Note that the verb is plural for all times except one o'clock, noon, midnight, and combined expressions (**È l'una e dieci, È mezzogiorno e mezzo**).

CHE ORA È?/CHE ORE SONO?

È l'una del pomeriggio.	Sono le tredici.
Sono le sette di sera.	Sono le diciannove.
Sono le otto del mattino.	Sono le otto.
È mezzogiorno.	Sono le dodici.
È mezzanotte.	Sono le ventiquattro.
È l'una di notte.	È l'una.

A. Il gioco delle ore. Con un compagno/una compagna crea dei mini-dialoghi. Nota che devi far finta (*pretend*) di non aver capito fino a quando non avrai esaurito (*until you have exhausted*) i vari modi per indicare l'ora. Segui il modello.

MODELLO   9:45 P.M.

—Che ora è/Che ore sono, Tom?

—Sono le nove e quarantacinque.

—Scusa, non ho capito.

—Ho detto che sono le dieci meno un quarto.

—Scusa, non ho ancora capito.

—Ho detto che mancano quindici minuti alle dieci.

—Scusa, ma non ho capito di nuovo.

—Ho detto che sono le ventuno e quindici.

1. 1:20 A.M.   **2.** 1:50 P.M.   **3.** 2:30 P.M.   **4.** 12:00 A.M.   **5.** 12:00 P.M.
6. 3:15 P.M.   **7.** 11:59 P.M.   **8.** 9:45 A.M.   **9.** 10:30 A.M.   **10.** 9:40 P.M.

B. A che ora apre la banca? Con un compagno/una compagna crea dei mini-dialoghi basati sui seguenti orari. Segui il modello.

	APRE	CHIUDE
BANCA	8:30	15:30
UFFICIO POSTALE	9:00	17:00

	COMINCIA	FINISCE
FILM	20:20	22:40
CONCERTO	19:30	21:50

	PARTE	ARRIVA
TRENO	6:15	12:00
AEREO	12:30	16:45

MODELLO   —A che ora apre la banca?

—Mi pare che la banca apra alle otto e trenta (mezzo) del mattino.

C. Rispondi! Rispondi alle seguenti domande con delle frasi complete.

1. A che ora ti alzi di solito la mattina per andare a scuola o al lavoro? A che ora vai a dormire la sera?   **2.** Il weekend a che ora ti alzi? A che ora vai a dormire?   **3.** Studi tutte le sere? Quante ore studi ogni sera?

ESPRIMERE RAPPORTI DI TEMPO

nel frattempo	*in the meanwhile*
più tardi	*later*
tra/fra poco	*in a little while*
tra/fra dieci minuti	*in ten minutes (from now)*
tra/fra due giorni	*in two days (from now)*
preciso/esatto	*exactly*
l'una precisa/esatta	*exactly one o'clock*
le due precise/esatte	*exactly two o'clock*
in punto	*on the dot*
l'una in punto	*one o'clock on the dot*
le due in punto	*two o'clock on the dot*
fa	*ago*
due minuti fa	*two minutes ago*
un anno fa	*a year ago*
scorso	*last*
lunedì scorso	*last Monday*
il mese scorso	*last month*
la settimana scorsa	*last week*
prossimo	*next*
lunedì prossimo	*next Monday*
il mese prossimo	*next month*
la settimana prossima	*next week*
in ritardo	*late*
in anticipo	*early*
in orario	*on time*

■ Time relations:

presto	*early*	tardi	*late*
oggi	*today*	domani	*tomorrow*
		domani mattina	*tomorrow morning*
		domani pomeriggio	*tomorrow afternoon*
		domani sera	*tomorrow evening*
ieri	*yesterday*	dopodomani	*the day after tomorrow*
l'altro ieri	*the day before yesterday*		
stamani	*this morning*	stasera	*this evening*
stamattina	*this morning*	stanotte	*tonight*
adesso/ora	*now*	dopo	*after*
prima	*first, before*	poi	*then*
appena	*just*	spesso	*often*

sempre	*always*	mai	*never*
		di rado	*rarely*
		ogni giorno	*every day*
		ogni tanto	*every once in a while*
		qualche volta	*sometimes*

■ Note the different ways the word *time* is expressed in Italian.

TEMPO
Il tempo vola.

ORA
Che ora è?
Che ore sono?

VOLTA
L'ho fatto due volte.
   una volta al mese
   due volte alla settimana

TIME (IN GENERAL)
Time flies.

HOUR (CLOCK OR MEASURED TIME)
What time is it?

TIME (NUMBER OF OCCASIONS)
I did it two times/twice.
   once a month
   twice a week

APPLICAZIONE

A. Sai completare gli spazi vuoti? Completa gli spazi vuoti usando le seguenti parole.

prossima   scorso   poco   ritardo   ore   mai   volte   fa   punto

1. —Che _____ sono?
   —Sono le tre e un quarto.
2. —Quando arriva Claudio?
   —Arriva fra _____.
3. L'aereo è arrivato all'una in _____.
4. Il treno è arrivato cinque minuti _____.
5. Sabato _____ sono andato al cinema.
6. Domenica _____ parto per l'Italia.
7. —Il treno è in orario?
   —No, è in _____.
8. —Il signor Martini va spesso a teatro?
   —No, non ci va _____.
9. Te l'ho già detto mille _____, ma tu non mi ascolti mai!

B. Chi sei? Cosa fai? Completa il seguente questionario.

QUESTIONARIO

Con questo questionario vogliamo sapere chi sei e che cosa fai durante il tuo tempo libero. Tutte le risposte saranno trattate con la massima riservatezza.

1. VAI AL CINEMA?	**2. PER QUANTO TEMPO GUARDI LA TV LA SERA?**
☐ No, non vado mai al cinema.	☐ un'ora
☐ Sì, una volta al mese.	☐ due ore
☐ Sì, una volta alla settimana.	☐ tre ore
☐ Sì, una volta all'anno.	☐ un'ora e mezza
☐ Sì, due volte al mese.	☐ non la guardo

3. VAI AL RISTORANTE?	**4. AGLI APPUNTAMENTI DI SOLITO ARRIVI...**
☐ Sì, spesso.	☐ in ritardo?
☐ No, non ci vado mai.	☐ in anticipo?
☐ Sì, qualche volta.	☐ in orario?

5. ASCOLTI LA MUSICA CLASSICA?	**6. QUALE GIORNALE LEGGI DI SOLITO?**
☐ Sì, l'ascolto sempre.	
☐ Sì, l'ascolto ogni tanto.	
☐ No, non l'ascolto mai.	

7. QUANTI LIBRI HAI LETTO IL MESE SCORSO?	**8. ALTRE ATTIVITÀ. QUANTE VOLTE AL MESE...**	**MAI**	**UNA VOLTA**	**DUE/TRE VOLTE**	**PIÙ DI TRE VOLTE**
☐ uno	vai al museo?	☐	☐	☐	☐
☐ due	vai in discoteca?	☐	☐	☐	☐
☐ tre	vai in chiesa?	☐	☐	☐	☐
☐ più di tre	assisti ad (*attend*) una attività sportiva?	☐	☐	☐	☐

Ora nel tuo quaderno scrivi dieci frasi sul tuo tempo libero e sulle cose che ti piace/non ti piace fare.

INDICARE LA DATA

Quanti ne abbiamo?

■ A common expression for asking for, and reporting the date is **Quanti ne abbiamo?** (literally: *How many of them do we have?*). The answer is: **Ne abbiamo** + *number of the day* or **È** + *date*.

Quanti ne abbiamo oggi?   Ne abbiamo tre./È il tre maggio.
                            Ne abbiamo uno./È il primo ottobre.

Quando sei nato(-a)?

CARDINAL NUMBER OF THE DAY	(OPTIONAL)	MONTH	(OPTIONAL)	YEAR
Sono nata il tre	(di)	maggio	(del)	1974.
Sono nato l'otto	(di)	gennaio	(del)	1974.
Sono nata il primo	(di)	aprile	(del)	1974.

■ Note that cardinal numbers are used for dates. The only exception is the first day of the month, for which you must use the ordinal number: **È il primo (di) ottobre.** *It's October 1.*

APPLICAZIONE

Quanti ne abbiano? Con un compagno/una compagna svolgi i seguenti mini-dialoghi secondo il modello.

MODELLO   3 maggio
            —**Quanti ne abbiamo oggi, Debbie?**
            —**Ne abbiamo tre./È il tre (di) maggio (del) 1996... Perché vuoi sapere la data?**
            —**(a piacere) Perché devo scrivere una lettera./Perché penso che sia il compleanno di mia sorella...**

1. 4 aprile
2. 1 ottobre
3. 23 dicembre
4. 12 febbraio
5. 30 marzo
6. 27 luglio
7. 15 settembre
8. 10 agosto
9. 5 giugno
10. 8 gennaio
11. 7 novembre

Taccuino Culturale

TRADIZIONI

Le principali feste italiane sono il Natale, l'Epifania, il Carnevale, la Pasqua e il Ferragosto.

Il Natale si celebra in maniera nordamericana, con l'albero di Natale, con le tipiche giornate di shopping natalizio prima del 25 dicembre e con Babbo Natale che porta tanti bei regali ai bambini.

L'Epifania è caratterizzata dalla venuta della Befana, un personaggio mitico, una vecchia che la notte tra il 5 e il 6 gennaio passa per i camini (*chimneys*) e porta doni (*gifts*) ai bambini, riempiendo (*filling*) le loro calze vuote.

Il Carnevale è il periodo festivo che precede la Quaresima (*Lent*), e si festeggia con balli, mascherate e vari divertimenti. Il Carnevale più famoso è quello di Venezia. Dal Carnevale si passa alla Quaresima, che culmina nella celebrazione pasquale. La domenica di Pasqua in Italia si celebra con il classico pranzo di famiglia. Tradizionalmente durante questo periodo sono in vendita nei negozi le uova pasquali (quelle tradizionali di cioccolata) e la colomba pasquale (un dolce, chiamato così perché ha la forma di una colomba).

Il Ferragosto (15 agosto) è una festa nazionale in onore dell'Assunta (*Assumption*). Gli Italiani approfittano di questa pausa estiva (che viene estesa ai giorni precedenti e seguenti il 15) per andare tutti in vacanza, abbandonare il caldo infernale delle grandi città e cercare rifugio sulle spiagge, sulle montagne e sui laghi.

A. Ricordi quello che hai letto? Indica se ciascuna delle seguenti affermazioni è vera (V) o falsa (F).

1. _____ In Italia, il Natale non si celebra in maniera nordamericana.
2. _____ La Befana porta doni ai bambini.
3. _____ Il Carnevale segue la Quaresima.
4. _____ Il Carnevale più famoso è quello di Venezia.
5. _____ In Italia, a Pasqua nei negozi si vendono le colombe pasquali.
6. _____ Per il Ferragosto gli Italiani rimangono tutti in città.

B. Opinioni e paragoni (*comparisons*)!

1. Quali feste celebrate a casa tua?
2. Descrivi la celebrazione delle varie feste a casa tua.
3. Cerca informazioni sul Carnevale in un'enciclopedia. Esiste una tradizione simile al Carnevale qui nel Nord America? Quale?
4. C'è una festa americana simile al Ferragosto? Quale?

❋ Stimolo alla lettura

I mesi dell'anno. Ogni mese dell'anno richiama alla mente (*calls to mind*) qualcosa di particolare: febbraio, il giorno di San Valentino; agosto, la spiaggia e il mare; dicembre, le feste. A te ogni mese dell'anno a cosa fa pensare? Completa liberamente le seguenti caselle, seguendo l'esempio. Poi paragona le tue risposte con la seguente poesia di Renzo Pezzani.

1. gennaio **il freddo, la neve, i pupazzi di neve** (*snowmen*)
2. febbraio _____
3. marzo _____
4. aprile _____
5. maggio _____
6. giugno _____
7. luglio _____
8. agosto _____
9. settembre _____
10. ottobre _____
11. novembre _____
12. dicembre _____

Ghirlandetta dei mesi

Leggi attentamente la seguente poesia di Renzo Pezzani, facendo attenzione alle caratteristiche di ogni mese.

Dice Gennaio:—Chiudete quell'uscio.[1]
Dice Febbraio:—Io sto nel mio guscio.[2]
Marzo apre un occhio ed inventa i colori.
Aprile copre ogni prato[3] di fiori.
Maggio ti porge[4] la rosa più bella.
Giugno ha nel pugno[5] una spiga[6] e una stella.
Luglio si beve il ruscello[7] di un fiato.[8]
Sonnecchia[9] Agosto in un'ombra sdraiato.[10]
Settembre morde[11] le uve violette.
Più saggio[12] Ottobre nel tino[13] le mette.
Novembre fa di ogni sterpo[14] fascina.[15]
Verso il Presepe[16] Dicembre cammina.

[1]door [2]shell [3]meadow [4]offers you [5]fist [6]ear of corn [7]brook, stream [8]**di...** in a single gulp [9]dozes off [10]stretched out [11]bites [12]wise [13]vat [14]dry twig [15]bundle [16]Nativity scene

Dopo la lettura

A. Il gioco delle coppie. Combina le definizioni della colonna a sinistra con le parole o espressioni della colonna a destra.

1. sinonimo di «porta»
2. il contrario di «aprire»
3. fiore con spine (*thorns*)
4. tutto in una volta
5. dormire a tratti
6. sinonimo di «morsicare»
7. sinonimo di «giudizioso», «prudente»

a. rosa
b. di un fiato
c. uscio
d. chiudere
e. mordere
f. sonnecchiare
g. saggio

B. Ricordi quello che hai letto? Abbina le frasi riportate a sinistra con il mese corrispondente.

1. Apre un occhio ed inventa i colori.   **a.** aprile
2. Copre ogni prato di fiori.   **b.** agosto
3. Ti porge la rosa più bella.   **c.** luglio
4. Sonnecchia in un'ombra sdraiato.   **d.** maggio
5. Si beve il ruscello di un fiato.   **e.** marzo

C. I mesi dell'anno. Spiega con parole tue il significato delle seguenti frasi.

1. Dice Gennaio: —Chiudete quell'uscio.   2. Giugno ha nel pugno una spiga.   3. Settembre morde le uve violette.   4. Ottobre mette l'uva nel tino.   5. Dice Febbraio: —Io sto nel mio guscio.

Con fantasia

A. Problemi numerici! Sei in grado di (*can you*) risolvere i seguenti problemi? Discuti le tue soluzioni in classe.

1. Gianni ha 22 anni e Maria ne ha la metà più nove. Quanti anni ha Maria?   2. Giorgio deve pagare un debito che, se moltiplicato per due e poi diviso per 10.000, equivale a 20 lire. A quanto ammonta il suo debito?
3. In un cassetto ci sono 20 calzini, 10 rossi e 10 azzurri. Senza guardare nel cassetto, quanti calzini deve prendere una persona per assicurarsi di averne *due* dello stesso colore?

B. L'invito. La settimana prossima vuoi andare al cinema e vuoi invitare uno dei tuoi compagni/una delle tue compagne di classe. Tu sei libero(-a) solo tre sere. Va' in giro per la classe con la tua agendina (*datebook*) e trova qualcuno disposto (*willing*) ad andare al cinema con te. Segui il modello.

14–20 NOVEMBRE	
14 LUNEDÌ	**18** VENERDÌ
15 MARTEDÌ	**19** SABATO
16 MERCOLEDÌ	**20** DOMENICA
17 GIOVEDÌ	

MODELLO —Vuoi venire con me al cinema venerdì?
—Sì, volentieri, ma quanti ne abbiamo venerdì?
—Ne abbiamo 18.
—Mi dispiace, ma il 18 non posso.
—E domenica?
—Beh, vediamo... Domenica ne abbiamo 20... Sì, domenica posso.

C. In poche parole.

1. Descrivi ai tuoi compagni com'era il tuo primo orologio.
2. Racconta la storia di un appuntamento mancato perché l'orologio si era fermato.

D. Tema. Ecco delle massime sul tempo. Servendoti del dizionario, cerca il significato di queste espressioni. Poi illustrane il valore con una breve storiella.

1. Le ore del mattino hanno l'oro in bocca. 2. Meglio tardi che mai.
3. Il tempo è denaro. 4. Chi ha tempo non aspetti tempo.

LESSICO UTILE

adesso/ora	now	dopo	after
agosto	August	dopodomani	the day after tomorrow
alzare	to raise up, lift	doppio	double
alzarsi	to get up	la dozzina	dozen
appena	just	l'estate (f.)	summer
aprile	April	febbraio	February
l'autunno	fall, autumn	gennaio	January
chiamare	to call	giovedì	Thursday
chiamarsi	to be called, named	giugno	June
circa	almost, nearly	ieri	yesterday
la data	date	l'inverno	winter
dicembre	December	lavare	to wash
dimenticare/	to forget	lavarsi	to wash oneself
dimenticarsi		luglio	July
dispari	odd	lunedì	Monday
divertirsi	to enjoy oneself	maggio	May
domani	tomorrow	mai	never
domenica	Sunday	martedì	Tuesday

marzo	*March*	rendersi conto	*to realize*
il mattino/la mattina	*morning*	ricordare/ricordarsi	*to remember*
mercoledì	*Wednesday*	sabato	*Saturday*
la mezzanotte	*midnight*	scorso	*last (e.g., last year)*
il mezzogiorno	*noon*	sedersi	*to sit (down)*
il minuto	*minute*	sempre	*always*
la notte	*night*	la sera	*evening*
novembre	*November*	settembre	*September*
oggi	*today*	spesso	*often*
ogni tanto	*every once in a while*	la stagione	*season*
ottobre	*October*	stanotte	*tonight*
pari	*even*	stasera	*this evening*
poi	*then*	la sveglia	*alarm clock*
il pomeriggio	*afternoon*	svegliare	*to wake (someone)*
presto	*early*	svegliarsi	*to wake up*
prima	*first, before*	tardi	*late*
la primavera	*spring*	venerdì	*Friday*
prossimo	*next (e.g., next year)*	vestire	*to dress*
qualche volta	*sometimes*	vestirsi	*to dress oneself*

RISPOSTE AL QUIZ DI PAGINA 109
1. a **2.** b **3.** a **4.** a **5.** c **6.** c **7.** b **8.** a

PUNTEGGIO
6–8 risposte corrette: Eccezionale!
4–5 risposte corrette: Così così!
0–3 risposte corrette: Dovresti ripassare la storia.

Tema concettuale	**Parlare di sé e della famiglia**
Vocabolario	La famiglia
Note grammaticali	I possessivi e i nomi di parentela
	Il passato prossimo
	Verbi coniugati con *essere*
	Le preposizioni articolate
Per la comunicazione	Parlare di sé
	Esprimere piacere/sorpresa
	Esprimere rabbia/delusione/ironia
Taccuino culturale	La famiglia in Italia
Letture	«Modulo di richiesta per la carta American Express»
	«Il cantico delle creature» di San Francesco d'Assisi

Stimolo alla lettura

Test. Sei bravo(-a) a compilare moduli (*at filling out forms*)? Scoprilo, facendo il seguente test, in cui devi accoppiare gli *items* delle due colonne in modo logico. Misura il tempo impiegato nel fare il test.

1. _____ nome
2. _____ cognome
3. _____ nazionalità
4. _____ codice postale
5. _____ numero di telefono
6. _____ luogo di nascita
7. _____ data di nascita
8. _____ datore di lavoro
9. _____ indirizzo
10. _____ occupazione
11. _____ firma

a. IBM
b. (06) 34.51.088
c. Roma
d. 23 giugno 1975
e. Santini
f. 00135
g. italiana
h. Bruna
i. segretaria interprete
j. *Bruna Santini*
k. via Pascoli, 34

TEMPO IMPIEGATO

0–30 secondi: Sei molto veloce nel compilare moduli, ma quasi sicuramente non hai controllato le tue risposte.

30–90 secondi: Sei molto bravo(-a) nel compilare moduli: ma hai controllato le tue risposte?

Più di 91 secondi: Bravo(-a)! Nel compilare moduli la velocità conta poco. È più importante che il modulo sia compilato bene.

Modulo di Richiesta per la Carta American Express

AMERICAN EXPRESS

Cards Welcome

(INFORMAZIONI RISERVATE)

Con la presente richiesta vi prego di rilasciare[1] a mio nome la Carta American Express alle condizioni del vigente[2] Regolamento Generale, obbligandomi, su vostra richiesta, a rimettervi a ricezione[3] del primo Estratto Conto la quota[4] di iscrizione «una tantum» (lire 35.000 + IVA[5]) e quella associativa annuale (Lire 50.000 + IVA). La Carta Supplementare per un componente della mia famiglia costa in tutto Lire 42.000 + IVA.

* Cognome e nome

Nazionalità

Indirizzo

Cap   Località

Tel. ufficio   (forse riceverà una telefonata per ulteriori informazioni prima dell'emissione della Carta)   Tel. casa

* Comune di nascita   Data di nascita

Nome della mia banca   Agenzia

Numero del conto

Datore di lavoro

Indirizzo

Cap   Località

Occupazione   N° Cod. Fisc[6]

Desidero ricevere la Carta Supplementare per il seguente componente della mia famiglia

* Cognome e nome   Grado di parentela

* Comune di nascita   Data di nascita

N° Cod. Fisc.

LEGGERE ATTENTAMENTE IL REGOLAMENTO GENERALE SUL RETRO[7] E FIRMARE ACCANTO ALLE ✕

21. DEPOSITO DEL REGOLAMENTO. (seguito del Regolamento Generale)
Il presente Regolamento è stato depositato presso la sede dell'American Express e presso il Notaio Giuseppe Ramondelli di Roma in data 30 settembre 1983 Rep. n. 7228/1675. Eventuali modifiche saranno depositate presso la sede dell'American Express nonchè lo stesso Notaio ovvero presso altro Notaio designato dall'American Express.

FIRMA[8] DEL RICHIEDENTE ✕

FIRMA DEL FAMILIARE[9] ✕

Il sottoscritto dichiara di approvare specificamente ai sensi e per gli effetti di cui all'Art. 1341 e 1342 Cod. Civ. le seguenti clausole del soprascritto Regolamento:
Art. 2 Validità della Carta - Art. 4 Uso della Carta - Art. 6 Penali per ritardi nei pagamenti - Art. 8 Controversie con gli esercizi - Art. 11 Revoca e rinuncia alla Carta - Art. 12 Proprietà della Carta - Art. 14 Carte Societarie e Supplementari - Art. 16 Estratti Conto - Art. 17 Controversie con l'American Express - Art. 20 Modifiche del Regolamento. Il sottoscritto si impegna inoltre ad utilizzare la Carta nei limiti previsti dalle norme valutarie pro-tempore vigenti ed a conservare per 5 anni la documentazione comprovante il 75% delle spese effettuate all'estero oltre il limite di 5 milioni di lire per anno solare.

FIRMA DEL RICHIEDENTE ✕

FIRMA DEL FAMILIARE ✕

DATA

✱ SE NON ITALIANO ALLEGARE CERTIFICATO DI RESIDENZA IN ITALIA.

© giessegi - roma

T.O. 9300097

SAN 1   SAN 2   SAN 3   CODICE BANCA   CODICE FILIALE

---

[1] *to issue* [2] *in force* [3] *a... upon receipt* [4] *fee* [5] *value-added tax* [6] **codice fiscale** *social security number*
[7] **sul...** *on the back* [8] *signature* [9] *family member*

❊ Dopo la lettura

A. Compila il modulo. Compila il modulo dell'American Express. Poi leggilo in classe. Segui il modello.

> MODELLO   **Mi chiamo Mary Smith.**
> **Sono americana.**
> **Sono nata a Boston, negli Stati Uniti.**
> **Il mio indirizzo è 20 Main Street, Boston, MA 02134.**
> **Il mio numero di telefono è 617-348-8000.**

B. Parliamone! Rispondi liberamente alle seguenti domande, discutendo le tue risposte con gli altri membri della classe.

1. Tu hai una carta di credito? Se sì, quale? È una carta familiare o individuale? Per quali motivi la usi?
2. Pensi che la carta di credito sia una «tentazione»? Spiega la tua risposta.
3. Nella tua famiglia chi usa di più la carta di credito? Per quali tipi di spese?
4. Secondo te, quali sono i vantaggi (*advantages*) e gli svantaggi della carta di credito?

STIMOLO LINGUISTICO

A. Pago con la carta di credito! Ecco quello che hai fatto ultimamente (*lately*) con la tua carta di credito. Rispondi usando il passato prossimo. Segui il modello.

> MODELLO   comprare un regalo per mia madre
> **Con la mia carta di credito ho comprato un regalo per mia madre.**

1. pagare il conto al ristorante   2. fare benzina   3. ordinare i biglietti per il concerto   4. saldare (*to pay off*) un vecchio debito   5. comprare un nuovo vestito

B. Autopresentazione. Parla di te stesso(-a). Segui il modello.

> MODELLO   Di' alla classe quali lingue parli.
> **Parlo l'inglese e l'italiano.**

Di' alla classe…

1. quale professione vuoi fare.
2. quali corsi stai seguendo.
3. se hai un fidanzato/una fidanzata e come si chiama.
4. chi sono i membri della tua famiglia.
5. dove abiti e dove vorresti abitare nel futuro.

VOCABOLARIO LA FAMIGLIA

MASCHILE

il nonno *grandfather*
il padre *father*
il papà/babbo *dad*
il figlio *son*
il fratello *brother*
il marito *husband*
lo zio *uncle*
il cugino *cousin*
il suocero *father-in-law*
il genero *son-in-law*
il cognato *brother-in-law*
il nipote *grandson/nephew*
il patrigno *stepfather*
il fratellastro *stepbrother, half-brother*

FEMMINILE

la nonna *grandmother*
la madre *mother*
la mamma *mom*
la figlia *daughter*
la sorella *sister*
la moglie *wife*
la zia *aunt*
la cugina *cousin*
la suocera *mother-in-law*
la nuora *daughter-in-law*
la cognata *sister-in-law*
la nipote *granddaughter/niece*
la matrigna *stepmother*
la sorellastra *stepsister, half-sister*

■ Here are some more useful terms for describing the family:

i genitori (*m. & f.*)   *parents*
il/la parente   *relative*
il parente lontano/stretto   *distant/close relative*
il parente acquisito   *in-law*
la parentela   *kin(ship)*

L'albero genealogico (*family tree*). Studia l'albero genealogico della famiglia di Carlo Berti e completa le frasi. Poi identifica, quando è possibile, i membri corrispondenti della tua famiglia, secondo il modello. Completa, infine, il tuo albero genealogico e presentalo alla classe.

MODELLO   Sandro Berti è suo ____**padre**____ .
Mio padre, invece, si chiama...

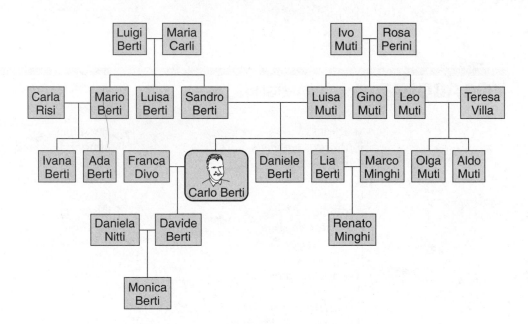

1. Luigi Berti, Maria Carli, Ivo Muti e Rosa Perini sono i suoi *nonni* .
2. Carla Risi e Luisa Berti sono le sue *zie* .
3. Gino e Leo Muti sono i suoi *zii* .
4. Ivana Berti e Olga Muti sono le sue *cugine* .
5. Aldo Muti è suo *cugino* .
6. Luisa Muti è sua *madre* .
7. Lia Berti è sua *sorella* .
8. Daniele Berti è suo *fratello* .
9. Franca Divo è sua *moglie* .
10. Marco Minghi è suo *cognato* .
11. Renato Minghi è suo *nipote* .
12. Davide Berti è suo *figlio* .
13. Daniela Nitti è sua ~~figlia~~ *nuora* .
14. Monica Berti è sua *nipote* .

NOTE GRAMMATICALI

I POSSESSIVI E I NOMI DI PARENTELA

■ There are certain rules governing the use of the definite article with possessive adjectives before family members and relatives.

1. If the noun is singular and unmodified, the article is dropped before all possessive adjectives except **loro**.

SINGULAR & UNMODIFIED	MODIFIED OR PLURAL
Mio fratello è molto bravo.	I miei fratelli sono alti.
	Il mio fratello maggiore è simpatico.
	Il mio fratellino è molto vivace.
Mia moglie si chiama Paola.	La mia ex-moglie si chiama Laura.
Il loro zio abita lontano.	I loro zii sono andati all'estero.

2. The article is not dropped from possessive pronouns.

   Mio zio è italiano. E il tuo?
   Nostra zia arriva domani. E la vostra?

3. With **mamma, papà, babbo, nonno,** and **nonna** the use of the article is optional.

   Mia mamma è una brava dottoressa./La mia mamma è una brava dottoressa.
   Nostra nonna era una brava donna./La nostra nonna era una brava donna.

4. Note also that **famiglia, bambino(-a), fidanzato(-a)** take the article (**la mia famiglia, il mio bambino, la mia fidanzata**).

5. The article is also omitted in idiomatic phrases such as: **a casa mia** *at my house*, **è colpa mia** *it's my fault*.

6. In direct speech the possessive adjective follows the noun and is used without the definite article.

   Dio mio, aiutami!
   Amica mia, cosa farei senza di te!
   Bambino mio, fa' attenzione!

Foto di famiglia. Porta delle foto di famiglia in classe. Poi presenta liberamente alla classe le persone nelle foto. Invita tutta la classe a farti delle domande. Fa' attenzione all'uso dell'articolo davanti al nome.

MODELLO —Questi sono i miei fratelli, Carlo e Luigi.
—Quanti anni ha il tuo fratello maggiore?
—Trent'anni. Questi sono i miei cugini...

IL PASSATO PROSSIMO

■ The present perfect indicative is a compound tense; that is, it is made up of two parts—an auxiliary verb (**avere** or **essere**) in the present tense and the past participle (**il participio passato**) of the verb. In general, it renders the English tenses illustrated by such forms as *I have spoken, I spoke, I did speak.*

■ Regular past participles are formed as follows:

-are parlare	-ere ripetere	-ire partire
parl*ato*	ripet*uto*	part*ito*

■ Most verbs are conjugated with **avere**. When a verb is conjugated with **essere**, its past participle "behaves" like an adjective, that is, it agrees with the gender and number of the subject of the sentence: **Il ragazzo è partito. La ragazza è partita.**

with *avere* parlare	with *essere* partire
(io) ho parlato	(io) sono partito(-a)
(tu) hai parlato	(tu) sei partito(-a)
(lui/lei/Lei) ha parlato	(lui) è partito
	(lei) è partita
	(Lei) è partito(-a)
(noi) abbiamo parlato	(noi) siamo partiti(-e)
(voi) avete parlato	(voi) siete partiti(-e)
(loro) hanno parlato	(loro) sono partiti(-e)

■ The past participle of verbs ending in **-ciare** and **-giare** retain the **i**: **cominciato, mangiato,** and so on.

■ Here are some common verbs with irregular past participles.

VERBO	PARTICIPIO PASSATO
aprire	**aperto**
bere	**bevuto**
chiedere	**chiesto**
correre	**corso**
chiudere	**chiuso**
dare	**dato**
decidere	**deciso**
dire	**detto**
discutere	**discusso**
essere/stare	**stato**
fare	**fatto**
leggere	**letto**
mettere	**messo**
morire	**morto**
nascere	**nato**
offrire	**offerto**
parere *to seem*	**parso**
perdere	**perso** *or* **perduto**
prendere	**preso**
rimanere	**rimasto**
rispondere	**risposto**
rompere	**rotto**
scegliere	**scelto**
scendere	**sceso**
scoprire	**scoperto**
scrivere	**scritto**
succedere *to happen*	**successo**
togliere *to remove*	**tolto**
vedere	**visto** *or* **veduto**
venire	**venuto**
vivere	**vissuto**
vincere	**vinto**

■ Note the present perfect of the expression **esserci: c'è stato(-a)** *there has been*/**ci sono stati(-e)** *there have been.*

■ The general form of the third person of verbs conjugated with **essere** is the masculine gender: **Sono partiti.** *They (in general) have left.*/**Sono partite.** *They (females only) have left.* But with the polite **Lei** form, you can make the past participle agree either with the **Lei** subject, whose grammatical gender is feminine, or the actual sex of the subject.

WITH LEI SUBJECT	WITH SEX OF SUBJECT
Signor Giusti, è già arrivata, Lei?	Signor Giusti, è già arrivato, Lei?
Signora Giusti, è già arrivata, Lei?	Signora Giusti, è già arrivata, Lei? *(the same form)*

■ In general, it can be said that verbs in the present perfect are conjugated with **avere**. There are, however, some patterns that will allow you to determine if the auxiliary is **essere**.

Verbi coniugati con *essere*

1. All reflexive (and reciprocal) verbs.

sentire *to hear*	**sentirsi** *to feel*
(io) ho sentito	(io) mi sono sentito(-a)
(tu) hai sentito	(tu) ti sei sentito(-a)
(lui/lei/Lei) ha sentito	(lui) si è sentito
	(lei) si è sentita
	(Lei) si è sentito(-a)
(noi) abbiamo sentito	(noi) ci siamo sentiti(-e)
(voi) avete sentito	(voi) vi siete sentiti(-e)
(loro) hanno sentito	(loro) si sono sentiti(-e)

2. **Piacere** (see Capitolo 2), whose past participle agrees with the person(s)/thing(s) that are liked.

   Mi piace la pizza.   Mi è piaciuta la pizza.

   Gli piacciono gli spaghetti.   Gli sono piaciuti gli spaghetti.

3. Other verbs that follow the same grammatical structure as **piacere: mancare, importare, bastare, costare, volerci, accadere/succedere** *to happen*.

Tu ci manchi molto.	Tu ci sei mancato(-a) molto.
Per superare l'esame basta solo studiare.	Per superare l'esame è bastato solo studiare.
Non m'importa niente.	Non mi è mai importato niente.
Le medicine costano troppo.	Le medicine sono costate troppo.
Ci vogliono due minuti per farlo.	Ci sono voluti due minuti per farlo.
Che cosa succede/accade?	Che cosa è successo/è accaduto?

4. All "linking" verbs.

diventare/divenire	*to become*	Loro sono diventati rossi.
sembrare	*to seem*	Lucia mi è sembrata stanca.
parere	*to appear*	Lucia mi è parsa stanca.
essere	*to be*	Maria è stata qui ieri.

5. Some verbs that relate to movement (or lack of it) and to psychological or physical processes.

andare	*to go*	morire	*to die*
arrossire	*to blush*	nascere	*to be born*
arrivare	*to arrive*	partire	*to leave, depart*
cadere	*to fall*	rimanere	*to remain*
dimagrire	*to lose weight*	scappare	*to run away, escape*
entrare	*to enter*	stare/restare	*to stay, remain*
fuggire	*to run away, escape*	tornare/ritornare	*to return, come back*
impazzire	*to go crazy*	uscire	*to go out*
invecchiare	*to age, grow old*	venire	*to come*

■ Note that some verbs can be conjugated with **essere** or **avere**. If the verb is used transitively (taking a direct object), it is conjugated with **avere**. If it is used intransitively (does not take a direct object), it is conjugated with **essere**.

	TRANSITIVE USAGE	INTRANSITIVE USAGE
finire *to finish*	Lui ha finito il lavoro.	La lezione è finita alle tre.
cominciare *to begin, start*	Lei ha cominciato la lezione.	La lezione è appena cominciata.
salire *to go up*	Ho salito le scale (*the stairs*).	Sono salito(-a) sulla scala (*ladder*).
scendere *to go down*	Ho sceso le scale.	Sono sceso(-a) dalla scala.
correre *to run*	Ho corso il rischio di perdere l'aereo.	Sono corso(-a) all'ospedale.
saltare *to jump, skip*	Ho saltato la cena.	Il gatto è saltato dalla finestra.
passare *to pass/go through/spend*	Ho passato l'estate al mare.	Sono passato anche per Venezia.

■ Verbs like **cominciare, finire,** and **continuare,** when followed by a preposition + infinitive, are conjugated with **avere**.

Abbiamo cominciato a lavorare.
Ho finito di studiare.
Ha continuato a leggere.

APPLICAZIONE

A. La settimana scorsa... La settimana scorsa Claudio ha fatto la seguente lista. La lista è stata scritta ovviamente al presente. Mettila al passato.

MODELLO   Lunedì—Il mio papà va in centro...
Lunedì scorso il mio papà è andato in centro.

11-16 NOVEMBRE

LUNEDÌ
- *Papà va in centro*
- *Mamma resta a casa*

MARTEDÌ
- *Viene Luisa*
- *Andiamo a mangiare insieme*

MERCOLEDÌ
- *Leggere «Gli Indifferenti» di Moravia*
- *Scrivere una lettera a Carlo*

GIOVEDÌ
- *Papà e mamma vanno in banca. Chiudono il vecchio conto e ne aprono uno nuovo*

VENERDÌ
- *Dire a mamma di telefonare alla nonna*

SABATO
- *Fare la spesa*

DOMENICA
- *Rispondere all'invito di Luisa*

B. Che cosa hai fatto ieri? Svolgi i seguenti compiti comunicativi, secondo il modello.

MODELLO   Chiedi a tuo fratello che cosa *fare* ieri.
Bill, che cosa hai fatto ieri?

1. Di' che ieri tu *perdere* la borsa.   **2.** Chiedi al signor Berti che cosa *bere* ieri.
3. Chiedi a tua sorella se ieri *chiedere* ai genitori di uscire.   **4.** Chiedi alla signora Berti se *decidere* di comprare quel nuovo romanzo.   **5.** Chiedi al signor Brunelleschi se *dire* quelle cose a sua moglie.   **6.** Chiedi ai tuoi genitori se *dare* dei soldi a tua sorella ieri e se *mettere* i tuoi soldi in banca.
7. Chiedi al tuo fratellino se sa chi *scoprire* l'America.   **8.** Chiedi alla tua amica se *vedere* Sandra due giorni fa.   **9.** Chiedi a tua sorella se ieri *rispondere* lei alla telefonata di Carlo.

C. Essere o non essere? Completa gli spazi vuoti con la forma appropriata del passato prossimo del verbo fra parentesi. Sta' attento agli ausiliari.

MODELLO   Mario __**si è alzato**__ (alzarsi) alle otto.

1. I loro amici _____ (andare) in centro.
2. Piero _____ (svegliarsi) tardi.

3. Marco e Maria _____ (telefonarsi) ieri sera.

4. La ragazza _____ (divenire) bianca per la paura.

5. Alla madre di Giorgio non _____ (piacere) quello che voi due _____ (fare).

6. La loro amica _____ (passare) dal bar ma _____ (andare) via subito.

7. Quando _____ (vedere) la polizia, i due ragazzi _____ (fuggire) via e non _____ (ritornare) più.

8. Maria _____ (finire) il lavoro da sola.

9. Marco _____ (cominciare) a fare i compiti.

10. Il film che noi _____ (vedere) insieme ieri sera _____ (cominciare) con un po' di ritardo.

11. Giorgio _____ (saltare) l'ostacolo, _____ (cadere) e _____ (farsi) male.

D. Che cosa hai fatto la settimana scorsa? Scrivi delle frasi al passato prossimo, servendoti dei seguenti verbi.

leggere, aprire, bere, correre, dire, decidere, mettere, perdere, scegliere, scendere, scrivere, vincere

MODELLO   **La settimana scorsa ho letto due romanzi italiani.**

LE PREPOSIZIONI ARTICOLATE

■ The prepositions **a**, **di**, **in**, **da**, and **su** always contract with the definite article, forming what is known as **le preposizioni articolate**.

	lo	l'	gli	il	i	la	le
a	allo	all'	agli	al	ai	alla	alle
di	dello	dell'	degli	del	dei	della	delle
in	nello	nell'	negli	nel	nei	nella	nelle
da	dallo	dall'	dagli	dal	dai	dalla	dalle
su	sullo	sull'	sugli	sul	sui	sulla	sulle

■ Other prepositions—**per** *for, through*; **sotto** *under*; **dietro** *behind*; **tra/fra** *between, among*; **sopra** *above*, etc.—do not contract: **al ragazzo/per il ragazzo; dello zio/con lo zio. Con** can be contracted optionally with **il** and **l'**: **con il padre/col padre; con l'auto/coll'auto.**

■ A prepositional noun phrase (a noun phrase introduced by a preposition) can have two general forms.

1. Prepositional contraction (preposition + article) + noun

dal medico	*at/to the doctor's*
dall'avvocato	*at/to the lawyer's*
dalla zia	*at/to my aunt's place*
dall'Italia	*from Italy*
dalla Sicilia	*from Sicily*
al cinema	*to the movies*
alla spiaggia	*at the beach*

2. Preposition + noun

a casa	*(at) home*
a piedi	*on foot*
a + *city* (a Roma)	*in/at/to + city*
in ufficio	*in/at/to the office*
in + Italia/Francia/Africa	*in/to + Italy/France/Africa*
in + *means of transportation* (in macchina)	*by + means of transportation*
da Paolo	*at/to Paolo's*

■ It can be assumed that most phrases will have a prepositional contraction. However, some phrases (such as **a casa**) drop the definite article, and these are learned only through practice. Some may have both forms (with or without a difference in meaning).

WITH CONTRACTION	WITHOUT CONTRACTION
al centro *downtown*	in centro *downtown*
di mattina A.M., *in the morning*	del mattino A.M., *in the morning*

■ In general, when a prepositional noun phrase is without the contraction, the noun is singular and unmodified. If it is altered or modified in any way, then the phrase must be restored to its contracted form.

SINGULAR AND/OR UNMODIFIED	PLURAL AND/OR MODIFIED
Ieri sono andata a casa presto.	Sei mai andato alla casa nuova di Maria?
Mio fratello è andato in centro ieri.	I miei zii sono andati nel centro storico della nostra città.
Molti turisti vanno in Italia ogni anno.	Ci sono dei bei posti nell'Italia centrale.

A. Le preposizioni. Dalla seguente pubblicità della nuova carta di credito Spenditutto mancano le preposizioni. Inseriscile opportunamente nelle loro forme appropriate (semplici o articolate).

Abitate _____ città, _____ centro, _____ periferia? Non importa dove abitiate, avrete bisogno _____ Carta Spenditutto. Tenetela sempre _____ voi, quando siete _____ casa, _____ ufficio, _____ cinema, _____ teatro, _____ spiaggia, _____ montagna, insomma dappertutto (*everywhere*)! Se dovete andare _____ medico, _____ avvocato, portatevela (*bring it*) _____ voi. Se dovete andare _____ Roma, _____ Siena, _____ Italia, _____ Francia, dovunque, portatevela sempre dietro! Se andate _____ Italia meridionale o _____ Francia centrale, _____ grandi centri di turismo o _____ periferie _____ grandi città, portate la Carta Spenditutto! _____ tutti questi posti accettano sicuramente la Carta Spenditutto! E quando siete _____ casa, non buttatela (*throw it*) _____ un tavolo, _____ un cassetto (*drawer*) o _____ scaffali (*bookshelves*), ma conservatela _____ un posto sicuro. La Carta Spenditutto è molto preziosa.

La Carta Spenditutto è esclusivamente _____ voi!

B. Usiamo le preposizioni. Prepara una pubblicità simile per un'altra carta di credito. Poi leggi la tua pubblicità in classe. Fa' attenzione alle preposizioni.

PER LA COMUNICAZIONE

PARLARE DI SÉ

DOMANDA	RISPOSTA
Come si chiama?	Mi chiamo...
È sposato(-a)? *Are you married?*	Non ancora.
Di dov'è? *Where are you from?*	Sono di Roma.
Dove abita?	Abito a Milano, in via Verdi, vicino a Piazza del Duomo.
Dove è nato(-a)?	Sono nato(-a) in Italia.
Di che colore sono i Suoi capelli? *What's your hair color?*	Sono biondo(-a), bruno(-a), ecc. *I'm blond, brown-haired, etc.*
	Ho i capelli neri, biondi, ecc. *I have black, blond hair, etc.*
Quanto pesa? *How much do you weigh?*	Peso... chili. *I weigh . . . pounds.*
Quanto è alto(-a)? *How tall are you?*	Sono alto(-a)... metri e... *I'm . . . feet . . . inches tall.*
Che titolo di studio ha? *What education degree do you have?*	Sono laureato(-a). *I have a university degree.*
	Ho la maturità. *I have a high school diploma.*
Che lavoro fa? *What do you do?*	Non ho lavoro. Sono ancora studente/studentessa.
Ha un impiego? *Do you have a job?*	Sì, lavoro part-time all'American Express.
Quale carriera vorrebbe intraprendere? *What career would you like to pursue?*	Vorrei fare l'architetto.

APPLICAZIONE

A. Il personaggio misterioso. Nella seguente intervista mancano le domande. Forniscile opportunamente. Non dimenticare alla fine di identificare il personaggio intervistato.

1. _____ —Sì, e ho una figlia.
2. _____ —Sono nato negli Stati Uniti.
3. _____ —Ho i capelli grigi.
4. _____ —Peso 85 chili (*185 pounds*).
5. _____ —Sono alto 1 metro e 90 (*6 feet*).
6. _____ —Sono laureato.
7. _____ —Sono dell'Arkansas.
8. _____ —Abito a Washington.

9. _____ —Mia moglie ha esercitato la professione di avvocato.

10. _____ —Io faccio il presidente.

CHI SONO? _____

B. Per conoscerci meglio. Con un compagno/una compagna svolgi i seguenti compiti comunicativi.

> MODELLO   Chiedigli/Chiedile se è sposato(-a).
> —**Tom, sei sposato?**
> —**Io no, e tu?**
> —**Neanch'io sono sposato(-a).**

Chiedigli/Chiedile...

1. se è sposato(-a).
2. di dov'è.
3. dove abita.
4. dove è nato(-a).
5. di che colore sono i suoi capelli.
6. quanto pesa.
7. quanto è alto(-a).
8. che titolo di studio ha o vuole ottenere.
9. che lavoro fa.
10. se ha già scelto una carriera e quale.

ESPRIMERE PIACERE/SORPRESA

Interessante!	*Interesting!*
Incredibile!	*Incredible!*
Meraviglioso!/Stupendo!/Fantastico!	*Marvelous!/Stupendous!/Fantastic!*
Che bella sorpresa!	*What a surprise!*
Davvero?!?	*Really?!?*
Che fortuna!	*How lucky!*

ESPRIMERE RABBIA/DELUSIONE/IRONIA

Dio mio!	*My God!*
Mamma mia!	*Good heavens!*
Peccato!	*Sorry!*
Per carità!	*Please!*
Che pasticcio!	*What a mess!*
Che noia!/Che barba!	*What a bore!/What a drag!*
Che sfortuna!	*What bad luck!*
Che rabbia!	*How infuriating!*
Non è possibile!	*It can't be!*

■ Note the following two formulas that allow you to be emphatically judgmental:

CHE...!	QUANTO + ESSERE...!
Che bella famiglia! *What a nice family!*	Quanto è bella quella famiglia! *How nice that family is!*
Che brutti vestiti! *What ugly clothes!*	Quanto sono brutti quei vestiti! *How ugly those clothes are!*

■ To emphasize a word or expression use **proprio**, **veramente**, or **davvero**. For example: **Lui è proprio bravo!** *He's really nice!*; **Maria è davvero intelligente!** *Mary is really/truly intelligent!*

APPLICAZIONE

A. Stupendo! Reagisci appropriatamente ad ognuna delle seguenti situazioni. Scegli dalle espressioni della pagina precedente. Non usare la stessa espressione più di una volta.

SITUAZIONE	RISPOSTA
1. Davanti ad un bellissimo panorama.	**Stupendo!**
2. Un caro amico che non vedi da molto tempo viene inaspettatamente a trovarti.	
3. Hai visto un film che ti ha quasi fatto addormentare.	
4. Un caro amico ti dà la notizia che sta per sposarsi. Tu quasi quasi non gli credi e vuoi una conferma.	
5. Un signore ha vinto un milione di dollari alla lotteria.	
6. Durante una gara un atleta sta per arrivare primo al traguardo (*finish line*), ma scivola (*slips*) e perde la gara.	
7. Per un numero non hai vinto alla lotteria; sei deluso.	
8. Una tua amica ti dà la notizia che sta divorziando. Tu non ci puoi credere.	
9. Un uomo è riuscito ad alzare una macchina con un dito.	

B. Discussione in classe!

1. Lavori part-time? Se sì, che tipo di lavoro fai?
2. Quale carriera hai scelto di fare? Perché?

IL MOMENTO CREATIVO   Con un compagno/una compagna metti in scena la seguente situazione.

In una famiglia, il figlio e la figlia vorrebbero avere la propria carta di credito. I genitori, invece, pensano che siano troppo giovani. Una sera, a cena, discutono la questione (*matter, issue*). La scena finisce quando uno dei figli riesce a trovare (*is able to find*) una ragione plausibile per convincere i genitori.

Taccuino Culturale

LA FAMIGLIA IN ITALIA

La famiglia italiana non è più numerosa come una volta, anzi l'Italia è tra le nazioni con il tasso di natalità (*birth rate*) più basso. Oggi la tipica famiglia italiana è ancora composta da uno o, al massimo, due figli.

Anche se si parla spesso di crisi della coppia, di divorzio, di aborto, di «single», di mogli che lavorano e non allevano più bambini, di vacanze separate, di giovani che vanno a vivere da soli, il senso della famiglia è molto sentito in Italia.

Infatti, anche se il divorzio è consentito dalla legge italiana, la percentuale è molto bassa rispetto a quella dei paesi più industrializzati. Per esempio, in Italia solo l'8% dei matrimoni finisce in divorzio, mentre negli Stati Uniti la percentuale è del 48%. Inoltre, anche se esistono le cosiddette «case di riposo» (private o controllate dallo Stato), molti degli anziani (*elderly*) abitano con i figli.

In Italia si può ottenere il divorzio dopo tre anni di separazione legale. L'aborto è legale.

A. Vero o falso? Indica se le seguenti frasi sono vere (V) o false (F), secondo il contenuto della lettura.

1. ___V___ La famiglia italiana non è numerosa.
2. ___V___ Il senso della famiglia è molto sentito in Italia.
3. ___F___ Il numero dei divorzi in Italia è molto alto.
4. ___F___ In Italia, molti anziani abitano nelle «case di riposo».
5. ___V___ In Italia l'aborto è legale.

B. Opinioni e paragoni! Discuti con gli altri membri della classe.

1. La famiglia nordamericana è simile o diversa da quella italiana?
2. Secondo te, quanti figli dovrebbe avere una famiglia?
3. Come si potrebbe evitare (*avoid*) il divorzio?
4. Sei a favore o contro il diritto della donna di decidere sull'aborto?
5. Come vivono gli anziani in Nord America?

❋ Stimolo alla lettura

Conosci la letteratura italiana? Metti alla prova la tua conoscenza della letteratura italiana facendo il seguente gioco-anagramma. Alle risposte di ogni definizione sono state aggiunte delle lettere in più. Su un foglio a parte, scrivi opportunamente la risposta corretta e le lettere in più. Le lettere in più, lette nell'ordine, daranno la risposta all'ultima definizione.

DEFINIZIONI	RISPOSTA CON LETTERE IN PIÙ	TUA RISPOSTA	LETTERE IN PIÙ
1. Il nome di Petrarca.	Francesscoa	**Francesco**	s, a
2. L'autore della *Divina Commedia*.	Dannfte		
3. L'autore del *Decameron*.	Brocacaccio		
4. Il nome di Pirandello.	Luncigi		
5. L'autore del *Principe*.	Macehisavelli		
6. Ha scritto *I promessi sposi*.	Mancozoni		
7. Ludovico, autore dell' *Orlando Furioso*.	D'Ariosto		
8. Italo, autore di *Ti con zero*.	Calavinso		
9. Il nome della Ginzburg.	Nastailia		
10. Alberto, autore di *Gli indifferenti*.	Morasivia		

11. Ha scritto *Il cantico delle creature*, uno dei primi documenti della letteratura italiana: _____.

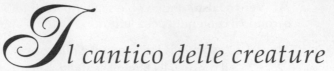 *Il cantico delle creature*

Leggi attentamente la seguente versione moderna del *Cantico delle creature* di San Francesco d'Assisi.

Altissimo, onnipotente, buon Signore,
tue sono le lodi,[2] la gloria e l'onore e ogni benedizione.

Lodato sii, mio Signore, con tutte le tue creature
specialmente messer[3] fratello sole,
il quale è bello e luminoso, con grande splendore.

Lodato sii, mio Signore, per sorella luna e le stelle:
in cielo le hai formate chiare e preziose e belle.

Lodato sii, mio Signore, per fratello vento
e per l'aria e le nuvole,[4] il sereno e ogni stagione.

Lodato sii, mio Signore, per sorella acqua,
la quale è molto utile e umile e preziosa e casta.[5]

Lodato sii, mio Signore, per fratello fuoco,[6]
per il quale illumini la notte:
ed è bello e giocondo[7] e robusto e forte.

Lodato sii, mio Signore, per sorella nostra madre terra,
la quale ci nutre[8] e ci governa,[9]
e produce diversi frutti con molti colori, fiori ed erba.[10]

Lodato sii, mio Signore, per nostra sorella morte corporale
dalla quale nessun uomo vivente può scappare.[11]

Lodate e benedite il mio Signore e ringraziatelo
e servitelo con grande umiltà.

[1]*Lord* [2]*praises* [3]*dear/Mr.* [4]*clouds* [5]*chaste* [6]*fire* [7]*playful, cheerful* [8]*nourishes* [9]*tends to us* [10]*grass* [11]*escape*

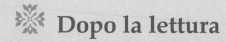

Dopo la lettura

A. Il mosaico. Ricostruisci alcune strofe della poesia appena letta accoppiando i versi della prima colonna con quelli della seconda.

1. Lodato sii, mio Signore, con tutte le tue creature/specialmente messer fratello sole,

2. Lodato sii, mio Signore, per fratello fuoco,

3. Lodato sii, mio Signore, per sorella luna e le stelle:

4. Lodato sii, mio Signore, per nostra sorella morte corporale

5. Lodato sii, mio Signore, per sorella acqua,

6. Lodato sii, mio Signore, per sorella nostra madre terra/la quale ci nutre e ci governa,

7. Lodato sii, mio Signore, per fratello vento

a. per il quale illumini la notte:/ed è bello e giocondo e robusto e forte.

b. la quale è molto utile e umile e preziosa e casta.

c. e per l'aria e le nuvole, il sereno e ogni stagione.

d. e produce diversi frutti con molti colori, fiori ed erba.

e. dalla quale nessun uomo vivente può scappare.

f. il quale è bello e luminoso, con grande splendore.

g. in cielo le hai formate chiare e prezione e belle.

B. Riassunto. Riassumi e interpreta con parole tue la poesia di pagina 158. Poi confronta il tuo riassunto e la tua interpretazione con quelli di un tuo compagno/una tua compagna. Chi è riuscito a fornire il riassunto più preciso, più dettagliato, e l'interpretazione più interessante—tu o il tuo compagno/la tua compagna?

C. Per la ricerca. Fa' delle ricerche sulla vita di San Francesco, sul periodo in cui è vissuto e sulla poesia che hai letto. Per esempio, sapevi che San Francesco è il santo patrono d'Italia? Sapevi che *Il cantico delle creature* è uno dei primi documenti letterari in italiano? Presenta le tue ricerche in classe.

Con fantasia

A. Chi è? Ecco un problema logico da risolvere basato su un rapporto di parentela. Prima metti al posto degli infiniti fra parentesi il passato prossimo. Poi presenta e spiega la tua soluzione alla classe.

Ieri **(1)** _ha squillato_ (squillare) il telefono e **(2)** _ha risposto_ (rispondere) mia sorella. La voce di una donna **(3)** _ha chiesto_ (chiedere) : «Pronto, c'è tua madre?» «No, non c'è», **(4)** _ha risposto_ (rispondere) mia sorella. «Ma chi sei?» «Ma come, non mi **(5)** _hai riconosciuto_ (riconoscere)?», **(6)** _ha aggiunto_ (aggiungere) la donna. «No», **(7)** _ha risposto_ (rispondere) mia sorella. La donna **(8)** _ha ribattuto_ (ribattere): «Mia figlia è nipote di tuo padre. Indovina chi sono!».

B. Dove lavori? Svolgi i seguenti compiti comunicativi.

MODELLO   Chiedi a un compagno/una compagna se ha mai avuto un lavoro.
—**Karen, hai mai avuto un lavoro?**
—**Sì, ho lavorato (e continuo a lavorare) part-time a McDonald's.**

Chiedi a un compagno/una compagna...

1. se ha mai avuto un impiego (*job*). **2.** quale carriera ha scelto.
3. quale professione vuole esercitare. **4.** se sa quanto è alto suo fratello.
5. dove sono nati i suoi genitori. **6.** se sa quanto pesa suo padre.
7. qual è il colore dei capelli di sua madre. **8.** che titoli di studio hanno i membri della sua famiglia.

C. Intervista ad un personaggio famoso. Con un tuo compagno/una tua compagna mettete in scena un'intervista ad un personaggio famoso (anche del passato) di vostra scelta. Seguite il modello.

MODELLO   Michelangelo
—**In che anno è nato?**
—**Sono nato nel 1475.**
—**Quando ha scolpito il *Davide*?**
—**L'ho scolpito tra il 1501 e il 1504...**

D. L'Home Theater Onkyo. Dalla seguente pubblicità mancano alcune preposizioni (semplici o articolate). Le sai mettere?

Onkyo e sei ____

TEATRO

Onkyo e sei ____

DISCOTECA

Onkyo e sei ____

CINEMA

Onkyo e sei ____

CASA TUA

Con l'Home Theater ONKYO in prima fila, comodamente seduto
____ tua poltrona potrai rivivere le sensazioni
____ un concerto senza uguali, di un film senza paragoni,
____ uno spettacolo teatrale dalle forti emozioni.
Tutto questo utilizzando il nostro particolare sistema di
amplificazione e sintoamplificazione.
____ la sola pressione di un tasto potrai ricreare, ____ casa tua,
le migliori atmosfere musicali.
Il Dolby Prologic Surround e il DSP di ONKYO
ti offrono la più alta qualità sonora da programmi video.

E. Tema. Svolgi uno dei seguenti temi. Poi leggilo alla classe, discutendo le tue opinioni.

1. Il senso della famiglia in America.
2. La tua famiglia ideale.
3. Genitori e figli: opinioni a confronto.

LESSICO UTILE

abitare	to live, dwell	la nonna	grandmother
cadere	to fall	il nonno	grandfather
la cognata	sister-in-law	la nuora	daughter-in-law
il cognato	brother-in-law	il padre	father
compilare	to fill out	il papà/il babbo	dad
la cugina	cousin (f.)	il/la parente	relative
il cugino	cousin (m.)	il parente	distant/close relative
il datore di lavoro	employer	lontano/stretto	
diventare/divenire	to become	il parente acquisito	in-law
entrare	to enter	la parentela	(kin)ship
la figlia	daughter	riuscire	to succeed
il figlio	son	salire	to go up, climb, ascend
la firma	signature	saltare	to jump, skip
firmare	to sign	scendere	to go down, descend
il fratello	brother	scoprire	to discover
il genero	son-in-law	la sorella	sister
i genitori (m. & f.)	parents	spedire	to mail
l'impiego	employment, job	sposato	married
il lavoro	job	succedere	to happen
la madre	mother	la suocera	mother-in-law
la mamma	mom	il suocero	father-in-law
il marito	husband	vincere	to win
il modulo	form, application	volare	to fly
la moglie	wife	la zia	aunt
il/la nipote	grandson/nephew/ granddaughter/niece	lo zio	uncle

L'Italia dei viaggi

Tema concettuale	**Viaggiare**
Vocabolario	Paesi, lingue, nazionalità
Note grammaticali	Il passato congiuntivo
	Il pronome oggetto diretto
	Il pronome oggetto indiretto
	I pronomi diretti e indiretti: una sintesi
Per la comunicazione	Viaggiare
	Chiedere per sapere
	In albergo
Taccuino culturale	Un po' di geografia
Letture	«L'Italia dei viaggi»
	«Il lungo viaggio» di Leonardo Sciascia

Di quali città italiane si tratta? Metti alla prova la tua conoscenza delle città italiane facendo il seguente gioco-quiz. Devi indovinare alcune città italiane tramite (*through*) una serie di tre indicazioni di difficoltà decrescente (*decreasing*). Le domande, ovviamente, si riferiscono agli aspetti della geografia e della storia. Assegnati 3 punti se indovini la città alla prima indicazione, 2 punti alla seconda, 1 punto alla terza. Non dimenticare di controllare le risposte e l'analisi del tuo punteggio a pagina 191.

1. • Vi è nato Galileo Galilei.
   • Si trova in Toscana.
   • C'è la Torre Pendente.

2. • Nel Medioevo apparteneva agli Arabi.
   • Si trova in un'isola.
   • È il capoluogo della Sicilia.

3. • È nel nord dell'Italia.
   • Ha un famoso Duomo con la Madonnina.
   • È la città più industriale d'Italia.

4. • È la città di Dante Alighieri.
   • Era il centro del Rinascimento italiano.
   • È la città con il *Davide* di Michelangelo.

5. • È stata la prima capitale d'Italia.
   • È la città della FIAT.
   • L'anagramma del suo nome è «ritono».

6. • Solo nel 1870 è divenuta parte del Regno d'Italia.
   • È detta la «Città eterna».
   • L'anagramma del suo nome è «amor».

7. • È la città di Enrico Caruso.
   • È famosa per le sue canzoni.
   • Un detto dice: «Vedi _____ e poi muori».

8. • Ha il più importante porto italiano.
   • Vi è nato Cristoforo Colombo.
   • È il capoluogo della Liguria.

9. • Era chiamata «La Serenissima».
   • Vi è nato Marco Polo.
   • È la città con le gondole.

10. • Ha l'università più antica del mondo.
    • È chiamata «La Grassa».
    • È il capoluogo dell'Emilia Romagna.

LETTURA

Leggi attentamente il seguente annuncio pubblicitario.

CORRIERE DELLA SERA

L'ITALIA DEI VIAGGI

Ogni martedì, mercoledì e giovedì, in regalo con il Corriere della Sera le pratiche Guide tascabili[1] da collezionare delle città italiane.

Roma, Venezia, Firenze, Genova. Ogni guida, raccolta[2] in un comodo contenitore, è divisa in tre parti:

1) "Informazioni di base", con cenni[3] storici generali, piantine[4] della città e itinerari consigliati.[5]

2) "Arte e cultura", guida completa a musei, monumenti, mostre[6] e gallerie.

3) "Tempo libero", tutto su alberghi, ristoranti, caffé, locali notturni ed escursioni fuori città.

Piacevoli da leggere, velocissime da consultare, sempre pronte ad indicarvi il posto giusto.

Le guide del Corriere della Sera vi seguiranno in viaggio e in vacanza per svelarvi[7] i segreti di Roma, Venezia, Firenze e Genova.

IL CORRIERE DELLA SERA REGALA LE GUIDE TURISTICHE DELLE CITTA' D'ARTE ITALIANE

[1] *pocket (adj.)* [2] *enwrapped* [3] *sketches* [4] *maps* [5] *recommended* [6] *exhibitions* [7] *to reveal*

Dopo la lettura

A. Ricordi quello che hai letto? Completa ogni frase in modo appropriato.

1. Il giornale che regala le guide turistiche si chiama...
2. Questo giornale regala le guide turistiche ogni...
3. Queste guide turistiche svelano i segreti delle seguenti città...
4. Ogni guida è raccolta in un comodo...
5. Ogni contenitore è diviso in...
6. Le guide sono piacevoli da...
7. Le guide sono sempre pronte a indicare al turista il...
8. Le informazioni di base includono...
9. Le informazioni sull'arte e sulla cultura includono...
10. Le informazioni sul tempo libero includono...

B. Rispondi! Rispondi liberamente alle seguenti domande, discutendo le tue risposte con gli altri membri della classe.

1. Ti piace viaggiare? Perché sì/no?
2. Dove vai generalmente in vacanza? Perché?
3. Quali città italiane hai visitato? Quali vorresti visitare? Perché?

STIMOLO LINGUISTICO

A. Ricordi il passato congiuntivo? Ricordi i pronomi oggetto? Un tuo amico/una tua amica ti fa alcune domande sul viaggio che tua sorella ha fatto in Italia l'anno scorso. Rispondi seguendo il modello.

MODELLO   Tua sorella ha letto tutte le guide?
                 Sì, penso che le abbia lette tutte.

Tua sorella...

1. ha visto tutti i musei?
2. ha visitato tutte le città principali?
3. ha frequentato tutti i locali notturni?
4. ha consultato tutte le piantine?
5. ha collezionato tutte le guide delle città italiane?

B. In un ufficio turistico. Sei in un ufficio turistico e hai bisogno di alcune informazioni e indicazioni. Con un compagno/una compagna svolgi i seguenti compiti comunicativi, seguendo il modello.

> MODELLO   Chiedi all'impiegato il costo di una camera d'albergo.
> **—Quanto costa una camera?**
> **—Duecentomila lire a notte.**

Chiedi...

1. indicazioni di come andare al museo.
2. se conosce un buon ristorante.
3. se sa dove si trova un locale notturno.
4. se sa dove si trova una galleria.
5. se ti può dare qualche cenno storico sulla città.

C. Scusi, c'è una banca qua vicino? Con un tuo compagno/una tua compagna svolgi i seguenti compiti comunicativi. Segui il modello.

> MODELLO   banca
> TURISTA: **Scusi, c'è una banca qua vicino?**
> VIGILE: **Una banca? Sì. Ce n'è una proprio là.**

1. ufficio postale
2. museo
3. ristorante
4. libreria
5. banca
6. ospedale

VOCABOLARIO   PAESI, LINGUE, NAZIONALITÀ

PAESI		LINGUE (= NOMI)	NAZIONALITÀ (= AGGETTIVI)
l'Italia	*Italy*	l'italiano	italiano
la Francia	*France*	il francese	francese
l'Inghilterra	*England*	l'inglese	inglese
gli Stati Uniti	*United States*	l'inglese	americano

PAESI	LINGUE (= NOMI)	NAZIONALITÀ (= AGGETTIVI)
il Canada	l'inglese/il francese	canadese
l'Australia	l'inglese	australiano
la Cina *China*	il cinese	cinese
la Svezia *Sweden*	lo svedese	svedese
la Norvegia *Norway*	il norvegese	norvegese
la Germania *Germany*	il tedesco	tedesco
la Russia	il russo	russo
la Spagna *Spain*	lo spagnolo	spagnolo
il Belgio *Belgium*	il francese/ il fiammingo	belga (*m./f., sing.*) belgi (*m., pl.*)/belghe (*f., pl.*)
la Polonia *Poland*	il polacco	polacco
la Danimarca *Denmark*	il danese	danese
il Messico *Mexico*	lo spagnolo	messicano
il Giappone *Japan*	il giapponese	giapponese

■ The definite article is used with names of countries and regions, but not with cities: **L'Italia è un grande paese. Roma è una grande città.**

APPLICAZIONE

A. In giro per il mondo. Con un compagno/una compagna, svolgi i seguenti mini-dialoghi, imitando il modello.

MODELLO Danimarca
—**Sei mai stato(-a) in Danimarca?**
—**No, com'è la Danimarca?**
—**È un bel paese/un posto meraviglioso/...**
—**Quale lingua/Quali lingue parlano?**
—**Parlano il danese.**
—**E com'è la gente?**
—**I danesi sono tutti simpatici/sono tutti bravi/...**

1. Italia **2.** Giappone **3.** Messico **4.** Polonia **5.** Germania
6. Belgio **7.** Russia **8.** Norvegia **9.** Svezia **10.** Canada **11.** Cina
12. Francia **13.** Inghilterra **14.** Stati Uniti **15.** un altro paese che non è nella lista

B. Discussione in classe! Rispondi alle seguenti domande e discuti le tue risposte con i tuoi compagni.

1. Quali paesi hai visitato? Racconta le tue esperienze.
2. Quali paesi vorresti visitare? Perché?

NOTE GRAMMATICALI

IL PASSATO CONGIUNTIVO

■ The **passato congiuntivo** is the subjunctive version of the **passato prossimo**. The only difference is that the **passato congiuntivo** is used in cases when the subjunctive is required, that is, in subordinate clauses after nonfactual verbs, after certain conjunctions, and so on.

PRESENT SUBJUNCTIVE	PAST SUBJUNCTIVE
Penso che **venga** oggi.	Penso che **sia venuto** ieri.
Mi sembra che **si alzi** sempre alle sei.	Mi sembra che **si sia alzato** alle sei.
È la persona più brava che io **conosca**.	È la persona più brava che io **abbia conosciuto**.

■ Note how it compares with the **passato prossimo**.

PASSATO PROSSIMO	PASSATO CONGIUNTIVO
Ti dico che lui **è andato** in Italia.	Penso che lui **sia andato** in Italia.
Anche se **ha fatto** freddo ieri, sono uscita lo stesso.	Benché **abbia fatto** freddo ieri, sono uscita lo stesso.
È chiaro che loro **hanno detto** la verità.	È probabile che loro **abbiano detto** la verità.

■ The **passato congiuntivo** is formed with the present subjunctive of the auxiliary verb and the past participle of the verb.

viaggiare	partire
(io) abbia viaggiato	(io) sia partito(-a)
(tu) abbia viaggiato	(tu) sia partito(-a)
(lui/lei/Lei) abbia viaggiato	(lui/lei/Lei) sia partito(-a)
(noi) abbiamo viaggiato	(noi) siamo partiti(-e)
(voi) abbiate viaggiato	(voi) siate partiti(-e)
(loro) abbiano viaggiato	(loro) siano partiti(-e)

A. Ora tocca a voi! Fa' il seguente esercizio con un tuo compagno/una tua compagna. Uno di voi due fa la domanda, l'altro(-a) risponde affermativamente. Seguite il modello.

> MODELLO —Gianni ha viaggiato molto? (penso che)
> —**Sì, penso che abbia viaggiato molto.**

1. Loro sono andati anche a Roma? (è probabile) **2.** Laura si è divertita in Italia? (sembra che) **3.** Prima di partire hanno telefonato anche a Marco? (credo che) **4.** In Italia i Jones hanno visitato molte città? (pare che) **5.** Diana ha visto anche il museo d'arte? (penso che) **6.** L'aereo è già arrivato? (ho paura che)

B. Sai completare le frasi? Completa liberamente le seguenti frasi usando il passato congiuntivo.

1. Loro sono gli unici che... **2.** Ho paura che... **3.** Siamo contenti che tu... **4.** Lui pensa che io... **5.** È un peccato che voi... **6.** Mi dispiace che lei...

IL PRONOME OGGETTO DIRETTO

■ Direct object pronouns replace direct objects.

Claudia non studia **il francese** quest'anno.	Claudia non **lo** studia quest'anno. *Claudia is not studying it this year.*
Tutti amano **gli italiani.**	Tutti **li** amano. *Everyone loves them.*

■ The most common type of direct object pronoun, known as *atonic* (*atono*), comes before the verb.

PRONOMI OGGETTO DIRETTO (ATONI)			
mi	*me*	ci	*us*
ti	*you (fam. sing.)*	vi	*you (fam., pol. pl.)*
lo	*him/it*	li	*them (m.)*
la	*her/it*	le	*them (f.)*
La	*you (m. & f. pol.)*	Li	*you (m. pl. pol.)*
		Le	*you (f. pl. pol.)*

Claudia **mi** chiama ogni sera.
Claudia **lo** chiama spesso. Lui invece non **la** chiama mai.
Non **vi** chiamo perché non ho tempo.
Signor Rossi, **La** chiamo domani.

■ Note that the third-person forms, **lo, la, li, le** also replace inanimate objects.

Domani compro **il giornale**.	Domani **lo** compro.
Faccio **i compiti** stasera.	**Li** faccio stasera.
Oggi mangio **la pizza** volentieri.	Oggi **la** mangio volentieri.
Penso che lui non mangi mai **le paste**.	Penso che lui non **le** mangi mai.

■ In compound tenses, the past participle *must* agree in gender and number with the **lo, la, li, le** forms. (Note that elision of the pronouns is permitted and preferred only in the singular.)

Ieri ho comprato **il giornale**.	**L'ho** (**Lo** ho) comprat**o** ieri.
Ho già fatto **i compiti**.	**Li** ho già fatt**i**.
Ho appena mangiato **la pizza**.	**L'ho** (**La** ho) appena mangiat**a**.
Penso che non abbia mai mangiato **le paste**.	Penso che lui non **le** abbia mai mangiat**e**.

■ Agreement with the other forms (**mi, ti, ci, vi**) is optional.

Maria, **ti** ha chiamat**a** Marco?	Maria, **ti** ha chiamat**o** Marco?
Ragazzi, **vi** hanno chiamat**i**?	Ragazzi, **vi** hanno chiamat**o**?

■ This pattern of agreement applies to reflexive verbs as well. In front of the direct object forms **lo, la, li, le**, the reflexive pronoun forms **mi, ti, si, ci, vi** become **me, te, se, ce, ve** respectively.

Maria si è messa **il cappotto**.	Maria **se** l'è mess**o**.
Ieri mi sono lavato **i capelli**.	Ieri **me li** sono lavat**i**.
Noi ci siamo messi **la cravatta**.	Noi **ce la** siamo mess**a**.

■ Direct object pronouns also have tonic forms, used to avoid ambiguity, confusion, for emphasis, and after prepositions and adverbs like **con**, **per**, **solo**, **anche**.

PRONOMI OGGETTO DIRETTO (TONICI)			
me	*me*	noi	*us*
te	*you (fam., sing.)*	voi	*you (fam.,pol. pl.)*
lui/lei	*him, her*	loro	*them*
Lei	*you (m. & f. pol)*	Loro	*you (m. & f. pl. pol.)*

ATONIC	TONIC
Claudia **mi** chiama ogni sera.	Claudia chiama **me** ogni sera (non **te**).
Claudia calls me every evening.	*Claudia calls me every evening (not you).*
Sembra che lei non **ti** conosca.	Sembra che lei conosca solo **te**.
It seems that she doesn't know you.	*It seems that she knows only you.*

ATONIC	TONIC
Lui non **la** chiama mai.	Lui non chiama neanche **lei**.
I miei parenti? Sì, **li** chiamo spesso.	I miei parenti? Sì, chiamo spesso anche **loro**.
Signore, **L**'accompagno volentieri.	Signore, posso accompagnare solo **Lei**, non **lui**.

APPLICAZIONE

A. Sì, mi sembra che abbia chiamato anche lei! Rispondi affermativamente alle seguenti domande, usando il pronome tonico. Segui il modello.

MODELLO   Ieri sera Claudia ha chiamato anche Teresa?
Sì, mi sembra che abbia chiamato anche lei!

1. Claudia ha visitato anche i tuoi amici?   **2.** Gianni ha chiamato anche me?   **3.** Diana ha visto anche Maria in Italia?   **4.** Mia sorella ha chiamato anche voi?   **5.** A Roma loro hanno incontrato anche Marco?   **6.** Loro hanno chiamato anche te?

B. No, non penso che l'abbia comprata! Fa' le seguenti domande ad un tuo compagno/una tua compagna e scrivi ogni sua risposta su un foglio a parte. Segui il modello.

MODELLO   —Maria ha comprato la rivista?
—No, non penso che l'abbia comprata.

1. Lui ha letto le piantine?   **2.** Tua sorella ha consultato la guida?   **3.** I tuoi genitori hanno visto quel museo?   **4.** Barbara si è messa il cappello?   **5.** Pierino si è lavato i denti?   **6.** Loro hanno comprato i biglietti?

IL PRONOME OGGETTO INDIRETTO

■ The indirect object pronoun replaces indirect objects. These are objects which, in general, answer questions such as *to whom, for whom*. The following chart summarizes tonic and atonic forms of the indirect object pronoun.

PRONOMI OGGETTO INDIRETTO					
ATONI	**TONICI**		**ATONI**	**TONICI**	
mi	a me	*to me*	ci	a noi	*to us*
ti	a te	*to you (fam., sing.)*	vi	a voi	*to you (pl.)*
gli	a lui	*to him*	gli	a loro	*to them*
le	a lei	*to her*	*loro		
Le	a Lei	*to you (pol., sing.)*	*goes after the verb		

Lei **mi** ha dato il libro ieri.
Chi **ti** ha telefonato ieri?
Gli ho parlato ieri.
Signorina, **Le** piace questo vestito?

Perché non **ci** parli più?
Quel film non **gli** piace./Quel film non piace **loro**.

Lei ha dato il libro **a me** ieri.
Ha telefonato **a te** ieri?
Ieri ho anche parlato **a lui**.
Signorina, questo vestito piace anche **a Lei**?

Perché non parli più **a noi**?
Quel film **a loro** non piace.

■ The past participles in compound tenses do not agree with indirect object pronouns.

DIRECT	INDIRECT
Maria? **L'**ho già chiama**ta**.	Maria? **Le** ho già telefonato.
I miei amici? **Li** ho già chiama**ti**.	I miei amici? **Gli** ho già telefonato.
Le mie amiche? **Le** ho già chiama**te**.	Le mie amiche? **Gli** ho già telefonato.

I PRONOMI DIRETTI E INDIRETTI: UNA SINTESI

■ Object pronouns are attached to the imperative in the **tu**, **noi**, and **voi** forms. Their placement follows the same pattern as that associated with reflexive verbs (see Capitolo 5).

Gianni, parla a me, non a lui.
Signora Lidi, parli a me!

Gianni, parla**mi**!
Signora Lidi, **mi** parli!

Maria, telefona a Claudia!	Maria, telefona**le**!
Signor Giusti, chiami Claudia!	Signor Giusti, **la** chiami!
Ragazzi, chiamate il tassì!	Ragazzi, chiamate**lo**!
Signori, chiamino il tassì!	Signori, **lo** chiamino!
Bruno, non lavare i piatti!	Bruno, non lavar**li**/non **li** lavare!

■ Apostrophized forms (**va'**, **di'**, **da'**, **fa'**, **sta'**) require that the first letter of the attached pronoun be doubled, the exception being **gli** and its compound forms.

Da' + mi = Dammi.	Gianni, dammi la guida!
Di' + gli = Digli.	Marina, digli tutto!
Di' + le = Dille.	Giorgio, dille la verità!
Fa' + mi = Fammi.	Franca, fammi questo favore!
Va' + ci = Vacci. (ci = *there*)	Bruna, vacci domani!

■ Object pronouns are also attached to infinitives, participles, gerunds, and the form **ecco**. (Remember to make the direct object pronoun agree in all compound tenses.)

Prima di chiamare Luigi, voglio mangiare.	Prima di chiamarlo, voglio mangiare.
Dopo aver fatto i compiti, uscirò. *After I have finished my homework, I'll go out.*	Dopo averli fatti, uscirò.
Ecco Luigi!	Eccolo! (*Here he is!*)
Ecco Maria!	Eccola!
	Eccomi!
	Eccoci!

■ With verbal constructions involving indefinite verbal forms (such as infinitives or gerunds), the pronouns can be attached or put before the whole construction.

Devo chiamare Luigi.   Lo devo chiamare. / Devo chiamarlo.

■ Finally, be careful with the form **le**, which has two meanings.

le = *them* (direct object)	**le** = *to her* (indirect object)
Le patate? Non **le** ho mangiate.	La mia amica? Non **le** ho ancora telefonato.
Le carote? Penso che **le** abbia mangiate tutte mio fratello.	Mia sorella? **Le** telefono stasera!

A. Giochi grammaticali.
Indica per ognuna delle parole in corsivo se si tratta di *articolo*, *pronome oggetto diretto*, *pronome oggetto indiretto*, *pronome riflessivo*.

> MODELLO   *Le* ho telefonato.
> **pronome oggetto indiretto**

1. *Le* ho risposto subito.   **2.** *Le* ho viste ieri sera.   **3.** *Le* mele? *Le* ho mangiate tutte io.   **4.** Tu non *mi* ascolti mai.   **5.** *Mi* dai dieci dollari?   **6.** Ieri mattina *mi* sono alzato alle sei e mezza.   **7.** *Gli* dici tutto?   **8.** *Gli* studenti sono arrivati?   **9.** *Lo* studio da due anni.   **10.** Dove ha messo *lo* zaino?   **11.** Oggi non posso accompagnar*ti*.   **12.** *Ti* sei divertita alla festa?

B. Qual è la domanda?
Fornisci la domanda appropriata per ognuna delle seguenti risposte. Attenzione ai pronomi!

> MODELLO   RISPOSTA: Sì, gli ho telefonato.
> DOMANDA: **Hai telefonato a Marco?**

1. No, non le ho spedite.   **2.** Sì, lo conosciamo bene.   **3.** No, non la guardiamo mai.   **4.** Non li mangio perché non mi piacciono.   **5.** Le ho parlato ieri.   **6.** No, non gli ho ancora scritto.   **7.** Gli sto scrivendo in questo momento.   **8.** Sì, signorina, mi telefoni stasera.

C. Occhio ai pronomi!
Fa' le seguenti domande ad un tuo compagno/una tua compagna. Seguite il modello.

> MODELLO   —Hai scritto a Luigi?
> **—Sì, gli ho scritto.**

1. Hai telefonato a Maria?   **2.** Giovanni ti ha risposto?   **3.** Ti piace questo giornale?   **4.** Hai detto tutto a Paolo?   **5.** Tua sorella vi ha raccontato (*told*) tutto?   **6.** Iera sera mi hai telefonato?   **7.** Vuoi dire tutta la verità ai tuoi genitori?   **8.** Stai raccontando tutto a Marco?   **9.** Posso telefonare a Mario?   **10.** Scriviamo alla signora Giannini?

D. Sai riconoscere gli errori?
Osserva le seguenti frasi. Alcune sono corrette, altre sbagliate. Correggi le frasi sbagliate.

1. Signor Rossi, La telefonerò domani.   **2.** Gli esercizi? Li abbiamo già fatti.   **3.** Ho visto Claudia e le ho detto di venire a casa nostra.   **4.** Vado dal professor Verdi: devo parlarLe.   **5.** Ho visto la signora Giardina e l'ho salutato.   **6.** Franca, dammi la guida!   **7.** Se vedi Giorgio, dille di venire subito a casa.   **8.** Signor Giusti, telefonami alle otto.

E. Sai completare gli spazi vuoti? Completa gli spazi vuoti con le parole suggerite.

leggerlo   mi dica   dimmi   parlarle   ringraziarLa   offrirti   mi faccia   eccola

1. Marcello, posso _____ un caffè? 2. Il giornale? Preferisco _____ stasera. 3. Signorina, Lei è sempre così gentile. Non so come _____. 4. Signor Vitti, _____ questo favore! 5. Salvatore, _____ la verità! 6. Signorina, _____: queste guide turistiche sono utili? 7. —Dov'è Teresa? —_____! 8. Devo andare dalla professoressa Papini: devo _____.

F. Dialogo tra amici. Completa il seguente dialogo con le forme appropriate del pronome oggetto e metti la vocale appropriata ad ogni participio passato.

GIORGIO: Ciao, Maria. _____ hanno dett_____ che vai all'estero. È vero?

MARIA: Chi te _____ ha dett_____?

GIORGIO: Me _____ ha dett_____ Marco ieri sera. Ci siamo visti al bar. _____ ha anche detto che con _____ viene anche Monica.

MARIA: Non è vero. Marco _____ ha dett_____ una bugia. Sai benissimo che _____ piace sempre scherzare.

GIORGIO: Hai ragione. Avevo dimenticato che con _____ non è possibile fare un discorso serio.

PER LA COMUNICAZIONE

VIAGGIARE

In giro per la città

il centro	*downtown*
la periferia	*suburbs*
l'edificio	*building*
il palazzo	*apartment building*
il grattacielo	*skyscraper*
l'ufficio postale	*post office*
il museo	*museum, art gallery*
il municipio	*city hall*
la questura	*police station*
l'ospedale (*m.*)	*hospital*
la chiesa	*church*

Aperto	*Open*
Chiuso	*Closed*
Chiuso per ferie	*Closed for holidays*
Divieto di sorpasso	*No passing*
Divieto di sosta	*No parking*
Fuori servizio	*Out of order*
Informazioni	*Information*
Ingresso	*Entrance*
Toilette/Servizi	*Washroom*
Uscita	*Exit*
Vietata l'uscita	*No exit*
Vietato fumare	*No smoking*
Vietato l'ingresso	*No entrance*
Vietato parlare al conducente	*Do not speak to the driver*

ALLA STAZIONE

l'orario	*schedule*
fare il biglietto	*to purchase a ticket*
in orario	*on time*
in anticipo	*early*
in ritardo	*late*
la stazione ferroviaria	*train station*

ALTRE PAROLE ED ESPRESSIONI UTILI

qui/qua	*here*	lì/là	*there*
vicino	*near*	lontano	*far*
accanto a	*next to*	lontano da	*far from*
di qui/di qua	*over here*	di lì/di là	*over there*
dentro	*inside*	fuori	*outside*

■ **Lontano** and **vicino** can be used as invariable forms or made to agree with the noun phrases they refer to: **Gli edifici sono vicino a me./Gli edifici sono vicini a me.**

APPLICAZIONE

A. Indovinelli. Indovina che cos'è o dov'è.

MODELLI   È il cuore della città.
       il centro
       La scritta (*writing*) che indica che non si può parlare al conducente.
       Vietato parlare al conducente

1. La scritta che indica che non si può parcheggiare la macchina.
2. La scritta che indica che non si può sorpassare con la macchina.

3. È un edificio dove vive la gente.   **4.** È un edificio che «tocca» il cielo.
5. È una zona appena fuori della città.   **6.** La scritta che indica che non
si può fumare.   **7.** La scritta che indica che non si può entrare.   **8.** È
l'insegna che indica che non si può uscire.   **9.** È l'edificio dove si
possono spedire le lettere e le cartoline.   **10.** È il luogo dove si va per
prendere il treno.   **11.** È l'edificio dove si va per «ammirare l'arte».
12. È l'edificio amministrativo e governativo di una città.   **13.** È
l'edificio della polizia.   **14.** È l'edificio dove si ricoverano e curano i
malati.   **15.** È un edificio religioso.

B. Guide delle città italiane. Da questo annuncio pubblicitario
mancano le seguenti parole. Inseriscile negli spazi vuoti.

anticipo   lontano   orari   biglietto   ritardo   accanto

Avete mai avuto il desiderio di fare una gita? Comprate l'edizione
di mercoledì o di giovedì e troverete in regalo le guide tascabili delle
città italiane. Volete conoscere meglio gli _____ dei treni o dove
andare per fare il _____? È molto facile: ogni guida è divisa in parti
che contengono tutte le informazioni necessarie. Non sarete mai in
_____, sarete sempre in orario e qualche volta anche in
_____. Non importa se quello che volete vedere è vicino o
_____, lontano dal vostro albergo o _____ al vostro albergo.
Le guide del Corriere della Sera vi seguiranno dappertutto.

CHIEDERE PER SAPERE

Dove si trova...?	*Where does one find . . . ?*
Come si fa per andare a...?	*How does one get to . . . ?*
Può dirmi dov'è...?/	*Can you tell me where . . . is?*
Mi sa dire dov'è...?	
Può indicarmi la strada per...?	*Could you show me the way to . . . ?*
Come si arriva all'autostrada per...?	*How do you get to the highway for . . . ?*
A che fermata devo scendere?	*At which stop should I get off?*
Vada...	*Go . . .*
Giri...	*Turn . . .*
Continui...	*Continue . . .*
Torni indietro...	*Go back . . .*
a destra	*to the right*
a sinistra	*to the left*
dritto	*straight ahead*
avanti	*forward/ahead*
È qui di fronte.	*It's here across the street.*
È a due passi.	*It's a few feet away.*

Vedrà le indicazioni.	*You will see the signs.*
al primo/secondo semaforo	*at the first/second set of lights*
in via/corso...	*on . . . street/avenue*
a piazza...	*on . . . square*
alla prossima fermata	*at the next bus stop*
al prossimo isolato	*at the next block*

COMPASS POINTS

NOMI

nord	*north*
nordest, nordovest	*northeast, northwest*
a nord	*to the north*
sud	*south*
sudest, sudovest	*southeast, southwest*
a sud	*to the south*
est	*east*
a est	*to the east*
ovest	*west*
a ovest	*to the west*

AGGETTIVI

settentrionale	*northern, north*
meridionale	*southern, south*
orientale	*eastern*
occidentale	*western*
centrale	*central*

■ Many prepositional noun phrases referring to places do not require prepositional contractions. However, recall from the previous chapter that the contractions are needed when there is a modifier.

in Sicilia	nella Sicilia centrale
in Italia	nell'Italia settentrionale
in Spagna	nella Spagna orientale

■ Some have a different meaning, depending on form. Noun phrases with prepositional contractions are generally literal in meaning.

Lui è andato in montagna. *He went to the mountains.*	Quegli animali vivono nella montagna. *Those animals live inside the mountain.*
Ho viaggiato in treno. *I traveled by train.*	Sono nel treno. *I'm inside the train.*

■ This is not applicable to cities, which do not normally require the article. Note that **a** *to, at, in* is used with cities and **in** *to, at, in* with other place names.

Non sono mai stato(-a) a Roma.	Non sono mai stato(-a) in Italia.
Abito a Firenze.	Abito in Toscana.
Sono andato(-a) a Napoli.	Sono nato(-a) nell'Italia meridionale.

■ But: **Non è più** *la* **Roma di una volta.** *It is not* the *Rome of years ago.*/**È** *la* **Roma di Fellini.** *It's Fellini's Rome.*

APPLICAZIONE

A. Mi sa dire dov'è...? Con un compagno/una compagna svolgi i seguenti mini-dialoghi. Seguite il modello.

> MODELLO via Torino / girare a destra / girare a sinistra
> —**Scusi, mi sa dire dov'è via Torino?/Scusi, dov'è via Torino?/Come si fa per andare a via Torino?**
> —**Giri a destra, poi al semaforo giri a sinistra.**

1. viale Michelangelo / andare dritto / girare a destra
2. corso Garibaldi / continuare su questa strada / girare a destra
3. piazza Mazzini / tornare indietro / girare a sinistra
4. via Dante / dritto / girare a destra / due isolati

B. Indicazioni stradali. Un turista ti chiede delle indicazioni stradali. Aiutalo, seguendo il modello.

> MODELLO —Mi sa dire dov'è il museo? (due passi / vicino / municipio)
> —**È a due passi. È vicino al municipio.**

1. Mi sa dire dov'è l'ospedale? (qua vicino / accanto / chiesa)
2. Mi sa dire dov'è via Verdi? (non lontano / prossimo / isolato)
3. Può indicarmi la strada per Roma? (girare / a destra / prossimo semaforo / vedere indicazioni)
4. A che fermata devo scendere? (scendere / prossima fermata)

C. Dove siete andati? Con un compagno/una compagna svolgi i seguenti mini-dialoghi. Seguite i modelli.

MODELLI   Roma
—**Dove siete andati?**
—**A Roma.**
—**Come ci siete andati?**
—**In treno./In autobus./ In macchina./In aereo.**

Francia / centrale
—**Siete stati in Francia?**
—**Sì, abbiamo visitato la Francia centrale.**
—**Come ci siete andati?**
—**In treno./In autobus./In macchina./In aereo.**

1. Firenze **2.** Spagna / meridionale **3.** Londra **4.** Africa / settentrionale **5.** Nairobi **6.** Argentina / occidentale **7.** Berlino **8.** Germania / orientale **9.** Egitto **10.** Italia / meridionale

IN ALBERGO

la camera	*room*
a due letti	*with two beds*
matrimoniale	*with double bed*
singola	*single bed*
con il bagno	*with bath*
senza bagno	*without bath*
con doccia	*with shower*
La prima colazione è compresa?	*Is breakfast included?*
Ecco la chiave della camera.	*Here is your room key.*
Potrei avere un'altra coperta/un altro cuscino?	*Could I have another blanket/pillow?*
Mi può svegliare alle...?	*Can you wake me up at . . . ?*
Mi può preparare il conto?	*Can you prepare the bill?*
la prenotazione/prenotare	*reservation/to reserve*
la pensione	*bed-and-breakfast, rooming house*

APPLICAZIONE

A. In albergo! Nel dialogo mancano alcune parole. Inseriscile opportunamente negli spazi vuoti.

TU: Buon giorno, ho una _____ prenotata.
IMPIEGATO(-A): Come si chiama?
TU: Mi chiamo...
IMPIEGATO(-A): Non trovo la Sua _____... Non si preoccupi (*worry*).
        Abbiamo diverse _____ disponibili.

TU: Grazie. Vorrei una _____ singola col _____.
IMPIEGATO(-A):   Sì, bene... Le do la camera diciannove.
TU: Senta, la prima _____ è compresa?
IMPIEGATO(-A):   Sì.
TU: Domani mattina può _____ alle sette?
IMPIEGATO(-A):   Certamente. Ecco la _____ della Sua camera.

B. Sei mai stato(-a) in albergo? Rispondi alle seguenti domande.

1. Sei mai stato(-a) in albergo? Se sì, in quali alberghi sei stato(-a) e dove? Descrivi le tue esperienze. Ti sei trovato(-a) bene? Hai avuto problemi?

IL MOMENTO CREATIVO   Con un tuo compagno/una tua compagna metti in scena la seguente situazione.
Mentre aspetti l'autobus per andare all'università, un signore/una signora, che parla solo italiano, ti chiede come andare in centro in macchina. Tu gli/le dai le informazioni necessarie.

Taccuino Culturale

UN PO' DI GEOGRAFIA

L'Italia è una penisola che ha la forma di uno stivale. È situata al centro del Mar Mediterraneo ed è circondata dal Mar Adriatico, dal Mar Ionio, dal Mar Tirreno e dal Mar Ligure. La sua superficie è costituita per il 42% da colline, per il 35% da montagne e per il 23% da pianure.

Le catene di montagne più importanti sono le Alpi, gli Appennini e le Dolomiti. Il Monte Bianco è la montagna più alta (4810 m di altezza). Il principale fiume italiano è il Po. Il Po è lungo 652 chilometri ed attraversa la città di Torino. Altri fiumi importanti sono l'Adige (che bagna le città di Trento e Bolzano), il Tevere (che attraversa Roma) e l'Arno (che attraversa Firenze e Pisa). Tra i laghi più famosi sono da menzionare il lago di Garda, il lago Maggiore e il lago di Como. Ci sono anche due vulcani: l'Etna in Sicilia e il Vesuvio vicino a Napoli.

NOTE SU ALCUNE CITTÀ ITALIANE

Genova: è il più importante porto italiano.

Torino: è la sede della FIAT (Fabbrica Italiana Automobili Torino).

Milano: è il più importante centro industriale e commerciale d'Italia.

Venezia: è una città con oltre 120 isolotti (*islets*) e 170 canali collegati tra loro da più di 400 ponti.

Bologna: è la città dove è stata fondata nel 1158 la prima università europea.

Firenze: è la culla (*cradle*) della lingua italiana; in questa città è nato Dante Alighieri, il primo grande poeta in lingua italiana, autore della *Divina Commedia*.

Roma: è la capitale d'Italia ed è una delle città più ricche di storia del mondo.

Napoli: è una città ricca di storia e di cultura ed è famosa per le bellezze del suo paesaggio naturale.

Palermo: è il capoluogo della Sicilia, la più grande e importante isola del Mediterraneo e la più grande regione d'Italia.

ITALIA

A. Ricordi quello che hai letto? Scrivi i nomi geografici che ricordi.

- **Catene di montagne:** 1. _____ 2. _____ 3. _____
- **Fiumi:** 1. _____ 2. _____ 3. _____ 4. _____
- **Laghi:** 1. _____ 2. _____ 3. _____
- **Mari:** 1. _____ 2. _____ 3. _____
    4. _____ 5. _____

B. Per la ricerca. Nella seguente tabella sono riportate alcune città italiane. Cerca tu alcune informazioni importanti che riguardano ogni città. Per alcune delle città troverai delle informazioni in questo stesso capitolo.

CITTÀ	DATI IMPORTANTI
1. FERRARA	_____
2. TRIESTE	_____
3. FIRENZE	_____
4. VERONA	_____
5. PISA	_____
6. MILANO	_____
7. PERUGIA	_____
8. BARI	_____

C. Discussione in classe. Rispondi alle seguenti domande.

1. Sei mai stato(-a) in Italia? Se sì, dove? Racconta le tue esperienze.
2. Se non sei mai stato(-a) in Italia, ci vorresti andare? Quali posti vorresti vedere e perché?

 # Stimolo alla lettura

Esperienze di viaggio. Quando viaggiamo, può succedere di tutto! Spesso succedono le cose più inaspettate. Pensa, per esempio, al bambino del film *Mamma, ho perso l'aereo! (Home Alone II)* che, invece di andare in vacanza con i genitori in Florida, sale sull'aereo sbagliato e finisce tutto solo a New York! Sicuramente anche tu conoscerai qualche curiosa storia di viaggio. Sarà forse un fatto successo proprio a te o a qualcuno che tu conosci! Racconta quest'esperienza ai tuoi compagni di classe. Poi insieme scegliete la storia più strana o più divertente.

LETTURA *Il lungo viaggio*

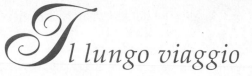

Nel brano che segue lo scrittore italiano Leonardo Sciascia racconta di un gruppo di siciliani che fa un viaggio in nave per andare in America. Sbarcano e iniziano a piedi il loro viaggio verso l'interno. Dalle tabelle delle città si rendono conto di essere sbarcati non negli Stati Uniti ma in un'altra parte della Sicilia.

Sentirono, lontano e irreale, un canto.[1] «Sembra un carrettiere[2] nostro», pensarono: e che il mondo è ovunque lo stesso, ovunque l'uomo spreme[3] in canto la stessa malinconia, la stessa pena.[4] Ma erano in America, le città che baluginavano[5] dietro l'orizzonte di sabbia[6] e d'alberi erano città dell'America.

Due di loro decisero di andare in avanscoperta.[7] Camminarono in direzione della luce che il paese più vicino riverberava nel cielo. Trovarono quasi subito la strada: «asfaltata, ben tenuta: qui è diverso che da noi», ma per la verità se l'aspettavano più ampia, più diritta. Se ne tennero fuori,[8] ad evitare incontri: la seguivano camminando tra gli alberi.

Passò un'automobile: «pare una seicento»; e poi un'altra che pareva una millecento, e un'altra ancora: «le nostre macchine loro le tengono per capriccio,[9] le comprano ai ragazzi come da noi le biciclette». Poi passarono, assordanti,[10] due motociclette, una dietro l'altra. Era la polizia, non c'era da sbagliare: meno male che si erano tenuti fuori della strada.

Ed ecco che finalmente c'erano le frecce.[11] Guardarono avanti e indietro, entrarono nella strada, si avvicinarono a leggere: *Santa Croce Camarina—Scoglitti.*

«Santa Croce Camarina: non mi è nuovo, questo nome».

«Pare anche a me; e nemmeno Scoglitti mi è nuovo».

«Forse qualcuno dei nostri parenti ci abitava, forse mio zio prima di trasferirsi a Filadelfia: ché io ricordo stava in un'altra città, prima di passare a Filadelfia».

«Anche mio fratello: stava in un altro posto, prima di andarsene a Brucchilin[12]... Ma come si chiamasse, proprio non lo ricordo: e poi, noi leggiamo Santa Croce Camarina, leggiamo Scoglitti; ma come leggono loro non lo sappiamo, l'americano non si legge come è scritto».

«Mi sto ricordando» disse dopo un momento quello cui il nome di Santa Croce non suonava nuovo[13] «a Santa Croce Camarina, un'annata[14] che dalle nostre parti andò male, mio padre ci venne per la mietitura[15]».

Si buttarono come schiantati[16] sull'orlo della cunetta[17]: ché non c'era fretta di portare agli altri la notizia[18] che erano sbarcati[19] in Sicilia.

---

[1] *song* [2] *cart driver* [3] *wrings out* [4] *pain* [5] *were blinking* [6] *sand* [7] **andare...** *to go ahead* **Se...** *they stayed away* [9] *whim* [10] *deafening* [11] *arrows* [12] *Brooklyn* [13] **non...** *didn't sound new* [14] *crop* [15] *harvest* [16] **Si...** *They threw themselves as if in pieces* [17] **sull'...** *on the edge of the ditch* [18] *news* [19] *landed*

Dopo la lettura

A. Prova di verifica. Segna le affermazioni che ti sembrano giuste.

1. _____ I viaggiatori sentirono, lontano e irreale, un canto.
2. _____ Pensavano di essere in America.
3. _____ Dietro l'orizzonte le città erano tutte scure *(dark)*.
4. _____ Due dei viaggiatori decisero di andare in avanscoperta.
5. _____ Trovarono quasi subito una strada non asfaltata e mal tenuta.
6. _____ Passò una bicicletta e poi un autobus.
7. _____ Poi passarono, assordanti, due motociclette.
8. _____ Lo zio di uno dei due viaggiatori si era trasferito a Boston.
9. _____ I viaggiatori videro nomi di paesi a loro sconosciuti.
10. _____ Alla fine si accorsero di essere sbarcati in Sicilia.

B. Riscrivi le frasi. Riscrivi le seguenti frasi nel modo indicato, usando il passato congiuntivo. Segui il modello.

MODELLO   Hanno sentito, lontano e irreale, un canto. (pare che)
Pare che abbiano sentito, lontano e irreale, un canto.

1. Due di loro hanno deciso di andare in avanscoperta. (sembra che)
2. Hanno camminato in direzione della luce. (pare che)
3. Hanno trovato quasi subito la strada. (credo che)
4. È passata un'automobile. (è probabile che)
5. Hanno guardato avanti e indietro. (immagino che)
6. Sono entrati nella strada. (sembra che)
7. Mio padre è venuto qui per la mietitura. (pare che)
8. Si sono buttati come schiantati sull'orlo della cunetta. (penso che)

C. Discussione in classe. Rispondi alle seguenti domande, discutendo le tue risposte con gli altri membri della classe.

1. Perché, secondo te, i protagonisti del racconto avevano tanta voglia di emigrare in America?
2. La narrazione è allo stesso tempo umoristica e amara *(bitter)*. Sei d'accordo? Perché sì/no?
3. In che cosa consiste l'imbroglio *(deceit)*?
4. Qual è, secondo te, il tema di questo racconto?

D. Lavoro di gruppo. Metti in scena con i tuoi compagni una conclusione al brano, secondo la seguente impostazione *(framework)*.

Tra i viaggiatori nasce un'accesa (*heated*) discussione. Come mai hanno sbagliato percorso? Chi li ha imbrogliati? Perché? Ora che ritorneranno a casa, come giustificheranno ai loro paesani (*fellow townsmen*) il loro ritorno, la loro disavventura? La situazione si risolve quando uno dei viaggiatori propone una giustificazione plausibile.

❧ Con fantasia

A. Cruciverba. Completa gli spazi vuoti in modo opportuno. Nelle caselle con il cerchio troverai il nome di una regione italiana.

La regione:

ORIZZONTALI

1. Vietato _____.
2. Una città toscana.
3. Il fiume più lungo d'Italia.
5. Il contrario di *settentrionale*.
8. Io abito in _____ Mazzini.
10. L'Italia è una lunga _____.

VERTICALI

2. Il contrario di *vicino*.
4. Il signor Rossi abita in _____.
6. La città di Enrico Caruso.
7. Il contrario di *sud*.
9. Ecco la _____ della camera, signore.

B. Lavoro di gruppo. Metti in scena con un tuo compagno/una tua compagna la seguente situazione.

PERSONAGGIO A: Hai saputo che B sta progettando un viaggio in Italia. Allora gli/le chiedi dove ha intenzione di andare, perché, quali posti ha intenzione di vedere, quali amici, parenti vuole vedere, ecc.

PERSONAGGIO B: Inizialmente rispondi a tutte le domande di A. Però alla fine gli/le riveli la vera ragione (che hai cercato finora di tener segreta ! ! !) per cui vai in Italia.

C. Rispondi!

1. Quali paesi hai visitato? Quali vorresti visitare? Perché?
2. Elenca tutte le città che hai visitato usando la formula: **Sono stato(-a) a** (+ *città*) **nel** (+ *anno*).

D. Tema. Svolgi liberamente uno dei seguenti temi.

1. Tutto il mondo è paese.
2. Tutte le strade portano a Roma.
3. Chi lascia la via vecchia per la nuova, sa quel che lascia ma non sa quel che trova.

LESSICO UTILE

accanto a	next to	la fermata	stop
l'albergo	hotel	francese	French
americano(-a)	American	fuori	outside
australiano(-a)	Australian	giapponese	Japanese
avvicinarsi	to get close	la gita	tour
il bagaglio	baggage	il grattacielo	skyscraper
il bagno	bathroom	inglese	English
belga (*m./f.*)	Belgian	l'isolato	block
la camera	room	lì/là	there
canadese	Canadian	lontano	far
il centro	downtown	meridionale	southern, south
la chiesa	church	messicano(-a)	Mexican
cinese	Chinese	il municipio	city hall
consigliare	to recommend	il museo	museum, art gallery
il conto	bill	nord	north
il corso	avenue	norvegese	Norwegian
danese	Danish	occidentale	western
dentro	inside	l'orario	schedule
la destra	right	orientale	eastern
il direttore/la direttrice	manager	l'ospedale (*m.*)	hospital
		ovest	west
l'edificio	building	il palazzo	apartment building
est	east	la pensione	bed-and-breakfast, rooming house
fare il biglietto	to purchase a ticket		
fare una gita	to go on a tour	la periferia	suburbs

la piantina	city map	la stazione	train station
la piazza	square	(ferroviaria)	
polacco(-a)	Polish	sud	south
la prenotazione	reservation	svedese	Swedish
la prima colazione	breakfast	la sveglia	wake-up call
la questura	police station	tedesco(-a)	German
qui/qua	here	il treno	train
raccontare	to tell, narrate	l'ufficio postale	post office
russo(-a)	Russian	la valigia	suitcase
settentrionale	northern, north	la via	street
la sinistra	left	il viale	boulevard
spagnolo(-a)	Spanish	vicino	near

RISPOSTE AL TEST DI PAGINA 161

1. Pisa **2.** Palermo **3.** Milano **4.** Firenze **5.** Torino **6.** Roma **7.** Napoli **8.** Genova
9. Venezia **10.** Bologna

PUNTEGGIO

21–30: Sei veramente un conoscitore delle città italiane.

15–20: Forse è meglio fare un po' di ripasso (*review*) della storia e geografia dell'Italia.

  0–14: È un invito a studiare un po' di storia e geografia dell'Italia.

Impariamo a mangiar bene

Tema concettuale	**Mangiare e bere**
Vocabolario	I cibi
Note grammaticali	L'imperfetto indicativo
	I pronomi doppi
	I tempi indefiniti
	L'infinito
	Il gerundio
Per la comunicazione	Parlare di quantità
	Al ristorante
	Fare la spesa
Taccuino culturale	La cucina italiana
Letture	«La dieta corretta per lui e per lei»
	«Contro il logorio bevo tè»

Stimolo alla lettura

Sai cosa mangiare? Oggi ci rendiamo sempre più conto che per star bene bisogna mangiar bene. E tu sai quali sono i cibi (*foods*) che possono far bene o nuocere (*do harm*) alla salute? Fa' il seguente test e scoprirai se sai *cosa mangiare* o *non mangiare* quando si soffre di una particolare malattia. Indica se le seguenti osservazioni sono vere (V) o false (F) e controlla i risultati a pagina 221.

CHI HA IL DIABETE

1. _____ può mangiare zucchero.
2. _____ può bere aranciata.
3. _____ può mangiare carne.

CHI HA L'ULCERA

4. _____ non può mangiare uova sode (*hard-boiled*).
5. _____ può mangiare riso (*rice*).
6. _____ può mangiare pesce (*fish*) ben cotto.

CHI SOFFRE DI IPERTENSIONE

7. _____ può mangiare cibo contenente sale.
8. _____ non può mangiare frutta fresca.

CHI SOFFRE DI STITICHEZZA (*CONSTIPATION*)

9. _____ non può bere né caffè né tè.
10. _____ non può mangiare cioccolato.

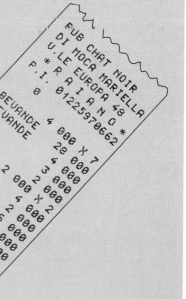

LA DIETA CORRETTA PER LUI E PER LEI

Nella tabella diamo due esempi di alimentazione[1] giornaliera[2] bene equilibrata per un uomo e una donna adulti che svolgono[3] un'attività lavorativa normale. Entrambi[4] sono nella media per età, peso,[5] altezza. La dieta dell'uomo è di 2.805 calorie, quella della donna di 1.958.

UOMO	DONNA
Colazione	*Colazione*
latte intero[6] 200 ml + caffè a piacere + zucchero g 10 (due cucchiaini), otto o nove biscotti (g 45); marmellata g 70; un succo[7] di frutta (g 125).	latte intero 200 ml + caffè a piacere + zucchero g 10 (due cucchiaini); 4 biscotti (g 20); marmellata g 35.
Metà mattina	*Metà mattina*
un caffè + zucchero g 5 (un cucchiaino).	un caffè + zucchero g 5 (un cucchiaino).
Pranzo	*Pranzo*
pane g 60; risotto[8] g 100 condito[9] con g 15 di burro; carne di manzo[10] semigrassa g 100 condita con g 10 di olio; insalata g 80 condita con g 10 di olio; frutta di stagione[11] g 200; vino 250 ml; un caffè + zucchero g 5 (un cucchiaino).	pane g 50; pasta o riso g 80 condito con g 10 olio; pomodoro fresco a piacere; carne di manzo magra ai ferri[12] g 80; pomodori g 200 conditi con g 10 di olio; frutta di stagione g 200; vino 200 ml; un caffè + zucchero g 5 (un cucchiaino).
Metà pomeriggio	*Metà pomeriggio*
un succo di frutta (g 125).	un succo di frutta (g 125).
Cena	*Cena*
pane g 60; prosciutto crudo g 60; pomodori g 250 conditi con g 10 di olio; frutta di stagione g 200; vino 250 ml; un caffè + zucchero g 5 (un cucchiaino).	pane g 50; due uova alla coque,[13] in camicia[14] o sode; insalata g 70 condita con g 10 di olio; frutta di stagione g 200; vino 200 ml; un caffè + zucchero g 5 (un cucchiaino).

[1] *diet* [2] *daily* [3] *carry on* [4] *both* [5] *weight* [6] *whole* [7] *juice* [8] *type of rice dish* [9] *served* [10] *beef* [11] **di...** *in season*
[12] **ai...** *grilled* [13] **alla...** *soft-boiled* [14] **in...** *poached*

❈ Dopo la lettura

A. Ricordi quello che hai letto? Completa le frasi scegliendo la risposta giusta. In alcuni casi tutte e due le risposte possono essere corrette.

1. Nella tabella sono dati
   a. due esempi di alimentazione giornaliera.
   b. tre esempi di alimentazione giornaliera.

2. La dieta dell'uomo
   a. è di più di tremila calorie.
   b. è di meno di tremila calorie.

3. La dieta della donna
   a. è di circa duemila calorie.
   b. è di circa mille calorie.

4. A colazione l'uomo e la donna dovrebbero bere
   a. latte intero.
   b. vino.

5. A pranzo dovrebbero mangiare
   a. pane.
   b. frutta di stagione.

6. A metà pomeriggio dovrebbero bere
   a. un bicchiere di birra.
   b. un succo di frutta.

7. A cena dovrebbero bere
   a. vino.
   b. un caffè.

B. Rispondi! Rispondi liberamente alle seguenti domande, discutendo le tue risposte con gli altri membri della classe.

1. Quali sono, secondo te, i cibi che fanno bene alla salute?
2. Come deve essere, secondo te, la dieta di uno studente? Di quanto cibo/quante calorie ha bisogno uno studente per mantenersi in forma?

STIMOLO LINGUISTICO

A. Ricordi le forme del partitivo? Rispondi alle domande seguendo il modello. Nelle tue risposte usa una delle seguenti parole o espressioni: *un po' di, alcuni(-e), di + articolo, qualche.*

> MODELLO   Che cosa bevi di solito a cena?   (acqua minerale)
> **Bevo dell'acqua minerale.**

1. Che cosa bevi di solito a colazione?   (latte)
2. Che cosa mangi di solito a colazione?   (biscotti/marmellata)
3. Che cosa mangi a pranzo?   (pane/carne/insalata)
4. Che cosa mangi a cena?   (pane/pomodoro/ frutta/carne)

B. Quante ne mangiavi? Con un compagno/una compagna svolgi i seguenti mini-dialoghi. Nota che dovrete usare l'imperfetto. Te lo ricordi?

> MODELLO   fragole (*strawberries*)
> —Da bambino mangiavo spesso le fragole.
> —Quante ne mangiavi?
> —Ne mangiavo tante/molte.

1. carote 2. risotto 3. caramelle 4. banane 5. spaghetti
6. biscotti 7. marmellata 8. carne 9. pesce

VOCABOLARIO I CIBI

LA VERDURA	VEGETABLES	LA CARNE	MEAT
la carota	*carrot*	il manzo	*beef*
i piselli	*peas*	il pollo	*chicken*
la zucchina	*zucchini*	il maiale	*pork*
il pomodoro	*tomato*	il vitello	*veal*
i fagioli	*beans/string beans*		
la patata	*potato*		
la lattuga	*lettuce*		
gli spinaci	*spinach*		
l'aglio	*garlic*		
la cipolla	*onion*		

IL PESCE	**FISH**
il tonno	*tuna*
il merluzzo	*cod*
il salmone	*salmon*
la sogliola	*sole*
la trota	*trout*

LA FRUTTA	**FRUIT**
la mela	*apple*
la pera	*pear*
la banana	*banana*
l'arancia	*orange*
la pesca	*peach*
la fragola	*strawberry*
la ciliegia	*cherry*
l'uva	*grapes*

I LATTICINI	**DAIRY PRODUCTS**
il latte	*milk*
il formaggio	*cheese*
il gelato	*ice cream*
il burro	*butter*

LA PASTA

gli spaghetti	*gli gnocchi*
i ravioli	*le fettuccine*
le lasagne	*le penne*

ALTRE PAROLE UTILI

l'uovo (*pl.*: le uova)	*egg*
il riso	*rice*
il pane	*bread*
il grissino	*breadstick*
lo zucchero	*sugar*
il sale	*salt*
l'olio	*oil*
l'aceto	*vinegar*
il pepe	*pepper*

I PASTI	**MEALS**
la (prima) colazione	*breakfast*
fare colazione	*to have breakfast*
il pranzo	*lunch*
pranzare	*to have lunch*
la cena	*dinner*
cenare	*to have dinner*
lo spuntino	*snack*
fare uno spuntino	*to have a snack*

A. Indovinello. Indovina che cos'è e poi di' se ti piace, se ti è piaciuto(-a) l'ultima volta che l'hai mangiato(-a), e se ti piaceva da bambino(-a). Imita il modello.

MODELLO   Si mangia di solito alla fine di un pasto.
la frutta
Mi piace molto./Non mi piace affatto./ecc.
Mi è piaciuta anche l'ultima volta che l'ho mangiata./Non mi è mai piaciuta./ecc.
Mi piaceva molto da bambino(-a)./ Non mi piaceva da bambino(-a).

1. *Vegetables* in italiano.
2. Piacciono a Bugs Bunny.
3. Si mangia di solito con il vino bianco.
4. Si usa per fare il vino.
5. Può essere dolce, piccante, grasso.
6. La mangiamo di solito con il vino rosso.
7. Le fa la gallina.
8. Sono lunghi e sottili e possiamo mangiarli al pomodoro, al burro, al pesto, ecc.

B. Giochiamo! Cerca nove parole che hanno a che fare con il cibo. Le parole sono tutte al singolare e si possono trovare in orizzontale, in verticale o in trasversale (*diagonally*). Una volta trovate tutte le parole scrivile nel tuo quaderno con l'articolo, seguendo il modello.

A	O	O	O	L	Y	R	J	G	V
L	O	N	R	E	B	H	A	E	P
O	Q	I	I	O	V	O	U	L	E
I	V	S	G	T	D	J	V	A	S
L	Z	S	E	G	N	O	H	T	C
G	X	I	W	K	A	U	M	O	A
O	Z	R	E	G	R	M	P	O	S
S	K	G	R	W	U	E	R	S	P
Z	U	C	C	H	I	N	A	O	B
Q	R	A	I	C	N	A	R	A	F

MODELLO   **la zucchina, le zucchine**

C. Fai pasti regolari? Rispondi alle seguenti domande.

1. Quanti pasti fai al giorno? A quale pasto mangi di più, di meno?
2. Fai colazione al mattino? A che ora fai di solito colazione? Che cosa

mangi? La colazione del mattino è importante per te? Perché?

3. A che ora pranzi di solito? Che tipo di pranzo preferisci: leggero, pesante? Descrivi il tuo pranzo ideale.

4. A che ora ceni di solito? Che tipo di cena preferisci? Descrivi una cena che, secondo te, è da considerarsi (*is to be considered*) ben equilibrata.

5. Fai spesso uno spuntino? Se sì, quando? Che cosa mangi? Che cosa bevi?

NOTE GRAMMATICALI

L'IMPERFETTO INDICATIVO

■ To form the imperfect indicative of regular verbs, drop the infinitive ending and add the following endings.

	mangiare	**prendere**	**finire**
io	mangiavo	prendevo	finivo
tu	mangiavi	prendevi	finivi
lui/lei/Lei	mangiava	prendeva	finiva
noi	mangiavamo	prendevamo	finivamo
voi	mangiavate	prendevate	finivate
loro	mangiavano	prendevano	finivano

■ There are only a few irregular verbs in the imperfect. Here are the most common ones.

bere	bevevo, bevevi, beveva, bevevamo, bevevate, bevevano
dare	davo, davi, dava, davamo, davate, davano
dire	dicevo, dicevi, diceva, dicevamo, dicevate, dicevano
essere	ero, eri, era, eravamo, eravate, erano
fare	facevo, facevi, faceva, facevamo, facevate, facevano
stare	stavo, stavi, stava, stavamo, stavate, stavano

■ The imperfect is used to indicate an action that continued for an indefinite period of time in the past: **Ieri mentre mangiavo, mi hanno chiamato al telefono.** *Yesterday while I was eating, they phoned me.* It corresponds to English *I used to eat, I was eating, you used to finish, you were finishing,* etc. In other words, it allows you to talk about an incomplete, repeated, or habitual past action. It also allows you to describe something or someone in the past, especially weather conditions, mental and emotional feelings, and so on. Note the differences between the **passato prossimo** and the **imperfetto**.

PASSATO PROSSIMO	IMPERFETTO
Ieri ho dormito per due ore. *Yesterday I slept for two hours.*	Ieri mentre dormivo, mia sorella leggeva. *Yesterday while I was sleeping, my sister read.*
Da bambino(-a) ho mangiato gli spinaci una sola volta! *As a child I ate spinach only one time!*	Da bambino(-a) mangiavo sempre gli spinaci. *As a child I always used to eat spinach.*
Quella sera tu hai bevuto troppo caffè. *That evening you drank too much coffee.*	La sera tu bevevi troppo caffè. *In the evening you used to drink too much coffee.*
Ieri sera sono andato(-a) a teatro. *Last night I went to the theater.*	Quando abitavo a Firenze, andavo spesso a teatro. *When I was living in Florence, I often went to the theater.*

■ Note finally that there is a progressive form of the imperfect which, like all progressive tenses, allows you to focus in on the action.

Ieri mangiavo mentre tu dormivi.

Ieri **stavo mangiando** mentre tu dormivi.

Che cosa facevi ieri quando ti ho chiamato?

Che cosa **stavi facendo** ieri quando ti ho chiamato?

APPLICAZIONE

A. Pasquale, cuoco di grande fama! Il grande cuoco Pasquale è stato intervistato recentemente alla televisione. Ecco la trascrizione (*transcript*) dell'intervista. Metti i verbi indicati o al passato prossimo o all'imperfetto secondo il caso (I = intervistatore/intervistatrice, P = Pasquale).

I: Pasquale, puoi dirci che cosa (tu) _____ (volere) diventare quando _____ (essere) bambino? È vero che (tu) _____ (amare) molto leggere e che _____ (preferire) stare sempre in casa?

P: Sì. Devo dire che (io) _____ (sognare) di diventare pilota; _____ (volere) diventare comandante di volo dell'Alitalia.

I: Allora come mai (tu) _____ (diventare) un grande cuoco?

P: Perché tutti mi _____ (dire) che _____ (sapere) cucinare molto bene anche da bambino. Ma anche mio fratello _____ (essere) bravo in cucina, sai?

I: E le tue sorelle? Loro _____ (diventare) brave professioniste, non è vero?

P: Sì, la più grande, che _____ (volere) fare la cuoca come me, _____ (studiare) medicina. La più piccola, che _____ (dare) sempre fastidio a tutti, _____ (diventare) una brava professoressa di matematica.

I: E quali _____ (essere) i tuoi piatti preferiti?

P: La mamma ci _____ (fare) mangiare pasta, pesce e verdura quasi tutti i giorni.

I: E la carne?

P: Beh, (io) _____ (mangiare) carne una volta sola! Non mi (piacere) _____ e non l'ho mangiata più.

I: Quali verdure (tu) _____ (mangiare) di solito?

P: Le insalate, le carote, le zucchine, i piselli...

I: E la pasta come la (voi) _____ (mangiare) di solito?

P: Quasi sempre nello stesso modo: pomodoro, aglio e cipolla.

I: I dolci ti _____ (piacere)?

P: Sì, molto... Mi piacciono ancora oggi!

I: E che cosa (voi) _____ (bere) a tavola?

P: Io acqua minerale, i miei genitori _____ (bere) un po' di vino.

B. Da bambino(-a)! Chiedi ad un compagno/una compagna le seguenti cose. Segui il modello.

MODELLO ... what he/she used to say when his/her parents didn't allow him/her to watch TV
—Che cosa dicevi quando i tuoi genitori non ti facevano guardare la TV?
—Non dicevo niente perché ero un bambino ubbidiente.

Chiedi ad un compagno/ad una compagna...

1. what he/she had to do regularly around the house   **2.** what he/she used to like that he/she does not like now   **3.** who was the most popular family member and why   **4.** where he/she went for summer holidays   **5.** what his/her favorite pastime (*il passatempo*) and hobby (*l'hobby*) were and what they are now   **6.** where he/she lived and where he/she lives now

I PRONOMI DOPPI

■ When a sentence contains both direct object and indirect object pronouns, the following patterns apply.

1. The indirect object pronoun always precedes the direct object forms **lo, la, li, le**, and the indirect pronouns **mi, ti, ci, vi** change, respectively, to **me, te, ce, ve**.

   Giovanni **mi** porta **la verdura** domani.   **Me la** porta domani.
   Da bambina i tuoi genitori **ti** davano   **Te li** davano spesso da mangiare.
       spesso **i fagioli** da mangiare.
   Ci portano **il** salmone domani.   **Ce lo** portano domani.
   Vi raccomandano **le fragole**.   **Ve le** raccomandano.

2. The indirect forms **gli, le,** and **Le** (*pol.*) change to **glie**, which is attached to **lo, la, li, le.**

   Renzo **gli** ha preparato **la pizza**.   Renzo **gliel'ha** preparata.
   Nora **le** ha cucinato **gli spaghetti**.   Nora **glieli** ha cucinati.
   Io **Le** (*pol.*) suggerisco **il pollo**.   Io **glielo** suggerisco.
   Credo che mia sorella **gli** prepari **le patate**. Credo che mia sorella **gliele**
                                                             prepari.

   But with **loro**:

   Io preparo **loro la pizza**.   Io **la** preparo **loro**.

3. As you have learned in previous chapters, object pronouns are attached, for example, to the familiar forms of the imperative.

   Renzo, prepara**mi la pizza**!   Renzo, prepara**mela**!
   Maria, servi**ci il pollo**!   Maria, servi**celo**!
   Ragazzi, cucinate**gli gli spaghetti**!   Ragazzi, cucinate**glieli**!
   Nora, dam**mi il pane**!   Nora, dam**melo**!
   Franco, fal**le le lasagne**!   Franco, fa**gliele**!
   Silvana, fac**ci la torta**!   Silvana, fac**cela**!

   For negative patterns, see page 63.

   Renzo, non prepararmi la pizza/non   Renzo, non prepararmela/non me la
       mi preparare la pizza!   preparare!
   Maria, non servirci il pollo/non ci   Maria, non servircelo/non ce lo servire!
       servire il pollo!

4. With modal verbs (**potere, dovere, volere**) the pronouns can be attached to the infinitive or be placed before the modal verb. Note that the final **-e** of the infinitive is dropped when the pronouns are attached.

Posso darti la pizza?/Ti posso dare la pizza? Posso dartela?/Te la posso dare?
Devi farmi un favore?/Mi devi fare un favore. Devi farmelo?/Me lo devi fare.

5. In compound tenses, do not forget to make the normal agreement in gender and number between the past participle and preceding direct object pronoun.

Giovanni **mi** ha portato **la verdura.**   Giovanni **me** l'ha portat**a.**
Silvana **ci** ha dato **i pomodori.**   Silvana **ce li** ha dat**i.**
Bruno **le** ha preparato **le lasagne.**   Bruno **gliele** ha preparat**e.**

6. The same patterns apply to the use of **pronomi doppi** with reflexive verbs (see Capitolo 7). Note, once again, that in compound tenses, agreement takes place between the direct object and the past participle, not the past participle and the subject.

Maria **si** è lavata **i capelli** ieri.   Maria **se li** è lavat**i** ieri.
Loro **si** sono messi **il cappotto.**   Loro **se lo** sono mess**o.**

A. Glieli porto domani! Rispondi liberamente alle domande usando il pronome doppio.

> MODELLO Quando porti gli spinaci al nonno?
> **Glieli porto domani/adesso/stasera/...**

1. Quando porti la verdura a Giovanni? **2.** Quando compri la carne alla nonna? **3.** Quando fai le lasagne ai ragazzi? **4.** Quando dai il latte a Pierino? **5.** Quando porti i pomodori al nonno?

B. Attenzione al pronome doppio! Completa con il pronome doppio (e il verbo se necessario).

1. —Paolo, mi compri la carne?

—Sì, _____ compro questo pomeriggio.

2. —Vi hanno portato la verdura?

—Sì, _____ hanno portat_____ stamattina.

3. —Ci hai già preparato il caffè?

—Sì, _____ già preparat_____. È pronto!

4. Cliente, al ristorante: —Scusi, quando mi serve gli spaghetti?

Cameriere: —_____ servo subito, signorina.

5. —Quando mi compri il gelato, mamma?

—Non posso _____. Non ho soldi.

6. —Posso dare il latte a Pierino?

—Sì, _____.

7. —Posso fare gli spaghetti ai bambini stasera?

—Sì, _____.

8. —Ti sei mangiata tutta la pasta?

—Sì, _____ tutta.

C. I pronomi doppi. Rispondi alle seguenti domande, secondo il modello.

> MODELLO Mi hai dato la ricetta?
> **Sì, te l'ho data.**

1. Ti ha offerto il pranzo?

2. Mi hai comprato le fragole?

3. Avete già dato i pomodori al nonno?

4. Hai già preparato il caffè alla mamma?

5. Mi compri il gelato oggi, mamma?

6. Ti sei dimenticata la pasta al supermercato?

7. Gianna si lava i capelli tutti i giorni?

8. Posso dare queste pesche ai bambini?

■   The infinitive (**l'infinito**) and the gerund (**il gerundio**) allow you to express actions that are perceived to go on for an indefinite time period.

L'infinito

■   As you know, there are three main infinitive forms—**parlare**, **vedere**, and **finire**. A few verbs end in **-rre**. These fall primarily into the following pattern. Those ending in **-durre** can be considered to have an underlying form (**-ducere**), from which the conjugation of these verbs is derived. Here is an example of **tradurre** *to translate* fully conjugated. First, change it to **traducere** in your mind.

PRESENTE INDICATIVO	PRESENTE CONGIUNTIVO	IMPERATIVO	IMPERFETTO
(io) traduco	traduca	—	traducevo
(tu) traduci	traduca	traduci	traducevi
(lui/lei/Lei) traduce	traduca	traduca	traduceva
(noi) traduciamo	traduciamo	traduciamo	traducevamo
(voi) traducete	traduciate	traducete	traducevate
(loro) traducono	traducano	traducano	traducevano

■   The past participle of such verbs ends in **-otto** (**tradotto**). Here are some common **-urre** verbs:

condurre	*to drive, conduct, lead*
dedurre	*to deduce*
indurre	*to induce*
produrre	*to produce*
ridurre	*to reduce*
sedurre	*to seduce*

■   The verb **porre** *to put, place*, and verbs constructed with it (**sottoporre** *to submit*, **comporre** *to compose*, etc.), have the underlying form **ponere**. Their past participle is **posto**.

PRESENTE INDICATIVO	PRESENTE CONGIUNTIVO	IMPERATIVO	IMPERFETTO
(io) pongo	ponga	—	ponevo
(tu) poni	ponga	poni	ponevi
(lui/lei/Lei) pone	ponga	ponga	poneva
(noi) poniamo	poniamo	poniamo	ponevamo
(voi) ponete	poniate	ponete	ponevate
(loro) pongono	pongano	pongano	ponevano

■ The verb **trarre** *to draw, pull*, and verbs constructed with it (**sottrarre** *to subtract*, **attrarre** *to attract*, etc.), are all conjugated as follows (past participle: **tratto**).

PRESENTE INDICATIVO	PRESENTE CONGIUNTIVO	IMPERATIVO	IMPERFETTO
(io) traggo	tragga	—	traevo
(tu) trai	tragga	trai	traevi
(lui/lei/Lei) trae	tragga	tragga	traeva
(noi) traiamo	traiamo	traiamo	traevamo
(voi) traete	traiate	traete	traevate
(loro) traggono	traggano	traggano	traevano

■ When attaching pronouns to these infinitives, eliminate one of the **r**'s.

Prima di tradurre quei libri, devo studiare di più.
Prima di tradurli, devo studiare di più.

■ The infinitive is the only verb form that may be used as a subject of the sentence or the object of a preposition, and it is always masculine. (The article may be omitted.)

Il mangiare è necessario per vivere./   *Eating is necessary to live.*
  Mangiare è necessario per vivere.
Il mangiare in questo ristorante è   *The cooking in this restaurant is*
  ottimo.   *excellent.*

■ There is also a past infinitive constructed with the auxiliary in the infinitive plus the past participle.

Credo di aver(e) detto tutto.   *I believe I've said everything.*
Non sapevo di esser(e) arrivato in ritardo.   *I didn't know I had arrived late.*

Il gerundio

■ Review Capitolo 4 for the formation of the gerund. Note the gerunds of the aforementioned verbs: **traducendo, ponendo, traendo.**

The gerund is used with all progressive tenses. It can also be used to replace **mentre** + *imperfect* when the subject of the clauses is the same. (Don't forget to attach pronouns onto the gerund.)

Mentre giocavo a tennis ieri, ho visto Maria.
or Giocando a tennis ieri, ho visto Maria.
While playing tennis yesterday, I saw Mary.

Mentre guardavo la TV, mi sono addormentata.
or Guardando la TV, mi sono addormentata.
While watching TV, I fell asleep.

Mentre la guardavo, mi sono addormentata.
or Guardandola, mi sono addormentata.
While watching it, I fell asleep.

■ There is also a past gerund tense made up of the auxiliary in the gerund and the past participle of the verb. All the features associated with compound tenses apply here as well.

Siccome aveva mangiato tutta la pizza, non aveva più fame.
Since he had eaten all the pizza, he was no longer hungry.

Siccome l'aveva mangiata tutta, non aveva più fame.
Since he had eaten all of it, he was no longer hungry.

Poiché sono vissuti molti anni a Roma, i Jones parlano l'italiano molto bene.
Since the Jones have lived many years in Rome, they speak Italian very well.

Avendo mangiato tutta la pizza, non aveva più fame.
Having eaten all the pizza, he was no longer hungry.

Avendola mangiata tutta, non aveva più fame.
Having eaten all of it, he was no longer hungry.

Essendo vissuti molti anni a Roma, i Jones parlano l'italiano molto bene.
Having lived many years in Rome, the Jones speak Italian very well.

■ With the word **pur** the gerund renders the idea of *even though.*

Pur sapendo parlare l'inglese, non l'ho capito.
Even though I could speak English, I didn't understand him.

Pur avendo studiato l'inglese, non l'ho capito.
Even though I had studied English, I didn't understand him.

APPLICAZIONE

A. Completiamo! Completa le caselle in modo opportuno.

	INFINITO	PRESENTE INDICATIVO	PASSATO PROSSIMO	IMPERFETTO
1.	tradurre	io traduco	io ho tradotto	io traducevo
2.		lui produce		
3.			tu hai composto	
4.				voi ponevate
5.		noi traiamo		
6.			loro hanno sottratto	
7.		lei seduce		

B. Ti piace fare l'interprete? Prova a dire le seguenti frasi in italiano. Usa il dizionario per le parole che non sai tradurre.

1. Even though I don't know English very well, I translated this recipe. **2.** I used to deduce the meaning of the words by comparing them to Italian. **3.** Eating rice (*il riso*) is good for you. **4.** Before eating it (*the rice*), add a bit of cheese. **5.** And after having eaten it (*the rice*), let me know if you liked it. **6.** While walking, I ate an ice cream. **7.** Having read the recipe carefully, they were able to prepare a very good meal. **8.** Having eaten too much, he was no longer hungry. **9.** Even though they ate all of it (*la pizza*), they were still hungry. **10.** Although I always get up early, I never have breakfast.

PER LA COMUNICAZIONE

PARLARE DI QUANTITÀ

■ The partitive (**il partitivo**) renders quantitative concepts such as *some*, *any*, *a few*, *several*, etc., in English. There are several ways to express these concepts.

1. With count nouns (nouns with plural forms)

■ The most commonly used partitive construction is the contracted form of **di** + *definite article* (**dei**, **degli**, etc.). It allows you to put the indefinite article into the plural.

SINGULAR	PLURAL	
un amico	degli amici	*some friends*
una carota	delle carote	*some carrots*
un'arancia	delle arance	*some oranges*

■ **Alcuni/Alcune** can also be used. But it renders more specifically the idea of *several*, *a few*.

SINGULAR	PLURAL	
un amico	alcuni amici	*several friends*
una carota	alcune carote	*several carrots*
un'arancia	alcune arance	*some, a few oranges*

■ The pronoun **qualche** may also be used with count nouns. It must be followed by a singular noun.

SINGULAR	PLURAL	
un amico	qualche amico	*some, several friends*
una carota	qualche carota	*some, several carrots*
un'arancia	qualche arancia	*some, a few oranges*

■ Make sure that the verb agrees with the *number* of the partitive used as a subject.

Solo alcune mele sono buone. (*pl.*)
Solo qualche mela è buona. (*sing.*)

■ **Alcuni/Alcune** is the only partitive used as a pronoun.

—Quante carote compri?
—Ne compro solo alcune.

■ To express the negative with count nouns (*not... any, none*), either omit the partitive altogether, or replace it with **non... nessuno** + *singular noun*. **Nessuno** inflects like the indefinite article (see Capitolo 2).

AFFIRMATIVE	NEGATIVE
Sì, ho degli amici in Italia.	No, non ho amici in Italia. OR No, non ho nessun amico in Italia.
Ho comprato alcuni zaini (*knapsacks*).	Non ho comprato zaini. OR Non ho comprato nessuno zaino.
Ho fatto qualche domanda.	Non ho fatto domande. OR Non ho fatto nessuna domanda.

2. **With noncount nouns** (nouns that normally do not have a plural form)

■ With noncount nouns the partitive is rendered by either **di** + *singular definite article* or **un po' di**, which means *a bit of, a little*. No structure is used in the negative.

AFFIRMATIVE	NEGATIVE
Voglio dello/un po' di zucchero.	Non voglio zucchero.
Voglio della/un po' di carne.	Non voglio carne.
Ho bevuto dell'/un po' di acqua.	Non ho bevuto acqua.

■ Note that **qualche** is not used with noncount nouns (for instance, you cannot say **qualche zucchero**).

■ The following also allow you to express various quantitative concepts:

molto	*much, many, a lot*
tanto	*(quite) much, many, a lot*
troppo	*too much*
poco	*little, a bit*
tutto	*all, everything*
parecchio	*several, a lot*
abbastanza	*enough*
assai	*quite, enough*
mezzo (*adj.*)/la metà (*noun*)	*half*

■ **Abbastanza** and **assai** are invariable.

■ **Molto**, **tanto**, **troppo**, **poco**, and **parecchio** can have several functions.

ADJECTIVE	ADVERB
Lui ha mangiato molto pesce. *He ate a lot of fish.*	Lui ha mangiato molto lentamente. *He ate very slowly.*
Lei ha tanti amici. *She has many friends.*	I suoi amici sono tanto simpatici. *Her friends are very nice.*
Io mangio troppa carne. *I eat too much meat.*	Lei è troppo bella. *She is too beautiful.*
Lei ha parecchie amiche. *She has several friends (f.).*	Loro parlano sempre parecchio. *They always speak a lot.*

■ These words can also function as pronouns. In this case the form of the pronoun is always in the plural.

ADJECTIVE	PRONOUN
Molti italiani non mangiano più la carne.	Molti non mangiano più la carne.
Molta gente preferisce il pesce.	Molti preferiscono il pesce. (*m., pl. is used for general cases*)
Poche persone fanno quello.	Pochi fanno quello.

A. Scriviamo delle frasi! Scrivi sei frasi usando le seguenti parole. Segui il modello.

		dei	spinaci
		della	latte
		alcune	pomodoro
Oggi	ho comprato solo	dello	piselli
		qualche	mele
		degli	carne
		del	zucchero

MODELLO   **Oggi ho comprato solo dei piselli.**

B. Completa le frasi! Completa le seguenti frasi usando la parola appropriata. Scegli fra le seguenti parole (tre delle parole non saranno usate).

nessuna   degli   molti   molto   qualche   nessuno
mezzo   nessun   troppa   poca   molte

1. —Hai _____ domanda?
   —No, non ho _____ domanda.
2. —Tu conosci qualche formaggio svizzero?
   —No, non conosco _____ formaggio svizzero.
3. —Hai zii in Italia?
   —No, non ho _____ zio in Italia.
4. No, non ho fame. Ho già mangiato _____ pasta.
5. Lui mangia sempre _____ lentamente.
6. Ho comprato _____ fragole.
7. _____ non mangiano più la carne.

C. Botta e risposta. Combina domanda e risposta.

1. _____ Vuoi dello zucchero?
2. _____ Quanta pasta hai mangiato?
3. _____ Hai comprato tutti i libri?
4. _____ C'erano entrambi?
5. _____ Capisci tutte le parole?
6. _____ Hai bevuto tutto il latte?

a. No, soltanto mezzo bicchiere.
b. Sì, c'erano tutti e due.
c. No, solo alcune.
d. Sì, solo un po', per favore.
e. No, solo alcuni.
f. L'ho mangiata tutta.

AL RISTORANTE

il menu	*menu*
l'antipasto	*appetizer*
il primo/secondo piatto	*first/second dish*
la pasta (al dente, al sugo)	*pasta (al dente [not soft], with sauce)*
la bistecca (ben cotta, al sangue)	*steak (well done, rare)*
il pesce (ai ferri, fritto, lesso)	*fish (grilled, fried, boiled)*
il pollo (arrosto, lesso)	*chicken (charcoal broiled, boiled)*
il contorno	*side dish*
l'insalata	*salad*
l'acqua	*water*
l'acqua minerale (gassata/ non gassata)	*(carbonated/noncarbonated) mineral water*
il caffè	*coffee*
espresso	*espresso*
ristretto	*strong*
lungo	*weak*
macchiato	*with a dash of milk*
il cappuccino	*cappuccino*
il vino	*wine*
la birra (alla spina)	*(draft) beer*
la bibita	*soft drink*
il dolce/il dessert	*dessert*
la mancia	*tip*
dare la mancia	*to leave a tip*
il conto	*check, bill*

APPLICAZIONE

A. Al ristorante. Sei in un ristorante e stai ordinando. Svolgi i seguenti compiti comunicativi.

> MODELLO   Ordina l'antipasto.
> **Per antipasto prendo il melone e prosciutto.**

1. Ordina un antipasto.
2. Per primo piatto ordina della pasta.
3. Per secondo piatto ordina o delle carne o del pesce con contorno.
4. Ordina una bibita.
5. Ordina un bicchiere di vino.
6. Ordina una bottiglia di acqua minerale (gassata/non gassata).
7. Ordina un caffè (ristretto, macchiato, ecc.).
8. Ordina del dolce o della frutta.
9. Chiedi il conto.

FARE LA SPESA

fare la spesa	*to shop*
il fruttivendolo	*fruit stand, vendor*
la macelleria	*butcher shop*
il mercato	*market*
il panificio/la panetteria	*bakery*
la pasticceria	*pastry shop*
la pescheria	*fish market*
il supermercato	*supermarket*

■ Note that **fare la spesa** means *to shop for food*, whereas **fare delle spese** means *to shop in general*.

■ Note the following conceptualizations of food.

i generi alimentari	*food, as bought in a store*
il cibo	*food, the actual substance*
la cucina	*food, as prepared (cooking, cuisine)*

APPLICAZIONE **Andiamo a fare la spesa.** Nomina alcune delle cose che puoi comprare...

1. in un panificio. **2.** da un fruttivendolo. **3.** in una pasticceria. **4.** in un supermercato. **5.** ad un mercato.

IL MOMENTO CREATIVO Con due compagni/compagne crea un mini-dialogo, secondo i suggerimenti.
Personaggi: il cameriere/la cameriera e due clienti.

1. Il cameriere/La cameriera saluta i clienti e li invita ad ordinare.
2. I clienti chiedono di vedere il menu e prima di ordinare chiedono dei consigli. 3. I clienti ordinano da mangiare e da bere. 4. Mentre aspettano le portate, i due cominciano a litigare (*argue*). 5. Il dialogo finisce in modo inaspettato, ancora prima che i clienti incominicino a mangiare.

MODELLO   Il cameriere/La cameriera saluta i clienti e li invita ad ordinare.
         —Buonasera, desidera?
         —Possiamo vedere il menu? ecc.

LA CUCINA ITALIANA

La cucina italiana è conosciuta in tutto il mondo. Tuttavia non esiste veramente una cucina comune a tutti, ma molte cucine che riflettono le diverse tradizioni delle regioni italiane. La Lombardia, per esempio, è famosa per il panettone (pane dolce con frutta candita e uva secca), la Liguria per la pasta al pesto (salsa a base di aglio, olio e basilico), l'Emilia Romagna per i tortellini, le tagliatelle e le lasagne, la Toscana per il castagnaccio (torta fatta con farina di castagne [*chestnuts*]), la Campania per la pizza e la Sicilia per i cannoli.

Studi recenti condotti sia negli Stati Uniti che in Italia hanno dimostrato che una delle diete più «sane e corrette» è quella «mediterranea». Con la parola *dieta mediterranea* si vogliono indicare gli alimenti consumati tradizionalmente dagli italiani: pane, pasta, olio d'oliva, vino, legumi secchi, verdura e frutta fresca, pesce e piccole quantità di carne.

Oggi c'è in Italia il fenomeno dei fast-food, molto popolari tra i giovani: Burghy, McDonald's, Wendy, ecc. Oltre ai ristoranti e alle trattorie, ci sono anche locali come le paninoteche (dove si vendono i panini), le pizzerie, i self-service (*cafeterias*) e le rosticcerie (*take-out/rotisserie*).

A. Vero o falso? Basandoti sul contenuto della lettura, indica se le seguenti frasi sono vere (V) o false (F). Poi correggi le frasi false.

1. _____ Chi segue la dieta mediterranea mangia molta carne.
2. _____ Burghy, McDonald's e Wendy non sono popolari tra i giovani.
3. _____ Nelle paninoteche si vendono panini.
4. _____ Le rosticcerie sono ristoranti di lusso.
5. _____ La Lombardia è famosa per i cannoli.
6. _____ La Sicilia è famosa per il panettone.
7. _____ La Toscana è famosa per il castagnaccio.
8. _____ Il castagnaccio è una torta fatta con mele.
9. _____ La Liguria è famosa per la pasta al pesto.
10. _____ Il pesto è una salsa a base di formaggio.
11. _____ L'Emilia Romagna è famosa per la pizza.
12. _____ In Italia, ogni regione ha la sua cucina.

B. Le ricette. Scegli uno dei seguenti piatti. Poi trovane la ricetta e descrivila agli altri membri della classe.

1. gli spaghetti alla carbonara   2. gli spaghetti alla matriciana   3. le penne all'arrabbiata   4. il risotto alla milanese   5. un piatto che è caratteristico della tua zona (*from your area of the country*)

❖ Stimolo alla lettura

Fai i tuoi pasti nelle migliori condizioni? Quali sono le regole che segui in fatto di cibo? Fa' il seguente test apparso qualche anno fa sulla rivista italiana *Oggi* e scoprirai se sai come mangiare.

SÌ	NO	
__	__	1. Al mattino di solito fai colazione a letto.
__	__	2. Mangi spesso in poltrona o sul divano perché pensi di digerire meglio.
__	__	3. Pranzo o cena sono ottime occasioni per affrontare problemi di lavoro.
__	__	4. A tavola non perdi tempo: più in fretta mangi, meglio è.
__	__	5. A tavola accetti animate discussioni perché un po' di eccitazione fa bene all'appetito e alla digestione.
__	__	6. Subito dopo mangiato fai un sonnellino.
__	__	7. Mentre mangi ti piace guardare la TV.
__	__	8. Mentre mangi leggi il giornale.
__	__	9. Tra una portata (*course*) e l'altra fumi una sigaretta.
__	__	10. Quando arrivi a casa dopo la scuola o il lavoro ti piace metterti subito a tavola.

RISULTATI
Se hai risposto *no* a tutte le domande sai perfettamente come mangiare.
Per le domande a cui hai risposto *sì*, non sarebbe meglio cambiare queste abitudini?

LETTURA *C*ontro il logorio bevo tè

Nella seguente intervista l'attore italiano Ernesto Calindri ci parla della sua alimentazione e delle regole che segue in fatto di cibo. Leggila e paragona le tue abitudini alimentari con quelle dell'attore italiano.

"MISTER CARCIOFO" Milano. Ernesto Calindri 79 anni, «mister carciofo», al fianco del suo Cynar. Sui teleschermi per lunghissimo tempo, oggi è stato sostituito da un'altra «pantera grigia». Sandro Paternostro.

Ernesto Calindri ha settantanove anni. Lavora con incredibile vigore, conduce una tournée in giro per l'Italia: e si sa quanto sia faticoso fare del teatro. Sta benissimo in

CONTRO IL LOGORIO[1] BEVO TÈ

«Spesso anche la sera, con un po' di pane tostato[2], al posto della cena», dice Ernesto Calindri, settantanovenne in pieno vigore

salute. Lo deve al famoso Cynar[3] che reclamizzava[4] (e che avrà pur bevuto)? Lo deve alla fibra forte e robusta? Lo deve all'alimentazione corretta?

Quali sono i suoi piatti forti?

«Molte minestre, molte pastasciutte, molti risotti. Poi molto pesce e molta verdura. Da ben quarant'anni mangio carne solo ogni tanto.[5] E anche su questa poca carne bisogna fare dei distinguo: non mangio mai né capretto,[6] né agnello,[7] né coniglio,[8] perché sono bestiole che fanno tenerezza. Non mangio in particolar modo le bistecche, i pezzi di carne sanguinolenti mi fanno orrore».

Quali sono le verdure che ha mangiato di più?

«Le insalate, le carote, i carciofi,[9] le zucchine, i piselli conditi sempre con l'olio mai con il burro.»

Come mangia di preferenza le pastasciutte?

«Quasi sempre condite nello stesso modo: pomodoro, aglio (o cipolla[10]) e molto peperoncino[11]».

Come mangia il pesce?

«Un branzino[12] lo mangio bollito,[13] un sarago[14] o un orata[15] al forno.[16] Mi piace molto la frittura di pesce».

Le piacciono i dolci?

«Poco, preferisco i cibi salati.[17]»

Che cosa beve?

«Di giorno acqua minerale non gassata. La sera un po' di vino».

Fa pasti regolari?

«Di solito, sì. Anzi sto piuttosto attento. Se mi capita di fare un pasto robusto a mezzogiorno, la sera bevo un tè con pane abbrustolito[18] e basta. Il pane mi piace. È il mio alimento preferito».

Fa colazione al mattino?

«Bevo una spremuta di arancia.[19] Il caffè mi interessa poco. Il tè invece lo bevo spesso e volentieri, liscio o con una fettina[20] di limone. Senza zucchero. Latte mai».

[1] *strain*   [2] **pane...** *toast*   [3] *a digestive liqueur*   [4] *promoted*   [5] **ogni...** *once in a while*   [6] *kid*   [7] *lamb*   [8] *rabbit*   [9] *artichokes*   [10] *onion*   [11] *pepper*   [12] *sea bass*   [13] *boiled*   [14] *white bream*   [15] *gilthead*   [16] *oven*   [17] *salty*   [18] *toasted*   [19] **spremuta...** *orange juice*   [20] *slice*

Dopo la lettura

A. Ricordi quello che hai letto? Rispondi alle seguenti domande con frasi complete.

1. Quali sono i piatti forti di Ernesto Calindri? **2.** Quali sono le verdure che ha mangiato di più? **3.** Come mangia di solito la pasta? **4.** Come mangia il pesce? **5.** A Ernesto Calindri piacciono i dolci? **6.** Che cosa beve? **7.** Ernesto Calindri fa pasti regolari? **8.** Fa colazione al mattino?

B. Formiamo delle frasi. Con le seguenti parole, forma delle frasi che ne rendano chiaro il significato.

1. capretto **2.** coniglio **3.** carciofi **4.** agnello **5.** pane abbrustolito **6.** una fettina di limone **7.** spremuta di arancia **8.** aglio

C. L'intruso. Cancella la parola fuori posto in ogni colonna.

capretto	cipolla	zucchine	sarago
pasta	acqua minerale	piselli	pollo
agnello	tè	risotto	branzino
coniglio	caffè	carote	orata

D. Ora tocca a te! Scegli una persona che vuoi intervistare (un tuo compagno/una tua compagna di classe, un tuo/una tua insegnante, tuo padre, tua madre, ecc.) e prepara un'intervista simile a quella della lettura. Includi una breve presentazione della persona intervistata.

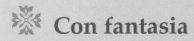

Con fantasia

A. Passato prossimo o imperfetto? Decidi quale tempo del verbo è appropriato.

1. mangiare
   a. Da bambino io _____ sempre cioccolatini.
   b. Da bambino io _____ gli spinaci una volta sola.

2. bere
   a. Ieri, per la prima volta in vita mia, _____ del vino.
   b. Ieri, mentre io _____ una Coca-Cola al bar, ho visto Maria.

3. fare
   a. Quando mia sorella era piccola, io ho _____ un viaggio in Italia.
   b. Ieri, mentre mia sorella _____ da mangiare, ha telefonato Paolo.

4. essere
   a. Ieri quando sono ritornato a casa, _____ le dieci.
   b. L'anno scorso io e i miei genitori _____ in Italia.

5. studiare
   a. Da ragazzino Claudio _____ molto.
   b. Ieri sera Claudio _____ fino alle undici.

6. piacere
   a. Da bambino mi _____ andare al parco tutti i giorni.
   b. Ieri sera ho visto un film che mi _____ molto.

B. Che cos'è? Sei capace di indovinare che tipo di cibo è in base all'indizio?

MODELLO ___ a ___ ___ ___ n ___
= un tipo di pesce
il salmone

1. ___ ___ r r ___
= rende il pane più appetitoso

2. m ___ ___ ___ ___
= una frutta che, secondo il detto (*saying*), dovrebbe far bene se mangiata una volta al giorno

3. ___ ___ l l ___
= un tipo di carne di cui si può mangiare il petto e le cosce

4. p __ __ __ d __ __ __
= si usa per fare il sugo

5. __ a __ s __ g __ __ __
= un tipo di pasta

C. Al supermercato. Leggi il seguente volantino con il quale il supermercato Upim annuncia lo sconto del 30% su molti dei suoi prodotti. Usa il dizionario per le parole che non conosci.

FINMERCATI — upim

Via Bendicenti, 20 - Via Molicella, 31 - COSENZA

	DA	A
Pasta di semola "Reggia" gr. 500	790	690
Chivas Regal 12 anni cl. 70 ast.	29.900	26.900
Martini Bianco lt. 1	6.990	5.990
Amaretto di Saronno box	14.950	10.900
Succhi frutta Doria ml. 125 x 6	1.690	1.390
Vino Mateus cl. 75	5.950	4.990
Birra Wührer 1/3 x 3 bot.	1.690	1.490
Galbanone Galbani al kg.	11.500	9.900
Farina Stella kg. 1 tipo 00	845	690
Orzo Bimbo Star solubile gr. 200	3.450	2.990
Caffè Lavazza gusto ricco gr. 250 x 2	4.950	4.590
Maionese Calvé gr. 250	1.750	1.490
Carne Tulip Jamonille gr. 340	1.950	1.690
Tonno Nostromo o. oliva gr. 160 in vetro	2.590	2.290
Tonno Palmera o. oliva p. scelta gr. 620	9.890	6.990
Giardiniera Saclà gr. 350	1.490	1.190
Fagioli Cannellini Star tris gr. 400	2.490	2.290
Olio Oliva Cirio lt. 1 al netto di b. sconto	5.090	4.590
Olio Oliva Cirio lt. 1 Extra Verg. al netto di b.s.	6.590	6.090
Minestrone Surgela kg. 1,5	5.600	3.060
Piselli Surgela kg. 1,5	5.900	4.890
Minestrone di legumi Surgela kg. 1,5	6.200	4.990
Pan Carré 20 fette Valsusa	890	690

	DA	A
Fustino Sole Bianco E 15	16.900	12.900
Sapone Marsiglia Omino Bianco gr. 300 x 2	1.390	1.190
Ace Candeggina lt. 2,5 barilotto	2.390	1.990
Mastro Lindo Limone lt. 1	2.900	2.490
Silva stoviglie liquido lt. 1,5	2.190	1.790
Saponette Palmolive gr. 120 x 4	2.900	2.490
Dentifricio AZ Tartar Control x 2	5.450	4.990
Carta Cucina Regina 3 rotoli	1.590	1.390
Tovaglioli Regina maxi pz. 250 dec.	2.100	1.890
Carta Igienica Scottex 10 rot.	3.890	3.390
4 Rotoloni Regina maxi	3.100	2.750
Alluminio Domopak 8 mt.	2.100	1.850
Cassette Video 180	3.900	3.390

3 X 2

	I PEZZO	0 PEZZI
Galbi Dessert x 2	1.340	2.680
Merendine Croissant x 6 e Krapfen x 6	2.950	5.900
Tortellini Rana gr. 250	4.440	8.880
Yogurt Zott Fior di Frutta 200 gr.	1.690	3.380
Patatino Crik Crok gr. 130	1.200	2.400
Savoiardi Valsusa gr. 400	2.390	4.780

Vastissimo assortimento di Colombe: Melegatti - Bauli - Perugina - Motta - Alemagna - Bistefani a prezzi eccezionali

Ora rispondi alle seguenti domande.

1. Quanto costa ora la pasta Reggia? Quanto costava prima dello sconto?
2. Quanto costa una bottiglia di vino Mateus? Quanto costava prima dello sconto?
3. Per quale tipo di pesce l'Upim offre lo sconto?
4. Quanto costano quattro saponette Palmolive?
5. Quanto costavano prima dello sconto i tovaglioli Regina?
6. Oltre alla (*besides*) pasta di semola Reggia, c'è qualche altro tipo di pasta per cui l'Upim offre lo sconto? Qual è?

E. Ricetta con pasta avanzata. Leggi la seguente ricetta (usa il dizionario per le parole che non conosci) e poi riassumila con parole tue.

Frittata di pasta

Che cosa mi serve
- pasta avanzata
- un po' di pangrattato
- olio extravergine di oliva
- 3 uova per 2 persone
- sale

Che cosa devo fare

Sbatto le uova con una forchetta, metto il sale e, se mi piace, aggiungo un po' di parmigiano grattugiato. Metto un po' di pangrattato sul fondo di una padella antiaderente e lo faccio tostare. Verso un po' d'olio e lo faccio scaldare. Quando l'olio è ben caldo, butto la pasta avanzata e la mescolo bene. Quando la pasta è ben ripassata nell'olio, aggiungo le uova sbattute e faccio cuocere come una frittata.

F. Tema. Svolgi liberamente uno dei seguenti temi.

1. Una alimentazione sana e corretta è alla base della buona salute.
2. La cucina americana.
3. È meglio pranzare in un fast-food o in mensa (*cafeteria*)? Al ristorante o a casa? Discuti in base alle tue esperienze personali.

LESSICO UTILE

abbastanza	*enough*	il merluzzo	*cod*
l'acqua	*water*	la metà	*half (n.)*
l'aglio	*garlic*	mezzo(-a)	*half (adj.)*
l'antipasto	*appetizer*	molto/tanto	*much, many, a lot, very*
l'arancia	*orange*	il panificio	*bakery*
assai	*quite, enough*	parecchio	*several, a lot*
la bibita	*soft drink*	la pasta	*pasta*
il burro	*butter*	la pasticceria	*pastry shop*
il caffè	*coffee*	il pasto	*meal*
la carne	*meat*	la patata	*potato*
la carota	*carrot*	la pera	*pear*
la cena	*dinner*	la pesca	*peach*
cenare	*to have dinner*	il pesce	*fish*
la colazione	*breakfast*	i piselli	*peas*
il conto	*check, bill*	poco	*little, a bit*
i fagiolini	*string beans*	il pollo	*chicken, poultry*
i fagioli	*beans*	il pomodoro	*tomato*
fare colazione	*to have breakfast*	pranzare	*to have lunch*
fare la spesa	*to shop*	il pranzo	*lunch*
il formaggio	*cheese*	il salmone	*salmon*
la fragola	*strawberry*	la sogliola	*sole*
la frutta	*fruit*	lo spuntino	*snack*
il fruttivendolo	*fruit stand, vendor*	il supermercato	*supermarket*
il gelato	*ice cream*	troppo	*too much*
il latte	*milk*	la trota	*trout*
il latticino	*dairy product*	tutto	*all, everything*
il maiale	*pork*	l'uovo	*egg*
la mancia	*tip*	l'uva	*grapes*
il manzo	*beef*	la verdura	*vegetables*
la mela	*apple*	il vitello	*veal*
il mercato	*market*		

*T*mezzi di trasporto 9

Tema concettuale   I mezzi di trasporto

Vocabolario   I mezzi di trasporto

Note grammaticali   L'imperfetto congiuntivo
                        Il *si* impersonale
                        Ci, ne
                              Ci
                              Ne

Per la comunicazione   In macchina
                        All'aeroporto
                        Alla stazione ferroviaria

Taccuino culturale   Le macchine e il traffico in Italia

Letture   «Caravans International»
                        «Storia di un falegname e d'un eremita»
                        di Gianni Celati

Stimolo alla lettura

A. Conosci i segnali stradali? Scoprilo facendo il seguente test.
Rispondi alle domande e poi assegnati un punto per ogni risposta esatta.
Le risposte e l'analisi del punteggio sono a pagina 252.

1. Questo segnale vuol dire
   a. _____ vietato fermarsi.
   b. _____ fare lo stop.
   c. _____ dare la precedenza ai pedoni (*pedestrians*).

2. Questo segnale vuol dire
   a. _____ è vietata la circolazione dei camion.
   b. _____ i camion possono circolare.
   c. _____ solo i camion possono circolare.

3. Questo segnale vuol dire
   a. _____ vietato entrare.
   b. _____ vietato girare a destra.
   c. _____ procedere lentamente.

4. Se vedi questo segnale,
   a. _____ fai lo stop e giri a sinistra.
   b. _____ giri a sinistra.
   c. _____ non giri a sinistra.

5. Questo segnale indica che il traffico è
   a. _____ lento.
   b. _____ a senso unico.
   c. _____ veloce.

6. Questo segnale indica che
   a. _____ la velocità minima è 50 km/h.
   b. _____ la velocità massima è 50 km/h.
   c. _____ la sola velocità permessa è 50 km/h.

7. Questo segnale indica che
   a. _____ la strada ha molte curve.
   b. _____ si può correre ad alta velocità.
   c. _____ la strada è sdrucciolevole (*slippery*).

8. Questo segnale vuol dire che
   a. _____ la strada diventa più larga.
   b. _____ la strada diventa più stretta.
   c. _____ più avanti c'è divieto di parcheggio.

9. Questo segnale indica che
   a. _____ bisogna sorpassare solo a destra.
   b. _____ le gare (*races*) di velocità tra due macchine sono vietate.
   c. _____ il sorpasso è vietato.

10. Questo segnale indica che bisogna stare più attenti perché c'è
    a. _____ un passaggio pedonale (*crosswalk*).
    b. _____ un incrocio ferroviario (*railroad crossing*).
    c. _____ una scuola.

B. Conosci le seguenti parole? Completa le frasi con una delle seguenti parole nella loro forma appropriata. Usa il dizionario, se necessario.

confine   piatto   benzina   precipizio   girare

1. Questa superficie (*surface*) è curva o _____? 2. Questa montagna è piena di _____. 3. L'anno scorso noi _____ tutta l'Italia. 4. Quale _____ preferisce? La super o la normale? 5. Spesso sogno un mondo senza limiti e _____.

LETTURA

Nell'annuncio pubblicitario seguente viene presentato il motorcaravan della Caravans International, uno dei mezzi di trasporto più adatti per andare in giro per il mondo. Leggi con attenzione l'annuncio soffermandoti sulle caratteristiche di questo motorcaravan.

CARAVANS INTERNATIONAL

I GRANDI
CHE FANNO LA GEOGRAFIA.

Un tempo la terra era piatta e monotona, e l'orizzonte soltanto un precipizio. Poi, finalmente, è arrivata l'era dei grandi viaggiatori. Ed abbiamo imparato che il mondo si può girare in ogni modo. Da nord a sud, da est a ovest, senza limiti e confini. Ad una sola condizione: scegliere sempre i mezzi di trasporto più solidi e sicuri. Come i motorcaravan C.I. Dieci modelli in tre serie - Turistico, Continental, International - per complessive tredici versioni: meccaniche diesel, turbodiesel, benzina, benzina-Gpl, da quattro a sei posti letto, tutti con le nuove sospensioni pneumatiche integrative. Prezzi da 26 a 49 milioni I.V.A. compresa, presso tutti i nostri Concessionari.

Navigati Viaggiatori

PER RICEVERE MATERIALE INFORMATIVO INVIARE QUESTO TAGLIANDO A:

CARAVANS INTERNATIONAL s.r.l. ZONA INDUSTRIALE LOC. PONTE SPADA 50021 BARBERINO VAL D'ELSA (FI) - TEL. 055/8078224-8078229 - FAX 8078350

NOME _____ COGNOME _____
VIA _____
CITTÀ _____ CAP ___ P

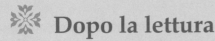
Dopo la lettura

A. Ricordi quello che hai letto? Indica se ciascuna delle seguenti affermazioni è vera (V) o falsa (F). Correggi le affermazioni false in modo appropriato.

1. _____ Una volta si credeva che la terra fosse rotonda.
2. _____ Con l'era dei grandi viaggiatori abbiamo imparato che il mondo è piatto.
3. _____ Per girare meglio il mondo bisogna scegliere i mezzi di trasporto più comodi e sicuri.
4. _____ I motorcaravan sono comodi.
5. _____ Tutti i motorcaravan hanno da quattro a sei posti letto.
6. _____ Tutti i motorcaravan vanno a benzina.
7. _____ I motorcaravan costano 20 milioni di lire.
8. _____ Per ricevere materiale informativo si deve inviare il tagliando a «Caravans International».

B. Parliamone! Rispondi liberamente alle seguenti domande, discutendo le tue risposte con gli altri membri della classe.

1. Secondo te, perché un tempo la gente credeva che la terra fosse piatta e l'orizzonte un precipizio?
2. Oltre a Cristoforo Colombo, conosci altri grandi viaggiatori italiani?
3. Ti piacerebbe lavorare presso un concessionario di automobili? Perché sì/no?
4. Qual è il tuo mezzo di viaggio preferito, l'automobile, l'aereo, il treno...? Perché?

STIMOLO LINGUISTICO

A. Il *si* impersonale. Ecco delle «generalizzazioni» che possono essere vere, false o solo parzialmente vere. Ripetile usando il *si* impersonale (te lo ricordi?) e poi da' la tua opinione in proposito.

MODELLO In Italia tutti/tanti guidano la FIAT.
—**In Italia si guida la FIAT.**
—**Non è vero. C'è chi guida la Lamborghini, la Ferrari, e c'è anche chi guida macchine straniere.**

1. Oggi tanti credono ancora che il mondo sia piatto. 2. Tutti guidano troppo velocemente in Italia. 3. Negli Stati Uniti tutti viaggiano in autobus. 4. Negli aerei nessuno può più fumare. 5. Oggi la gente viaggia frequentemente.

B. Ci o ne? Cosa useresti per sostituire le parole in corsivo: *ci* o *ne*?

CI   NE

__   __   **1.** Vado spesso *in Italia.*

__   __   **2.** Loro parlano sempre *di macchine.*

__   __   **3.** Noi abbiamo due *macchine.*

__   __   **4.** Hanno comprato tre *giornali.*

__   __   **5.** Credete *in Dio?*

__   __   **6.** Penso spesso *alla mia famiglia.*

__   __   **7.** Vengo anch'io *alla festa.*

__   __   **8.** Non ho voglia *di studiare.*

C. Ricordi l'imperfetto congiuntivo? Completa le seguenti frasi con un verbo al congiuntivo imperfetto.

1. —Dove abitava Giorgio da bambino?

    —Penso che _____ in Italia.

2. —Lui andava a lavorare in macchina?

    —Sì, credo che _____ in macchina.

3. —Quanti anni aveva Marco quando il padre gli comprò la prima bicicletta?

    —Mi pare che _____ cinque anni.

4. —Secondo te, loro dicevano la verità?

    —Sì, mi sembra che _____ la verità.

5. —Loro partono oggi.

    —Oh, io credevo che _____ domani.

VOCABOLARIO

I MEZZI DI TRASPORTO

l'aereo	*plane*
l'autobus/il pullman	*bus*
l'automobile/la macchina	*automobile/car*
la barca	*boat*
la bici(cletta)	*bicycle*
il camion	*truck*
la metropolitana	*subway*
il motorino	*scooter*
la moto(cicletta)	*motorcycle*
la nave	*ship*
il pulmino	*minivan*
la roulotte	*camper, trailer*
lo scuolabus	*schoolbus*
il taxi/il tassì	*taxi*
il tram	*streetcar, trolley*
il treno	*train*
il veicolo/la vettura	*vehicle*

APPLICAZIONE

A. Il gioco delle parole. Completa i seguenti annunci pubblicitari scegliendo tra le parole elencate sopra.

1. Se viaggiate spesso in _____, la FIAT Uno è per voi!

2. La _____ Honda: il più veloce veicolo a due ruote.

3. Una volta si andava in America con la _____. Oggi ci sono gli _____ dell'Alitalia!

4. Dovete uscire stasera? Non avete la macchina? Chiamate un nostro _____. I nostri autisti sono sempre a vostra disposizione!

5. Dovete andare a Firenze o a Milano? Non vi piace volare? Odiate le stazioni ferroviarie? Scegliete gli _____ della «Lanzi». Hanno tutti l'aria condizionata!

6. Non vi piace volare? C'è sempre il _____! I nostri vagoni letto (*sleeping cars*) sono veramente comodi!

7. Volete passare un weekend al campeggio, vicino a un lago o a un fiume? Le nostre _____ sono per voi!

8. Odiate il rumore dei motori? Desiderate un mezzo di trasporto che vi aiuti a stare in forma? Allora comprate le nostre _____.

B. Per la conversazione. Rispondi alle seguenti domande.

1. Racconta qualche tua esperienza di viaggio.
2. Qual è il tuo mezzo di trasporto preferito? Perché?
3. Hai la macchina? Se sì, di che marca è? Sei un bravo/una brava automobilista?
4. Hai mai viaggiato in nave? Se sì, racconta la tua esperienza.

NOTE GRAMMATICALI

L'IMPERFETTO CONGIUNTIVO

■ To form the imperfect subjunctive of regular verbs, drop the infinitive suffix and add the following endings:

	mangiare	prendere	finire
io	mangiassi	prendessi	finissi
tu	mangiassi	prendessi	finissi
lui/lei/Lei	mangiasse	prendesse	finisse
noi	mangiassimo	prendessimo	finissimo
voi	mangiaste	prendeste	finiste
loro	mangiassero	prendessero	finissero

■ There are only a few verbs that have irregular imperfect subjunctive forms. They are the same ones that are irregular in the indicative.

bere	bevessi, bevessi, bevesse, bevessimo, beveste, bevessero
dare	dessi, dessi, desse, dessimo, deste, dessero
dire	dicessi, dicessi, dicesse, dicessimo, diceste, dicessero
fare	facessi, facessi, facesse, facessimo, faceste, facessero
essere	fossi, fossi, fosse, fossimo, foste, fossero
stare	stessi, stessi, stesse, stessimo, steste, stessero

■ Note the forms of verbs like **tradurre**, **porre**, and **trarre** (Capitolo 8): **traducessi**, **ponessi**, **traessi**, etc.

■ The **imperfetto congiuntivo** is the subjunctive counterpart of the **imperfetto indicativo**: that is, it is used in the same ways, but in situations that require the subjunctive (after nonfactual verbs, after certain conjunctions, and so on).

INDICATIVE	SUBJUNCTIVE
Da bambino aveva i capelli biondi.	**Penso che** da bambino **avesse** i capelli biondi.
È chiaro che loro stavano dormendo quando gli ho telefonato.	**È probabile che** loro **stessero** dormendo quando gli ho telefonato.
Anche se pioveva sono uscito lo stesso.	**Benché piovesse**, sono uscito lo stesso.

■ In general, the imperfect subjunctive is tied to a main-clause verb in the past to convey an action that is simultaneous to it.

PRESENT/PAST SUBJUNCTIVE	IMPERFECT SUBJUNCTIVE
Penso che lui abbia studiato l'italiano. *I think he studied Italian.*	**Pensavo che studiasse** l'italiano. *I thought he was studying Italian.*
È l'unica persona che io conosca. *He/She is the only person I know.*	**Era l'unica** persona **che** io **conoscessi.** *He/She was the only person whom I knew.*
Sebbene piova, esco lo stesso. *Although it is raining, I'm going out just the same.*	**Sebbene piovesse**, sono uscito lo stesso. *Although it was raining, I went out just the same.*

■ There is a progressive form of the imperfect subjunctive that corresponds exactly to its indicative counterpart.

> Pare che lei stesse leggendo quando l'abbiamo chiamata.
> *It seems that she was reading when we called.*
> Pensavo che tu **stessi guardando** la TV, quando ti ho telefonato.
> *I thought you were watching TV when I phoned you.*

A. Credevo che avesse una BMW! Rispondi iniziando con un'espressione come *Credevo che, Pensavo che, Mi sembrava che, Mi pareva che* seguita dal congiuntivo imperfetto.

MODELLO Paolo ha una FIAT.
Io credevo che avesse una BMW.

1. Quella macchina costa venti milioni.
2. Quella moto è italiana.

3. Il treno arriva alle cinque e mezzo.
4. La mie macchine preferite sono tutte italiane.
5. Quelle macchine non consumano molta benzina.
6. Oggi finisco di lavorare alle cinque.
7. Veniamo domani.
8. Oggi l'aereo parte in ritardo.
9. Lui beve solo acqua.
10. Per andare al lavoro prendo sempre l'autobus.

B. Come mai...? Ultimamente non ne indovini una (*you've been doing everything wrong*). Però ogni volta che qualcuno ti fa notare l'errore, trovi sempre una buona scusa. Rispondi alle domande seguendo il modello.

> MODELLO   Come mai hai perso il treno? (partire alle sei)
> **Credevo che partisse alle sei.**

1. Come mai hai comprato questa macchina? (essere una buona macchina)
2. Come mai hai preparato tutti questi panini? (anche voi avere fame)
3. Come mai sei andato(-a) al cinema senza di me? (tu non volere venire)
4. Come mai non hai portato il vino? (loro non bere vino)
5. Come mai non hai portato il bambino dal dottore? (stare bene)
6. Come mai sei passato(-a) con il semaforo rosso? (il semaforo essere verde)

C. Che cosa faceva? Con un compagno/una compagna svolgi i seguenti mini-dialoghi, imitando il modello.

> MODELLO   Marco / guardare la TV
> —**Che cosa faceva Marco quando ho telefonato?**
> —**Credo che guardasse la TV.**

1. Maria / leggere un libro
2. tua sorella e il suo ragazzo / studiare per un esame
3. i tuoi amici / stare per uscire
4. tua madre / preparare la cena
5. tuo fratello / non fare nulla

D. Completa le frasi! Completa liberamente le seguenti frasi.

1. Benché..., sono uscito(-a) lo stesso.
2. È stata la cosa più importante che... nella mia vita.
3. I miei amici volevano che io..., anche se costava molto!
4. Non sapevo che il nostro insegnante/la nostra insegnante... !

IL *SI* IMPERSONALE

■ **Si** replaces indefinite noun phrases such as **la gente, uno, tutti, le persone**, ecc. It thus conveys the meaning of *one, you, they, people,* and sometimes *we.*

In Italia si viaggia spesso in treno. = In Italia uno viaggia spesso in treno.
In Italia tutti viaggiano spesso in treno.

1. **Si** replaces the subject of a sentence, but it requires a singular verb when the object of the sentence is singular, and a plural verb when the object is plural.

Qui la gente parla solo una lingua.	Qui **si parla** solo **una lingua**.
Qui la gente parla almeno due lingue.	Qui **si parlano** almeno **due lingue**.
Tutti mangiano la pasta in Italia.	**Si mangia** la pasta in Italia.

2. When the **si impersonale** is used in compound tenses, the auxiliary is always **essere**.

Qui la gente ha parlato sempre una lingua.	Qui **si è** sempre **parlata** una lingua.
Qui tutti hanno parlato sempre due lingue.	Qui **si sono parlate** sempre due lingue.
In questa classe tutti hanno studiato molto.	In questa classe **si è studiato** molto.

3. When **si** is followed by a predicate adjective, the adjective is always in the masculine plural, even if the verb is singular.

Quando uno è stanco, non deve guidare.	Quando **si è stanchi**, non si deve guidare.
Qui la gente è sempre allegra.	Qui **si è** sempre **allegri**.

4. In reflexive constructions involving the reflexive pronoun **si**, the **si impersonale** is not repeated, but is replaced by **ci**.

A casa mia la mattina tutti si alzano presto.	A casa mia la mattina **ci si** alza presto.
In quella discoteca tutti si divertono molto.	In quella discoteca **ci si** diverte molto.

A. Le generalizzazioni. Ecco delle generalizzazioni. Indica se tu sei d'accordo o no. Segui il modello.

> MODELLO   Tutti viaggiano solo in macchina oggi.
> **Sì, è proprio vero. Oggi si viaggia solo in macchina./**
> **No, non è affatto vero. Oggi non si viaggia solo in macchina.**

1. Oggi la gente guida solo macchine di lusso.   **2.** In questa città nessuno prende più l'autobus.   **3.** Oggi la gente si annoia a guidare lentamente.   **4.** Oggi nessuno prende più la nave.   **5.** Oggi la gente preferisce viaggiare in aereo.   **6.** Nel passato tutti viaggiavano con la nave.   **7.** Un tempo la gente pensava che la terra fosse piatta.   **8.** Oggi tutti sanno che il mondo è rotondo.   **9.** Con l'aereo uno può viaggiare più comodamente.

B. Sempre le stesse cose! A casa tua la vita è monotona! Fate sempre le stesse cose! Fate sempre la stessa vita! Ecco alcune delle cose che tu e i membri della tua famiglia fate di solito. Ripeti le frasi usando il *si* impersonale. Segui il modello.

> MODELLO   La mattina noi ci alziamo sempre alle sette.
> **La mattina ci si alza sempre alle sette.**

1. Ci facciamo la doccia tutte le mattine.   **2.** Facciamo sempre colazione insieme.   **3.** Usciamo di casa sempre alla stessa ora.   **4.** Andiamo a lavorare sempre in autobus.   **5.** Lavoriamo dalle nove alle cinque. **6.** Alle cinque ritorniamo a casa.   **7.** Alle sette ceniamo.   **8.** Guardiamo un po' di televisione.   **9.** Andiamo a letto sempre alla stessa ora.

C. La giornata di ieri. Ecco alcune delle cose che tu e i membri della tua famiglia avete fatto ieri. Ripeti le frasi usando il *si* impersonale. Segui il modello.

> MODELLO   Ieri ci siamo alzati alle sette.
> **Ieri ci si è alzati alle sette.**

1. Ci siamo fatti la doccia.

2. Ci siamo vestiti.

3. Abbiamo fatto colazione.

4. Siamo usciti di casa.

5. Abbiamo preso l'autobus per andare a lavorare.

6. Abbiamo lavorato dalle nove alle cinque.

7. Siamo ritornati a casa alle cinque.

8. Abbiamo cenato alle sette.

9. Abbiamo guardato un po' di televisione.

10. Siamo andati a letto.

CI, NE

Ci

■ **Ci** is a locative particle, that is, it can replace phrases expressing location. It conveys the meaning of the English *there*.

Non **ci** vado mai.	*I never go there.*
Non **ci** ho messo niente.	*I put nothing there.*

■ Its "stressed" counterpart is **lì/là**.

STRESSED	UNSTRESSED
Quando sei andato in Italia?	Quando sei andato in Italia?
Sono andato **là** nel 1990.	**Ci** sono andato nel 1990.
Ti piacerebbe abitare in quella città?	Ti piacerebbe abitare in quella città?
No, **là** c'è troppo inquinamento	Sì, **ci** abiterei volentieri.
(*pollution*).	

■ **Ci** is attached to the same verb forms to which object and reflexive pronouns are attached. It changes to **ce** before the direct object pronouns **lo, la, li, le**, and before **ne**.

Hai messo tu la penna nel cassetto?	Sì, l'ho messa io nel cassetto.
	Sì, **ce** l'ho messa io.
Hai portato i libri sopra?	Sì, **ce** li ho portati.

■ But it does not change form when it follows other pronouns.

Ti trovi bene **in Italia**? ⎫
Ti **ci** trovi bene? ⎭ Sì, mi **ci** trovo bene.

■ Note, however, that **ci** precedes the third-person reflexive pronoun (singular and plural).

Marco si trova bene **in Italia**?	Sì, **ci** si trova bene.

■ **Ci** also replaces the construction **da** + *place*, which renders the idea of *at, to someone's place*: **Vado dal medico domani**. *I'm going to the doctor's tomorrow*./**Ci vado domani.**

■ Note the verbs **pensarci** *to think about*, **crederci** *to believe in*, **sentirci** *to hear*, and **vederci** *to see*, which are conjugated with **ci**.

—Pensi spesso all'estate scorsa?
—Sì, ci penso spesso. (ci penso = penso a ciò)

—Credi in Dio?
—Sì, ci credo.
Non ci sento più. (ci = *pleonastic use*)
Non ci vedo bene. (ci = *pleonastic use*)

Ne

■ The particle **ne** is the substitute for all partitive structures (see Capitolo 8), conveying the meaning *some (of it/them)*. It too occurs, like all particles, just before inflected verbs. Note that to stress the *some* you must use **alcuni/alcune** with count nouns and **un po' di** with noncount nouns.

UNSTRESSED	STRESSED
NONCOUNT	
—Vuoi della carne?	—Vuoi della carne?
—Sì, **ne** voglio.	—Sì, **ne** voglio **un po'**.
Yes, I want some.	*Yes, I do want some.*
COUNT	
—Vuoi delle mele?	—Vuoi delle mele?
—Sì, **ne** voglio.	—Sì, **ne** voglio **alcune**.
Yes, I want some.	*Yes, I do want some.*

■ **Ne** is attached to the same verb forms to which object and reflexive pronouns are attached: **Mangiane un po'**!

■ **Ne** also replaces numerical and indefinite quantitative expressions, in which case it means *of it/them*. Note that the numerical or indefinite modifier of the noun in the expression (number, adjective, etc.) is retained.

Voglio comprare tre **pani**.
Ne voglio comprare tre. *I want to buy three (of them).*
—Quanti **pani** vuoi?
—**Ne** voglio due. *I want two (of them).*
—Mangi molta **carne**?
—Sì, **ne** mangio molta. *Yes, I eat a lot (of it).*

■ **Ne** also replaces **di** + *person/thing*, in which case it means *of, about*.

Parla sempre **di matematica.**
Ne parla sempre. *He/She always speaks about it.*
Ho bisogno **di lui.**
Ne ho bisogno. *I (have) need (of) him.*

■ In compound tenses the past participle agrees in gender and number with the noun that **ne** replaces. However, when **ne** replaces **di** + *person/thing* (meaning *of, about*), there is no agreement.

Ho mangiato tre **mele**.
Ne ho mangia**te** tre.

Hanno parlato **di matematica**.
Ne hanno parla**to**.

Ha comprato **degli spaghetti**.
Ne ha compra**ti**.

Abbiamo parlato **di loro**.
Ne abbiamo parla**to**.

Ha mangiato troppe **fragole**.
Ne ha mangia**te** troppe.

Hai avuto bisogno **di soldi**?
Ne hai avu**to** bisogno?

■ Be careful with the indefinite modifier **tutto**. It does not convey a partitive notion, so you must use a direct oject pronoun, not **ne**.

Voglio della carne.
Ne voglio.

Voglio tutta la carne.
La voglio tutta. *I want all of it.*

Ho mangiato tre fragole.
Ne ho mangiate tre.

Ho mangiato tutte le fragole.
Le ho mangiate tutte. *I ate them all.*

■ Like **ci**, **ne** can be used in combination with object and reflexive pronouns, including the impersonal **si**.

Gli ho dato tante fragole.
Gli**e**ne ho date tante.

In questa casa si mangia troppa carne.
In questa casa se **ne** mangia troppa.

APPLICAZIONE

A. Sì, ci sono andato(-a) l'anno scorso. Rispondi affermativamente alle seguenti domande, usando il pronome *ci*. Segui il modello.

MODELLO   Sei andato(-a) in Italia l'anno scorso?
          Sì, ci sono andato(-a).

1. Vai in Italia ogni due anni?   **2.** Ti trovi bene in Italia?   **3.** Andate a scuola in autobus?   **4.** Hai portato le bambine dal dottore ieri?
5. Avete messo i vestiti nella valigia?   **6.** Puoi accompagnarmi all'aeroporto?   **7.** Pensi spesso alla tua famiglia?   **8.** Tu ci vedi bene?

B. Ne ho scritte tre. Sostituisci le parole in corsivo con un pronome. Fa' i cambiamenti necessari.

MODELLI   Oggi ho scritto *tre lettere*.
          Oggi ne ho scritte tre.
          Quando sei andato(-a) *in Italia?*
          Quando ci sei andato(-a)?

1. Ho portato solo *due riviste*.
2. Vado *al mare* tutti i giorni.
3. Mi dia un chilo *di mortadella*.
4. Dammi un chilo *di mortadella*.
5. Va' tu *a comprare il pane*!
6. Non parlare male *di lei*! Hai capito?
7. Io non ho mai parlato male *di lei*.
8. Ho fatto tutti *i compiti*.
9. Luigi ha mangiato tre piatti *di pasta*.
10. Luigi ha bevuto un litro *di vino*.
11. Alla riunione hanno parlato *di politica* per tre ore.
12. Io vado *a New York* tutti gli anni.

C. La funzione del pronome *ci*. Indica la funzione del pronome *ci* nelle seguenti frasi. Metti un visto (√) nella casella appropriata.

	PRONOME DI LUOGO	PRONOME RIFLESSIVO	PRONOME OGGETTO DIRETTO	PRONOME OGGETTO INDIRETTO
1. Ci telefoniamo ogni giorno	_____	_____	_____	_____
2. Ci svegliamo alle sette.	_____	_____	_____	_____
3. Ci piacciono le macchine italiane.	_____	_____	_____	_____
4. Ci vieni anche tu?	_____	_____	_____	_____
5. Ci lamentiamo sempre.	_____	_____	_____	_____
6. Vacci tu!	_____	_____	_____	_____
7. Io ci mangio sempre qui.	_____	_____	_____	_____
8. Lui ci chiama tutte le sere.	_____	_____	_____	_____

D. Che cosa ne pensi? Completa liberamente il seguente schema. Fa' attenzione al pronome *ne*.

	DOMANDE	RISPOSTE
1.	Che cosa ne pensi di Clinton?	_____
2.	_____	Me ne sono dimenticato.
3.	Avete parlato dell'Italia oggi a scuola?	_____
4.	Quanta pasta ha cucinato tua madre?	_____
5.	_____	Non ne abbiamo mai parlato.
6.	Quando ti sei innamorato di Maria?	_____
7.	_____	Non ne ho mangiate affatto.
8.	Quanti ne abbiamo oggi?	_____

PER LA COMUNICAZIONE

IN MACCHINA

accelerare	*to speed up*
fermarsi	*to stop*
frenare	*to brake*
mettere in moto	*to start (the car)*
rallentare	*to slow down*
la corsia	*traffic lane*
l'autostrada	*highway*
l'incrocio	*intersection*
il semaforo	*traffic lights*
la strada	*road*
l'autogrill	*highway restaurant and snack bar*
la benzina	*gas*
fare il pieno	*to fill up*
il benzinaio	*gas station attendant*
la stazione di servizio/	*gas station*
il rifornimento di benzina	
il concessionario	*car dealer*
il meccanico	*mechanic*
cambiare l'olio	*to change the oil*
controllare i freni	*to check the brakes*
avere una gomma a terra	*to have a flat tire*
rimorchiare l'auto	*to tow the car*
parcheggio	*parking*
parcheggiare	*to park*
la patente di guida	*driver's license*
girare a destra/sinistra	*to turn right/left*
andare dritto	*to go straight ahead*

Crucipuzzle «stradale». Partendo dalla prima lettera del crucipuzzle trova dieci parole elencate nel vocabolario precedente. Le parole sono una dopo l'altra. Non si può usare una lettera più di una volta. Tutte le lettere devono essere usate.

M	A	D	O	R	C	H	E	G
E	R	A	F	O	R	E	B	G
T	T	S	A	P	A	N	E	I
T	S	E	M	N	I	Z	G	O
E	E	N	I	A	T	O	A	C
R	T	C	C	I	U	S	R	O
E	N	R	O	O	A	T	A	R
I	E	T	A	P	A	R	G	S
N	M	O	T	O	D	A	A	I

ALL'AEROPORTO

l'accettazione/il check-in	*check-in*
l'uscita	*gate*
l'arrivo	*arrival*
la partenza	*departure*
il biglietto	*ticket*
la carta d'imbarco	*boarding pass*
il passaporto	*passport*
il visto	*visa*
la prenotazione	*reservation*
il posto per fumatori/ non fumatori	*smoking/nonsmoking seat*
la valigia	*suitcase*
il volo	*flight*
in orario	*on time*
in anticipo	*early*
in ritardo	*late*
cancellato	*canceled*
la linea/compagnia aerea	*airline*
il terminal	*terminal*
la dogana	*customs*
avere qualcosa da dichiarare	*to have something to declare*
motivo del viaggio: studio/lavoro/turismo	*reason for trip: study/work/tourism*

Al banco dell'Alitalia. Ecco le risposte che ti sono state date dall'impiegato dell'Alitalia mentre facevi il check-in. Scrivi una domanda per ciascuna di esse.

MODELLO   Sì, questo è il banco d'accettazione dell'Alitalia.
Scusi, questo è il banco d'accettazione dell'Alitalia?

1. È prevista (*it's expected*) tra un'ora.
2. Non importa. Possiamo fare il biglietto adesso.
3. Sì, questo è il terminal giusto.
4. Il numero AZ 345 per New York.
5. Vada qui a destra, uscita novanta.
6. Sì, l'Alitalia è un'ottima compagnia aerea.
7. No, anzi è in arrivo tra qualche minuto.
8. No, è in orario.
9. Non si preoccupi! Gliela do appena ha compilato questo modulo.

ALLA STAZIONE FERROVIARIA

il binario	*track*
Da quale binario parte il treno per...?	*From which track does the train for . . . leave?*
la coincidenza	*connection*
il facchino	*porter*
fare il biglietto	*to purchase a ticket*
biglietto di prima/seconda classe	*first-/second-class ticket*
di andata e ritorno	*round-trip*
di solo andata	*one-way only*
l'orario	*schedule*
Questo treno va/si ferma a...?	*Does this train go to/stop at . . . ?*
Questo posto è libero/occupato?	*Is this seat vacant/taken?*
il rapido	*express/fast train*
lo scompartimento	*compartment*
il vagone	*coach/car*
il vagone letto	*sleeping car*
la cuccetta	*couchette*

Alla stazione ferroviaria. Stai facendo il biglietto presso la biglietteria di una stazione ferroviaria. Con un compagno/una compagna nel ruolo del bigliettaio/della bigliettaia, svolgi i seguenti compiti comunicativi.

MODELLO   Chiedi di fare il biglietto.
—**Scusi, vorrei fare un biglietto.**
—**Per dove?**
—**Per Firenze.**
—**Di andata e ritorno?**
—**No, solo andata...**

1. Chiedi a che ora parte il treno. **2.** Chiedi se c'è una coincidenza per Milano. **3.** Chiedi un biglietto di prima classe. **4.** Chiedi se è un treno rapido. **5.** Chiedi se ci sono vagoni letto sul treno che va da Roma a Parigi. **6.** Chiedi uno scompartimento per non fumatori. **7.** Chiedi da quale binario parte il treno. **8.** Chiedi se il treno si ferma a Bologna.

IL MOMENTO CREATIVO   Con un compagno/una compagna metti in scena la seguente situazione.

Due pendolari (*commuters*) si incontrano sul treno Bologna-Milano e fanno conoscenza. Ad un certo punto il primo incomincia a lamentarsi perché il treno è in ritardo e spiega all'altro che per andare a Milano lui preferisce la macchina perché si arriva più in fretta. L'altro pendolare invece dice che preferisce il treno perché è più comodo e rilassante. La discussione continua fino all'arrivo a Milano.

LE MACCHINE E IL TRAFFICO IN ITALIA

Come in tutti i paesi industrializzati e urbanizzati, la congestione del traffico nelle città italiane è diventata un problema serio. Questo è dovuto al fatto che oltre il 60% dei circa 58 milioni d'italiani abita in città. Attualmente (*at present*) l'85% dei trasporti via terra avviene su strada. Il trasporto su strada dà lavoro a un milione e mezzo di persone.

La macchina più guidata in Italia è la FIAT, le cui lettere stanno per **F**abbrica **I**taliana **A**utomobili **T**orino. Sono anche molto popolari le macchine di lusso e sportive come la Lamborghini, la Ferrari, la Maserati, la Lancia, l'Alfa Romeo e così via. Si vedono per le strade anche molte macchine di lusso straniere, come la Mercedes e la BMW.

La benzina si trova a prezzo unico nelle stazioni di servizio. Molte stazioni di servizio, incluse le «self-service», chiudono all'ora di pranzo. L'età minima per ottenere la patente di guida è di 18 anni. Per ottenerla bisogna sostenere un esame di teoria e uno di guida.

Anche in Italia, come in tutti gli altri paesi, ogni macchina ha una targa. La targa è composta dalla sigla della città in cui la macchina è stata comprata, da alcuni numeri e spesso da un'altra lettera. Ecco alcune sigle: TO (Torino), MI (Milano), NA (Napoli), PA (Palermo), BO (Bologna), RA (Ravenna), RG (Ragusa), FE (Ferrara), RI (Rieti), AL (Alessandria), RO (Rovigo), ME (Messina), FI (Firenze), AT (Asti). Di recente sono state introdotte delle nuove targhe simili a quelle degli altri paesi europei. Queste nuove targhe hanno due lettere + tre numeri + due lettere. Le lettere non indicano più la sigla della città.

A. Test di verifica. Tutte le seguenti affermazioni sono false. Correggile in modo appropriato.

1. In Italia c'è poco traffico.   **2.** Il 60% degli italiani abita in campagna.
3. L'85% dei trasporti via terra avviene su ferrovia.   **4.** La FIAT è la macchina meno guidata in Italia.   **5.** La Lancia, la Maserati e la Ferrari sono macchine straniere.   **6.** Le stazioni di servizio hanno le ore continuate (cioè non chiudono all'ora di pranzo).   **7.** L'età minima per ottenere la patente è 16 anni.   **8.** Le nuove targhe italiane indicano ancora la sigla della città.

B. Le targhe automobilistiche. Completare gli spazi vuoti con le targhe automobilistiche delle città indicate. Se le risposte sono corrette, nello schema si leggeranno i nomi di sei macchine italiane.

    1. LAM __ __ __ __ HINI (Bologna, Ragusa)

    2. MASE __ __ TI (Ravenna)

    3. L __ __ CIA (Ancona)

    4. __ __ R __ __ __ __ (Ferrara, Ravenna, Rieti)

    5. __ __ FA __ __ __ __ O (Alessandria, Rovigo, Messina)

    6. __ __ __ __ (Firenze, Asti).

C. Indovina! Da' le risposte alle seguenti definizioni.

    MODELLO   È necessaria per guidare legalmente.
                la patente di guida

1. Fabbrica Italiana Automobili Torino   **2.** l'età minima per guidare in Italia   **3.** per ottenerla bisogna sostenere un esame di teoria e uno di guida   **4.** una macchina di lusso italiana   **5.** diventa spesso congestionato nei centri urbani

D. Opinioni e paragoni! Rispondi liberamente alle seguenti domande, discutendo le tue risposte con gli altri membri della classe.

Secondo te...

1. come si potrebbe risolvere il problema del traffico nelle grandi città?
2. le macchine italiane sono più belle o più brutte delle macchine americane?   **3.** 18 anni è l'età giusta per ottenere la patente di guida?
4. gli italiani guidano meglio o peggio degli americani?

✤ Stimolo alla lettura

A. Dov'è l'errore? Quando si guida, ogni piccolo errore potrebbe essere fatale. Il seguente esercizio presenta delle situazioni in cui ci sono degli errori fondamentali di sicurezza stradale. Sai identificare gli errori? Discuti le tue risposte con gli altri membri della classe.

1. È notte. Sei in città. Guidi a 80 chilometri all'ora perché le strade sono deserte.

2. Sei sull'autostrada e squilla il telefono cellulare. Rallenti e rispondi al telefono.

3. Sei sull'autostrada e vai a 150 chilometri all'ora perché vuoi vedere quale velocità raggiunge la tua nuova macchina sportiva.

4. Sei sull'autostrada e c'è una fila lunghissima. Devi andare a lavorare ma sei in ritardo. Usi la corsia d'emergenza.

5. Sei ad una festa e un tuo amico, che ha bevuto troppo, vuole ritornare a casa con la sua macchina. Tu gli togli le chiavi della macchina e cerchi di convincere il tuo amico a prendere un tassì. Visto che non riesci a convincerlo, gli dai le chiavi e lo lasci andare.

6. Hai appena preso dei tranquillanti o sedativi molto forti quando ti chiama un amico/un'amica che vuole un passaggio. Tu esci subito in macchina per andare dal tuo amico/dalla tua amica.

7. Devi andare a comprare il pane. Non ti va di camminare (*walk*) e perciò vai in macchina. Non ti metti la cintura di sicurezza perché il negozio è vicino.

8. Piove e sei sull'autostrada. Ti avvicini molto alla macchina che sta davanti a te per far capire all'autista che hai fretta e vuoi passare.

9. Devi andare ad un negozio per fare delle compere. Metti in moto la macchina e ti accorgi (*realize*) che hai dimenticato gli occhiali. Nonostante tu abbia bisogno degli occhiali per guidare, non ritorni a casa a riprenderli.

B. Che cosa vuol dire...? Conosci il significato delle seguenti parole/espressioni? Prova a spiegarlo alla classe.

1. falegname   2. essere investito (da una macchina)   3. tagliare la strada (a qualcuno)   4. processo (in tribunale)   5. vincere una causa   6. eremita   7. andare in pensione

Storia di un falegname e d'un eremita

Leggi attentamente il seguente racconto di Gianni Celati.

C'era un uomo che abitava a Ficarolo, in provincia di Ferrara; era un falegname.[1] Una sera tornando a casa in bicicletta, in una stradina che immette[2] sulla piazza del paese, veniva investito[3] da una macchina di forestieri[4] perché pedalava troppo lentamente. Siccome nella macchina c'erano altri due passeggeri, e nessun testimone[5] aveva assistito all'incidente, è stato facile per il guidatore sostenere che il ciclista gli aveva tagliato la strada.[6]

Dopo alcune settimane d'ospedale il falegname si rivolge a[7] un avvocato per essere assistito nel processo.[8] Questo avvocato propone un accordo con la parte avversa,[9] mostrando di dubitare che la sola testimonianza del falegname sia sufficiente a vincere la causa.[10] Quanto al falegname, poiché da una parte non capisce neanche la metà delle obiezioni dell'avvocato, e dall'altra insiste sul buon diritto di essere risarcito,[11] alla vigilia dell'udienza[12] licenzia[13] il legale e decide di affrontare il processo da solo.

Si presenta dunque da solo in tribunale, sostenendo che di avvocati non ce n'è bisogno in quanto lui ha ragione e deve essere risarcito.

Dopo varie obiezioni a procedere e la convocazione d'un difensore d'ufficio,[14] finalmente viene il momento in cui i passeggeri della macchina sono chiamati a deporre.[15] E qui il falegname, accorgendosi che ogni parola dei testimoni è falsa, rimane così stupefatto[16] che non vuol neanche più parlare col suo difensore d'ufficio; e, quando infine è sollecitato[17] dal giudice ad esporre la sua versione dei fatti, dichiara di non aver niente da dire e che tutto va bene così.

È dunque condannato a pagare i danni dell'incidente, oltre alle spese del processo.

Pochi giorni dopo vende tutta l'attrezzatura[18] della falegnameria al suo aiutante,[19] che da tempo desiderava mettersi in proprio,[20] cedendogli[21] anche la bottega e la licenza d'esercizio.[22] Torna a casa e resta seduto su una sedia in cucina per una settimana, rispondendo sempre nello stesso modo alla moglie che gli fa domanda: che ha caldo alla testa e non può parlare con lei.

Per un'altra settimana resta seduto in un bar a guardare la gente che passa sulla piazza, e una sera invece di tornare a casa si avvia[23] fuori del paese. Si

---

[1] *carpenter*   [2] *leads*   [3] **veniva...** *he got hit*   [4] *strangers*   [5] *witness*   [6] **gli...** *cut him off*
[7] **si rivolge...** *turns to*   [8] *trial*   [9] **parte...** *other party*   [10] *case, trial*   [11] *compensated*   [12] **vigilia...** *the night before the hearing*   [13] *he fires*   [14] **avvocato...** *court-appointed lawyer*   [15] **chiamati...** *recalled to testify*   [16] *stupefied*   [17] *called upon*   [18] *tools*   [19] *helper*   [20] **mettersi...** *to go on his own*
[21] *handing over to him*   [22] **licenza...** *operating license*   [23] *he sets out*

avvia a piedi verso l'argine[24] del Po; e dopo molto camminare, nell'alba[25] arriva ad una capanna[26] dove abita un pescatore eremita.[27]

Questo eremita è un ex campione di automobilismo[28] che, dopo essersi ritirato dalle corse, aveva aperto un'officina meccanica dove venivano «truccati», ossia potenziati,[29] i motori di vetture sportive. Stancatosi[30] però di quel lavoro e dopo aver letto molti libri di psicologia, s'era deciso a diventare eremita pescatore e s'era ritirato a vivere in una capanna sulle rive del Po.

La capanna dell'eremita era fatta di vecchie lamiere[31] e altri materiali di recupero,[32] sopra la porta un pannello[33] diceva «Gomme Michelin».

Il falegname sa che l'eremita s'è ritirato a vivere in quella capanna perché non vuole più parlare con nessuno. Dunque appena arrivato non gli rivolge la parola,[34] si siede e si mette a guardare il fiume.

È d'estate, e per circa un mese i due vanno a pescare assieme e dormono nella stessa capanna sempre in silenzio.

Una mattina il falegname si sveglia e l'eremita non c'è più, perché è andato ad annegarsi[35] nel fiume, sotto il vecchio ponte di Stellata.

Quel giorno il falegname ha modo di assistere da lontano al salvataggio[36] dell'eremita, che peraltro[37] nuota benissimo e avvolto in una coperta[38] viene portato via[39] dalla moglie, a bordo d'una grossa macchina sportiva, concludendo la sua carriera di eremita.

Il falegname è tornato in paese e ha chiesto al suo aiutante di assumerlo come aiutante, nella sua vecchia bottega. Così è stato. Il falegname vive ancora e solo da poco è andato in pensione.

[24] *riverbank* [25] *dawn* [26] *shack* [27] **pescatore...** *hermit fisherman* [28] *car racing* [29] *supercharged* [30] *Having become tired* [31] *sheet metal* [32] **materiale...** *scrap* [33] *sign* [34] **non...** *doesn't say a word to him* [35] *to drown himself* [36] *rescue* [37] *by the way* [38] **avvolto...** *covered by a blanket* [39] **viene...** *he is taken away*

 # Dopo la lettura

A. Ricordi quello che hai letto? Completa le frasi scegliendo la risposta giusta. In alcuni casi tutte e due le risposte possono essere giuste.

1. C'era un uomo che abitava
   a. a Ficarolo.
   b. in provincia di Ferrara.

2. Quest'uomo era
   a. un professore.
   b. un falegname.

3. Una sera quest'uomo è stato investito
   a. da una moto.
   b. da una macchina.

4. Dopo alcune settimane d'ospedale l'uomo si rivolge a
   a. un avvocato.
   b. un medico.

5. Secondo l'avvocato
   a. la sola testimonianza del falegname non basta a vincere la causa.
   b. la testimonianza del falegname è sufficiente per vincere la causa.

6. Il falegname decide allora
   a. di licenziare l'avvocato.
   b. di affrontare il processo da solo.

7. Il falegname si accorge che ogni parola dei testimoni è
   a. falsa.
   b. vera.

8. Il falegname è condannato
   a. a pagare i danni dell'incidente.
   b. a pagare le spese del processo.

9. Alcuni giorni dopo il falegname vende la sua falegnameria
   a. al suo aiutante.
   b. al suo avvocato.

10. Quando ritorna a casa risponde alle domande della moglie dicendo sempre che
    a. ha caldo alla testa.
    b. non può parlare con lei

11. Una sera invece di tornare a casa
    a. si avvia verso la piazza.
    b. si avvia fuori del paese.

12. Dopo molto camminare arriva ad una capanna dove abita
    a. un pescatore eremita.
    b. un ex campione di automobilismo.

13. Questo eremita aveva aperto
    a. un'officina meccanica.
    b. un rifornimento di benzina.

14. L'eremita s'era ritirato a vivere in quella capanna
    a. perché non voleva più parlare con nessuno.
    b. per guardare la gente che passava sulla piazza.

15. Per circa un mese l'eremita e il falegname
    a. vanno insieme a pescare.
    b. dormono nella stessa capanna sempre in silenzio.

16. Una mattina l'eremita non c'è più perché
    a. è andato ad annegarsi in un fiume.
    b. ha deciso di tornare in paese.

17. Infine il falegname
    a. ritorna a lavorare come aiutante nella sua vecchia bottega.
    b. viene portato via dalla moglie in una macchina sportiva.

B. **Studio del vocabolario!** Cerca nella lettura le parole che corrispondono alle seguenti definizioni.

    MODELLO   il giorno prima di Natale
                      la vigilia di Natale

1. lavora col legno
2. avviene in un tribunale davanti a un giudice
3. il luogo dove un giudice pronuncia la sentenza (*sentence*)
4. affermare con convinzione
5. chiamare in causa
6. rendersi conto
7. l'assistente
8. la prima luce del giorno
9. il complesso di strumenti o utensili
10. la parte di terra che limita le acque di un fiume
11. girarsi in una determinata direzione
12. viene da un paese diverso
13. uccidersi buttandosi in acqua
14. esercita «il mestiere dei pesci»
15. un sinonimo per «insegna»
16. un piccolo negozio
17. una casa misera (*poor*)
18. non resistere
19. il luogo dove lavora il falegname
20. mandare via dal lavoro
21. persona che vive da solo(-a)
22. lastra (*sheet*) di metallo

C. **Discussione in classe.** Rispondi liberamente alle seguenti domande e discuti le tue risposte con gli altri membri della classe.

1. Secondo te, qual è la morale di questo racconto?

2. Tu sei d'accordo con la decisione del falegname di affrontare il processo da solo, ignorando i consigli del suo avvocato? Perché sì/no?

3. Perché il falegname decide alla fine di ritornare a casa?

D. Un momento di riflessione. Quali sono, secondo te, le cause principali di incidenti stradali? Prepara una lista di dieci motivi e scrivili in ordine di importanza. Discuti il tuo elenco e il suo ordine con gli altri membri della classe. Usa il *si* impersonale per fare il tuo elenco, come nel modello.

MODELLO   **1. quando si guida in stato di ubriachezza** (*drunkeness*)

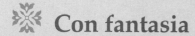

Con fantasia

A. Lavoro di gruppo. Con un compagno/una compagna metti in scena la seguente situazione.

All'aeroporto un passeggero in partenza si presenta al banco dell'Alitalia. Al principio il dialogo tra passeggero e impiegato(-a) si svolge in modo normale («Biglietto, per favore», «Il volo è in orario?», ecc.). Ad un certo punto il volo viene cancellato e l'impiegato spiega al passeggero cosa è successo e gli suggerisce delle alternative per farlo arrivare a destinazione.

B. I proverbi. Ecco tre proverbi italiani. Sai dire che cosa significano?

1. Chi va piano, va sano e va lontano.
2. Tutto il mondo è paese.
3. Tutte le strade conducono a Roma.

C. Le vignette. Per la seguente vignetta, inventa una didascalia basata sul tema dei trasporti o dei viaggi.

D. Un incidente automobilistico. Leggi attentamente il seguente fumetto.

Ora spiega brevemente il motivo per cui, secondo te, il tenente Kiss non crede alla versione dei fatti fornitagli dall'autista? Discuti la tua risposta con gli altri membri della classe. Troverai la risposta a pagina 252.

E. Tema. Svolgi liberamente uno dei seguenti temi.

1. Vantaggi e svantaggi dei mezzi di viaggio moderni.
2. Oggi usiamo troppo la macchina e siamo diventati troppo pigri (*lazy*).
3. I mezzi di trasporto e il problema dell'inquinamento.

LESSICO UTILE

accelerare	*to speed up*	frenare	*to brake*
accorgersi	*to realize*	girare	*to turn*
l'aereo	*plane*	l'incrocio	*intersection*
l'arrivo	*arrival*	investire	*to hit someone (in a car accident)*
l'autobus/il pullman	*bus*		
l'automobile/la macchina	*automobile/car*	licenziare	*to fire*
		la linea aerea	*airline*
l'autostrada	*highway*	la moto(cicletta)	*motorcycle*
la barca	*boat*	la nave	*ship*
la benzina	*gas*	l'orario	*schedule*
la bici(cletta)	*bicycle*	il parcheggio	*parking*
il biglietto	*ticket*	la partenza	*departure*
il binario	*track*	la patente di guida	*driver's license*
la bottega	*shop*	il posto	*seat*
il camion	*truck*	la prenotazione	*reservation*
la carta d'imbarco	*boarding pass*	rallentare	*to slow down*
la coincidenza	*connection*	il semaforo	*traffic light*
il confine	*border, boundary*	la strada	*road*
la corsia	*traffic lane*	il taxi/il tassì	*taxi*
il danno	*damage*	il treno	*train*
il falegname	*carpenter*	l'uscita	*gate*
fare il biglietto	*to purchase a ticket*	il vagone letto	*sleeping car*
fermarsi	*to stop*	il veicolo/la vettura	*vehicle*
il forestiero	*stranger, foreigner*	il volo	*flight*

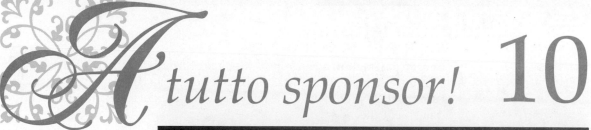

A tutto sponsor! 10

Tema concettuale	**Sport e tempo**
Vocabolario	Gli sport
Note grammaticali	Plurale di nomi invariabili
	Il perfetto o l'imperfetto?
	Il trapassato indicativo e congiuntivo
	Il passato remoto
Per la comunicazione	Parlare del tempo
	Reagire al tempo
	Parlare di sport
Taccuino culturale	Lo sport in Italia
Letture	«A tutto sponsor»
	«La quiete dopo la tempesta» di Giacomo Leopardi

Stimolo alla lettura

Sport e passatempi a confronto. Metti a confronto le attività delle tre colonne e scrivi nell'apposita casella la lettera della colonna in cui si trova l'attività da te preferita e/o che fai di più. Alla fine del test controlla l'analisi delle tue scelte.

	A	B	C	COLONNA SCELTA
1.	nuotare	passeggiare sulla spiaggia	prendere il sole	_____
2.	fare ginnastica	fare un picnic	leggere	_____
3.	giocare a baseball	tagliare l'erba del giardino	dormire	_____
4.	giocare al calcio (*soccer*)	lavare la macchina	guardare la televisione	_____
5.	giocare a pallacanestro (*basketball*)	spalare la neve	parlare al telefono	_____
6.	andare in bicicletta	andare a cavallo	giocare a tombola (*bingo*)	_____
7.	giocare a hockey	andare a pesca	giocare a carte	_____
8.	giocare a football	fare del giardinaggio	fare un giro in macchina	_____
9.	andare a sciare	guardare le vetrine	giocare a scacchi (*chess*)	_____
10.	fare del jogging	andare a pesca	andare al cinema	_____

ANALISI DELLE TUE SCELTE

■ Se hai scelto di più le attività della colonna A, ti piace sicuramente praticare gli sport e ne sei appassionato(-a). Il detto che dice che l'ozio (*idleness, sloth*) è il padre di tutti i vizi sicuramente non fa per te.

■ Se hai scelto di più le attività della colonna B, anche se non sei molto appassionato(-a) degli sport ti piace comunque essere attivo(-a) e trascorrere (*spend*) tempo all'aria aperta. Ricordati che il mondo è delle persone attive.

■ Se hai scelto di più le attività della colonna C, non ti piace praticare gli sport e preferisci condurre una vita sedentaria. Ti muovi poco e trascorri gran parte del tuo tempo stando a sedere. Ricordati che chi dorme non piglia pesci e non sempre chi va piano va lontano.

A tutto sponsor!

Quello che guadagna[1] viene versato in un conto vincolato[2] presso le Generali. Il «dilettante»[3] Alberto Tomba, l'uomo più sponsorizzato d'Italia, potrà disporre[4] dei suoi soldi solo quando abbandonerà l'attività agonistica.[5]

Ma come funzionano i contratti di sponsorizzazione? La Fisi è proprietaria dell'immagine di tutti gli atleti dell'équipe e percepisce[6] il 30 per cento su tutti i loro contratti di fornitura.[7] Ogni sciatore, poi, ha i suoi autonomi abbinamenti[8] pubblicitari. «Tra premi e contratti pubblicitari, Tomba riceve benefici di gran lunga[9] inferiori al miliardo» giura Paolo Comellini, l'avvocato bolognese che la International management group, la società americana di consulenza pubblicitaria[10], ha affiancato[11] allo sciatore.

Alla Beca, però, danno una versione differente. «Il valore della nostra sponsorizzazione» spiega Massimo Dall'Olio, uno dei titolari dell'azienda bolognese, «è collegato ai piazzamenti e alle vittorie in Coppa del Mondo e alle Olimpiadi». La cifra?[12] «Sugli otto zeri»[13] prosegue Dall'Olio «ma se Tomba continuerà a vincere gli zeri saliranno[14] a nove».

Intanto gli sponsor di Tomba continuano ad aumentare. Sono in corso contatti con una casa automobilistica (la Lamborghini?) e con un grande gruppo alimentare (forse la Barilla). Il conto delle Generali si gonfia.[15]

[1] *earns*   [2] **conto...** *frozen account*   [3] *amateur*   [4] *have, dispose of*   [5] *sporting*   [6] *earns*   [7] *equipment*   [8] *commitments*
[9] **di...** *vastly*   [10] **consulenza...** *public relations*   [11] *assign*   [12] *figure*   [13] **Sugli...** *In eight figures*   [14] *will rise*   [15] *is swelling*

Dopo la lettura

A. Ricordi quello che hai letto? Indica se ciascuna delle seguenti affermazioni è vera (V) o falsa (F). Correggi le affermazioni false in modo appropriato.

1. _____ Alberto Tomba è uno sciatore.
2. _____ Tomba è un dilettante.
3. _____ Tomba spende tutto ciò che guadagna con le sponsorizzazioni.
4. _____ Massimo Dall'Olio è l'uomo più sponsorizzato d'Italia.
5. _____ Tomba potrà disporre dei suoi soldi soltanto quando avrà terminato l'attività agonistica.
6. _____ Gli atleti percepiscono il 30% su tutti i contratti di fornitura.
7. _____ Secondo Paolo Comellini, tra premi e contratti pubblicitari Tomba guadagna più di un miliardo di lire.
8. _____ Per la sponsorizzazione di Tomba sono in corso contatti con una casa automobilistica e un gruppo alimentare.
9. _____ I piazzamenti e le vittorie in Coppa del Mondo e alle Olimpiadi faranno diminuire i guadagni di Tomba.

B. Discutiamo! Rispondi liberamente alle seguenti domande, discutendo le tue risposte con gli altri membri della classe.

1. Ti piace lo sci? Perché sì/no?
2. Qual è il tuo sport preferito? Perché? Lo pratichi regolarmente?
3. Tu pensi che gli atleti oggi siano controllati troppo da «interessi commerciali»? Se sì, come risolveresti questo problema?
4. Secondo te, chi è, attualmente (*at present*), lo sciatore/la sciatrice più bravo(-a), il pugile più bravo, il giocatore più bravo di baseball, football, tennis, hockey e pallacanestro?

STIMOLO LINGUISTICO

A. Un gol importante. Ecco come un tifoso (*fan*) italiano ricorda il gol di Marco Tardelli nella finale Italia-Germania della Coppa del Mondo 1982. Nel racconto mancano dei verbi. Completa in modo appropriato con verbi all'imperfetto o al passato prossimo. Ricordi la differenza tra questi due tempi verbali?

_____ (essere) una giornata molto calda. Lo stadio Barnabeu di Madrid _____ (essere) pieno. L'Italia e la Germania _____ (affrontarsi) per la finale della Coppa del Mondo. La partita _____ (iniziare) in perfetto orario. Gli Azzurri _____ (attaccare), ma i tedeschi (*Germans*) _____ (difendersi) molto bene. Le due squadre _____ (giocare) da trenta minuti quando l'arbitro _____ (dare) un rigore (*penalty kick*) agli Azzurri. Tardelli _____ (tirare) (*took*) il rigore, ma clamorosamente _____ (sbagliare). Alcuni minuti più tardi Tardelli _____ (prendere) la palla a centrocampo e la _____ (passare) a Paolo Rossi. Arrivato nell'area di rigore Paolo Rossi _____ (tirare) , ma il portiere (*goalkeeper*) tedesco _____ (respingere) la palla. _____ (Intervenire) Tardelli che _____ (segnare). Gol! Gol! Gol! In quel momento i tifosi italiani di tutto il mondo _____ (impazzire) e _____ (saltare) dalla gioia. L'Italia _____ (vincere) la partita per 3–1 e _____ (conquistare) la Coppa del Mondo per la terza volta.

B. La Coppa del Mondo 1934: Italia-Cecoslovacchia. Dalla cronaca della partita mancano dei verbi. Completa in modo opportuno mettendo i verbi all'imperfetto o al passato remoto (te lo ricordi?).

Era (essere) il 6 luglio 1934 e l'Italia e la Cecoslovacchia _si affrontavano_ (affrontarsi) nella partita finale della Coppa del Mondo. La gara _si giocava_ (giocarsi) a Parigi. Al 16° del primo tempo (*period*) la Cecoslovacchia _passò_ (passare) in vantaggio, ma l'Italia _pareggiò_ (pareggiare, *to tie*) al 33°. Il primo tempo _finì_ (finire) con il risultato di 1–1. Nel secondo tempo, al 58° Meazza _segnò_ (segnare) il secondo gol per l'Italia. L'incontro _finì_ (finire) 2–1. L'Italia _conquistò_ (conquistare) la Coppa del Mondo. _fu_ (essere) la prima volta che l'Italia _vinse_ (vincere) la Coppa del Mondo.

VOCABOLARIO

GLI SPORT

il tennis	*tennis*
il baseball	*baseball*
la pallacanestro/il basket	*basketball*
il calcio	*soccer*
l'atletica leggera	*track and field*
la pallavolo	*volleyball*
il pugilato	*boxing*
l'alpinismo	*mountain climbing*
lo sci	*skiing*
il pattinaggio	*skating*
il nuoto	*swimming*
il culturismo	*body-building*
l'automobilismo	*auto racing*
il ciclismo	*bicycle racing*
l'hockey	*hockey*
il golf	*golf*
la caccia	*hunting*
la pesca	*fishing*
il motociclismo	*motorcycling*

APPLICAZIONE

A. Che sport è? Indovina lo sport. Poi dici se ti piace, se lo pratichi, se ti piace guardarlo, ecc. Segui il modello.

MODELLO lo sport di Pete Sampras
il tennis
Mi piace molto, ma purtroppo non l'ho mai praticato.

1. lo sport in cui si corre con le macchine
2. lo sport in cui si usano le biciclette
3. uno sport che ha luogo nell'acqua
4. lo sport in cui si fa anche sollevamento dei pesi
5. uno sport nordamericano in cui ci sono quattro «basi»
6. lo sport che si pratica su un campo diviso da una rete e in cui si usano le racchette
7. lo sport con squadre di cinque giocatori in cui si deve mettere la palla in un canestro
8. lo sport nazionale degli italiani

9. lo sport dei cento metri, della marcia, del salto in alto, del salto in lungo, ecc.
10. lo sport di Alberto Tomba
11. lo sport in cui ci si dà pugni con dei guantoni
12. uno sport su ghiaccio

B. Lavoro di ricerca. Ogni sport ha bisogno della propria attrezzatura. Per lo sci, servono, per esempio, gli scarponi, gli sci, i guanti, ecc. Con l'aiuto del dizionario completa con l'attrezzatura usata per gli altri sport.

tennis _____

calcio _____

nuoto _____

ciclismo _____

pugilato _____

automobilismo _____

NOTE GRAMMATICALI

PLURALE DI NOMI INVARIABILI

■ Nouns that end in a consonant do not change in the plural. These nouns are usually borrowed from English.

SINGULAR	PLURAL
l'autobus	gli autobus
il bar	i bar
il camion	i camion
il club	i club
il computer	i computer
il film	i film
il gol	i gol
il record	i record
lo sponsor	gli sponsor
lo sport	gli sport
il tram (*trolley*)	i tram
il weekend	i weekend

Le parole straniere. Anagramma le seguenti parole di origine straniera, poi riscrivile con l'articolo determinativo e volgi al plurale. Segui il modello.

		il camion	i camion
1.	micaon	il camion	i camion
2.	psotr	_____	_____
3.	lifm	_____	_____
4.	utecormp	_____	_____
5.	dekewen	_____	_____
6.	bra	_____	_____
7.	osbautu	_____	_____
8.	ratm	_____	_____
9.	ropsons	_____	_____
10.	log	_____	_____
11.	drerco	_____	_____

IL PERFETTO O L'IMPERFETTO?

■ The **passato prossimo** and the **passato congiuntivo** are known more generally as "perfect" tenses; that is, they allow you to describe a finished action in the past.

Ieri ho giocato a tennis per due ore. (*action completed with duration of two hours*)
Credo che Luigi abbia giocato a tennis tutto il pomeriggio. (*action with duration of an afternoon*)

■ The **imperfetto indicativo** and the **imperfetto congiuntivo**, on the other hand, are "imperfect" tenses which allow you to express unfinished and repeated actions in the past, as well as to describe past events, features, and situations.

Da bambino(-a) giocavo a tennis.
As a child I used to play tennis.

Penso che lui andasse a sciare ogni weekend.
I think he went skiing every weekend.

Mentre Maria preparava la cena, è squillato il telefono.
While Mary was preparing supper, the telephone rang.

Quel giorno mi pare che facesse molto freddo.
I think that it was very cold that day.

■ Note that some verbs change their meaning according to mode. **Sapere**, for instance, means *to know something* in imperfect tenses, but *to find out* in perfect ones: **Sapevo che veniva.** *I knew that he was coming.*/**Ho saputo che veniva.** *I found out that he was coming.*

A. Imperfetto o perfetto? Completa in modo opportuno, scegliendo tra l'imperfetto e il passato (indicativo o congiuntivo). Per i participi passati irregolari, vedi l'Appendice.

1. Nella Coppa del Mondo 1982, Paolo Rossi _____ (segnare) sei gol.
2. Nel 1982 Paolo Rossi _____ (giocare) per la Juventus.
3. Io non _____ (sapere) che il baseball fosse popolare in Italia.
4. L'arbitro _____ (dirigere) l'incontro molto bene.
5. Mentre Roberto Baggio _____ (stare) per tirare, un avversario l' _____ (spingere).
6. La partita _____ (cominciare) in ritardo.
7. La Stefanel Trieste _____ (vincere) l'incontro di pallacanestro contro la Benetton Treviso: il risultato _____ (essere) 102–88.
8. L'arbitro _____ (dare) un rigore all'Inter perché pare che un giocatore _____ (colpire) la palla con la mano.
9. «Cosa _____ (fare) l'Italia nella pallavolo?» «Non so, ma spero che _____ (vincere)».
10. Una volta Adriano Panatta _____ (essere) tra i migliori tennisti del mondo.

B. Credevo che . . . Forma delle frasi usando le parole indicate. Segui il modello. Ti ricordi le forme dell'imperfetto congiuntivo?

MODELLO   io / credere / che a te / non piacere / il baseball
Io credevo che a te non piacesse il baseball.

1. io / non sapere / che tu / andare in piscina spesso
2. lui / pensare / che io / giocare / per una squadra di pallacanestro
3. voi / credere / che noi / andare a sciare / ogni weekend
4. noi / sperare / che lui / giocare bene al calcio
5. io / dubitare / che loro / fare del footing / ogni mattina
6. loro / non potere immaginare / che tu stare guardando / la partita di baseball

IL TRAPASSATO INDICATIVO E CONGIUNTIVO

■ The **trapassato (indicativo** and **congiuntivo)** corresponds to the English *he had finished, she had come*, etc. The indicative form is more correctly named the **trapassato prossimo.** The **trapassato,** or pluperfect, indicates an action that occurred before another simple past action (**passato prossimo, passato congiuntivo, imperfetto indicativo, imperfetto congiuntivo**). Therefore, you will generally find the **trapassato** in dependent clauses.

TRAPASSATO INDICATIVO	TRAPASSATO CONGIUNTIVO
Quando sei venuto, **avevo** già **mangiato.** *When you came, I had already eaten.*	Non sapevo che tu **avessi** già **mangiato.** *I didn't know that you had already eaten.*
Quando mi hai chiamato, **mi ero** appena **alzata.** *When you called, I had just gotten up.*	Sebbene **mi fossi alzata** tardi, avevo ancora sonno. *Although I had gotten up late, I was still sleepy.*

■ It is formed with the imperfect (indicative or subjunctive) of the auxiliary verb **essere** or **avere** and the past participle. Both tenses follow the same rules as any compound tense (see Capitolo 6).

TRAPASSATO INDICATIVO	TRAPASSATO CONGIUNTIVO
Era ovvio che lui **aveva** già **finito** di giocare. *It was obvious that he had already finished playing.*	Nessuno sapeva se lui **avesse** già **finito** di giocare. *No one knew if he had already finished playing.*
Hanno saputo che **era venuta** ieri. *They found out that she had come yesterday.*	Pensavano che **fosse venuta** ieri. *They thought that she had come yesterday.*

APPLICAZIONE

A. Il trapassato. Rispondi alle seguenti domande, usando il trapassato prossimo oppure il trapassato congiuntivo.

> MODELLO   Lui non era mai andato allo stadio?
> **No, c'era andato già un'altra volta. /**
> **Sì, mi pare che ci fosse già andato.**

1. Tu non avevi mai visto quel giocatore? **2.** Quel giocatore non aveva mai segnato prima? **3.** È stata la prima volta che siete stati allo stadio? **4.** Quelle squadre non avevano mai vinto? **5.** Tu non eri mai andato(-a) a pattinare (*to skate*)?

B. Completa! Completa gli spazi vuoti, usando la forma corretta dei seguenti verbi al trapassato prossimo o al trapassato congiuntivo. Alcuni verbi possono essere usati più di una volta. Fa' attenzione all'accordo del pronome con il participio passato.

giocare   segnare   cominciare   andare   toccare   fare   vedere   finire

1. Finalmente ieri sera ho visto una partita di hockey. Non ne _____ mai _____ una!

2. Quando Rossi ha segnato, molti spettatori _____ già via.

3. Quando lui è arrivato, penso che la gara di tennis _____ già _____.

4. Prima che Baggio entrasse in campo, gli avversari _____ già _____ tre gol.

5. Gli facevano male le gambe perché _____ a pallone il giorno prima.

6. Quando sono arrivata alla palestra (*gym*), voi _____ già _____ ad allenarvi (*to practice*).

7. Domenica Baggio ha segnato. Credo che dopo l'infortunio (*accident*) non _____ ancora _____.

8. L'arbitro assegnò il rigore perché il difensore _____ il pallone con le mani.

IL PASSATO REMOTO

■   The **passato remoto** (past absolute) is formed by dropping the infinitive suffix and adding the following endings to the stem:

nuotare	dovere	capire
nuotai	dovei/dovetti	capii
nuotasti	dovesti	capisti
nuotò	dovè/dovette	capì
nuotammo	dovemmo	capimmo
nuotaste	doveste	capiste
nuotarono	doverono/dovettero	capirono

■ There are many irregular verbs in the **passato remoto.** Learning them can be simplified by following these guidelines.

1. Almost all of the irregular verbs are **-ere** verbs.
2. Most of these follow a 1-3-3 pattern; that is, they are irregular only in the first- and third-person singular and third-person plural. The irregular forms can be deduced from the first form as follows.

avere	pattern
ebb**i**	irregular stem + **-i**
avesti	regular
ebb**e**	irregular stem + **-e**
avemmo	regular
aveste	regular
ebb**ero**	irregular stem + **-ero**

■ Here are the main verbs that follow this pattern.

assumere	**assunsi**	mettere	**misi**
avere	**ebbi**	nascere	**nacqui**
bere	**bevvi, bevesti,...**	piacere	**piacqui**
cadere	**caddi**	rimanere	**rimasi**
chiedere	**chiesi**	rispondere	**risposi**
chiudere	**chiusi**	rompere	**ruppi**
conoscere	**conobbi**	sapere	**seppi**
correre	**corsi**	scrivere	**scrissi**
crescere	**crebbi**	vedere	**vidi**
discutere	**discussi**	venire	**venni**
leggere	**lessi**	vincere	**vinsi**
		volete	**volli**

3. Verbs like **tradurre** and **porre** (Capitolo 8) have the following 1-3-3 patterns: **tradussi, traducesti, tradusse, traducemmo, traduceste, tradussero; posi, ponesti, pose, ponemmo, poneste, posero**.
4. Only a handful of verbs do not follow the 1–3-3 pattern.

dire (based on «dicere»)	dare	essere	fare (based on «facere»)	stare
dissi	diedi	fui	feci	stetti
dicesti	desti	fosti	facesti	stesti
disse	diede	fu	fece	stette
dicemmo	demmo	fummo	facemmo	stemmo
diceste	deste	foste	faceste	steste
dissero	diedero	furono	fecero	stettero

■ The past absolute is *exactly* equivalent to the tense type that is also covered by the **passato prossimo:** *I swam, I enjoyed myself,* etc.

> L'anno scorso sono andato/andai in Italia.
> L'anno scorso il Milan ha vinto/vinse lo scudetto.

■ In general, the past absolute cannot be used to describe an action that has taken place within less than the past twenty-four hours.

> Lei è arrivata stamani.   *She arrived this morning.*
> Io ho appena giocato a tennis.   *I've just played tennis.*
> Hanno chiamato alcuni minuti fa.   *They called a few minutes ago.*

■ Outside this time restriction, the past absolute can be used as an alternative.

PASSATO REMOTO	PASSATO PROSSIMO
Lei arrivò la settimana scorsa.	Lei è arrivata la settimana scorsa.
Io giocai a tennis ieri.	Io ho giocato a tennis ieri.
Chiamarono alcuni giorni fa.	Hanno chiamato alcuni giorni fa.

■ In certain regions of Italy, one or the other tense is preferred in conversational situations: for example, in northern Italy, the **passato prossimo** is more common, whereas in many parts of southern Italy the **passato remoto** is more widespread. The **passato remoto** is the preferred "literary" past tense throughout Italy; that is, it is the past tense used for the narration of historical events.

> La seconda guerra mondiale finì nel 1945.
> Michelangelo nacque nel 1475.

■ The **passato remoto** cannot, therefore, be used with temporal adverbs that entail a use of the tense type *I have just eaten.* = **Ho appena mangiato.** *She left a few minutes ago.* = **È andata via alcuni minuti fa,** etc. In other words, the more "remote" the action, the more necessary is the use of the **passato remoto.**

A. Il passato. Metti i verbi delle seguenti frasi prima al passato prossimo, poi al passato remoto.

> MODELLO   Giovanni *guarda* il suo programma preferito.
> **Giovanni *guardò* il suo programma preferito.**
> **Giovanni *ha guardato* il suo programma preferito.**

1. La partita comincia alle tre.   **2.** La partita finisce alle cinque.   **3.** I ragazzi vanno allo stadio.   **4.** Noi vendiamo gli scarponi e gli sci.   **5.** Tu ricevi sempre bellissimi regali.   **6.** Prima di andare allo stadio devo comprare il biglietto.

B. Personaggi famosi. Con un compagno/una compagna crea delle domande e le loro rispettive risposte.

> MODELLO   inventare / la radio
> **—Chi inventò la radio?**
> **—L'inventò Marconi.**

1. scrivere / la *Divina Commedia*   **2.** uccidere / Giulio Cesare
3. dipingere / *La Gioconda*   **4.** scolpire / il *Davide*   **5.** vincere / la Coppa del Mondo di calcio nel 1934   **6.** essere / il primo uomo sulla luna

C. Sai completare le caselle? Completa il seguente schema in modo opportuno.

	avere	**essere**	**bere**	**chiedere**
1.				
2.	avemmo	fummo	bevemmo	chiedemmo
3.	ebbero		bevvero	
4.		fu		chiese
5.	aveste		beveste	
6.		fui		chiesi
7.	avesti		bevesti	
8.		dire		leggere
9.	facemmo		demmo	
10.		dicesti	desti	
11.	fecero			lessero
12.		disse		lesse
13.			deste	
14.	feci			

D. Un articolo sportivo. Leggi il seguente articolo, in cui viene descritta una partita di calcio giocata negli anni sessanta tra le squadre del Milan e dell'Inter. Trasforma nel tuo quaderno i verbi dal passato prossimo al passato remoto.

La partita ha avuto inizio in perfetto orario. Il Milan è passato subito in vantaggio con Rivera. Rivera ha scartato due avversari e ha messo la palla in rete dietro le spalle del portiere. Il pubblico ha esultato dalla gioia mentre sventolava le bandiere rossonere. Il miraggio della vittoria ha condizionato negativamente la squadra milanista che, dopo essere passata in vantaggio, aveva paura di fallire l'obiettivo. Il Milan ha cominciato a difendere il risultato. Tuttavia l'Inter, dopo aver attaccato continuamente, ha raggiunto il pareggio a un minuto dal termine: Facchetti dalla sinistra ha passato al centro per Mazzola che ha segnato indisturbato. Il pubblico è rimasto di stucco (*was shocked*). Le squadre sono andate ai supplementari. L'Inter ha fatto subito tremare la squadra avversaria. Al quarto minuto Suarez ha colpito in pieno il palo destro della porta milanista. Ma il Milan è tornato subito in vantaggio. Rivera ha preso la palla a centrocampo, ha scartato due giocatori, è arrivato nell'area di rigore dell'Inter, ma, mentre stava per tirare, è caduto a terra, spinto da un difensore. L'arbitro, che era a due passi, ha visto tutto e ha fischiato il rigore. Lo ha tirato lo stesso Rivera. Il portiere dell'Inter, nonostante il grosso sforzo, non è riuscito a fermare la palla. Il Milan in quell'occasione ha conquistato una vittoria molto importante. I tifosi milanisti sono stati molto soddisfatti del risultato.

PER LA COMUNICAZIONE

PARLARE DEL TEMPO

il bollettino meteorologico/ le previsioni del tempo	*weather forecast*
il ghiaccio	*ice*
il clima	*climat*
il gelo	*frost*
il temporale	*thunderstorm*
Che tempo fa?	*How's the weather?/What's the weather like?*
C'è umidità.	*It is humid.*
C'è il sole.	*It is sunny.*
Fa bel tempo.	*It is nice.*
Fa brutto/cattivo tempo.	*It is awful.*
Fa caldo.	*It is hot, warm.*
Fa freddo.	*It is cold.*
Fa fresco.	*It is cool.*
Il cielo è chiaro/sereno.	*The sky is clear.*
la nebbia	*fog*
C'è nebbia.	*It is foggy.*
la neve	*snow*
nevicare	*to snow*
Nevica.	*It is snowing.*
la nuvola	*cloud*
È nuvoloso.	*It is cloudy/overcast.*
la pioggia	*rain*
piovere	*to rain*
Piove.	*It is raining.*
la temperatura	*temperature*
temperatura minina/massima	*minimum/maximum temperature*
gradi centigradi/Fahrenheit	*centigrade/Fahrenheit degrees*
il lampo	*lightning*
lampeggiare	*to be lightning*
Lampeggia.	*It is lightning.*
la grandine	*hail*
grandinare	*to hail*
Grandina.	*It is hailing.*
Tira vento./C'è vento.	*It is windy.*
il tuono	*thunder*
tuonare	*to thunder*
Tuona.	*It is thundering.*

A. Traduci!

1. Traduci in inglese le seguenti previsioni del tempo.

> ### IL TEMPO
> Oggi coperto con qualche schiarita.
> Massima 4. Sabato coperto con pioggia
> o pioggia ghiacciata. Minima 1 e mas-
> sima 3. Domenica in prevalenza nuvo-
> loso. Minima 0. Massima 3.

2. Ora traduci in italiano tutte le informazioni contenute nel seguente bollettino meteorologico.

B. Le previsioni del tempo. Studia le seguenti previsioni meteorologiche riportate da un giornale italiano. Scrivi un paragrafo in cui descrivi le condizioni del tempo in Italia (che tempo fa? qual è la temperatura minima e massima in centigradi nelle principali città italiane?). Usa il dizionario per le parole che non conosci.

TEMPERATURE

Ieri in Italia

Bolzano	15	23
Verona	17	30
Trieste	22	27
Venezia	19	29
Milano	15	27
Torino	15	26
Genova	19	22
Bologna	20	28
Firenze	21	28
Piza	17	25
Perugia	17	25
Pescara	26	30
L'Aquila	16	25
Roma Urbe	28	19
Roma Fiumic.	21	26
Campobasso	19	24
Bari	20	36
Napoli	17	29
Potenza	18	27
S. M. di Leuca	20	23
R. Calabria	15	28
Messina	21	27
Palermo	22	28
Catania	13	33
Alghero	17	25
Cagliari	18	31

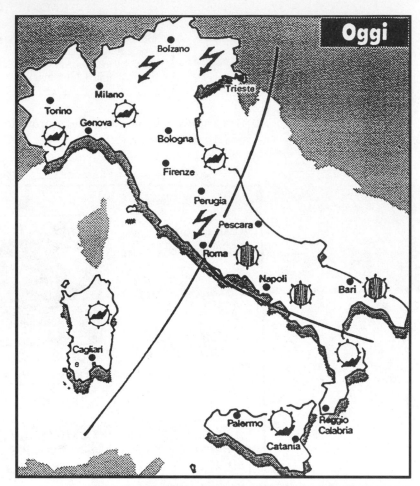

Oggi

SERENO	VELATO	POCO NUV.	NUVOLOSO	MOLTO NUV.	VARIABILE
NEVE	PIOGGIA	GRANDINE	TEMPORALE	NEBBIA	VENTO DEB.
VENTO MOD.	VENTO FORTE	MARE CALMO	MARE MOSSO	MOLTO MOSSO	AGITATO

C. Rispondi! Rispondi alle seguenti domande con frasi complete.

1. Com'è il tempo generalmente nella tua città?
2. Qual è la temperatura media nella tua città in inverno, in estate, in autunno e in primavera?
3. Descrivi il tempo che fa nella tua città durante ciascuna delle quattro stagioni.

Reagire al tempo

avere caldo/freddo	*to be hot/cold*
sudare	*to perspire*
amare il caldo/il freddo	*to love the heat/the cold*
odiare il caldo/il freddo	*to hate the heat/the cold*

■ Note that the feeling of "coldness" and "hotness" is expressed with different verbs according to where the quality is located.

LOCATION	VERB TO USE
in the weather	fare
	Fa caldo oggi. *It's hot today.*
	Fa freddo oggi. *It's cold today.*
in an object	essere
	La pizza è calda. *The pizza is hot.*
	La pizza è fredda. *The pizza is cold.*
in a person	avere
	Lui ha caldo. *He's hot.*
	Lui ha freddo. *He's cold.*

APPLICAZIONE

Rispondi! Rispondi alle seguenti domande con frasi complete.

1. Come reagisci quando fa molto caldo e c'è molta umidità?
2. Che tipo di tempo ami? Che tipo di tempo odi?
3. Quali cibi ti piacciono caldi? Quali preferisci freddi?

PARLARE DI SPORT

la squadra	*team*
fare ginnastica	*to do exercises, to work out*
fare/praticare uno sport	*to play a sport*
allenarsi	*to train*
giocare a	*to play*
la classifica	*standings*
la partita	*game, match*
l'allenamento	*training*
l'allenatore	*coach*
l'atleta	*athlete*
il giocatore	*player*
la corsa/gara	*race*
l'arbitro	*referee*
il risultato	*score*
segnare	*to score*
perdere	*to lose*
vincere	*to win*
pareggiare	*to draw*
sconfiggere	*to defeat/beat*
sciare	*to ski*
nuotare	*to swim*
pattinare	*to skate*
correre	*to run*
la palestra	*gym*
il campo da tennis/baseball	*tennis court/baseball field*
gli spogliatoi	*dressing rooms*
lo stadio	*stadium*

APPLICAZIONE

A. Definizioni. Risolvi le seguenti definizioni.

1. campo dove si giocano partite di calcio _____
2. il contrario di *vincere* _____
3. stanza in cui si spogliano (*undress*) gli atleti _____
4. allena una squadra di calcio/baseball, ecc. _____
5. ottenere un pareggio in una partita _____
6. competizione fra due squadre o due giocatori _____

B. Lavoro di ricerca. Cerca in un giornale italiano qualche articolo sportivo. Poi elenca nel tuo quaderno le parole o le espressioni sportive che non conosci e con l'aiuto del dizionario e dell'insegnante prova a definirle. Infine trascrivi l'articolo con le tue parole.

Taccuino Culturale

LO SPORT IN ITALIA

In Italia, come in tanti altri paesi, lo sport svolge un ruolo importante. Lo sport preferito degli italiani è il calcio, ma sono sempre in aumento i tifosi (*fans*) di altri sport, specialmente di quelli americani come il baseball, il football e l'hockey. Altri sport molto seguiti in Italia sono l'automobilismo, il ciclismo, il tennis, il pugilato, lo sci e la pallacanestro.

Gli atleti che giocano nelle squadre nazionali italiane indossano (*wear*) una maglia (*shirt*) azzurra e per questo vengono chiamati «azzurri» (per esempio: i calciatori azzurri, l'allenatore azzurro, ecc.). Le squadre di calcio portano, in generale, il nome delle città che rappresentano: la Roma, il Napoli, il Torino, il Milan, ecc. La partita di calcio si gioca tradizionalmente di domenica—il giorno dedicato al tifo (*craze*) calcistico.

Nell'automobilismo la macchina italiana che ha regalato tante emozioni e tante vittorie agli sportivi di tutto il mondo è la Ferrari, chiamata anche il «Cavallino rampante».

Le vicende sportive sono seguite in televisione in programmi come *La Domenica Sportiva*, *90° minuto*, *Domenica sprint* e *Pressing*.

Allo sport sono dedicati anche interi quotidiani come il *Corriere dello Sport-Stadio* e la *Gazzetta dello Sport*.

La competizione ciclistica più importante è il Giro d'Italia, che ha luogo di solito nei mesi di maggio e giugno e a cui partecipano i più grandi ciclisti del mondo.

Ogni settimana numerosi sportivi giocano al totocalcio, un concorso pubblico settimanale a premi che consiste nell'indovinare i risultati di tredici partite di calcio che si giocano ogni domenica nei campionati italiani.

APPLICAZIONE

A. Ricordi quello che hai letto? Risolvi le seguenti definizioni.

MODELLO   Si gioca tradizionalmente la domenica.
            il calcio

1. È lo sport più popolare in Italia.
2. Il «colore» della maglia delle varie squadre nazionali italiane.

3. Il giorno generalmente dedicato al tifo calcistico.
4. Lo sono il Napoli e il Milan, per esempio.
5. È anche chiamata il «Cavallino rampante».
6. Un programma televisivo sportivo.
7. Un quotidiano dedicato interamente allo sport.
8. La competizione ciclistica più importante d'Italia.
9. Un concorso che consiste nell'indovinare i risultati di tredici partite di calcio.

B. **Per la discussione.** Rispondi liberamente alle seguenti domande e poi discuti le tue risposte con gli altri membri della classe.

1. Quali sport pratichi? In quali sei veramente bravo(-a)?
2. Vai spesso a vedere le partite? Se sì, quali?
3. Guardi spesso i programmi sportivi in TV? Quali e perché?
4. Qual è, secondo te, la funzione sociale dello sport? Discuti la tua risposta con gli altri membri della classe.
5. È importante il ruolo che svolge lo sport oggi?
6. Perché, secondo te, il calcio non è molto popolare in Nord America?

✳ Stimolo alla lettura

I segni del buono e del cattivo tempo. Nella poesia di pagina 276, l'autore scrive che dopo la tempesta sente gli uccelli che fanno «festa», cantano e si divertono. Il canto degli uccelli o di altri animali (come anche altri segni della natura) può aiutare l'uomo a prevedere che tempo farà. Tu sai riconoscere questi segni di buono o cattivo tempo? Prova a fare il seguente test e lo scoprirai. (Risposte a pagina 284.)

	FARÀ BEL TEMPO	FARÀ CATTIVO TEMPO
1. Il cielo è rosso di sera.	_____	_____
2. Il cielo è rosso di mattina.	_____	_____
3. Ci sono pochi tuoni e molti lampi.	_____	_____
4. Il cielo è a pecorelle.	_____	_____
5. Il sale diventa umido.	_____	_____
6. Le rane gracidano.	_____	_____
7. I passeri cantano continuamente insieme.	_____	_____
8. Le rondini volano alto.	_____	_____
9. La nebbia al mattino è sui monti.	_____	_____
10. I gatti si passano le zampe dietro le orecchie.	_____	_____

LETTURA

La quiete dopo la tempesta

Leggi con attenzione la seguente poesia di Giacomo Leopardi, soffermandoti sulle parole, espressioni ed immagini che riguardano il tempo. Per le parole e espressioni difficili, usa il dizionario o chiedi al tuo insegnante/alla tua insegnante.

Passata è la tempesta;
odo[1] augelli[2] far festa, e la gallina,
tornata in su la via,
che ripete il suo verso. Ecco il sereno
rompe là da ponente,[3] alla montagna;
sgombrasi[4] la campagna
e chiaro nella valle il fiume appare.

Ogni cor si rallegra, in ogni lato
risorge il romorio,[5]
torna il lavoro usato.
L'artigiano a mirar[6] l'umido cielo,
con l'opra in man, cantando,
fassi in su l'uscio;[7] a prova
vien fuor la femminetta a cor dell'acqua
della novella piova;
e l'erbaiol rinnova
di sentiero[8] in sentiero
il grido giornaliero.

Ecco il sol che ritorna, ecco sorride
per li poggi[9] e le ville. Apre i balconi,
apre terrazzi e logge la famiglia;
e, dalla via corrente, odi lontano
tintinnio di sonagli;[10] il carro stride
del passegger che il suo cammin ripiglia.

[1] *I hear* [2] *birds* [3] **da...** *from the west* [4] *become empty* [5] *noise* [6] *look at* [7] *door* [8] *paths*
[9] *hills* [10] *ringing of bells*

Si rallegra ogni core.
Sì dolce, sì gradita
quand'è, com'or, la vita?
Quando con tanto amore
l'uomo a' suoi studi intende?
o torna all'opre? o cosa nova imprende?
Quando de' mali suoi men si ricorda?
Piacer figlio d'affanno[11];
gioia vana, ch'è frutto
del passato timor, onde si scosse
e paventò la morte
chi la vita abborria;
onde in lungo tormento,
fredde, tacite,[12] smorte,[13]
sudar le genti e palpitar, vedendo
mossi alle nostre offese
folgori,[14] nembi[15] e vento.

O natura cortese,
son questi i doni tuoi,
questi i diletti[16] sono
che tu porgi ai mortali. Uscir di pena
è diletto fra noi.
Pene tu spargi a larga mano; il duolo
spontaneo sorge; e di piacer, quel tanto
che per mostro e miracol talvolta
nasce d'affanno, è gran guadagno. Umana
prole[17] cara agli eterni! assai felice
se respirar ti lice
d'alcun dolor; beata
se te d'ogni dolor morte risana.[18]

[11] *worry, breathlessness*   [12] *quiet*   [13] *lifeless*   [14] *thunderbolts*   [15] *clouds*   [16] *pleasures*
[17] *progeny*   [18] *heal*

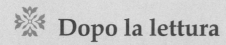

Dopo la lettura

A. Troviamo le parole corrispondenti. Trova nella poesia i
corrispondenti dei seguenti vocaboli.

> MODELLO   porta
> **uscio**

1. sentire   **2.** odiare   **3.** paura   **4.** quieto, silenzioso   **5.** uccelli
6. piacere   **7.** rumore   **8.** regalo   **9.** figli   **10.** occidente, ovest
11. collina   **12.** dolore   **13.** temere   **14.** nuvola   **15.** lampo

B. Ricordi quello che hai letto? Rispondi alle seguenti domande sulla poesia.

1. Nella poesia che cosa è appena passata? **2.** Chi torna sulla via?
3. Che cosa appare nella valle?   **4.** Che cosa si rallegra?   **5.** Che fa l'artigiano?   **6.** Che fa l'erbaiolo?   **7.** Che fa il sole?   **8.** Com'è la gioia?
9. Quali sono i doni della natura?   **10.** Che cosa sparge la natura?

C. Discussione in classe. Rispondi alle seguenti domande e discuti le tue risposte con gli altri membri della classe.

1. Qual è, secondo te, il tema di questa poesia?
2. Quali sono, secondo te, i versi più difficili da capire nella poesia? Discuti con gli altri il loro significato.
3. Quali sono nella poesia le immagini che più ti piacciono? Perché?
4. È vero che dopo una tempesta diventiamo più felici? Perché sì/no?

D. Giochiamo con le parole. Scrivi la forma completa delle seguenti parole.

> MODELLO   far (forma incompleta)
>   **fare**

1. su la **2.** mirar **3.** man **4.** vien **5.** fuor **6.** sol **7.** cammin
8. a' **9.** de' **10.** miracol

E. Ricordi i versi della poesia? Riporta (*list, quote*) i versi in cui il poeta...

1. riflette sulla condizione umana.
2. riflette sulla vanità del piacere.
3. riflette sullo stato infelice dell'umanità.

F. Lavoro di gruppo. Intervista storica a Leopardi. Metti in scena con un tuo compagno/una tua compagna la seguente intervista.

Giacomo Leopardi (1798–1837) è uno dei più grandi poeti italiani. La sua poesia evoca sempre immagini di solitudine e di pena. Era un pessimista. Nell'ambito del programma televisivo intitolato *Tornare indietro nel tempo!* l'intervistatore/l'intervistatrice (interpretato da uno studente/una studentessa) intervisterà Leopardi (interpretato da un altro studente) e gli chiederà di interpretare la sua poesia. Cercherà poi di convincerlo che il mondo è cambiato. Ma Leopardi non ci crede. L'intervista termina quando Leopardi dice qualcosa di veramente inaspettato (*unexpected*).

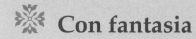
Con fantasia

A. Il gioco delle forme verbali. Nel seguente crucipuzzle sono nascoste alcune forme verbali di sedici dei seguenti verbi. Le parole si possono trovare in orizzontale, in verticale o in trasversale.

alzarsi	pareggiare
andare	perdere
chiamare	sapere
dare	sciare
essere	segnare
fare	stare
finire	tirare
giocare	tornare
mangiare	venire
nevicare	vincere

Le forme verbali (che possono essere coniugate in qualsiasi genere e numero) sono così suddivise: due all'imperfetto indicativo, cinque al passato prossimo, quattro al passato remoto, due al trapassato prossimo, due all'imperfetto congiuntivo e una al trapassato congiuntivo. Se la soluzione è corretta, le lettere rimaste, lette nell'ordine, daranno alcune forme verbali dei quattro verbi non utilizzati.

O	S	H	A	I		S	E	G	N	A	T	O	T
O	T	A	I	G	G	E	R	A	P		A	H	T
O	O	A	E	S	S	E	I	I	I	R	F	O	I
T	T	A	M	B	B	I	D	T	T	G	I	E	
N	A	A	O	A	M	O	E	A	U	I	N	S	E
I	I	S	R	O	I	C	I	D	N	O	I	S	R
V	G	I	E	M	I	H	D	N	E	C	R	E	I
	N	T	S	A	A	T	C	A	V	A	O	D	
I	A	S	S	V	O	A	V			I	N	R	A
S	M	E	O	E	E	V	A	O	O	N	O	E	L
S		C	F	P	O	T	I	N	M	V	R	P	Z
E	O	A	A	A	T	O	F	O	A	O	E	S	A
V	H	F	S	S	E	T	O	S	I	R	N	V	T
A	A	V	A	C	I	V	E	N	S	A	T	A	A

B. Ridiamo insieme. Inventa una didascalia appropriata per ciascuna delle seguenti vignette.

1.

2.

C. Il campionato di Serie A. Studia i risultati e la classifica del campionato italiano di calcio di Serie A e rispondi alla seguenti domande. Ecco alcune chiarifiche per capire lo schema.

G = partite giocate
V = partite vinte
N = partite pareggiate (neutre)
P = partite perse
Gf = gol fatti
Gs = gol subiti

In casa   = games played at home
Fuori (casa) = games played away (from home)

1. Quale squadra è prima in classifica? Quanti punti ha?
2. Chi ha vinto l'incontro Milan-Torino?
3. Cosa hanno fatto il Foggia e l'Udinese?
4. Cosa ha fatto il Parma?
5. Qual è stato il risultato di Juventus-Napoli?
6. Quanti gol ha segnato Baggio in campionato?
7. Quanti gol ha fatto la Sampdoria in totale?
8. Quanti gol ha subito il Milan in totale?
9. Quante partite ha vinto il Lecce in casa?
10. Quante partite ha perso la Lazio fuori casa?
11. Quante partite ha pareggiato la Cremonese fuori casa?
12. Chi ha arbitrato la partita Atalanta-Lazio?

Atalanta-Lazio 1-1
Arbitro: Amendolia
Marcatori: 15 p.t. Di Matteo, 2 s.t. Orlandini

Cremonese-Piacenza 4-0
Arbitro: Cardona
Marcatori: 19 p.t. Tentoni, 45 p.t. Dezotti (rigore), 9 s.t. Tentoni, 36 s.t. Fiorjancic

Foggia-Udinese 2-2
Arbitro: Pairetto
Marcatori: 7 p.t. Pizzi, 40 p.t. Roy, 15 s.t. Stroppa, 33 s.t. Branca (rigore)

Genoa-Sampdoria 1-1
Arbitro: Beschin
Marcatori: 1 p.t. Ruotolo, 43 p.t. Platt

Juventus-Napoli 1-0
Arbitro: Luci
Marcatore: 28 p.t. Ferrara (autorete)

Lecce-Inter 1-3
Arbitro: Braschi
Marcatori: 34 p.t. Bergkamp, 39 s.t. e 42 s.t. Shalimov, 45 s.t. Notaristefano

Milan-Torino 1-0
Arbitro: Stafoggia
Marcatore: 28 p.t. Raducioiu

Reggiana-Cagliari 3-1
Arbitro: Rodomonti
Marcatore: 20 p.t. Mateut 24 p.t. (rigore) e 24 s.t. Padovano, 32 s.t. Matteoli (rigore)

Roma-Parma 2-0
Arbitro: Baldas
Marcatori: 19 p.t. Comi, 29 s.t. Cappioli

Squadre	Punti	Totale						In casa						Fuori						Media inglese
		G	V	N	P	Gf	Gs	G	V	N	P	Gf	Gs	G	V	N	P	Gf	Gs	
MILAN	21	14	8	5	1	17	7	7	5	2	0	9	2	7	3	3	1	8	5	0
SAMPDORIA	20	14	9	2	3	27	18	7	4	1	2	12	9	7	5	1	1	15	9	− 1
PARMA	19	14	8	3	3	19	9	7	6	1	0	12	1	7	2	2	3	7	8	− 2
JUVENTUS	19	14	7	5	2	25	14	8	7	1	0	19	5	6	0	4	2	6	9	− 2
INTER	17	14	6	5	3	17	12	7	4	2	1	12	8	7	2	3	2	5	4	− 4
TORINO	16	14	7	2	5	20	14	6	5	0	1	12	4	8	2	2	4	8	10	− 4
LAZIO	16	14	5	6	3	15	12	7	4	2	1	10	4	7	1	4	2	5	8	− 5
CREMONESE	15	14	6	3	5	17	14	7	5	1	1	12	4	7	1	2	4	5	10	− 6
ROMA	15	14	5	5	4	14	13	7	3	2	2	10	8	7	2	3	2	4	5	− 6
CAGLIARI	14	14	5	4	5	20	22	6	3	1	2	10	7	8	2	3	3	10	15	− 6
NAPOLI	14	14	5	4	5	19	15	7	3	2	2	12	6	7	2	2	3	7	9	− 7
PIACENZA	12	14	3	6	5	12	20	7	2	4	1	9	10	7	1	2	4	3	10	− 9
FOGGIA	11	14	1	9	4	14	16	7	0	5	2	7	9	7	1	4	2	7	9	− 10
GENOA	11	14	3	5	6	10	16	7	2	4	1	5	3	7	1	1	5	5	13	− 10
REGGIANA	10	14	2	6	6	9	19	7	2	5	0	7	3	7	0	1	6	2	16	− 11
UDINESE	9	14	2	5	7	9	18	7	1	2	4	2	9	7	1	3	3	7	9	− 12
ATALANTA	9	14	2	5	7	14	24	8	2	4	2	10	11	6	0	1	5	4	13	− 13
LECCE	4	14	1	2	11	12	25	7	1	2	4	7	10	7	0	0	7	5	15	− 17

PROSSIMO TURNO
12-12-93
15ª giornata

CAGLIARI-PARMA
GENOA-FOGGIA
INTER-SAMPDORIA
LAZIO-JUVENTUS
NAPOLI-ATALANTA
PIACENZA-ROMA
REGGIANA-LECCE
TORINO-CREMONESE
UDINESE-MILAN

MARCATORI

11 reti: Silenzi (Torino, 2 rig.);
9 reti: R. Baggio (Juventus, 5 rig.), Gullit (Sampdoria, 1 rig.);
8 reti: Moeller (Juventus);
7 reti: Ganz (Atalanta), Dely Valdes (Cagliari), Tentoni (Cremonese), Roy (Foggia), Sosa (Inter, 1 rig.), Fonseca (Napoli), Zola (Parma, 1 rig.), Branca (Udinese, 2 rig.);
6 reti: Signori (Lazio, 3 rig.), Platt (Sampdoria);

5 reti: Dezotti (Cremonese, 2 rig.);
4 reti: Oliveira (Cagliari), Bergkamp (Inter, 2 rig.), Papin (Milan), Asprilla (Parma), Turrini (Piacenza), Padovano (Reggiana, 1 rig.), Balbo (Roma), Cappioli (1 Roma/3 Cagliari), Mancini (Sampdoria, 2 rig.);
3 reti: Allegri (1 rig.), Matteoli (3 rig.), Nappi, Schillaci, Baldieri (1 rig.), Russo, Albertini.

D. Champion U.S.A. Leggi il seguente annuncio. Usa il dizionario per le parole che non conosci.

Ora completa le seguenti frasi.

1. Secondo l'annuncio, tutti gli sport hanno un elemento fondamentale in comune: l'_____.
2. L'allenamento è un momento _____ e _____.
3. Nell'allenamento sono assolutamente necessari la capacità di _____, la _____ e la _____ di sé stessi.
4. L'allenamento è un momento che accomuna atleti _____ e _____ nella ricerca della _____ ottimale.
5. *Champion* è da sempre simbolo dell'_____.
6. *Champion* è il tuo partner in _____.

E. Momento creativo. Continua il seguente dialogo tra Charlie Brown e la sua amica Violet.

LESSICO UTILE

allenarsi	to train	nuotare	to swim
l'atletica leggera	track and field	il nuoto	swimming
l'automobilismo	car racing	nuvoloso	cloudy
il bollettino meteorologico	weather forecast	la pallacanestro	basketball
		la pallavolo	volleyball
il calcio	soccer	pareggiare	to tie (the score)
c'è il sole	it is sunny	la partita	game, match
il ciclismo	bicycle racing	il pattinaggio	skating
il culturismo	body-building	pattinare	to skate
il/la dilettante	amateur	perdere	to lose
il dono	gift	la pioggia/piovere	rain/to rain
fa bel tempo	it is nice	la pista	track
fa brutto/cattivo tempo	it is awful	il premio	prize
		il pugilato	boxing
fa caldo	it is hot, warm	il rigore	penalty kick
fa freddo	it is cold	lo sci	skiing
fa fresco	it is cool	sciare	to ski
fare ginnastica	to exercise, work out	segnare	to score
fare/praticare uno sport	to play a sport	la squadra	team
		lo stadio	stadium
il fiume	river	sudare	to perspire
la gara	race	il tennis	tennis
guadagnare	to earn	tira vento	it is windy
lampeggiare	to be lightning	tuonare	to thunder
la nebbia	fog	versare	to deposit
la neve/nevicare	snow/to snow	vincere	to win

Incontro con gli astri

11

Tema concettuale	**Caratteristiche personali e sociali**
Vocabolario	Attributi fisici, sociali e personali
Note grammaticali	I superlativi
	Il futuro
	Il futuro semplice
	Il futuro anteriore
	Usi del futuro
	Il nome
	Particolarità del genere
	Nomi alterati
Per la comunicazione	Parlare di sé e degli altri
	Reagire a diverse situazioni
Taccuino culturale	Formule di cortesia
Letture	«Oroscopo della settimana»
	«La pigrizia» di Natalia Ginzburg

Stimolo alla lettura

Conosci il mondo delle superstizioni? Scopri questo mondo, facendo il seguente test. Non dimenticare di controllare l'analisi delle tue risposte alla fine del capitolo (pagina 312).

1. Quando si sente parlare di disgrazie (*misfortunes*) o di morte
   a. bisogna toccare ferro o legno (*wood*).
   b. bisogna incominciare a ridere per allontanare la cattiva fortuna.

2. Il ferro di cavallo (*horseshoe*) porta fortuna perché
   a. è simbolo di «ricchezza».
   b. ha la forma della lettera C, la prima lettera del nome di Cristo.

3. Mentre si cammina, se si incontra un gatto nero
   a. non bisogna spaventarlo (*frighten it*) perché se si spaventa porta sfortuna.
   b. bisogna cambiare strada.

4. Il gatto nero porta sfortuna perché
   a. il colore nero è simbolo di lutto (*mourning*).
   b. il gatto è un animale imprevedibile.

5. Aprire un ombrello in casa
   a. porta fortuna.
   b. porta sfortuna.

6. Passare sotto una scala
   a. porta bene.
   b. porta male.

7. Quando cade del sale per terra
   a. bisogna raccoglierlo immediatamente.
   b. bisogna buttarsene (*throw*) un po' dietro le spalle.

8. Per gli Italiani il numero diciassette porta sfortuna perché
   a. per gli antichi romani il numero «XVII» era l'anagramma della parola «VIXI», cioè «ho vissuto, sono morto».
   b. Giulio Cesare fu ucciso il 17 marzo.

9. In molte nazioni il numero tredici è considerato un numero sfortunato perché
   a. è il giorno in cui è scoppiata la seconda guerra mondiale.
   b. è il numero delle persone presenti all'Ultima Cena, dopo la quale Cristo fu crocifisso.

10. Per gli Italiani il tredici è un numero fortunato perché
    a. fare tredici vuol dire vincere al totocalcio.
    b. il tredici dicembre si celebra la festa di Santa Lucia.

*O*roscopo della settimana

Leggi attentamente l'oroscopo della settimana, soffermandoti in particolare sulla lettura del tuo segno. Mentre leggi, fa' attenzione anche ai verbi al futuro.

ARIETE
dal 21-3 al 20-4

Persona e lavoro: la situazione si presenta abbastanza tranquilla anche se il vostro temperamento impaziente continua a giudicarla più preoccupante di quanto non sia. Se la cosa vi può tranquillizzare consultate un esperto fidato.[1] **Affetti:** le tensioni in amore troveranno una soluzione soddisfacente durante questa settimana ma non basterà ancora a rendervi del tutto[2] sereni. **Salute:** abbastanza buona. **Giorno favorevole:** martedì.

TORO
dal 21-4 al 20-5

Persona e lavoro: riceverete inaspettatamente delle proposte di lavoro in un settore che è affine[3] al vostro. Esaminate la faccenda[4] con calma prima di rifiutare e se la cosa vi interessa lasciate uno spiraglio[5] aperto. Occorre diplomazia. **Affetti:** non esitate ad andare fino in fondo in una faccenda così delicata. In amore non sono accettabili i compromessi. Agite di conseguenza. **Salute:** pericolo di intossicazione. **Giorno favorevole:** sabato.

GEMELLI
dal 21-5 al 21-6

Persona e lavoro: per incrementare il vostro lavoro non potete contare sulle vostre sole forze ma non perdete mai il totale controllo della situazione che vi riguarda. Riceverete da una persona amica degli ottimi consigli. Cautela.[6] **Affetti:** non è il momento di prendere decisioni importanti in questo settore. Gli astri[7] dicono di aspettare ancora. Presto le stelle vi sorrideranno. **Salute:** frequenti emicranie.[8] **Giorno favorevole:** giovedì.

CANCRO
dal 22-6 al 22-7

Persona e lavoro: gli scatti[9] di nervi sono da evitare specie nell'ambiente di lavoro. Sostenere con calore le proprie opinioni non significa dimenticare le regole della buona creanza.[10] Cercate la compagnia di pochi vecchi amici. **Affetti:** la persona che amate vi sarà vicino con tutta la comprensione di cui è capace. Ricambiatela con molta tenerezza. Cenette a lume di candela.[11] **Salute:** state molte ore all'aperto. **Giorno favorevole:** venerdì.

LEONE
dal 23-7 al 23-8

Persona e lavoro: il lavoro in sé non presenta difficoltà particolari ma al momento delle decisioni tenete gli occhi bene aperti perché da queste dipendono i futuri sviluppi. Sentite il parere di un esperto di fiducia. Prudenza. **Affetti:** non sono previste novità di rilievo[12] in questo settore. Evitate di imbarcarvi[13] in situazioni di scarso[14] valore e dedicatevi di più alla vostra famiglia. **Salute:** leggeri reumatismi. **Giorno favorevole:** domenica.

VERGINE
dal 24-8 al 22-9

Persona e lavoro: le contrarietà che vi hanno tenuto in apprensione recentemente sono terminate o almeno avviate[15] a una soluzione rapida e soddisfacente. Riprenderete con entusiasmo il lavoro per agevolare[16] e accelerare le cose. **Affetti:** nessuna ombra[17] turba[18] il vostro orizzonte sentimentale. Lasciatevi guidare soltanto dai consigli del cuore. Organizzate teneri *weekend*. **Salute:** lievi disturbi epatici.[19] **Giorno favorevole:** lunedì.

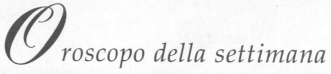

BILANCIA
dal 23-9 al 22-10

Persona e lavoro: piccole contrarietà e lievi contrasti che metteranno a dura prova la vostra pazienza. Non perdete tempo in chiacchiere[20] e affrontate la settimana con la certezza che non vi saranno complicazioni. Diplomazia. **Affetti:** non dovete avere fretta. La vostra attesa di novità in amore si prolungherà ancora per qualche tempo. Attendete: presto vedrete i risultati. **Salute:** discreta. Riposatevi di più. **Giorno favorevole:** venerdì.

SCORPIONE
dal 23-10 al 22-11

Persona e lavoro: mettete un po' di ordine nel lavoro: le cose procedono abbastanza bene ma una migliore organizzazione potrebbe cambiare sensibilmente le cose con un notevole incremento dei vantaggi. Riducete molto le spese. **Affetti:** in questo settore muovetevi con cautela. Secondo gli astri è molto facile commettere un passo falso. Prudenza nell'intavolare[21] discussioni. **Salute:** riposate di più. **Giorno favorevole:** mercoledì.

SAGITTARIO
dal 23-11 al 21-12

Persona e lavoro: siate obiettivi nel giudicare la situazione del vostro lavoro, più di quanto non lo siate stati finora e vedrete che ogni cosa assumerà un diverso rilievo. Sarà più facile trovare le soluzioni adatte allo scopo.[22] **Affetti:** un nuovo incontro a metà settimana potrebbe provocare in voi un notevole turbamento. Non lasciatevi coinvolgere e rimanete accanto al vostro *partner*. **Salute:** prudenza nei cibi. **Giorno favorevole:** lunedì.

CAPRICORNO
dal 22-12 al 20-1

Persona e lavoro: il momento è decisamente favorevole e ne dovrete approfittare sia pure[23] con moderazione. Riesaminate tutte le faccende rimaste in sospeso e anche per queste troverete una soluzione soddisfacente. Impegnatevi. **Affetti:** non cercate di risolvere i problemi amorosi con gli stessi metodi che usate nel lavoro. Occorre un altro metro e molta più diplomazia. **Salute:** nervi stanchi. Riposate. **Giorno favorevole:** sabato.

ACQUARIO
dal 21-1 al 19-2

Persona e lavoro: noterete un sensibile miglioramento nell'andamento[24] del lavoro e un guadagno inaspettato migliorerà ulteriormente il vostro stato d'animo. Riprendete il posto che avete sempre occupato nella cerchia[25] degli amici. **Affetti:** abbiate maggiore fiducia nella persona che amate o almeno non assillatela[26] con le vostre infondate[27] gelosie. Dovete darle più fiducia. **Salute:** in generale molto buona. **Giorno favorevole:** domenica.

PESCI
dal 20-2 al 20-3

Persona e lavoro: non sono previste novità importanti nel lavoro della settimana e quindi affrontatelo[28] senza affaticarvi[29] troppo convogliando le energie in altri settori della vostra vita. Abbiate maggiore premure[30] per la famiglia. **Affetti:** una battuta[31] maligna sul conto della persona che amate vi farà capire fino a che punto ne siete presi. Reagite con molta più prudenza. **Salute:** abbastanza buona. **Giorno favorevole:** giovedì.

---

[1] *trusted* [2] **del...** *completely* [3] *similar* [4] *matter* [5] *glimmer* [6] *caution* [7] *stars* [8] *migraine headaches* [9] *outbursts* [10] *manners* [11] **lume...** *candlelight* [12] **di...** *noteworthy* [13] *embark upon* [14] *little* [15] *headed toward* [16] *facilitate* [17] *shadow* [18] *upset* [19] *of the liver* [20] *chitchat* [21] *entering into* [22] *purpose* [23] **sia...** *although* [24] *progress* [25] *circle* [26] *harass, torment her/him* [27] *groundless* [28] *deal with it* [29] *overworking yourself* [30] *care* [31] *remark*

❊ Dopo la lettura

A. L'oroscopo. Riassumi brevemente ciò che il tuo oroscopo dice quanto al tuo lavoro, ai tuoi affetti, al tuo stato di salute. Cos'è previsto nel lavoro? E nell'amore? Come sarà la tua salute? Cosa ti viene consigliato nell'oroscopo? Quale sarà il tuo giorno favorevole?

B. La risposta giusta. Basandoti sul contenuto della lettura, completa le frasi con la risposta giusta.

1. Per i nati sotto il segno dell'Ariete il giorno migliore sarà
   a. sabato.
   b. martedì.

2. I nati sotto il segno del Toro
   a. riceveranno inaspettatamente delle proposte di lavoro.
   b. saranno senza lavoro.

3. I nati sotto il segno dei Gemelli
   a. avranno leggeri reumatismi.
   b. avranno frequenti emicranie.

4. Per i nati sotto il segno del Cancro
   a. ci saranno cenette a lume di candela.
   b. non sono previste grandi novità nel settore amoroso.

5. Nel settore del lavoro, ai nati sotto il segno del Leone si consiglia di
   a. riesaminare tutte le faccende rimaste in sospeso.
   b. sentire l'opinione di un esperto di fiducia.

6. I nati sotto il segno della Vergine
   a. dovranno evitare scatti di nervi nell'ambiente del lavoro.
   b. riprenderanno con entusiasmo il lavoro.

7. Nell'ambiente del lavoro, ai nati sotto il segno della Bilancia si consiglia di
   a. essere diplomatici.
   b. ridurre le spese.

8. I nati sotto il segno dello Scorpione dovranno
   a. riposare di più.
   b. stare molte ore all'aperto.

9. Ai nati sotto il segno del Sagittario si consiglia di
   a. non prendere decisioni importanti nel settore amoroso.
   b. rimanere vicino al loro partner.

10. Per i nati sotto il segno del Capricorno la salute sarà
    a. discreta.
    b. molto buona.

11. Il giorno migliore per i nati sotto il segno dell'Acquario sarà
    a. domenica.
    b. venerdì.

12. Per i nati sotto il segno dei Pesci la salute
    a. non sarà molto buona.
    b. sarà abbastanza buona.

C. Parliamone! Rispondi liberamente alle seguenti domande. Discuti le tue risposte con gli altri membri della classe.

1. Leggi regolarmente l'oroscopo? Ci credi? Perché sì/no?
2. Perché, secondo te, gli oroscopi sono tanto popolari?
3. Sei mai stato(-a) da una chiromante? Se sì, di' il perché e racconta l'esperienza che hai avuto.
4. Si è mai avverata (*come true*) una previsione zodiacale nei tuoi riguardi? Se sì, racconta che cosa è successo.
5. Sei superstizioso(-a)? C'è qualche superstizione che temi di più delle altre?

STIMOLO LINGUISTICO

A. Alla ricerca del futuro. Nell'oroscopo di pagina 287 ci sono venti verbi al futuro. Identificali, dandone l'infinito.

MODELLO   (Ariete) troveranno, **trovare**
                  basterà, **bastare**

B. L'angolo dei buoni propositi (*intentions*). All'inizio di ogni anno si fanno dei buoni propositi per l'anno nuovo. Ecco i propositi di alcune persone. Segui il modello.

MODELLO   io / smettere di fumare
                Smetterò di fumare.

1. Carlo e Luisa / studiare di più
2. Salvatore / cercare di essere meno aggressivo
3. il bambino / mangiare meno dolci
4. noi / essere più sinceri

5. tu / arrabbiarsi di meno
6. loro / litigare di meno
7. il professore / essere meno severo
8. loro / dovere essere più pazienti

C. I buoni propositi in classe. Chiedi a un tuo compagno/una tua compagna di classe di fare un buon proposito per la settimana prossima. Leggi davanti alla classe il proposito.

MODELLO **Carlo ha detto che starà più attento alle spiegazioni del professore.**

VOCABOLARIO ATTRIBUTI FISICI, SOCIALI E PERSONALI

alto	*tall*	**intelligente**	*intelligent*
basso	*short*	**stupido**	*stupid*
bello	*beautiful, handsome*	**magro**	*skinny*
brutto	*ugly*	**grasso**	*fat*
bravo	*good (at something)*	**pigro**	*lazy*
incompetente	*incompetent*	**energico**	*energetic*
altruista	*altruist*	**ricco**	*rich*
egoista	*selfish, egotistical*	**povero**	*poor*
buono	*good (in character)*	**avaro**	*greedy, stingy*
cattivo	*bad*	**generoso**	*generous*
ottimista	*optimistic*	**debole**	*weak*
pessimista	*pessimistic*	**forte**	*strong*
sensibile	*sensitive*	**onesto**	*honest*
insensibile	*insensitive*	**disonesto**	*dishonest*
furbo	*cunning*	**paziente**	*patient*
ingenuo	*ingenuous, naive*	**impaziente**	*impatient*
educato	*well-mannered, polite*	**introverso**	*introverted*
maleducato	*ill-mannered*	**estroverso**	*extroverted*
grande	*big*	**simpatico**	*nice, pleasant*
piccolo	*small*	**antipatico**	*not nice, unpleasant*

See Capitolo 2, p. 36, for a review of descriptive adjectives.

A. Prepara l'oroscopo. Prepara l'oroscopo di due compagni di classe. I due oroscopi devono essere completamente opposti.

> MODELLO   conoscere / donna / alta
>
> **Tu conoscerai una donna alta. Tu invece conoscerai una donna bassa.**

1. incontrare / amici / simpatici **2.** conoscere / ragazza / povera
3. sposare / una persona / pigra **4.** diventare / uomo / avaro
5. amare / donna / paziente

B. Il gioco dell'incontrario. Sei appena andato(-a) da una chiromante e sei ancora tutto confuso(-a) perché alcune delle sue risposte sono state molto sibilline (*incomprehensible*). Prima di finire però lei ti ha dato la chiave delle sue risposte: (1) anagramma le parole in corsivo; (2) sostituisci alle parole anagrammate il loro contrario; (3) leggi le frasi a partire dall'ultima parola.

> MODELLO   *ccria* è moglie tua
>
> anagramma di *ccria* = **ricca**
> contrario di *ricca* = **povera**
> frase finale = **Tua moglie è povera.**

1. *cttvaio* e *pcciool* è amici tuoi dei figlio il **2.** *tturba* e *pgiar* è Giovanni di moglie la **3.** *rovaa* e *cinaotitap* è casa di vicino tuo il **4.** *garam* e *tala* è sorella tua **5.** *camaduleti* sono fratello tuo di figli i

NOTE GRAMMATICALI

I SUPERLATIVI

■ The suffix **-issimo(-a)** can be added to any adjective or adverb to express *very*, and thus to add emphasis. Drop the final vowel and add **-issimo** with the appropriate ending.

Carlo è molto intelligente.	Carlo è intelligentissimo.
Maria è molto buona.	Maria è buonissima.
I ragazzi sono furbi.	I ragazzi sono furbissimi.

■ For an adjective ending in **-co**, change it to the masculine plural (**-ci** or **-chi**) and add **-ssimo** with the appropriate ending.

molto ricco(-a) (ricchi)	ricchissimo(-a)
molto simpatica (simpatici)	simpaticissima

L'angolo dei pettegolezzi (*gossips*). Marina si confida con un suo amico/una sua amica e gli/le dice che finalmente ha incontrato il suo «principe azzurro» ed è uscita con lui. L'amico/L'amica vuole sapere tutto di questo «principe azzurro» e del loro appuntamento. Svolgi con un compagno/una compagna i seguenti mini-dialoghi.

> MODELLO   AMICO(-A): **Questo principe azzurro è bello?**
> MARINA: **Oh, è bellissimo/molto bello!**

1. È alto?   **2.** È intelligente?   **3.** È bravo?   **4.** I suoi genitori sono simpatici?   **5.** Abita in una casa grande?   **6.** È ricco?   **7.** È gentile?   **8.** È buono?   **9.** Il ristorante dove ti ha portato è elegante?   **10.** Il film che avete visto è stato interessante?

IL FUTURO

■ Like English, Italian has two future tenses, the **futuro semplice** (simple future) and the **futuro anteriore** (future perfect).

Il futuro semplice

■ The **futuro semplice** allows you to express an action that will occur in the future. It is formed by dropping the final **-e** of the infinitive of all three conjugations and adding the endings **-ò, -ai, -à, -emo-, -ete-, anno**. For first-conjugation verbs change the **-a-** of the infinitive ending to **-e-**.

	amare → amer-	ricevere → ricever-	finire → finir-
io	amerò	riceverò	finirò
tu	amerai	riceverai	finirai
lui/lei/Lei	amerà	riceverà	finirà
noi	ameremo	riceveremo	finiremo
voi	amerete	riceverete	finirete
loro	ameranno	riceveranno	finiranno

■ Verbs like **tradurre (tradurrò, tradurrai,...)** and **porre (porrò, porrai,...)** also follow this pattern.

■ For verbs ending in **-care** and **-gare**, add an **-h-** to retain the hard **c** and **g** sounds.

cercare → cercher-   cercherò, cercherai,...
pagare → pagher-   pagherò, pagherai,...

- For verbs ending in **-ciare** and **-giare**, drop the **-i-** of the stem.

  cominciare → comincer-   comincerò, comincerai,...

  mangiare → manger-   mangerò, mangerai,...

- Most irregular verbs in the future are formed by dropping the vowels of the infinitive suffix from the stem and adding the future endings. For example, the future of the verb **andare** is formed by first dropping the **-e** (**andar-**), then the **-a-** (**andr-**), and adding the regular endings (**andrò, andrai, andrà,...**). The main verbs conjugated this way are the following:

andare	(andr-)	andrò, andrai, andrà, andremo, andrete, andranno
avere	(avr-)	avrò, avrai, avrà, avremo, avrete, avranno
cadere	(cadr-)	cadrò, cadrai, cadrà, cadremo, cadrete, cadranno
dovere	(dovr-)	dovrò, dovrai, dovrà, dovremo, dovrete, dovranno
godere	(godr-)	godrò, godrai, godrà, godremo, godrete, godranno
potere	(potr-)	potrò, potrai, potrà, potremo, potrete, potranno
sapere	(sapr-)	saprò, saprai, saprà, sapremo, saprete, sapranno
vedere	(vedr-)	vedrò, vedrai, vedrà, vedremo, vedrete, vedranno
vivere	(vivr-)	vivrò, vivrai, vivrà, vivremo, vivrete, vivranno

- The following verbs have irregular stems:

bere	(berr-)	berrò, berrai, berrà, berremo, berrete, berranno
essere	(sar-)	sarò, sarai, sarà, saremo, sarete, saranno
rimanere	(rimarr-)	rimarrò, rimarrai, rimarrà, rimarremo, rimarrete, rimarranno
tenere	(terr-)	terrò, terrai, terrà, terremo, terrete, terranno
valere	(varr-)	varrò, varrai, varrà, varremo, varrete, varranno
venire	(verr-)	verrò, verrai, verrà, verremo, verrete, verranno
volere	(vorr-)	vorrò, vorrai, vorrà, vorremo, vorrete, vorranno

- The verbs **dare**, **fare**, and **stare**—unlike regular verbs in **-are**—do not change the **-a-** of the infinitive to **-e-**. They are conjugated thus: **darò, darai, darà...** ; **farò, farai...** ; **starò, starai....**

- For verbs such as **considerare**, **desiderare**, **laurearsi**, and **creare**, be sure *not* to drop part of the stem: **considererò, desidererò, mi laureerò, creerò.**

Il futuro anteriore

■ The **futuro anteriore** is formed with the future of the auxiliary verb **avere** or **essere** and the past participle of the verb.

	mangiare	andare
io	avrò mangiato	sarò andato(-a)
	I will have eaten	*I will have gone*
tu	avrai mangiato	sarai andato(-a)
	you will have eaten	*you will have gone*
lui/lei/Lei	avrà mangiato	sarà andato(-a)
noi	avremo mangiato	saremo andati(-e)
voi	avrete mangiato	sarete andati(-e)
loro	avranno mangiato	saranno andati(-e)

Usi del futuro

■ The **futuro semplice** is used to express future actions. It can be rendered in English in three ways.

Fra un mese andrò a Roma.	*In a week I will go to Rome.*
	In a week I will be going to Rome.
	In a week I am going to Rome.
Presto riceverai una proposta di lavoro.	*Soon you will receive a job offer.*
	Soon you will be receiving a job offer.
	Soon you are going to receive a job offer.

■ The **futuro anteriore** is used to express an action that will be completed before a simple future action. It corresponds to the English future perfect.

Quando leggerai l'oroscopo, la situazione sarà già migliorata.
When you read your horoscope, the situation will have already improved.

Quando arriverai a New York, io sarò già partito per le vacanze.
When you arrive in New York, I will have already left for my holidays.

■ In clauses beginning with **se**, **quando**, **appena**, **dopo che**, and other temporal conjunctions, the future is implied and can be expressed in the following two ways:

1. If the main verb is in the present, the verb in the dependent clause is also in the present.

Se Mario va alla festa, ci vado anch'io.   *If Mario goes to the party, I'll go too.*

2. If the main verb is in the future, the verb in the dependent clause is also in the future.

Se Mario andrà alla festa, ci andrò anch'io.   *If Mario goes to the party, I'll go too.*
Appena sarete arrivati, mangeremo.   *As soon as you arrive, we'll eat.*

■ In conversational Italian, the two tenses can be mixed.

Se Maria va alla festa, ci andrò anch'io. / Se Mario andrà alla festa, ci vado anch'io.

■ The future is used to express probability or supposition. It is equivalent to the English *must/must have.*

—Quanto costa?
—Costerà 1.000 lire.
(= Probabilmente costa 1.000 lire./
Forse costa 1.000 lire.)
It must cost 1,000 liras.

—Quanto è costato?
—Sarà costato 1.000 lire.
(= Probabilmente è costato 1.000
lire./Forse è costato 1.000 lire.)
It must have cost 1,000 liras.

—A che ora telefonerà?
—Non lo so. Telefonerà alle cinque.
(= Probabilmente telefona alle
cinque./Forse telefona
alle cinque.)
He'll probably phone at five.

—A che ora ha telefonato?
—Avrà telefonato alle cinque.
(= Probabilmente ha telefonato alle
cinque./Forse ha telefonato alle
cinque.)
He probably phoned at five.

APPLICAZIONE   **A. Il futuro semplice.** Metti al futuro semplice i verbi fra parentesi del seguente oroscopo.

1. *Ariete:* Per voi questo mese (cominciare) molto male.   **2.** *Toro:* La fortuna vi (sorridere) e finalmente (voi / pagare) un vecchio debito.
3. *Gemelli:* I vostri impegni di lavoro o di studio (risultare) molto faticosi; la situazione economica vi (potere) costare qualche sacrificio.   **4.** *Cancro:* Tu (fare) un lungo viaggio, (fare) molte cose nuove, (avere) molte nuove opportunità e (cercare) di fare nuove amicizie.   **5.** *Leone:* Alcune novità importanti vi (fare) capire quanto sia importante la vita.   **6.** *Vergine:* (Essere) un anno proficuo: non (mancare) le occasioni per migliorare la vostra posizione economica.   **7.** *Bilancia:* Voi (ricevere) delle ottime proposte di lavoro.   **8.** *Scorpione:* Un importante incontro (potere) cambiare sensibilmente la vostra vita.   **9.** *Sagittario:* Il tuo compagno (essere) molto gentile con te questo mese, (venire) spesso a trovarti, (rimanere) a lungo con te, e insieme (divertirsi) a non finire!
10. *Capricorno:* La tua attesa di novità in amore (prolungarsi) ancora per molto tempo.   **11.** *Acquario:* Cambiate atteggiamento e (vedere) che ogni cosa (assumere) un diverso rilievo.   **12.** *Pesci:* Il momento è favorevole e ne (tu / dovere) approfittare.

B. La catena magica. Continua la catena fino ad arrivare al punto di partenza.

MODELLO
1. svegliarsi
2. fare colazione
3. uscire
Dopo che mi sarò svegliato, farò colazione.
Dopo che avrò fatto colazione, uscirò.

16. ADDORMENTARSI
1. SVEGLIARSI
2. FARE COLAZIONE
3. USCIRE
4. PORTARE LA MACCHINA DAL MECCANICO
15. ANDARE A LETTO
5. INCONTRARE DEGLI AMICI IN UN BAR
14. GUARDARE IL TELEGIORNALE
6. FARSI UN CAFFÈ CON GLI AMICI
13. RIENTRARE A CASA
7. RITORNARE A CASA
12. PORTARE LA RAGAZZA/ IL RAGAZZO IN UN BEL RISTORANTE
11. ANDARE AL CINEMA
10. USCIRE CON LA RAGAZZA/IL RAGAZZO
9. RIPOSARSI
8. FARE UNO SPUNTINO

C. Chissà dove sarà! Giovanni ha un appuntamento con i suoi amici, ma non è ancora arrivato. Come mai? Ecco cosa pensano i suoi amici. Segui il modello usando il futuro semplice o anteriore a seconda della situazione.

MODELLO
stare ancora dormendo
Starà ancora dormendo.

1. arrivare in ritardo   **2.** fermarsi per un caffè al bar   **3.** stare male
4. svegliarsi tardi   **5.** dimenticarsi   **6.** fermarsi per fare benzina   **7.** avere un incidente   **8.** esserci molto traffico   **9.** avere altri impegni

D. Non lo so...! Rispondi liberamente alle seguenti domande usando il futuro di probabilità.

MODELLO   Quanti anni ha il fidanzato di Paola?
Non lo so... Avrà venticinque anni.

1. Che ore sono?   2. Dov'è Marco?   3. Perché Paolo non mangia?
4. Quante persone c'erano alla festa ieri sera?   5. Chi ha telefonato a Marcello?   6. Quanto vale quel diamante?

IL NOME

Particolarità del genere

■   As you know, many nouns referring to people have corresponding masculine and feminine forms (**ragazzo/ragazza**, **studente/studentessa**, etc.).

■   Usually it is not possible to determine the gender of nouns referring to objects and ideas. Some even change their meaning according to their gender.

la tavola	*eating table, diagrammatic table (e.g., mathematical)*
il tavolo	*any other kind of table*
la casa	*house, home*
il caso	*case; chance*
la colla	*glue*
il collo	*neck*
la colpa	*fault, guilt, sin*
il colpo	*blow, shot, push*
la foglia	*leaf*
il foglio	*sheet (of paper)*
la mostra	*exhibit*
il mostro	*monster*
la pianta	*plant*
il pianto	*weep, cry*
la sala	*hall (banquet)*
il sale	*salt*
la pala	*shovel*
il palo	*pole*
la salute	*health*
il saluto	*greeting*
la fine	*end (of something)*
il fine	*goal, objective*

- However, you can often tell the gender of a noun from its suffix. Nouns ending in **-zione**, **-sione**, **-gione** and **-tà** are feminine; those ending in **-one** and **-ore** are masculine.

-zione/-gione/ -sione	-tà	-one	-ore
la conversazione *conversation*	la verità *truth*	il fannullone *good-for-nothing, idler*	il rumore *noise*
la carnagione *complexion*	l'abilità *ability*	il portone *main entrance door*	il dolore *pain*
la tensione *stress*	l'università *university*	il torrone *nougat candy*	l'editore *publisher*

Nomi alterati

- Suffixes can be added to Italian nouns and adjectives to alter or modify their meanings. Many of them refer to size or quality.

- The suffixes **-ino**, **-etto**, **-ello**, **-icino**, **-uccio**, **-olino** and **-ellino** and their corresponding feminine forms can be added to some nouns to render the idea of *small* or *cute*. These are known as diminutives.

NOME	NOME ALTERATO
il ragazzo	il ragazzino/il ragazzetto/il ragazzuccio *the small boy*
la ragazza	la ragazzina/la ragazzetta/la ragazzuccia *the small girl*
la casa	la casina/la casetta/ la caserella
il libro	il libricino
l'albero	l'alberello/l'alberetto *the small tree*
il pesce	il pesciolino
il cuore	il cuoricino
la mano	la manina *the pretty, small hand*

- The suffix **-one/-ona (-oni/-one)** can be used with some nouns to emphasize the physical qualities of *big* or *large*.

NOME	NOME ALTERATO
il ragazzo/la ragazza	il ragazzone/la ragazzona *the big boy/the big girl*
la casa	la casona
il libro	il librone
la mano	la manona

■ The suffixes **-accio, -astro,** and **-ucolo** can be used with some nouns to convey the qualities of *bad* or *ugly*.

NOME	NOME ALTERATO
il ragazzo/la ragazza	il ragazzaccio/la ragazzaccia *the bad boy/the bad girl*
la casa	la casaccia *the ugly house*
il libro	il libraccio
il poeta	il poetastro
il maestro/la maestra	il maestraccio/il maestrucolo; la maestraccia/la maestrucola

■ Keep in mind that these are only guidelines. Suffixes cannot be attached to nouns and adjectives indiscriminately. In some cases, they do not work. For example, **il nasello** is not a *small nose*, but a type of fish *(hake)*; **il mulino** is not a *small mule*, but a *mill*; **il tacchino** is not a *small (shoe) heel*, but a *turkey*.

■ Adjectives and proper nouns can also be altered by adding suffixes such as **-ino** (bello—bellino; Marcello—Marcellino; Angela—Angelina); **-uccio** (caro—caruccio; Michele—Micheluccio); **-one** (stupido—stupidone; Peppe—Peppone); **-astro** (bianco—biancastro); **-ello** (cattivo—cattivello; Antonio—Antonello), etc.

A. Le forme alterate. Da' tutte le forme alterate possibili dei seguenti nomi. Poi scrivi una frase con *una* di queste forme alterate.

MODELLO   casa
casaccia, caserella, caserellina, casetta, casettina, casettuccia, casina, casona, casuccia, casucola
Mi piace molto la tua casettina. È piccola e simpatica.

1. libro 2. ragazzo 3. piede 4. strada 5. naso 6. tempo 7. fratello
8. scarpa 9. professore 10. zio

B. Formiamo delle frasi. Forma delle frasi con i seguenti nomi e aggettivi.

1. casona
2. piccolino
3. cavalluccio
4. venticello
5. il mostro
6. stupidone
7. gattino
8. mulino
9. tacchino
10. il collo
11. piattone
12. ragazzaccio
13. carino
14. la fine
15. la colla

PER LA COMUNICAZIONE

PARLARE DI SÉ E DEGLI ALTRI

essere vedovo(-a)	to be a widower/widow
essere scapolo/celibe	to be single (for men)
essere nubile	to be single (for women)
essere divorziato(-a)	to be divorced
essere separato(-a)	to be separated
essere sposato(-a)	to be married
avere un carattere dolce/ romantico/buono/debole/forte/ cattivo	to have a sweet/romantic/good/ weak/strong/bad character
avere capelli castani/neri/ biondi/lunghi/corti/rossi/grigi/ bianchi	to have brown/black/blond/ long/short/red/grey/white hair
avere occhi celesti/castani/verdi	to have blue/brown/green eyes
essere serio/sensibile/sincero/ bugiardo/timido/riservato/ colto/affettuoso/attraente/ gentile	to be serious/sensitive/sincere/a liar/shy/ reserved/well-educated/affectionate/ attractive/kind

A. Cercasi anima gemella. Leggi i seguenti annunci di persone che cercano la loro anima gemella (*soul mate*) e rispondi alle domande che seguono con frasi complete.

1.

> Mi chiamo Gianni, ho venti anni, sono celibe, sensibile e romantico. Ho occhi celesti e capelli biondi; cerco ragazza sincera, amante della natura e dei viaggi, possibilmente laureata.

   a. Quanti anni ha Gianni?
   b. Gianni è sposato?
   c. Di che colore sono gli occhi di Gianni? E i capelli?
   d. Che tipo di ragazza cerca Gianni?

2.

> Sono Francesca, ho 34 anni, sono nubile, carina, molto dolce, studentessa di economia e commercio. Cerco un ragazzo massimo quarantenne, alto, affettuoso, serio e di buon carattere.

   a. Come si chiama la ragazza?
   b. Quanti anni ha? Com'è di carattere?
   c. Cosa studia?
   d. Che tipo di ragazzo cerca?

3.

> Ho 50 anni. Mi chiamo Pietro. Sono del segno dei Pesci, separato, timido, allegro ed ottimista; ho occhi e capelli castani. Cerco vedova o divorziata, riservata e colta, scopo matrimonio.

   a. Di che segno è Pietro?
   b. Pietro è sposato?
   c. Com'è di carattere Pietro?
   d. Di che colore sono i suoi capelli? E gli occhi?
   e. Che tipo di ragazza cerca?

B. Chi sono e chi cerco? Ora scrivi tu un annuncio su un giornale, simile a quelli precedenti, dicendo chi sei e chi cerchi.

CHI SONO?
Sono _____
_____
_____
_____

CHI CERCO?
Cerco _____
_____
_____
_____

REAGIRE A DIVERSE SITUAZIONI

Meraviglioso! Fantastico! Magnifico!	*Wonderful! Marvelous! Great!*
Caspita!	*Wow! (expressing astonishment) Good heavens! (expressing impatience, annoyance)*
Mio Dio!	*My God!*
Per amor di Dio!	*For God's sake!*
Grazie a Dio!	*Thank God!*
Maledizione!	*Damn (it)!*
Che guaio!	*It's a real problem!*
Povero(-a) me!	*Poor me!*
Che peccato!	*What a pity (shame)!*
Bene!	*Good!*
Bravo(-a)!	*Well done!*
Non importa!	*It doesn't matter!*
Magari!	*I wish!*
Basta!	*Stop it!/That's enough!*
Silenzio!	*Quiet!/Be (keep) quiet!*
Sta'/Stai zitto(-a)!	*(Be) quiet!/Shut up!*
Sta'/Stai fermo(-a)!	*Stay still!*
Ahi!	*Ouch!*
Che seccatura!	*What a nuisance (bore, drag)!*
Che barba!	*What a bore!*
Non dire sciocchezze!	*Don't talk nonsense!*
Ma sei pazzo(-a)?!	*Are you crazy?!*
Non fare lo stupido/la stupida!	*Don't be stupid/silly!*
Attenzione!	*Attention!*
Che sciocco(-a)!	*What a fool!*

A. Sai cosa dire? Scegli tra le esclamazioni elencate quella adatta ad ogni situazione.

Ma sei pazzo?   Che barba!   Silenzio!   Ahi!   Sta' fermo!   Bravo!

1. I bambini parlano troppo e ti disturbano.
2. Il tuo amico ha appena detto che ha intenzione di andare a nuotare nell'acqua gelata di un lago.
3. Stai guardando un film che consideri molto noioso.
4. Un bambino continua a muoversi e ti dà fastidio (*is bothering you*).
5. Il tuo amico ha ottenuto un bel voto all'esame.
6. Ti sei appena bruciato (*you just burned yourself*) con una sigaretta.

B. Sai perché? Leggi la seguente striscia di Charlie Brown e spiega perché la bambina dice «caspita».

¹ *basket, lunchbox*   ² *stupid*

IL MOMENTO CREATIVO   Con un tuo compagno/una tua compagna metti in scena la seguente situazione.
Un ragazzo innamorato di una compagna di scuola decide di andare da una chiromante (*fortune teller*) per «conoscere il suo futuro». La chiromante chiede informazioni sulle caratteristiche fisiche e sociali della ragazza. La scena termina quando la chiromante si rende conto che il giovane è innamorato di sua figlia.

Taccuino Culturale

FORMULE DI CORTESIA

Il linguaggio viene usato regolarmente per il vivere sociale. La cortesia comprende anche altri tipi di comportamento, dal vestire ai gesti, ma il linguaggio è tra i codici di cortesia più importanti.

Gli elementi verbali di cortesia usati in italiano sono la scelta tra il *tu* e il *Lei*, l'uso abbondante di titoli (*professore, avvocato*, ecc.), l'uso di formule come *Buon giorno, per piacere, per favore, per cortesia, se non ti/Le dispiace, mi dispiace, prego, grazie*, ecc., e la scelta del tono di voce che può essere asciutto (*dry*), cortese, neutro, rispettoso, sarcastico, secco, ironico.

✣ Alcune espressioni particolarmente utili sono:

Scusi (*formal*)./Scusa (*inform.*).	*Excuse me.*
Permesso.	*Excuse me* (making your way through people).
Prego.	*You're welcome./Go ahead.*
Auguri!	*Best wishes!/Good luck!*
Mi dispiace.	*I'm sorry.*
Si figuri (*form.*)./Figurati (*inform.*).	*Don't mention it.*
È permesso?/Posso?/Si può?	*May I?*
Congratulazioni!/Complimenti!	*Congratulations!*
Si accomodi!	*Come in!/Please sit down!/Make yourself comfortable.*
Se non ti dispiace./Se non Le dispiace.	*If you don't mind./If you please.*
Grazie, molto gentile.	*Thank you. It's very kind of you.*
Lo farò con piacere.	*I'll be glad /happy to do it.*
Avanti./Prego.	*Come in.*

✣ I commessi (*store clerks*) e altro personale di servizio usano *Desidera* (s.)/*Desiderano* (pl.) oppure *In che cosa posso servirLa?* (s.) per rendere l'idea di *May I help you?*

✣ Infine, per indicare cortesia e per attenuare una richiesta, in luogo del presente indicativo si usa il condizionale (che sarà descritto nel prossimo capitolo) o l'imperfetto indicativo.

Potresti/Potrebbe...?	*Could you . . . ?*
Ti/Le dispiacerebbe...?	*Would you mind . . . ?*
Saresti/Sarebbe così gentile da...?	*Would you be kind enough to . . . ?*
Sapresti/Saprebbe dirmi...?	*Could you tell me . . . ?*
Vorrei...	*I would like . . .*
Signorina, volevo vedere quelle scarpe.	*Miss, may I see those shoes, please?*

A. Le coppie. Accoppia le espressioni della prima colonna con le situazioni elencate nella seconda colonna.

1. _____ Mi potrebbe aiutare?
2. _____ Saresti così gentile da darmi una mano?
3. _____ È permesso?
4. _____ Volevo vedere quel vestito.
5. _____ Avanti.
6. _____ Complimenti!

a. Rispondi a qualcuno che bussa alla porta.
b. Sei in un negozio di abbigliamento.
c. Un'amica ha avuto un bel voto.
d. In un negozio non riesci a trovare qualcosa. Chiedi aiuto all'impiegato.
e. Bussi per entrare in un ufficio.
f. Stai portando molti libri—vedi un compagno seduto vicino alla porta.

B. Trova le forme di cortesia. Leggi il seguente dialogo e individua le forme di cortesia.

—Buongiorno. Permesso?
—Sì, sì... Si accomodi.
—Mi scusi! Cercavo l'ufficio del dottor Rossi.
—Che? Che cosa ha detto?
—Saprebbe dirmi dov'è l'ufficio del dottor Rossi, per favore?
—Mi dispiace. Non saprei.
—Ci sono altri uffici in questo piano?
—Sì, provi giù in fondo al corridoio. Ce n'è un altro lì.
—Sì, grazie. Molto gentile.
—Prego. Buongiorno.
—Buongiorno.

STIMOLO ALLA LETTURA

Chi sei? Che cosa vuoi dalla vita?   Alcuni nostri atteggiamenti, alcune nostre preferenze e opinioni ci aiutano a capire chi siamo e cosa vogliamo dalla vita. Nella lettura di pagina 308 l'autrice scrive che, siccome perdeva «un tempo infinito oziando e fantasticando», era dunque stata «sempre molto pigra». Vuoi scoprire anche tu chi sei e cosa vuoi dalla vita? Fa' il seguente test e lo scoprirai.

Se tu potessi all'improvviso partire per il viaggio dei tuoi sogni, a quale mezzo di trasporto ti affideresti (*would you rely on*)? Discuti la tua scelta con gli altri membri della classe.

LA ZATTERA - Sei una persona che ama l'avventura per l'avventura.

L'AUTO SCOPERTA - Non ami tanto l'avventura in sè quanto la possibilità che essa ti può offrire di attirare gli sguardi altrui e mettere in risalto il tuo lato più estroso. Nascondi un pizzico di vanità.

IL PALLONE - Sei decisamente esibizionista.

LA NAVE - Sei un tipo un po' contraddittorio.

L'AEREO - Sei un tipo pratico, deciso e anche un po' impaziente.

IL SOMMERGIBILE - Sei una persona che non ama affatto mettersi in mostra e che è un po' gelosa della propria intimità.

LA ROULOTTE - Sei attivo, dinamico ma un po' introverso.

IL TRENO - Sei una persona sentimentale e un po' romantica.

La pigrizia

Leggi attentamente il seguente brano di Natalia Ginzburg, soffermandoti in particolare sui tratti morali e comportamentali dell'autrice.

Nel '44, nel mese di ottobre, venni a Roma per trovare lavoro. Mio marito era morto nell'inverno. A Roma aveva sede[1] una casa editrice,[2] dove mio marito aveva lavorato per anni. L'editore si trovava allora in Svizzera; ma la casa editrice, subito dopo la liberazione di Roma, aveva ripreso la sua attività. Pensavo che se avessi chiesto di lavorare in quella casa editrice, m'avrebbero dato lavoro; e tuttavia[3] il chiederlo mi pesava,[4] perché pensavo che mi sarebbe stato dato un posto per compassione, essendo io vedova, e con figli da mantenere; avrei voluto che qualcuno mi desse un posto senza conoscermi e per mie competenze.

Il male era che io competenze non ne avevo. Avevo intrattenuto questi pensieri[5] nei mesi dell'occupazione tedesca. Ero allora con i miei bambini nella campagna toscana. Di là era passata la guerra, poi era sopravvenuto il silenzio che succede alla guerra, e infine, nella campagna immota[6] e sui villaggi sconvolti[7] erano arrivati gli americani. Noi ci trasferimmo a Firenze; lasciai i bambini a Firenze con i miei genitori e venni a Roma. Volevo lavorare perché non avevo soldi; tuttavia, se fossi rimasta con i miei genitori, avrei ugualmente potuto vivere. Ma l'idea d'essere mantenuta dai miei genitori mi pesava moltissimo; inoltre volevo che i miei bambini riavessero una casa con me.

Da tempo, noi non avevamo più casa. Avevamo vissuto[8] in quei mesi di guerra o da parenti o da amici, o in conventi o alberghi. Viaggiando verso Roma in una macchina che ogni mezz'ora si fermava, carezzavo sogni[9] di lavori avventurosi, come fare la bambinaia,[10] o fare la cronaca nera[11] in un quotidiano. L'ostacolo principale ai miei propositi di lavoro, consisteva nel fatto che non sapevo far niente. Non avevo mai preso la laurea,[12] essendomi fermata davanti a una bocciatura[13] in latino (materia in cui, in quegli anni, non veniva mai bocciato nessuno). Non sapevo lingue straniere, a parte un po' il francese, e non sapevo scrivere a macchina. Nella mia vita, salvo[14] allevare i miei propri bambini, fare le faccende domestiche con estrema lentezza e inettitudine[15] e scrivere dei romanzi, non avevo mai fatto niente.

Inoltre ero stata sempre molto pigra. La mia pigrizia non consisteva nel dormire tardi al mattino (mi sono sempre svegliata all'alba[16] e alzarmi non

---

[1] **aveva...** *was situated*   [2] **casa...** *publishing house*   [3] *however*   [4] **mi...** *was weighing on me*
[5] **Avevo...** *I had entertained such thoughts*   [6] *motionless*   [7] *upside-down*   [8] *We had lived*
[9] **carezzavo...** *entertained dreams*   [10] *nanny*   [11] **cronaca...** *crime news*   [12] *university degree*
[13] *failure*   [14] *except*   [15] *ineptitude*   [16] *dawn*

m'è mai costato nulla), ma nel perdere un tempo infinito oziando[17] e fantasticando.[18] Questo aveva fatto sì che io non riuscissi a portare a termine alcuno studio o fatica. Mi dissi che era venuta l'ora per me di strapparmi a questo difetto.[19] L'idea di rivolgermi a quella casa editrice, dove mi avrebbero accolto per pietà e comprensione, mi parve a un tratto la più logica e attuabile, benché mi fossero pesanti i motivi per cui mi avrebbero ascoltata.

[17] *being idle*   [18] *daydreaming*   [19] **strapparmi...** *tear myself away from this flaw*

 # Dopo la lettura

A. Giochiamo. Abbina le parole della colonna A con quelle della colonna B. Usa il dizionario se necessario. Nella colonna B ci sono due parole in più. Poi forma cinque frasi con cinque parole di tua scelta.

A	B
1. morto	a. all'improvviso
2. chiedere	b. proprio
3. il posto	c. deceduto
4. compassione	d. castigo
5. trasferirsi	e. per di più
6. inoltre	f. domandare
7. hotel	g. completare
8. niente	h. mi sembrò
9. portare a termine	i. pietà
10. mi parve	j. cambiare residenza
11. a un tratto	k. nulla
	l. l'impiego
	m. albergo

B. Vero o falso? Correggi tutte le frasi false in modo appropriato.

1. _____ Nel '44 l'autrice andò a cercare lavoro a Roma.
2. _____ Suo marito era a Roma che lavorava per una casa editrice.
3. _____ La casa editrice le avrebbe dato lavoro perché la conosceva molto bene.
4. _____ Dopo la guerra si era trasferita con i figli a Firenze.
5. _____ Non aveva bisogno di soldi.
6. _____ Era contenta che i genitori la mantenessero.
7. _____ Mentre viaggiava verso Roma spesso immaginava di fare lavori avventurosi, come la bambinaia oppure la giornalista.
8. _____ Aveva preso la laurea in latino.
9. _____ Non sapeva parlare il francese.
10. _____ Non aveva mai scritto un romanzo.

C. Parliamone! Rispondi alle seguenti domande, discutendo le tue risposte con gli altri membri della classe.

1. Pensi che la Ginzburg fosse veramente pigra? Perché sì/no?
2. Quali sono, secondo te, le caratteristiche di una persona pigra?
3. Quali sono, secondo te, le competenze che potrebbero essere utili quando si va in cerca di un lavoro?
4. Qual è, secondo te, il tema di questo brano?
5. Che tipo di persona è l'autrice? Com'è di carattere? Che tipo di personalità possiede (forte, decisa, volitiva)? Sai descriverla?

D. Lavoro di gruppo. Con un tuo compagno/una tua compagna metti in scena la seguente situazione.

L'autrice del brano appena letto viene intervistata dal direttore della casa editrice, presso la quale ha fatto domanda. L'intervistatore fa le solite domande. L'intervista però prende improvvisamente una piega inaspettata (*takes an unexpected turn*).

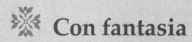

Con fantasia

A. Secondo la tua opinione. Secondo te, quali caratteristiche dovrebbero avere i professori, gli uomini politici, gli avvocati, gli attori/le attrici, i medici, i genitori, gli studenti? Discuti le tue risposte con gli altri membri della classe.

B. Dalla chiromante. Con un tuo compagno/una tua compagna metti in scena la seguente situazione.

Un/Una cliente desidera sapere da una chiromante chi sarà (e come sarà) la donna/l'uomo che sposerà. La chiromante, purtroppo, fornisce una descrizione di questa persona del tutto contraria alle aspettative (*expectations*) del cliente/della cliente.

C. Sai prevedere il futuro? Chiedi ad un compagno/una compagna il suo segno zodiacale. Poi inventa il suo oroscopo imitando quello dato all'inizio di questo capitolo. Cerca di usare il futuro. Leggi l'oroscopo in classe.

MODELLO	Persona	**John**
	Segno	**Cancro**
	Oroscopo del mese	**Riceverai inaspettatamente una notizia incredibile...**

Eccoti delle espressioni che ti potranno essere utili:

influssi astrali difficili	*troublesome astral influences*
buone prospettive	*good prospects*
influenze positive/negative	*positive/negative influences*
momento opportuno/inopportuno	*opportune/inopportune moment*
rapporti romantici/affettivi	*love relationships*
dare retta a	*to heed*
intraprendere	*to undertake*

D. E per finire... Ecco dei proverbi che riguardano caratteristiche personali e sociali. Spiega con tue parole quello che secondo te essi significano.

MODELLO	Volere è potere.
	Chi vuole far qualcosa, prima o poi ci riesce (*succeeds in doing it sooner or later*).

1. Chi si contenta, gode.
2. Dal «dire» al «fare» c'è di mezzo il mare.
3. Chi cerca, trova.
4. Sbagliando, s'impara.
5. Non bisogna fare il passo più lungo della gamba.

Ora racconta una storia, successa a te oppure a qualche tuo amico/tua amica, che illustra *uno* dei proverbi sopramenzionati.

LESSICO UTILE

l'alba	dawn	furbo	cunning
alto(-a)*	tall	generoso	generous
amichevole	friendly	gentile	kind, gentle
antipatico	not nice	grande	big
avaro	greedy, stingy	grasso	fat
basso	short	incompetente	incompetent
bello	beautiful, handsome	l'inganno/ingannare	deception, trap/to deceive
bravo	good (at something)	ingenuo	ingenuous, naive
brillante	brilliant	intelligente	intelligent
brutto	ugly	la laurea	university degree
buono	good (in character)	magro	skinny
il carattere	character	maleducato	ill-mannered
caro	dear	il malinteso	misunderstanding
cattivo	bad	noioso	boring
chiacchierare	to chat	la personalità	personality
la cronaca nera	crime news	il pettegolezzo	gossip
la delusione	disappointment	piccolo	small
debole	weak	la pigrizia	laziness
il difetto	flaw, defect	pigro	lazy
dire una bugia/	to tell a lie/to lie	povero	poor
mentire		ricco	rich
educato	courteous	simpatico	nice, pleasant
elegante	elegant	socievole	sociable
energico	energetic	stupido	stupid
evitare	to avoid	tuttavia	however
forte	strong		

*From this point on, only the masculine singular form of adjectives will be given: **basso**, **bello**, etc.

RISPOSTE ALL'ESERCIZIO DI PAGINA 286
1-a; 2-b; 3-b; 4-a; 5-b; 6-b; 7-b; 8-a; 9-b; 10-a

ANALISI DELLE RISPOSTE

8–10 risposte corrette: hai un'ottima conoscenza del mondo delle superstizioni. Questa conoscenza è dovuta al fatto che sei superstizioso(-a)?

5–7 risposte corrette: hai una discreta conoscenza del mondo delle superstizioni.

1–4 risposte corrette: hai una scarsa conoscenza del mondo della superstizione. Ci sembri poco superstizioso(-a).

A l lavoro

Tema concettuale   **Lavoro e soldi**

Vocabolario   Mestieri e professioni

Note grammaticali   I numeri ordinali
                              Plurale di nomi e aggettivi in *-ista*
                              Il condizionale
                                   Il condizionale semplice
                                   Il condizionale passato
                                   Usi del condizionale
                              La frase ipotetica

Per la comunicazione   In banca
                              Al lavoro
                              In ufficio

Taccuino culturale   Le banche in Italia

Letture   «Una proposta di lavoro?»
                              «La roba» di Giovanni Verga

Stimolo alla lettura

A. La sequenza dei colmi. Il colmo è un gioco di parole basato sul doppio significato (metaforico, scherzoso, ironico, ecc.) di alcune espressioni, con cui si cerca di definire la cosa peggiore o migliore (il colmo, appunto: lit. *the peak, the highest point*) che possa succedere ad una persona, ad un animale o ad una cosa. Ecco un esempio:

—Qual è il colmo per un idraulico (*plumber*)?
—Avere la goccia al naso. = *to have a runny nose*
(*The plumber who fixes leaking faucets cannot fix his "leaking" nose*)

Ora scrivi a lato di ciascuno dei colmi qui sotto elencati le lettere inserite nella vignetta alla quale si riferisce il colmo. Queste lettere formeranno un detto (*saying*) italiano popolare (la soluzione è a pagina 342). Se hai difficoltà a capire il gioco di parole, consulta il dizionario o chiedi al tuo insegnante.

Qual è colmo per

1. un dentista?   **2.** un fotografo?   **3.** un chirurgo?   **4.** un elettricista?   **5.** un astronauta?   **6.** un imbianchino (*painter*)?   **7.** un vigile del fuoco (*fireman*)?   **8.** uno scultore?   **9.** un pescatore?   **10.** un vigile urbano (*traffic policeman*)?   **11.** un gioielliere?   **12.** un muratore?   **13.** un postino?

1. _____ Venire ai ferri corti con un paziente.
2. _____ Bere un espresso.
3. _____ Non raggiungere l'obiettivo.
4. _____ Andare al cinema e vedere un mattone.
5. _____ Sposare una vecchia fiamma.
6. _____ Dirigere un traffico illecito.
7. _____ Essere continuamente in tensione mentre lavora.
8. _____ Scolpirsi bene le parole nella mente.
9. _____ Non sapere quali pesci pigliare.
10. _____ Mettere i denti a cinquant'anni.
11. _____ Tornare a casa con la luna.
12. _____ Passare una notte in bianco.
13. _____ Essere triste fra tante gioie.

B. Qual è il colmo per...?

Spiega ai tuoi compagni il significato di due colmi dell'esercizio precedente.

Una proposta di lavoro?

Leggi attentamente il seguente fotoromanzo tratto da una rivista italiana.

DOPO QUALCHE ISTANTE SENTE LA SUA MOTO CHE SI ALLONTANA CON UN RUGGITO DI COLLERA.[1]

(L'ha presa male, ma non c'è un briciolo[2] di sof-ferenza in lui. Solo orgoglio[3] di maschio ferito...)

NON LE RESTA CHE CHIAMARE IL PADRONE DELLA TRATTORIA.

Vorrei il conto, per favore. E l'orario degli autobus.

SENTE CHE TUTTO LE FRANA[4] SOTTO I PIEDI, MA CERCA DI REAGIRE.

(Per fortuna c'è il mio lavoro. Qui dentro, almeno, è tutto come prima...)

Posso interromperti un attimo?

Mi dica, dottor Poli.

QUEL TONO GARBATO,[5] QUEL SORRISO[6] UN PO' IRONICO E DI-STACCATO SONO ORMAI L'UNICO SALDO[7] PUNTO DI RIFERIMENTO NELLA VITA DI CECILIA.

Ho una proposta da farti. Spero che questa volta non mi dirai di no...

---

[1] **ruggito...** *lit.: with a roar of anger*   [2] *grain*   [3] *pride*   [4] *collapses*   [5] *kind, courteous*   [6] *smile*   [7] *solid*

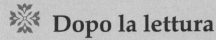

Dopo la lettura

A. Ricordi quello che hai letto? Indica se ciascuna delle seguenti affermazioni è vera (V) o falsa (F). Correggi tutte le frasi false.

1. _____ Cecilia si trova nella trattoria per una cena di lavoro.
2. _____ Cecilia chiede il conto al cameriere.
3. _____ Cecilia chiede al padrone della trattoria di lavorare nel suo ristorante.
4. _____ Cecilia è soddisfatta del suo lavoro.
5. _____ Il dottor Poli ha un tono garbato.
6. _____ Il dottor Poli ha una proposta da fare a Cecilia.
7. _____ Cecilia ha sempre detto di sì alle proposte del dottor Poli.

B. Parliamone. Rispondi liberamente alle seguenti domande. Discuti le tue risposte con gli altri membri della classe.

1. Hai un lavoro? Se sì, descrivi esattamente cosa fai.   **2.** Che mestiere o professione vorresti esercitare nel futuro?   **3.** Secondo te, qual è il mestiere o la professione ideale? Perché?   **4.** Ti piacerebbe lavorare in Italia? Perché sì/no?

STIMOLO LINGUISTICO

A. Ricordi il condizionale? Di' che faresti le seguenti cose, ma che, purtroppo, per qualche motivo, non puoi.

> MODELLO   andare a studiare in Italia
> **Andrei a studiare in Italia, ma purtroppo non posso perché prima devo mettere da parte più soldi.**

1. cercare un altro lavoro   **2.** fare il medico   **3.** lavorare in banca
4. studiare   **5.** vivere in Italia

B. Se potessi, lo farei. Con un compagno/una compagna crea dei mini-dialoghi. Nota che dovrete usare la frase ipotetica. Te la ricordi?

> MODELLO   fare l'ingegnere
> —Se potessi, farei l'ingegnere.
> —Se avessi potuto, avrei fatto l'ingegnere anch'io.

1. risparmiare più soldi   **2.** chiedere l'aumento (*to ask for a wage increase*)
3. lavorare in una banca   **4.** fare il medico   **5.** studiare in Italia

VOCABOLARIO MESTIERI E PROFESSIONI

l'architetto	*architect*
l'avvocato	*lawyer*
il barbiere	*barber*
il barista	*bartender*
il cameriere/la cameriera	*waiter/waitress*
il/la commercialista	*qualified accountant*
il commesso/la commessa	*salesperson*
il contabile	*accountant*
il/la dentista	*dentist*
il dirigente	*manager*
l'elettricista	*electrician*
il falegname	*carpenter*
il/la farmacista	*pharmacist*
il/la giornalista	*journalist*
l'idraulico	*plumber*
l'infermiere/l'infermiera	*male nurse/female nurse*
l'ingegnere	*engineer*
il meccanico	*mechanic*
il medico/dottore/la dottoressa	*doctor*
il muratore	*bricklayer*
il/la musicista	*musician*
il/la pianista	*pianist*
il/la violinista	*violinist*
il direttore d'orchestra	*orchestra conductor*
il parrucchiere/la parrucchiera	*hairdresser*
il professore/la professoressa	*professor/high school teacher*
il/la docente/l'insegnante	*teacher*
il sarto/la sarta	*tailor*
la segretaria	*secretary*
il tassista	*taxi driver*

■ Note that the definite article is not used in the construction **essere** + *job/profession:* **Lui è avvocato./Lui è un avvocato.; Lei è medico./Lei è un medico.;** etc. A definite article is used in the construction **fare** + *definite article* + *job/profession:* **Lei fa il medico./Lui fa l'avvocato.**

MUSEO DI STORIA DELLA FOTOGRAFIA FRATELLI ALINARI
PALAZZO RUCELLAI

Alessandra Corti
Fotografa

50123 FIRENZE - Via della Vigna Nuova, 16 - Tel. (055) 213370

A. Che mestiere o professione fa? Risolvi le definizioni seguendo il modello.

> MODELLO   Difende i clienti.
> **Fa l'avvocato.**
> **È avvocato.**

1. È una docente al liceo o all'università.
2. Dirige un'orchestra.
3. Suona il piano.
4. Lavora con le macchine.
5. Fa abiti su misura.
6. Lavora in un ristorante.
7. La dottoressa «dei denti».
8. Lavora con il legno.
9. Dirige la costruzione di una casa.
10. Va spesso in tribunale.
11. Visita i pazienti.
12. Una donna che lavora in un negozio di abbigliamento.
13. Lavora in un bar.
14. Lavora in una farmacia.
15. Scrive per un giornale.

B. Lavoro di ricerca. Gli attrezzi del mestiere. Con l'aiuto del dizionario completa il seguente schema, trovando almeno cinque arnesi (*tools, instruments*) per ogni mestiere.

1. infermiere/infermiera   **siringa,** _____
2. sarto   **ago,** _____
3. parrucchiere/parrucchiera   **forbici,** _____
4. elettricista   _____
5. idraulico   _____
6. muratore   _____
7. falegname   _____

C. Parliamone! Rispondi liberamente alle seguenti domande, discutendo le tue risposte con gli altri membri della classe.

1. Secondo te, qual è la professione più prestigiosa? Perché?
2. Spiega a parole tue il detto italiano «Impara l'arte e mettila da parte». Sei d'accordo con questo detto? Perché sì/no?
3. Che mestiere o professione fanno i diversi membri della tua famiglia?

NOTE GRAMMATICALI

NUMERI ORDINALI

1st	primo	6th	sesto
2nd	secondo	7th	settimo
3rd	terzo	8th	ottavo
4th	quarto	9th	nono
5th	quinto	10th	decimo

■ After **decimo**, all ordinals can be formed by dropping the last vowel and adding **-esimo**.

undic**esimo**   *11th*   ventiquattr**esimo**   *24th*

■ For numbers ending in **-tré**, remove the accent mark, but retain the **-e**. For those ending in **-sei**, drop the **-i**.

ventitré	ventitreesimo	quarantasei	quarantaseesimo
trentatré	trentatreesimo	cinquantasei	cinquantaseesimo

■ Ordinal numbers, unlike cardinals, are adjectives and thus precede the noun they modify. When expressed using figures, the cardinal number is followed by a superscript ^{o} (for masculine nouns) or ^{a} (for feminine nouns).

il terzo piano (il 3° piano)   la sesta pagina (la 6^a pagina)

■ The definite article is not used before an ordinal number and a proper noun.

Papa Giovanni Ventitreesimo   *Pope John the 23rd*
Luigi Quattordicesimo   *Louis the Fourteenth*

■ The pronoun forms of ordinals correspond exactly to the adjectival ones. They are, so to say, ordinal adjectives "without the nouns" they modify.

ADJECTIVES	PRONOUNS
—Sono le prime cose che hai fatto?	—Sì, sono le prime.
—È la seconda volta che vai in Italia?	—No, è la quinta.

■ To form fractions, use the cardinal number as the numerator and the ordinal number as the denominator, just as in English.

1/4 = un quarto   1/3 = un terzo   3/8 = tre ottavi
11/35 = undici trentacinquesimi

■ Note that the ordinal is in the masculine plural form when the numerator is more than one.

APPLICAZIONE

A. Un viaggio lunghissimo. Marco ha appena finito un viaggio lunghissimo di 1.200 chilometri. Durante il suo viaggio si è fermato dieci volte. Accanto ad ogni fermata troverai i chilometri già percorsi da Marco. Servendoti di frazioni, indica per ogni fermata la parte del percorso già fatta da Marco.

MODELLO   1ª; 100 km
Alla prima fermata, Marco aveva già percorso un dodicesimo del viaggio.

1. 2ª; 200 km
2. 3ª; 300 km
3. 4ª; 400 km
4. 5ª; 500 km
5. 6ª; 600 km
6. 7ª; 700 km
7. 8ª; 800 km
8. 9ª; 900 km
9. 10ª; 1.000 km

B. Personaggi storici. Sei capace di identificare i seguenti personaggi storici? Rispondi secondo il modello.

MODELLO   Luigi 14°
Luigi Quattordicesimo? Era un famoso re francese.

1. Giovanni 23°
2. Enrico 8°
3. Elisabetta 2ª
4. Enrico 4°
5. Giovanni Paolo 2°
6. Vittorio Emanuele 3°
7. Napoleone 1°

PLURALE DI NOMI E AGGETTIVI IN -*ISTA*

■ Note that nouns ending in **-ista** can be either masculine or feminine, and that they are "regularized" in the plural.

MASCULINE		FEMININE	
il dentista	i dentisti	la dentista	le dentiste
il pianista	i pianisti	la pianista	le pianiste
l'artista	gli artisti	l'artista	le artiste

APPLICAZIONE

A. Nomi in -*ista*. Da' il significato dei seguenti nomi, servendoti del dizionario se necessario. Poi forma delle frasi con ciascuna parola.

> MODELLO   ciclista
> **chi va in bicicletta / chi pratica lo sport della bicicletta**
> **Fausto Coppi è stato un grandissimo ciclista.**

1. pianista   **2.** statista   **3.** regista   **4.** tassista   **5.** batterista

B. Maschile o femminile? Indica il genere delle seguenti parole. Poi forma delle frasi con ciascuna parola.

> MODELLO   professore, *maschile*
> **Il professore d'italiano è molto bravo.**
> musicista, *maschile e femminile*
> **Marcello è un bravo musicista.**
> **Lucia è una brava musicista.**

1. violinista   **2.** professoressa   **3.** direttore   **4.** infermiere
5. parrucchiera   **6.** giornalista   **7.** cameriera   **8.** poeta   **9.** dentista
10. insegnante

IL CONDIZIONALE

■ The conditional is a mood that allows you to express a condition: *I would go, if . . . /You could do it, but. . . .* It corresponds to the English conditional (*I would work/I would be working . . .*). Like English, Italian has two conditional tenses, the **condizionale semplice** (simple conditional) and the **condizionale passato** (past conditional).

Il condizionale semplice

■ The **condizionale semplice**, like the **futuro semplice**, is formed by dropping the **-e** of the infinitive and adding the appropriate endings. First-conjugation verbs change **-a-** to **-e-** in the stem.

	amare → amer-	ricevere → ricever-	finire → finir-
io	amer**ei**	ricever**ei**	finir**ei**
tu	amer**esti**	ricever**esti**	finir**esti**
lui/lei/Lei	amer**ebbe**	ricever**ebbe**	finir**ebbe**
noi	amer**emmo**	ricever**emmo**	finir**emmo**
voi	amer**este**	ricever**este**	finir**este**
loro	amer**ebbero**	ricever**ebbero**	finir**ebbero**

■ Verbs ending in **-care**, **-gare**, **-ciare**, and **-giare** undergo the same changes as in the future tense (see Capitolo 11): **cercherei**, **comincerei**, etc. Similarly, those verbs with irregular stems in the future have the same irregular stems in the conditional: **andare → andrei**, **essere → sarei**, etc.

Il condizionale passato

■ Like any compound tense, the **condizionale passato** is formed with the present conditional of the auxiliary verb **avere** or **essere** and the past participle.

	lavorare	andare
io	avrei lavorato *I would have worked*	sarei andato(-a) *I would have gone*
tu	avresti lavorato *you would have worked*	saresti andato(-a) *you would have gone*
lui/lei/Lei	avrebbe lavorato	sarebbe andato(-a)
noi	avremmo lavorato	saremmo andati(-e)
voi	avreste lavorato	sareste andati(-e)
loro	avrebbero lavorato	sarebbero andati(-e)

Usi del condizionale

■ The **condizionale** is used

1. to express a condition.

Andrei a lavorare, ma non sto bene.	*I would go to work, but I don't feel well.*
Compreremmo questo, ma non abbiamo abbastanza soldi.	*We would buy this, but we don't have enough money.*
Sarei andato a lavorare, ma non stavo bene.	*I would have gone to work, but I wasn't feeling well.*
Avremmo comprato questo, ma non avevamo abbastanza soldi	*We would have bought this, but we didn't have enough money.*

2. to convey politeness. Note the translation of **potere** as *May I . . . ?*

Potrei fare questo?	*May I do this?*
Vorrei un caffè.	*I would like a coffee.*

3. to convey opinion.

Secondo la polizia, lui sarebbe colpevole.	*According to the police, he is (probably) guilty.*
Secondo me, tu dovresti lavorare di meno.	*In my view you should be working less.*
Secondo la polizia, lui sarebbe stato colpevole.	*According to the police, he was (probably) guilty.*
Secondo me, tu avresti dovuto lavorare di meno.	*In my view, you should have been working less.*

■ Note that the **condizionale passato** is used mainly in dependent clauses with the main clause in the past tense.

Ha detto che sarebbe venuto anche lui.	*He said that he would/would have come too.*
Pensavo che lo avresti fatto.	*I thought you would do it/would have done it.*

APPLICAZIONE

A. Amore da fotoromanzo. Metti i verbi indicati al condizionale semplice.

Cecilia va dal dottor Poli e gli chiede: «_____ (potere) chiederLe un favore? Oggi _____ (volere) andare via prima». Il dottor Poli le risponde: «Va bene, può andare, ma prima _____ (avere) un consiglio da darLe. Lei _____ (dovere) lasciare il Suo ragazzo perché La sta facendo soffrire molto. Io La vedo sempre triste. Perché non accetta la mia proposta?» Cecilia, un po' seccata, gli dice: «_____ (preferire) non parlarne in questo momento». Il dottor Poli, comunque, continua: «Cecilia, ma io L'amo veramente e _____ (sapere) come renderLa felice. Con me Lei _____ (cominciare) ad apprezzare di nuovo la vita, _____ (sorridere) di più. Io La _____ (amare) con tutto il mio cuore, La _____ (trattare) e La _____ (fare) sentire come una regina, La _____ (servire) come uno schiavo. Insieme _____ (viaggiare) e _____ (girare) tutto il mondo. Io La _____ (portare) nei luoghi più romantici e più belli... A poco a poco anche Lei _____ (riuscire) ad amarmi».

B. Il fotoromanzo continua! Metti al posto degli infiniti fra parentesi le forme corrette del condizionale semplice o passato.

1. Il giorno dopo, Cecilia _____ (dovere) chiamare il suo fidanzato, ma non l'ha fatto.

2. Lui la incontra al bar: «Mi _____ (potere) dire perché non hai chiamato?».

3. Lei gli risponde, sorpresa: «_____ (dovere) telefonare prima tu, se non sbaglio!».

4. In quel momento arriva il dottor Poli e dice al fidanzato di Cecilia: «Sapevo che Lei _____ (venire) qui ad incontrare Cecilia. Lei deve lasciarla in pace. In questo momento Cecilia _____ (dovere) essere al lavoro!»

5. Il fidanzato risponde: «Sapevo che Lei _____ (dire) questo! Perché Lei, segretamente, _____ (volere) uscire con la mia fidanzata, non è vero?».

LA FRASE IPOTETICA

■ The **frase ipotetica** is composed of a dependent clause introduced by **se** that expresses a condition, and an independent clause that indicates the realization of that condition.

■ When the condition is considered real or probable, the indicative is used in both the main and the dependent clauses.

Se tu **vai** alla festa, ci **vado** anch'io. *If you go to the party, I'll go too.*	Se non è **venuto**, significa che è **andato** al lavoro. *If he didn't come, it means that he went to work.*
Se tu **andrai** alla festa, ci **andrò** anch'io. *If you go to the party, I'll go too.*	Solo se **avrò finito** i compiti, ti **telefonerò**. *Only if I have finished (lit.: will have finished) my homework will I call you.*

See also Capitolo 11 for the use of **se** clauses and the future.

■ When the condition is considered improbable, uncertain, or unreal, the imperfect or pluperfect subjunctive is used in the **se** clause, and the simple or past conditional in the main clause.

CONDIZIONALE SEMPLICE	CONDIZIONALE PASSATO
Se tu **andassi** alla festa, ci **andrei** anch'io. *If you were to go to the party, I would go too.*	Se tu **fossi andata** alla festa, ci **sarei andato** anch'io. *If you had gone to the party, I would have gone too.*
Se io **avessi avuto** il raffreddore, oggi non **sarei** qui. *If I had had a cold, I wouldn't be here today.*	Se io **avessi avuto** il raffreddore ieri, oggi non **sarei venuto**. *If I had had a cold yesterday, I wouldn't have come today.*

■ In most speech situations, the imperfect subjunctive after **se** is used in conjunction with the simple conditional.

Se tu **andassi** alla festa, ci **andrei** anch'io.	*If you were to go to the party, I would go too.*
Se **dovessi** farlo, lo **farei**.	*If I had to do it, I would.*

■ And the pluperfect subjunctive is used in conjunction with the past conditional.

Se tu fossi andato alla festa, ci sarei andato anch'io.	*If you had gone to the party, I would have gone too.*
Se avessi dovuto farlo, lo avrei fatto.	*If I had to have done it, I would have.*

A. Il fotoromanzo finisce! Metti i verbi indicati al condizionale (semplice o passato) o al congiuntivo (imperfetto o trapassato).

1. Se ieri Cecilia _____ (chiamare) il suo fidanzato, oggi lui sarebbe venuto.   **2.** Se il dottor Poli lo _____ (sapere), l'avrebbe licenziata.   **3.** Se il suo fidanzato potesse, la _____ (portare) in un posto lontano.   **4.** Cecilia _____ (andare) subito via con il suo fidanzato, se potesse.   **5.** Anzi, se _____ (partire) con lui, oggi non sarebbe nei guai col dottor Poli.   **6.** Il dottor Poli le dice: «Se io _____ (sapere) questo, non L'avrei assunta (*hired*)!»   **7.** Cecilia gli risponde: «Se Lei potesse, sono sicura che mi _____ (mandare) via subito, vero?».   **8.** A questo punto interviene il fidanzato: «Se _____ (avere) la possibilità, io me ne sarei già andato da questa città».   **9.** L'ultima parola è di Cecilia: «Se avessi saputo tutto quello che so ora, non _____ (fare) mai quello che ho fatto!»

B. Completa! Completa gli spazi vuoti con il congiuntivo o il condizionale, usando i seguenti verbi. Alcuni verbi devono essere usati più di una volta.

andare   avere   comprare   costare   divertirsi   essere
fare   mangiare   potere   seguire   vedere

1. Se io _____ soldi, farei un viaggio in Italia.   **2.** Se andaste a quella festa, _____ di sicuro.   **3.** Li _____, se fossimo arrivati prima.   **4.** Io _____ la stessa cosa, se mi fossi trovato al tuo posto.   **5.** Se _____, andrei subito in vacanza.   **6.** Se tu _____ ginnastica tutte le sere, ti sentiresti meglio.   **7.** Se noi _____ di meno, non _____ così grassi.   **8.** Se quel vestito nero non _____ così tanto, io lo _____ subito.   **9.** Se ci _____ un bel film, loro _____ al cinema.   **10.** Vi trovereste meglio, se voi _____ i nostri consigli.

C. Se avessi il tempo... Completa liberamente le frasi.

1. Se avessi il tempo,...   **2.** Andrei in Italia immediatamente, se...   **3.** Se fossi una stella del cinema,...   **4.** Se fossi famoso(-a),...   **5.** Potrei fare molto di più, se...   **6.** Se andassi a Roma,...   **7.** Se avessi lavorato di più,...   **8.** Se facesse bel tempo,...   **9.** Se fossi più giovane,...   **10.** Se avessi saputo che tu non c'eri,...   **11.** Se fossi ricco(-a),...   **12.** Se...

PER LA COMUNICAZIONE

IN BANCA

il cassiere/la cassiera	*teller*
il direttore	*manager*
i soldi/il denaro	*money*
il biglietto/la banconota di taglio grosso/piccolo	*large/small bill*
gli spiccioli	*small change*
la lira	*lira*
il dollaro	*dollar*
la sterlina	*pound*
il cambio	*exchange rate*
l'ufficio di cambio	*currency exchange*
il prestito	*loan*
il tasso d'interesse	*interest rate*
lo sportello	*(teller's) window*
il prelevamento	*withdrawal*
prelevare	*to withdraw*
il deposito/ il versamento	*deposit*
depositare/versare	*to deposit*
l'assegno	*check*
il libretto degli assegni	*checkbook*
l'assegno turistico/il traveler's check	*traveler's check*
cambiare un assegno	*to cash a check*
la firma	*signature*
firmare	*to sign*
il libretto bancario	*bankbook*
il conto	*account*
aprire un conto	*to open an account*
avere un conto in banca	*to have a bank account*

ESPRESSIONI UTILI

Quanto è il cambio?	*How much is the exchange?*
A quanto sta il dollaro?	*How much is the dollar?*
Accettate carte di credito?	*Do you accept credit cards?*
A che ora aprono/chiudono le banche?	*What time do banks open/close?*
Vorrei cambiare...	*I would like to exchange . . .*
Ha un documento?	*Do you have any identification?*

A. **In banca!** Con un compagno/una compagna svolgi liberamente dei mini-dialoghi basati sulle seguenti situazioni.

> MODELLO   fare un deposito
> CLIENTE: **Vorrei fare un deposito.**
> IMPIEGATO: **Di quanto?**
> CLIENTE: **Di centomila lire.**
> IMPIEGATO: **Compili questo modulo./ecc.**

1. fare un deposito
2. fare un prelevamento
3. cambiare traveler's check in contanti (*cash*)
4. chiedere un prestito

B. **In banca.** Svolgi i seguenti compiti comunicativi. Segui il modello.

> MODELLO   Say that you would like to change 100 dollars into lire.
> **Vorrei cambiare cento dollari in lire.**

1. Ask at what time banks open in Italy.
2. Say that you would like a loan.
3. Say that you would like to go to the bank.
4. Say that you would like to cash a check.
5. Say that you would like to open an account.
6. Ask where the currency exchange is.
7. Say that you would like small bills.
8. Ask where the cashier's counter is.
9. Say that you would like to withdraw three hundred thousand lire.
10. Ask where you must sign.

AL LAVORO

il titolo di studio	*education (title)*
l'agenzia di collocamento	*employment agency*
le qualifiche	*qualifications*
l'abilità	*skill*
l'impiegato(-a)	*employee*
il/la dipendente	*employee*
il datore di lavoro	*employer*
l'esperienza	*experience*
la ditta/l'azienda	*company*
la fabbrica	*factory*
assumere	*to hire*
licenziare	*to fire*
dimettersi, dare le dimissioni	*to quit, leave a position*
lo stipendio	*stipend, pay*
l'aumento di stipendio	*salary increase, raise*
lo stipendio fisso	*fixed salary*
lo stipendio iniziale	*starting salary/pay*
lo stipendio lordo	*gross salary*
le ferie	*holidays*
l'orario di lavoro	*working hours*

ESPRESSIONI UTILI

guadagnare molto/poco	*to earn a lot/little*
il lavoro a orario ridotto/part-time	*part-time work*
lavorare a orario pieno	*to work full-time*
essere disoccupato(-a)/senza lavoro	*to be unemployed*
cercare lavoro	*to look for work/a job*
fare lo straordinario	*to work overtime*
lavorare a turni	*to work shifts*

APPLICAZIONE

A. In cerca di lavoro. Con due tuoi compagni metti in scena la seguente situazione.

Una tua amica italiana, che è appena emigrata nel tuo paese, cerca lavoro a orario ridotto presso McDonald's. La accompagni ad un'intervista di assunzione per farle l'interprete, perché conosce poco l'inglese. Traducile quello che l'intervistatore le chiede. Seguite il modello.

MODELLO S1: What kind of experience do you have?
S2: Vorrebbe sapere che tipo di esperienza hai.
S3: Veramente non ho nessuna esperienza ma sono disposta ad imparare./L'anno scorso ho lavorato per Wendy's a Milano.

Ecco quello che devi tradurre per la tua amica...

1. Do you have any experience in this type of work?
2. We would be able to hire you only if you learn English better.
3. Has someone ever fired you before?
4. How much would you like to earn?
5. Have you ever worked before? In a factory? In a restaurant?
6. Do you know any of our employees?
7. What kind of skills do you have?
8. What are your qualifications for the job?
9. What education do you have?
10. Did you learn about the job through (*tramite*) an employment agency?

Ora rifate lo stesso esercizio, cambiando questa volta i ruoli.

B. L'intervista continua! Alla fine dell'intervista, la tua amica ha delle domande per l'intervistatore. Aiutala di nuovo. Preparate insieme una serie di domande da fare all'intervistatore. Seguite il modello.

MODELLO   —**Quanto pagano all'ora?**
                —**What is the hourly wage?**
                —**Eight (dollars) fifty.**
                —**Otto (dollari) e cinquanta.**

IN UFFICIO

l'agenda	*appointment book*
il capoufficio	*office manager*
la scrivania	*desk*
la diplomatica	*briefcase*
il cestino	*waste basket*
il computer	*word processor*
la macchina da scrivere	*typewriter*
il calcolatore/la calcolatrice	*calculator*
la cucitrice	*stapler*
le forbici	*scissors*
la fotocopiatrice	*photocopier*
la matita	*pencil*
la penna	*pen*
l'evidenziatore	*highlighter*
il pennarello	*magic marker*
il bianchetto	*liquid paper*
la scheda/l'archivio	*file*

A. In ufficio. Nelle seguenti affermazioni mancano delle parole. Inseriscile opportunamente negli spazi vuoti, scegliendo tra le parole elencate sopra.

1. Aspetta un attimo. Prendo la mia _____ per vedere se sono libera domani.

2. Dove hai messo la _____ che contiene tutte le informazioni?

3. Dov'è la _____? Devo appuntare questi fogli di carta.

4. Dov'è andato il nostro _____? Deve firmare questo modulo.

5. Gianna, hai visto la mia _____? È importante che la trovi perché dentro ci sono tanti documenti importanti.

6. Penso di aver gettato quel foglio nel _____! Ne avevi bisogno?

7. Oggi il mio _____ non funziona! Dovrò scrivere questa lettera a mano!

8. Prima taglia questo foglio con le _____ e poi fanne una copia alla _____.

B. Domande! Rispondi alle seguenti domande con frasi complete.

1. Hai mai lavorato in un ufficio? Se sì, per quale azienda/ditta? Ti è piaciuta l'esperienza? Perché sì/no?

2. Ti piacerebbe lavorare in un ufficio o in una fabbrica in futuro? Perché?

3. C'è qualcuno nella tua famiglia che lavora in un ufficio? Se sì, di' chi è, e che tipo di lavoro fa.

IL MOMENTO CREATIVO   Con un compagno/una compagna metti in scena una conclusione al fotoromanzo, puntando sulla (*focusing on*) «proposta» che il dottor Poli vuole fare a Cecilia.

Taccuino Culturale

LE BANCHE IN ITALIA

Di solito le banche in Italia sono aperte dalle 8,00/8,30 alle 13,00/13,30 e per un'ora nel pomeriggio dalle 14,30 alle 15,30. Sono chiuse il sabato e la domenica.

Il sistema bancario italiano è diviso in banche normali (*istituti di credito ordinario*), dove si possono ottenere prestiti (*loans*) e svolgere attività bancarie comuni, e in *istituti di credito speciale*, dove si possono ottenere mutui (*mortgages*).

In Italia, come pure nel Nord America, i bancomat (*ATMs, or automatic teller machines*) stanno diventando sempre più popolari. Nei maggiori centri turistici italiani, sono anche molto popolari i bancomat specializzati in operazioni di cambio: basta inserire delle banconote straniere per ottenere la corrispondente somma in lire italiane. Di solito, per le operazioni di cambio, le banche fanno pagare una commissione tra le 3.000 e le 5.000 lire.

Le banche italiane possono essere controllate sia da interessi privati che dallo Stato. Le più popolari sono:

Banca Commerciale Italiana
Banca Nazionale del Lavoro
Credito Italiano
Banco di Roma
Monte dei Paschi di Siena (la banca più vecchia del mondo)
Banca Nazionale dell'Agricoltura

Molte banche in Italia hanno filiali (*branches*) in diversi paesi del mondo.

A. Ricordi quello che hai letto? Indica se ciascuna delle seguenti affermazioni è vera (V) o falsa (F). Correggi le affermazioni false.

1. _____ La Banca Nazionale del Lavoro è una delle banche più popolari.
2. _____ Il Monte dei Paschi di Siena è un museo.
3. _____ Negli istituti di credito speciale si possono ottenere mutui.
4. _____ Le banche sono aperte anche il sabato e la domenica.
5. _____ Di mattina le banche sono aperte dalle 8,00/8,30 alle 13,00/13,30.
6. _____ Nel pomeriggio le banche sono chiuse.
7. _____ Le banche italiane non hanno filiali fuori d'Italia.
8. _____ La Banca Commerciale Italiana è la banca più vecchia del mondo.
9. _____ I bancomat non sono popolari in Italia.
10. _____ Per le operazioni di cambio le banche italiane non fanno pagare niente.

B. Parliamone!

1. Paragona il sistema bancario italiano con quello nordamericano.
2. Sei mai stato(-a) in una banca italiana? Se sì, racconta la tua esperienza.
3. Hai dei soldi italiani? Se sì, descrivi i diversi biglietti o le diverse monete (da duecento, da cinquecento, da mille, da cinquemila, da diecimila, ecc.).

VALUTE ESTERE

■ **QUOTAZIONI**

DIVISA	Media U.ì.C.	Cable Milano	Cable Roma	Banconote Roma
Dollaro	1340,37	1340,25	1340,49	1355
Ecu	1532,69	1532,55	1532,82	–
Marco Tedesco	745,72	745,75	745,69	738
Franco Francese	219,83	219,85	219,81	220,50
Sterlina	2201,30	2201,20	2201,40	2190
Fiorino	662,08	662,15	662	656
Franco Belga	36,27	36,27	36,27	35,50
Peseta	11,98	11,98	11,99	12,50
Corona Danese	193,13	193,16	193,10	191
Sterlina Irlandese	1995,95	1995,90	1996	2015
Dracma	6,76	6,76	6,76	7,50
Escudo	8,73	8,73	8,73	9
Dollaro Canadese	1174,53	1174,30	1174,75	1110
Yen	9,78	9,77	9,78	9,10
Franco Svizzero	867,63	867,40	867,86	851
Scellino	105,91	105,90	105,92	107
Corona Norvegese	191,03	191,05	191	188
Corona Svedese	205,39	205,38	205,40	203
Marco Finlandese	306,26	306,17	306,35	306
Dollaro Australiano	1050,75	1050,50	1051	1000

Listini a cura del BANCO DI SANTO SPIRITO

Stimolo alla lettura

Il decalogo (commandments) *del vero lavoratore.* Il protagonista della lettura di pagina 336 è Mazzarò, un uomo che ha dedicato tutta la sua vita al lavoro. Con il suo lavoro assiduo, Mazzarò ha messo da parte un'ingente (*large*) fortuna, che però non è mai riuscito a godersi perché stava sempre a lavorare. Il sopraggiungere (*arrival*) della vecchiaia lo preoccupa, così come gli dà fastidio (*bothers*) il dover lasciare dietro di sé, dopo la morte, tutti i suoi beni (*goods*). Prima di leggere il racconto, leggi il *Decalogo del vero lavoratore*, un decalogo (ovviamente ironico) che non fa per (*does not suit*) Mazzarò, e discuti ogni norma con il tuo insegnante e gli altri membri della classe. Sei d'accordo con queste norme? Queste norme fanno per te?

DECALOGO DEL VERO LAVORATORE

1. Si nasce stanchi e si vive per riposare.
2. Ama il tuo letto come te stesso.
3. Riposa il giorno per dormire la notte.
4. Se vedi chi riposa, aiutalo.
5. Il lavoro è fatica.
6. Non fare oggi quello che puoi fare domani.
7. Fai meno che puoi e quello che devi fare fallo fare agli altri.
8. Di troppo riposo non è mai morto nessuno.
9. Quando ti vien voglia di lavorare siediti: aspetta che ti passi.
10. Se il lavoro è salute, evviva la malattia.

La roba

Leggi attentamente il seguente brano di Giovanni Verga, soffermandoti sulla descrizione che l'autore fa di Mazzarò, il protagonista della novella (*short story*).

«Questa è una bella cosa d'avere la fortuna che ha Mazzarò!» diceva la gente; e non sapeva quel che ci era voluto ad acchiappare[1] quella fortuna: quanti pensieri, quante fatiche, quante menzogne,[2] quanti pericoli di andare in galera,[3] e come quella testa che era un brillante avesse lavorato giorno e notte, meglio di una macina da mulino,[4] per far la roba;[5] e se il proprietario[6] di una chiusa[7] limitrofa[8] si ostinava[9] a non cedergliela,[10] e voleva prendere per il collo Mazzarò, dover trovare uno stratagemma per costringerlo[11] a vendere e farcelo cascare,[12] malgrado la diffidenza contadinesca.[13]

«Lo vedete quel che mangio?» rispondeva lui: «pane e cipolla! e sì che ho i magazzini pieni zeppi,[14] e sono il padrone di tutta questa roba». E se gli domandavano un pugno di fave, di tutta quella roba, egli diceva: «Che vi pare che l'abbia rubate?». Non sapete quanto costano per seminarle,[15] e zapparle,[16] e raccoglierle[17]?». E se gli domandavano un soldo rispondeva che non l'aveva.

E non l'aveva davvero. Ché[18] in tasca non teneva mai dodici tarì[19] tanti ce ne volevano per far fruttare tutta quella roba, e il denaro entrava e usciva come un fiume dalla sua casa. Del resto a lui non gliene importava del denaro; diceva che non era roba, e appena metteva insieme una certa somma, comprava subito un pezzo di terra; perché voleva arrivare ad avere della terra quanta ne ha il re, ed esser meglio del re, ché il re non può né venderla, né dire ch'è sua.

Di una sola cosa gli doleva,[20] che cominciasse a farsi vecchio, e la terra doveva lasciarla là dov'era. Questa è una ingiustizia di Dio, che dopo essersi logorata[21] la vita ad acquistare della roba, quando arrivate ad averla che ne vorreste ancora, dovete lasciarla! E stava delle ore seduto sul corbello,[22] col mento nelle mani, a guardare le sue vigne[23] che gli verdeggiavano sotto gli occhi, e i campi che ondeggiavano di spighe[24] come un mare, e gli oliveti[25] che velavano[26] la montagna come una nebbia, e se un ragazzo seminudo gli passava dinanzi, curvo sotto il peso come un asino stanco, gli lanciava il suo bastone[27] fra le gambe, per invidia, e borbottava[28]: «guardate chi ha i giorni lunghi! costui che non ha niente!».

[1] *amass*　[2] *lies*　[3] *jail*　[4] **macina...** *millstone, grindstone*　[5] *things, material possessions*　[6] *owner*　[7] *enclosure*　[8] *nearby*　[9] *persisted*　[10] *give it up*　[11] *force him*　[12] *fall*　[13] *of rural people*　[14] **pieni...** *all filled up*　[15] *sow them*　[16] *hoe them*　[17] *harvest them*　[18] *because*　[19] *old Sicilian currency*　[20] **gli...** *he was sorry*　[21] *ruined*　[22] *basket*　[23] *vineyards*　[24] *ears of corn*　[25] *olive groves*　[26] *enshrouded*　[27] *stick*　[28] *mumbled*

Sicché[29] quando gli dissero che era tempo di lasciare la sua roba, per pensare all'anima, uscì nel cortile come un pazzo, barcollando,[30] e andava ammazzando[31] a colpi di bastone le sue anitre[32] e i suoi tacchini,[33] e strillava[34]: «Roba mia, vientene con me!».

[29] *therefore*   [30] *wobbling*   [31] *killing*   [32] *ducks*   [33] *turkeys*   [34] *yelled*

 # Dopo la lettura

A. Ricordi quello che hai letto? Tutte le seguenti frasi sono false. Correggile in modo appropriato.

1. La gente pensava che non fosse una bella cosa avere la roba che aveva Mazzarò.
2. Secondo Mazzarò, per acquistare la roba non ci voleva niente.
3. Mazzarò mangiava pane e cioccolata.
4. I suoi magazzini erano vuoti.
5. Mazzarò era molto generoso.
6. Mazzarò riusciva facilmente ad accumulare il denaro.
7. Mazzarò pensava ancora di essere giovane.
8. Mazzarò non era invidioso di nessuno.
9. Alla fine Mazzarò decide di buttare via tutta la sua roba.

B. Descriviamo Mazzarò. Descrivi Mazzarò e quello che faceva e pensava («non sopportava la gente», «cercava sempre uno stratagemma per convincere un proprietario a cedergli la chiusa», ecc.).

C. Parliamone. Rispondi alle seguenti domande.

1. Secondo te, qual è il tema del racconto?
2. Sei d'accordo con l'affermazione che «è una ingiustizia di Dio» dover lasciare tutta la roba che accumuliamo durante la vita? Perché sì/no?
3. Secondo te, l'attaccamento eccessivo alla roba può portare alla pazzia? Perché sì/no?

D. Riassunto. Prova a raccontare con le tue parole il racconto di Verga.

E. Lavoro di gruppo. Con un tuo compagno/una tua compagna scrivi una storiella simile a quella raccontata da Verga, basata sul seguente tema: «Il proprietario di una grande azienda lascia tutta la sua roba per l'amore di una donna». Poi leggete il vostro racconto in classe e spiegatene il messaggio.

Con fantasia

A. Un artista distratto. Il nostro artista deve preparare delle vignette sui mestieri. Per questo ha preparato uno schema in cui accanto al mestiere ha scritto i «ferri» che si usano. Purtroppo, come puoi vedere dalla prima vignetta, qualcosa non quadra. Sapresti aiutarlo a rimettere in ordine le sue idee, accoppiando i «ferri» con il mestiere?

1. contadino	a. accetta, sega
2. calzolaio	b. canna, lenza
3. barbiere	c. lesina, martello
4. boscaiolo	d. chiave inglese, cricco
5. pescatore	e. rasoio, spazzola
6. cuoco	f. falce, rastrello
7. meccanico	g. pentola, tagliere

B. Lavoro, lavoro, lavoro... Rispondi liberamente alle seguenti domande.

1. Quale sarebbe per te il lavoro più piacevole? più noioso? Perché?
2. Se tu avessi tantissimi soldi, lavoreresti ancora? Perché sì/no?

C. Completiamo le frasi. Completa liberamente le seguenti frasi.

1. Se io avessi tanto tempo libero...
2. Se i miei genitori andassero via per qualche mese...
3. Se il mio ragazzo/la mia ragazza mi lasciasse...
4. Se potessi diventare quello che voglio...
5. Se un mago (*genie*) mi desse la possibilità di avere tre cose o di soddisfare tre desideri...

D. Al lavoro.

1. Descrivi il tuo lavoro ideale.
2. Se tu dovessi intervistare qualcuno per un lavoro, quali sarebbero tre domande che faresti?
3. Se tu fossi un capoufficio, che cosa faresti per mantenere un'atmosfera amichevole nel tuo ufficio?

E. Offerte di lavoro. Con un compagno/una compagna prepara un'intervista di lavoro basata sul seguente annuncio. Poi mettete in scena l'intervista davanti alla classe.

SEGRETARIA
cercasi
Minimo 3 anni di esperienza. Ottima conoscenza inglese e italiano. Disposta a lavorare in gruppo. Persona ambiziosa e capace di lavorare sotto pressione. Ottima conoscenza di WP6.0 e Windows.

Telefonare a Claudio
(06) 33 43 458

F. Richieste di lavoro. Prepara una richiesta di lavoro e leggila alla classe. Segui il modello.

IDRAULICO

Avete bisogno di un idraulico?
Per qualsiasi problema idraulico
chiamate Luigi
(02) 45 64 782

Prezzi bassissimi.
Sconti a pensionati.

G. Giochiamo con la pubblicità. Leggi attentamente il seguente annuncio pubblicitario. Usa il dizionario per le parole che non conosci.

Grazie,

(in ordine alfabetico)

all'agente Mareno, all'albergatore, all'architetto
all'assessore, al capitano, al concessionario
al consulente, al cuoco, al designer, alla dietista
al direttore di mensa, all'economo dell'ospedale
al geometra, al gestore, all'impiantista
all'importatore straniero, all'ingegnere, al lavoratore
alla madre superiora, al maresciallo, alla moglie
del trattore, al progettista, al ristoratore,
al tecnico, al trasportatore, al vigile del fuoco
e a tutti quelli che ci hanno dato una mano
a fare della MARENO✳
quel marchio di prestigio che firma
tutte le nostre apparecchiature.

è un marchio Mareno Industriale spa 31010 Mareno di Piave

✳ **grandi cucine self-service lavastoviglie**
frigoriferi snack bar lavabiancheria

Ora abbina le definizioni con le attività menzionate nell'annuncio.

1. Vende cucine, frigoriferi, ecc. per la Mareno.   l'agente Mareno _____
2. È il proprietario di un hotel.   _____
3. Cucina in un ristorante.   _____
4. Svolge un'attività di vendita per conto di una casa produttrice.   _____
5. Si occupa professionalmente di *design*.   _____
6. Gestisce un ristorante.   _____
7. Medico specialista in dietetica.   _____

8. Suora che dirige una casa, una comunità, un ordine di religiose. _____

9. Estingue gli incendi. _____

10. Progetta e dirige la realizzazione di opere edilizie (*construction*), stradali, meccaniche, industriali, ecc. _____

H. Le barzellette. Per ciascuno dei seguenti professionisti strambi (*strange, bizarre*) prova a scrivere una barzelletta appropriata. Poi leggi le tue barzellette in classe.

MODELLO   un noto pittore «astratto»

In una sala in cui sono esposti i più recenti quadri di un noto pittore di quadri «astratti» che nessuno capisce, un visitatore si ferma davanti a uno dei quadri e chiede alla sua compagna...

«Secondo te, si tratta di un'alba (*dawn*) o di un tramonto (*sunset*)?»

«Indubbiamente di un tramonto!» dice la compagna.

«Ma come fai a capirlo? Dal colore forse?»

«Macché! Io conosco il pittore. È un amico. Non si è mai alzato prima di mezzogiorno!»

1. un/una pianista con un tic nervoso (*nervous tick*)
2. un direttore d'orchestra che porta la parrucca (*wig*)
3. un/una dentista a cui gli/le tremano (*tremble*) le mani

LESSICO UTILE

l'agenda	appointment book	le forbici	scissors
l'agenzia di collocamento	employment agency	la fotocopiatrice	photocopier
		guadagnare	to earn
l'architetto	architect	l'impiegato(-a)	employee
l'assegno	check	l'ingegnere (m./f.)	engineer
l'assegno turistico	traveler's check	l'insegnante	teacher
assumere	to hire	il libretto bancario	bankbook
l'avvocato	lawyer	il libretto degli assegni	checkbook
il biglietto	bill, bank note		
il capoufficio	office manager	licenziare	to fire
la cartella	briefcase	la matita	pencil
il cassiere/la cassiera	teller	il meccanico	mechanic
il cestino	wastebasket	il medico	doctor
il conto	account	il/la musicista	musician
la cucitrice	stapler	la penna	pen
il denaro	money	il pilota	pilot
il/la dentista	dentist	il prelevamento	withdrawal
depositare/versare	to deposit	prelevare	to withdraw
il deposito/il versamento	deposit	il/la professionista	professional
		la scheda/l'archivio	file
il direttore	manager	la scrivania	desk
il direttore d'orchestra	orchestra conductor	lo stipendio	stipend, pay
		gli spiccioli	small change
la ditta/l'azienda	company	i soldi	money
il docente	teacher	il sorriso	smile
la fabbrica	factory	lo sportello	(teller's) counter/window
il falegname	carpenter		

SOLUZIONE ALL'ESERCIZIO DI PAGINA 314: Impara l'arte e mettila da parte. (*Learn a trade and it will stand you in good stead.*)

$\mathcal{N}$oi e gli animali

Temi concettuali	**Gli animali**
	Svaghi: cinema, musica...
Vocabolario	Gli animali
Note grammaticali	Il nome: regole particolari
	Nomi numerabili e non numerabili
	Nomi composti
	Pronomi e aggettivi vari
	La comparazione
	Il superlativo
	Superlativi irregolari
	Pronomi e aggettivi utili
	Gli avverbi
Per la comunicazione	Uscire per divertirsi
	Organizzare una festa
	Al cinema
Taccuino culturale	Musica e cinema
Letture	«Cane vendesi» di Charles M. Schulz
	«Matrimonio all'italiana»

Il cinema e il mondo degli animali. Il mondo del cinema si è servito di animali per molti dei suoi film. Numerosissimi sono i film o i cartoni animati di Walt Disney che hanno come protagonisti, o come personaggi, degli animali. Metti alla prova la tua conoscenza dei film di Walt Disney in cui figurano degli animali, facendo il seguente test. Controlla i risultati a pagina 369.

1. Il film che ha come protagonista un elefante che vola s'intitola
   a. *Dumbo.*
   b. *La bella addormentata.*
   c. *La sirenetta.*

2. Timothy, l'amico di Dumbo, è
   a. un topo.
   b. un leone.
   c. un cervo.

3. Nel film *Pinocchio*, Jiminy, che rappresenta la coscienza di Pinocchio, è
   a. un topo.
   b. un grillo.
   c. un gatto.

4. I due animali cattivi che convincono Pinocchio a non andare a scuola sono
   a. il gatto e il lupo.
   b. il gatto e la volpe.
   c. la volpe e il cane.

5. Nel Paese dei Balocchi (*Pleasure Island*) Pinocchio viene trasformato in
   a. un mulo.
   b. una pecora.
   c. un asino.

6. Geppetto e Pinocchio sono inghiottiti da
   a. un rinoceronte.
   b. un coccodrillo.
   c. una balena.

7. Il film in cui tre fratellini costruiscono tre case s'intitola
   a. *I tre topolini.*
   b. *I tre gattini.*
   c. *I tre porcellini.*

8. Nel film *I tre porcellini* l'animale cattivo è
   a. un lupo.
   b. un leopardo.
   c. un serpente.

9. Trova l'accoppiamento sbagliato per i seguenti personaggi del *Libro della giungla*.
   a. Baloo = orso
   b. Shere Khan = giraffa
   c. Baghera = pantera
   d. King Louie = scimmia

10. Trova l'accoppiamento sbagliato per i seguenti personaggi di *Robin Hood*.
    a. Robin Hood = volpe
    b. King Richard = leone
    c. Sir Hiss = ippopotamo
    d. Little John = orso
    e. Narratore = gallo
    f. Madam Cluck = gallina

11. Trova l'accoppiamento sbagliato per i seguenti personaggi di *Aladdin*.
    a. Iago = pappagallo
    b. Abu = scimmia
    c. Rajah = zebra
    d. Jafar = serpente

12. Bambi è
    a. un pesce.
    b. un cervo.
    c. uno scoiattolo.

13. Nel film *Alice nel paese delle meraviglie*, il primo animale che la protagonista incontra è
    a. un'oca.
    b. uno scoiattolo.
    c. un coniglio.

14. I protagonisti del film *Lilli e il vagabondo* (*Lady and the Tramp*) sono
    a. dei cani.
    b. dei gatti.
    c. dei topi.

15. Gli animali che preparano un abito da sera a Cenerentola per andare alla festa da ballo sono dei topolini e
    a. degli uccelli.
    b. dei gatti.
    c. dei cani.

 **LETTURA**  *ane vendesi*

Leggi attentamente le seguenti strisce di Charlie Brown. Mentre leggi, fa' particolare attenzione alla problematica degli animali domestici.

¹ **pesci...** *goldfish*   ² *pail*   ³ **allevamento...** name of a farm

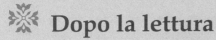 # Dopo la lettura

A. Ricordi quello che hai letto? Indica se ciascuna delle seguenti affermazioni è vera (V) o falsa (F). Poi correggi le affermazioni false.

1. _____ Per Charlie Brown gli animali domestici non sono importanti.
2. _____ Un compagno di scuola di Linus ha ricevuto per il suo compleanno un canarino.
3. _____ Il compagno di Linus desiderava veramente dei pesci rossi.
4. _____ Quando Charlie Brown ha ricevuto Snoopy, era piuttosto piccolo.
5. _____ Ai giardini Charlie Brown stava giocando con dei bambini.
6. _____ Un bambino rovesciò un secchiello di sabbia in testa a Charlie Brown.
7. _____ Charlie Brown ha ricevuto Snoopy dai nonni.
8. _____ Secondo Violet, i cani sono intelligenti.
9. _____ Secondo Charlie Brown, il mondo sarebbe peggiore se non ci fossero i cani.

B. Parliamone! Rispondi liberamente alle seguenti domande. Discuti le tue risposte con gli altri membri della classe.

1. Prima di comprare un animale domestico, è importante «desiderarlo veramente»? Perché sì/no?
2. Charlie Brown afferma che la gente compra gli animali per strane ragioni. Quali sono, secondo te, alcune di queste ragioni?
3. Hai un animale domestico? Se sì, per quale motivo hai deciso di averne uno? Se no, per quale motivo non ne hai uno?
4. Charlie Brown afferma che siamo fortunati a godere della compagnia dei cani. Sei d'accordo? Giustifica la tua risposta.

STIMOLO LINGUISTICO

A. Ricordi gli avverbi? Trasforma i seguenti aggettivi in avverbi e usali in una frase completa.

strano	intero	stupido
intelligente	fortunato	vero
certo	regolare	facile
difficile		

B. Caccia... all'errore. Le seguenti frasi presentano alcuni errori. Sai correggerli? Spiega ai compagni la regola grammaticale «offesa» (*broken*).

1. Cani sono animali domestici.   **2.** Oggi sto ancora male. Anzi sto peggiore di ieri.   **3.** I cani sono più migliori dei gatti.   **4.** Carlo ha comprato delle uve.   **5.** Dato che non fumo, non ho portaceneri in casa.

VOCABOLARIO GLI ANIMALI

l'animale domestico	*domestic animal, pet*
l'animale selvatico	*wild animal*
l'ape (*f.*)	*bee*
l'asino	*donkey*
il cane/la cagna	*dog*
il castoro	*beaver*
il cavallo	*horse*
il coniglio	*rabbit*
l'elefante (*m.*)	*elephant*
la formica	*ant*
il gallo/la gallina	*rooster/chicken*
il gatto/la gatta	*cat*
la giraffa	*giraffe*
il leone/la leonessa	*lion*
il lupo	*wolf*
il maiale (il porco)/la scrofa	*pig*
la mosca	*fly*
la mucca/il bue	*cow/ox*
il mulo	*mule*
l'orso	*bear*
il pappagallo	*parrot*
la pecora/il montone	*sheep/ram*
il pesce	*fish*
la scimmia	*monkey*
lo scoiattolo	*squirrel*
il serpente	*snake*
il tacchino	*turkey*
la tartaruga	*turtle*
la tigre	*tiger*
il topo	*mouse*
l'uccello	*bird*
la volpe	*fox*
la zanzara	*mosquito*

IL VERSO DEGLI ANIMALI	ANIMAL SOUNDS
L'asino raglia.	*The donkey brays.*
Il cane abbaia.	*The dog barks.*
Il cavallo nitrisce.	*The horse neighs.*
Il gatto miagola.	*The cat meows.*
Il leone ruggisce.	*The lion roars.*
Il lupo ulula.	*The wolf howls.*
L'uccello canta/cinguetta.	*The bird sings/chirps.*

■ Many nouns for animals have only one form to indicate both masculine and feminine gender. For example, **il topo** (*mouse*) is used to refer either to a female or a male mouse. This is true also for **la volpe** (*fox*), which has no masculine form. However, to specify the gender you can say:

il topo maschio (*or* il maschio del topo)
il topo femmina (*or* la femmina del topo)
la volpe maschio (*or* il maschio della volpe)
la volpe femmina (*or* la femmina della volpe)

APPLICAZIONE

A. Il verso degli animali. Accoppia gli animali della colonna A con i verbi indicanti il loro verso della colonna B. Usa il dizionario se necessario.

A	B
1. il gallo	**a.** muggisce
2. il cavallo	**b.** garrisce
3. il cane	**c.** ruggisce
4. il gatto	**d.** bela
5. il leone	**e.** fa chicchirichì
6. il lupo	**f.** cinguetta
7. la mucca	**g.** nitrisce
8. l'uccello	**h.** raglia
9. la pecora	**i.** miagola
10. l'asino	**j.** ulula
11. l'elefante	**k.** abbaia

B. I paragoni. Spesso per indicare delle qualità umane, si fa il paragone con un animale. Per esempio, per dire che una persona è molto testarda, si dirà: «È testardo come un mulo». Sapresti completare le seguenti metafore scegliendo dalla seguente lista di animali? Nella lista figurano tre animali in più. Usa il dizionario, se necessario.

lupo	coniglio	formica	pesce	mosca	asino
tartaruga	orso	scimmia	cane	uccello	leone
serpente	tigre	giraffa	volpe	pecora	gatto

1. È timido come un _____.
2. È scontroso come un _____.
3. È feroce come una _____.
4. È fedele come un _____.
5. È furbo come una _____.
6. È muto come un _____.
7. È tentatore come un _____.
8. È coraggioso come un _____.
9. È noioso come una _____.
10. È ignorante come un _____.
11. È affamato (*famished*) come un _____.
12. È melodioso come un _____.
13. È parsimonioso e attivo come una _____.
14. Si arrampica (*climbs*) come una _____.
15. È lento come una _____.

NOTE GRAMMATICALI

IL NOME: REGOLE PARTICOLARI

Nomi numerabili e non numerabili

■ Count nouns refer to things that can be counted. Therefore, they have both singular and plural forms and can be used with the indefinite article: **un gatto—tanti gatti**. Noncount nouns refer to things that are considered noncountable. Consequently, they have only a singular form and *cannot* be used with the indefinite article: **il latte**, **lo zucchero**, etc.

■ Note that there are contrasts in the ways in which languages assign countability. For example, **l'uva** (*grapes*) is noncountable in Italian, but countable in English. Also, some words are used in Italian as countable and noncountable.

NONCOUNTABLE USAGE	COUNTABLE USAGE
l'informazione *information (in general)*	le informazioni *items of information*
la verdura *vegetables (in general)*	le verdure *types of vegetables*
il pesce *fish (in general)*	i pesci *types of fish*
la gente *people (in general)*	le genti *specific kinds of people*

■ When noncount nouns begin a sentence, they must always have the definite article, as do count nouns used in a general sense.

L'acqua è essenziale per la vita.
Water is essential for life.

Il latte ti fa bene.
Milk is good for you.

Gli italiani mangiano bene.
Italians eat well.

■ In the case of object noun phrases, the article can be dropped: **Studio l'italiano./Studio italiano.** This is a stylistic feature that you will acquire as you listen to and read Italian.

Nomi composti

■ Some nouns are made up of two parts (*noun + noun, verb + noun*, etc.). These are called compound nouns (**nomi composti**). Although there are no fixed rules for pluralizing such nouns, here are some general guidelines.

In most cases (*noun + noun, noun + adjective*, etc.), the compound noun is pluralized as if it were a regular "single" noun.

l'arcobaleno	*rainbow*	gli arcobaleni
la banconota	*bank note*	le banconote
la ferrovia	*railroad*	le ferrovie
il francobollo	*stamp*	i francobolli
il gentiluomo	*gentleman*	i gentiluomini
il palcoscenico	*stage*	i palcoscenici

If the compound noun is formed by *verb + verb* or *verb + plural noun*, then it is invariable and masculine in gender.

il portalettere	*letter carrier*	i portalettere
il cavatappi	*bottle opener*	i cavatappi
il toccasana	*cure-all*	i toccasana

If the compound noun construction is formed by *verb* + *singular noun*, then it is pluralized in the normal way. It is also masculine.

l'asciugamano	*towel*	gli asciugamani
il portafoglio	*wallet*	i portafogli
il parafango	*fender*	i parafanghi

If **capo** is an element in the compound construction, then, by convention, one or both parts of the construction are pluralized. You will have to look up nouns of this type in a dictionary to be sure.

il capofabbrica	*plant manager*	i capifabbrica
il capofamiglia	*head of the family*	i capifamiglia
il capogruppo	*group leader*	i capigruppo
il caporeparto	*foreman*	i capireparto
il capotecnico	*technical director*	i capitecnici/capotecnici
il capoufficio	*office manager*	i capiufficio
il capogiro	*dizziness*	i capogiri
il capolavoro	*masterpiece*	i capolavori

APPLICAZIONE

A. La vita quotidiana del gatto! Completa con la forma appropriata dell'articolo determinativo o delle preposizioni articolate (*al, nello*, ecc.).

La vita di un gatto!

_____ informazioni usate in questo articolo sono tutte basate _____ mie esperienze personali, non _____ antropologia etologica. _____ gatti sono animali veramente «strani» e «misteriosi». _____ mio gatto, a cui non piace generalmente _____ verdura, per esempio, ha invece mangiato _____ verdure che gli ho dato alcuni giorni fa. _____ cibo preferito _____ gatti è _____ pesce, ma _____ mio gatto non piace _____ pesce. Odia _____ pesci! Però mangia volentieri _____ uva, anche se _____ gente non mi crede.

Sì, _____ vita di un gatto, anzi _____ molte vite di un gatto, sono interessanti. _____ animali domestici sono tutti simpatici, ma _____ gatti hanno un particolare fascino!

B. Il mondo degli yuppies. Questo articolo ironico sugli «yuppies» presenta molte parole composte. Completa in modo opportuno con le lettere mancanti.

Il mondo degli yuppies

Oggi gli yuppies vivono letteralmente alla giornata. Secondo una ricerca, i cap__uffic__ giovani escono quasi ogni sera. Gli yuppies di oggi sono quasi dei cap__comic__ che vivono su dei palc__scenic__ di «glitz». Gli yuppies non sono affatto tagliati per essere dei cap__famigli__.

    Sono quasi come dei port__letter__, che vanno e vengono con i messaggi degli altri, ma con niente di «proprio»! Vivono per guidare macchine con par__fang__ d'oro! Indossano vestiti che sono dei cap__lavor__ di moda, anche se non hanno le banc__not__ per permetterseli! E non sempre gli yuppies sono dei gentiluom__.

PRONOMI E AGGETTIVI VARI

La comparazione

Adjectives, adverbs, and other parts of speech can be compared according to degree.

Uguaglianza (*EQUALITY*): **così... come/tanto... quanto**

■ Use **così... come** or **tanto... quanto** (*as . . . as*) alternatively with any adjective comparing two nouns. In both cases, the first word is optional.

Il mio gatto è (così) intelligente come il tuo.   *My cat is as intelligent as yours.*
Il nostro cane è (tanto) bello quanto il suo.   *Our dog is as beautiful as his/hers.*

■ With any other structure (noun, adverb, etc.), or when two adjectives are used to compare the same noun, only **tanto... quanto** can be used. Make sure that there is agreement with the gender and number of the nouns.

■ With nouns:

Maria ha **tanta** audacia **quanto** buon senso.

■ With adjectives referring to the same noun:

Maria è **tanto** bella **quanto** simpatica.
Quei divani sono **tanto** belli **quanto** comodi.

■ With other structures:

Studiare è **tanto** difficile **quanto** lavorare.
Io studio **tanto quanto** te.   *I study as much as you do.*

■ Use **più** *more* and **meno** *less*. When one adjective compares two nouns then **più** and **meno** are followed by **di** *than*. If one noun is compared by two adjectives, then **che** follows.

■ With two nouns:

Maria è più simpatica **di** Elena.   *Maria is nicer than Elena.*
Mario è meno furbo **del** suo amico.   *Mario is less cunning than his friend.*

■ With two adjectives:

Maria è più simpatica **che** bella.
Maria è più furba **che** intelligente.

■ This same pattern applies to other structures.

La musica mi piace più **della** pittura.
Lui ha scritto più lettere **di** me.
Mi piace più leggere **che** scrivere.
Lui ha mangiato meno carne **che** pesce.

■ The expression *than what* is rendered by **di quello che/di ciò che/di quanto** + *subjunctive.*

Maria è meno intelligente di quel che voi pensiate.
Mary is less intelligent than you think.
Gli ha dato più di quanto volesse.
He gave him more than he wanted.

Il superlativo

■ Use **più** and **meno** preceded by the definite article. Note that in superlative constructions **di** renders the idea of *in/of* and **tra/fra** of *between, among.*

Maria è la più brava **della** classe.
Questo è il corso più interessante **del** mondo.
This is the most interesting course in the world.
Giorgio è il meno simpatico **tra** i suoi amici.
George is the least nice among his friends.

■ Be careful not to repeat the article if **più** or **meno** follow the noun.

Maria è la ragazza più brava della classe.

Superlativi irregolari

ADJECTIVE	COMPARATIVE FORM	SUPERLATIVE FORM
buono *good*	migliore (più buono) *better*	il migliore (il più buono) *the best*
cattivo *bad*	peggiore (più cattivo) *worse*	il peggiore (il più cattivo) *the worst*
grande *big*	maggiore (più grande) *bigger*	il maggiore (il più grande) *the biggest*
piccolo *small (little)*	minore (più piccolo) *smaller*	il minore (il più piccolo) *the smallest*

ADVERB	COMPARATIVE FORM	SUPERLATIVE FORM
bene *well*	meglio *better*	il meglio *the best*
male *bad(ly)*	peggio *worse*	il peggio *the worst*

■ If you have difficulty deciding between **migliore** and **meglio** or between **peggiore** and **peggio**, go back to the noncompared form. This will tell you if the form is **buono** or **bene**/**cattivo** or **male**.

SENTENCE TO BE FORMED	NONCOMPARED FORM	ITALIAN FORM
That CD is *better*.	*That CD is good.* = **buono** (*adjective*)	Quel CD è **migliore**.
She's feeling *better*.	*She's feeling well.* = **bene** (*adverb*)	Lei sta **meglio**.
That is a *worse* situation.	*That is a bad situation.* = **cattiva** (*adjective*)	Quella è una situazione **peggiore**.
That watch works *worse* than this one.	*That watch works badly.* = **male** (*adverb*)	Quell'orologio funziona **peggio** di quello.

■ The final -e of **migliore** and **peggiore** may be dropped before a singular noun: **È il miglior libro che abbia mai letto.**

Pronomi e aggettivi utili

FORM	ADJECTIVE	PRONOUN
alcuno *some*	Ci sono **alcuni** errori.	**Alcuni** pensano di saper tutto.
altro *other*	Ci sono due **altri** gatti qui.	Alcuni dicevano una cosa, **altri** un'altra.
certo *certain*	**Certe** persone odiano gli animali.	**Certi** pensano che io odi i gatti.
molto/tanto *much, many, a lot*	Lei ha **tanta** pazienza.	**Tanti** hanno un gatto in casa.
parecchio *several*	In casa ho **parecchi** gatti.	**Parecchi** preferiscono i cani.
poco *little, few*	Lui ha **poca** pazienza.	**Pochi** oggi vanno a caccia.
stesso *same*	È la **stessa** cosa.	Sono sempre gli **stessi** a lamentarsi.
tutto *everything/everyone*	Ho mangiato **tutta** la carne.	**Tutti** amano i gatti.

APPLICAZIONE

A. Completiamo! Completa ogni frase con le diverse strutture comparative e metti i verbi tra parentesi al tempo e al modo appropriati.

1. La tua gatta è _____ bella _____ mia: è la gatta _____ bella che io _____ (vedere).
2. Il tuo cane è _____ intelligente _____ il suo.
3. La sera mi piace _____ camminare col cane _____ guardare la TV.
4. Ho comprato la stessa quantità di carne e di latte per il mio gatto. Ho comprato _____ carne _____ latte.
5. La mia gatta è _____ simpatica di _____ si _____ (credere).
6. Il mio cane è il cane _____ bello _____ tutti i cani del quartiere.
7. Il mio cane è molto pigro: gli piace _____ dormire _____ correre.

B. I comparativi. Adesso parla di te stesso(-a), imitando il modello.

> MODELLI   intelligente / mio fratello
> **Sono più intelligente di mio fratello.**
> **Sono meno intelligente di mio fratello.**
> **Sono tanto intelligente quanto mio fratello.**
>
> alto / basso
> **Sono più alto che basso.**
> **Sono più bassa che alta.**
>
> studiare / lavorare
> **Preferisco più studiare che lavorare.**
> **Preferisco meno studiare che lavorare.**
> **Preferisco studiare quanto lavorare.**

1. simpatico / tua sorella
2. energico / i tuoi amici
3. ricco / povero
4. paziente / impaziente
5. la città / la campagna
6. le vacanze / il lavoro
7. generoso / i tuoi amici
8. sensibile / duro
9. viaggiare / rimanere a casa

C. Migliore, maggiore, meglio, peggio... Sostituisci le parole fra parentesi con un'altra forma comparativa.

1. Questo caffè è (più buono) _____ di quell'altro.
2. Carmine è il fratello (più grande) _____.
3. Teresa è la sorella (più piccola) _____.
4. Gianfranco è il figlio (più piccolo) _____.
5. Questa frutta è (più cattiva) _____ di quella dell'altro giorno.
6. È la (più buona) _____ cosa che lui possa fare.

D. Traduciamo! Ora traduci le parole fra parentesi.

1. Michele, scrivi un po' (*better*) _____!
2. Oggi la macchina va (*better*) _____.
3. Oggi non mi sento (*well*) _____.
4. Lui cucina molto (*badly*) _____.
5. Oggi mi sento (*worse*) _____.
6. Noi temiamo il (*worst*) _____.

E. Completa! Completa gli spazi vuoti in modo opportuno.

1. Ci sono alcun__ parol__ che non capisco.
2. Ho visto alcun__ bambin__ giocare con quel can__ .
3. Desidera un'altr__ aranciat__ ?
4. Cert__ cos__ non si dicono.
5. Lui ha avuto tant__ fortun__ .
6. Cert__ pensano che io abbia torto.
7. Tant__ credono che noi abbiamo ragione.
8. Alla festa sono venute parecchi__ person__ .
9. Rimango qui solo poc__ temp__ .
10. Lui ha detto le stess__ cos__ di ieri.
11. È andato al cinema con tutt__ i suoi amic__ .

F. Traduci. Ora traduci in inglese le frasi dell'esercizio precedente.

GLI AVVERBI

■ Adverbs of manner answer the question **Come?** Generally they are formed by adding the suffix **-mente** in the following ways:

If the descriptive adjective ends in **-o**, change the ending to **-a** and add **-mente**.

> raro → rara → raramente   *rarely*
> vero → vera → veramente   *really*

If the adjective ends in **-e**, just add **-mente**.

> felice → felicemente   *happily*
> enorme → enormemente   *enormously*

If the adjective ends in **-le** or **-re**, drop the **-e** before adding **-mente**.

> difficile → difficilmente   *with difficulty*
> facile → facilmente   *easily*
> popolare → popolarmente   *popularly*
> regolare → regolarmente   *regularly*

Exceptions to this are:

> benevolo → benevolmente   *benevolently*
> leggero → leggermente   *lightly*
> violento → violentemente   *violently*

A. Completa con gli avverbi. Nel seguente articolo mancano alcuni avverbi. Completa in modo opportuno, trasformando i seguenti aggettivi in avverbi.

brutale   difficile   aggressivo   felice   benevole
violento   erroneo   gentile   raro

Gli animali

_____ gli animali sono pericolosi. Anzi, _____ si trovano animali che aggrediscono l'uomo. Spesso pare che agiscano _____; invece, se vengono lasciati in pace agiscono _____.

Spesso interpretiamo _____ le loro azioni. Tutte le specie di questo mondo desiderano vivere _____.

Gli animali spesso agiscono _____. Siamo noi esseri umani che, invece, spesso agiamo _____ e _____.

PER LA COMUNICAZIONE

USCIRE PER DIVERTIRSI

andare a trovare gli amici, i parenti...	*to visit friends, relatives . . .*
andare ad un locale notturno	*to go to a nightclub*
in discoteca	*to the disco*
al cinema	*to the movies*
al concerto	*to the concert*
al museo	*to the museum/art gallery*
a teatro	*to the theater*
ad una festa	*to a party*
in biblioteca	*to the library*
preferire la musica rock	*to prefer rock music*
la musica classica	*classical music*
il jazz	*jazz*
la musica folcloristica	*folk music*
lo spettacolo	*show, performance*
la commedia	*comedy*
il dramma	*drama*
la tragedia	*tragedy*
chiamare un taxi/tassì	*to call a taxi*
uscire con gli amici	*to go out with friends*
da solo/a	*alone*
in compagnia	*with friends*

Ora tocca a te! Rispondi alle domande con frasi complete.

1. Vai spesso o di rado in biblioteca? Perché?
2. Di solito tu quando prendi il tassì?
3. Vai spesso alle feste? Ti piacciono? Perché sì/no?
4. Vai spesso in discoteca? Ti piace? Perché sì/no?
5. Ti piace il teatro? Nomina la tua commedia preferita, il tuo dramma preferito e la tua tragedia preferita.
6. Sei mai stato(-a) ad un museo italiano? Se sì, racconta la tua esperienza.
7. Vai spesso ai concerti? Ti piacciono? Perché sì/no?
8. Che tipo di musica preferisci: classica, leggera, rock, jazz, folcloristica? Perché?

ORGANIZZARE UNA FESTA

gli affettati	*cold cuts*
apparecchiare la tavola	*to set the table*
ballare	*to dance*
la bibita	*soft drink*
il bicchiere	*drinking glass*
il coltello	*knife*
il cucchiaio	*spoon*
il cucchiaino	*teaspoon*
raccontare barzellette	*to tell jokes*
la forchetta	*fork*
l'invitato	*invited guest*
la lattina (di Coca-Cola/Pepsi)	*(Coke/Pepsi) can*
il panino	*bun sandwich*
il tramezzino	*flat sandwich*
il piatto	*plate*
la tazza	*cup*
il tovagliolo	*napkin*

A. La festa. Prepara una lista per una festa che organizzerai, poi leggila in classe. Nella lista includi:

1. le cose da comprare (cibo, bibite, ecc.)
2. le cose da preparare (musica, giochi, ecc.)
3. le persone da invitare
4. le attività da programmare

B. Indovinello! Che cos'è?

1. Si usa per tagliare la carne.
2. Il contenitore del caffè.
3. Si usa per mangiare la minestra.
4. Si usa per mangiare la pasta.
5. Un sinonimo per *preparare* la tavola.
6. Si mettono nei panini.
7. Una bevanda analcolica.
8. Si usa per pulirsi la bocca.
9. La persona invitata ad una festa.
10. Il contenitore della Coca-Cola, della Pepsi, ecc.
11. Ci si mangia la pasta, la minestra, la carne, ecc.

AL CINEMA

l'attore/l'attrice	*actor/actress*
il botteghino	*ticket booth*
la colonna sonora	*soundtrack*
il corridoio	*corridor*
la fila	*aisle, row*
fare la fila/la coda	*to line up*
il posto/la poltrona di prima fila	*front-row seat*
la platea	*ground floor*
la galleria	*balcony*
il film/la pellicola	*movie, film*
di spionaggio	*spy*
di fantascienza	*science fiction*
d'amore	*love*
d'avventura	*adventure*
giallo	*detective, thriller*
western	*western*
dell'orrore	*horror*
a colori	*color*
in bianco e nero	*black and white*
di prima visione	*premiere*
doppiato	*dubbed*
girare un film	*to make a movie*
i sottotitoli	*subtitles*
il/la regista	*movie director*
vietato ai minorenni	*forbidden to minors (restricted)*

A. Al cinema. Abbina le definizioni della colonna A con le parole della colonna B.

A	B
1. Film presentato al pubblico per la prima volta.	**a.** film di spionaggio
2. Persona che dirige un film.	**b.** il botteghino
3. Recita in un film.	**c.** un film di prima visione
4. Lo sono i film di James Bond.	**d.** film d'avventura
5. Lo è *Star Trek*.	**e.** il regista
6. Lo è *Ghost*.	**f.** film di fantascienza
7. Lo è il fim *Raiders of the Lost Ark*.	**g.** film d'amore
8. Lo sono i film di Alfred Hitchcock.	**h.** film gialli
9. *To line up* in italiano.	**i.** l'attore/l'attrice
10. Il posto dove si comprano i biglietti.	**j.** fare la fila

B. Rispondi! Rispondi alle domande con frasi complete.

1. Conosci qualche regista italiano(-a)? Chi? Quale dei suoi film ti piace di più? Perché?

2. Chi sono oggi le stelle del cinema americano?

3. Quando vai a teatro preferisci un posto in platea o in galleria? Perché?

4. Chi è il tuo attore preferito? Perché?

5. Chi è la tua attrice preferita? Perché?

6. Qual è il tuo film preferito? Perché?

7. Che genere di film ti piace? Perché?

IL MOMENTO CREATIVO   Con un tuo compagno/una tua compagna metti in scena la seguente situazione.
Uno studente/Una studentessa telefona ad una sua compagna/un suo compagno di scuola per invitarlo/la ad uscire («Andiamo al cinema?» «Vuoi venire con me in discoteca?» ecc.). Però al compagno/alla compagna non è simpatica la persona che lo/la invita. Non volendolo/la offendere, troverà una «scusa plausibile e delicata» per respingere (*turn down*) l'invito.

MUSICA E CINEMA

Durante il Medioevo, l'Italia svolse un ruolo primario nel campo della musica sacra (da chiesa) col cosiddetto canto gregoriano attribuito a Papa Gregorio il Grande (540–604 d.C. circa). Tra i musicisti più conosciuti del Rinascimento e del Barocco sono da menzionare Palestrina, Gabrieli, Monteverdi, Frescobaldi, Corelli, Vivaldi e Scarlatti.

L'opera è sempre stata per gli italiani una delle forme artistiche più importanti. Rossini, Bellini, Donizetti, Verdi, Mascagni, Leoncavallo e Puccini sono popolarissimi. Le loro opere—*Il Barbiere di Siviglia, La Traviata, Tosca*, ecc.—vengono messe in scena frequentemente in tutto il mondo.

Molto popolare in Italia è il Festival di Sanremo, una delle più famose gare canore (*song contests*) del mondo. Il festival, iniziato nel 1951, ha luogo nella città ligure nel mese di febbraio e ad esso partecipano non solo i cantanti più famosi del paese, ma anche quelli alle prime armi (*beginners*), i futuri idoli della musica leggera italiana.

L'Italia ha anche una ricca tradizione di canto folcloristico. Particolarmente conosciute sono le canzoni napoletane tradizionali come *Santa Lucia, O sole mio* e *Torna a Sorriento*. Ogni regione ha i suoi canti. Oggi va molto di moda il rock americano, che i giovani ascoltano regolarmente attraverso le trasmissioni della MTV in Italia.

Nel campo del cinema l'Italia ha sempre avuto una grande reputazione a livello internazionale. Registi come Fellini, De Sica, Wertmuller, Visconti, Rossellini, Antonioni, Pasolini, Bertolucci e Taviani sono tra i più grandi di questo secolo.

Nelle sale cinematografiche si proiettano spesso film americani, i quali sono doppiati.

A. Ricordi quello che hai letto? Completa le frasi in modo opportuno.

1. Il canto gregoriano è attribuito a...
2. Tra i musicisti più conosciuti del Rinascimento e del Barocco sono da menzionare...
3. Il Festival di Sanremo è...
4. Il Festival di Sanremo ha luogo nel mese di...
5. A questo festival partecipano...
6. Fellini e Antonioni sono due _____ italiani.
7. *O sole mio* e *Torna a Sorriento* sono due _____ napoletane tradizionali.
8. L'_____ è sempre stata per gli italiani una delle forme artistiche più importanti.

B. Ricerche da svolgere! Rispondi alle seguenti domande.

1. Chi è il compositore delle seguenti opere: *Il Barbiere di Siviglia, La Gazza Ladra, Guglielmo Tell*?
2. Chi è il compositore delle seguenti opere: *La Traviata, Rigoletto, Il Trovatore, Aida*?
3. Chi è il compositore delle seguenti opere: *La Bohème, Tosca, Madama Butterfly*?
4. Quali film importanti ha diretto Fellini? Wertmuller? Antonioni? Visconti? Bertolucci?
5. Conosci qualche attore/attrice del cinema italiano? Chi conosci?

 # Stimolo alla lettura

Sei un esperto di cinema italiano? Prova a fare il seguente test e scoprirai se sei un esperto di cinema italiano. Troverai le risposte a pagina 369. In alcuni casi tutte e due le risposte possono essere corrette.

1. Roberto Rossellini è il regista del film
   a. *La dolce vita.*
   b. *Roma città aperta.*

2. Il nome del regista italiano De Sica era
   a. Giuseppe.
   b. Vittorio.

3. Il regista del film *La terra trema* è
   a. Luchino Visconti.
   b. Franco Zeffirelli.

4. Franco Zeffirelli ha fatto un film sulla vita di
   a. Gesù di Nazareth.
   b. San Francesco.

5. Michelangelo Antonioni è il regista del film
   a. *Ben Hur.*
   b. *Blow Up.*

6. Pier Paolo Pasolini è il regista del film
   a. *Il Vangelo* (Gospel) *secondo Matteo.*
   b. *8.*

7. Il nome del regista italiano Fellini era
   a. Federico.
   b. Marcello.

8. Fellini è il regista del film
   a. *La strada.*
   b. *Ginger e Fred.*

9. Sofia Loren e Marcello Mastroianni recitarono insieme nel film
   a. *Matrimonio all'italiana.*
   b. *I girasoli.*

10. Giuseppe Tornatore vinse l'Oscar con il film...
    a. *Stanno tutti bene.*
    b. *Nuovo Cinema Paradiso.*

 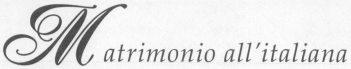
Matrimonio all'italiana

Leggi attentamente la trama del seguente film, facendo particolare attenzione allo svolgimento della vicenda.

MATRIMONIO ALL'ITALIANA

(Matrimonio all'italiana, 1964)

Il cast

Regia: Vittorio De Sica - *Con:* Sofia Loren, Marcello Mastroianni, Aldo Puglisi - *Soggetto:* dalla commedia *Filumena Marturano* di Eduardo De Filippo *Sceneggiatura:* R. Castellani, A. Guerra, R. Benvenuti, P. De Bernardi - *Fotografia* (colori): Roberto Gerardi - *Colonna sonora:* Armando Trovajoli - *Montaggio:* Adriana Novelli - *Origine:* Italia - *Durata:* 104'

La trama

Dopo essersi presa cura di Domenico per anni, sia come amante sia come domestica, Filumena decide di farsi sposare e si finge moribonda.[1] Il trucco[2] ha successo, ma quando la donna si alza dal suo presunto[3] letto di morte, Domenico va su tutte le furie[4] e decide di annullare il matrimonio. Filumena, però, ha un'arma segreta: confessa al marito di avere avuto tre figli, dei quali uno proprio da lui. Domenico va in crisi, cercando invano di riconoscere suo figlio tra i tre ragazzi. Ormai vinto dagli stratagemmi di Filumena e innamorato suo malgrado di quella donna che gli è stata accanto tutta la vita, Domenico la sposa una seconda volta, con tutti i crismi dell'ufficialità[5]... Un grande film per una grandissima coppia di interpreti.

Giudizio critico: ••••• **Genere: commedia**

[1] **si...** *pretends she is dying*   [2] *trick*   [3] *presumed*   [4] **va...** *becomes enraged*   [5] **con...** *in strict (religious) accordance*

A. Ricordi quello che hai letto? Dopo aver letto la scheda del film *Matrimonio all'italiana*, rispondi alle seguenti domande.

1. Di quale anno è *Matrimonio all'italiana*?   **2.** Chi è il regista del film?
3. Chi sono gli interpreti principali?   **4.** Da quale commedia italiana è tratto il film?   **5.** Chi ha curato la sceneggiatura del film?   **6.** Quanto tempo dura il film?   **7.** Che genere di film è?

Ora riassumi con parole tue la trama del film.

B. Dal film *Matrimonio all'italiana*. Metti al posto delle parole in corsivo altre parole con lo stesso significato.

1. Filomena *si occupò* di Domenico per anni.
2. Filomena è stata *la donna di servizio* di Domenico.
3. Domenico decide di *dichiarare invalido* il matrimonio.
4. Domenico cerca *inutilmente* di riconoscere suo figlio tra i tre ragazzi.
5. Domenico, vinto dalle *astuzie* di Filomena, la *prende in moglie* una seconda volta.
6. Sofia Loren e Marcello Mastroianni sono una grandissima coppia di *interpreti*.

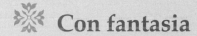

Con fantasia

A. L'ultimo film che hai visto. Prepara una scheda basata sull'ultimo film che hai visto o su un film che ti è particolarmente caro.

```
TITOLO:
ANNO:
REGIA:
INTERPRETI:

DURATA:
TRAMA:
```

B. Joanna Johnson: attrice per caso. Joanna Johnson è un'attrice statunitense (*U.S.*) che interpreta il ruolo di Caroline nel popolare teleromanzo *Beautiful*, la versione italiana della *soap opera* americana *The Bold and the Beautiful*. Prepara un'intervista, tra un giornalista e l'attrice, basata sulle seguenti informazioni.

ATTRICE PER CASO

· **Nata a:** Phoenix, in Arizona, il 31 dicembre 1961
· **Segno zodiacale:** Capricorno
· **Famiglia:** La mamma si chiama Mary Jox; il padre, agente di commercio, Charlie. Ha due sorelle, Armanda e Diana, e un fratello
· **Studi:** diplomata in regia e sceneggiatura alla University of Southern California
· **Stato civile:** vive da sola
· **Abita a:** Los Angeles, poco distante da Beverly Hills
· **Auto:** possiede una Alfa Romeo rossa
· **Sport preferiti:** tennis, golf, jogging
· **Primo film:** *Killer Party*, un horror umoristico girato a Toronto. Poi ha fatto apparizioni in *Riptide* e *Twilight Zero*
· **Primo lavoro in TV:** nel ruolo di una professoressa in «*Cat fight*», un episodio della serie poliziesca *Mike Hammer*
· **Cibo preferito:** pesce e pollo
· **Abbigliamento:** casual. Ma adora gli stilisti italiani, i migliori al mondo
· **Maggiore pregio:** la sincerità
· **Sogno segreto:** fare la scrittrice vivendo in un grande ranch, tra il verde
· **Animali preferiti:** cavalli, cani ma soprattutto i gatti: il suo si chiama Pangee
· **Hobby:** giardinaggio, lettura di romanzi romantici ma con una storia «forte»

C. Tema. Dai un tuo giudizio su un film che hai visto di recente.

LESSICO UTILE

abbaiare	*to bark*	il bicchiere	*drinking glass*
andare a caccia	*to go hunting, hunt*	il botteghino	*ticket booth*
l'animale selvatico	*wild animal*	il cane/la cagna	*dog*
l'ape (f.)	*bee*	cantare	*to sing*
apparecchiare la tavola	*to set the table*	il cavallo	*horse*
		il cinema	*movies*
l'asino	*donkey*	il coltello	*knife*
l'attore/l'attrice	*actor*	il coniglio	*rabbit*
ballare	*to dance*	il corridoio	*corridor*
la biblioteca	*library*	il cucchiaio	*spoon*

l'elefante	elephant	l'orso	bear
la fila	aisle, row	il pappagallo	parrot
la forchetta	fork	la pecora/il montone	sheep/ram
la formica	ant	il pesce	fish
il gallo/la gallina	rooster/chicken	il piatto	plate
il gatto/la gatta	cat	il/la regista	movie director
la giraffa	giraffe	la scimmia	monkey
girare un film	to make a movie	lo scoiattolo	squirrel
l'invitato	invited guest	il serpente	snake
il leone/la leonessa	lion	il tacchino	turkey
il locale notturno	nightclub	la tartaruga	turtle
il lupo	wolf	la tazza	cup
il maiale (il porco)/la scrofa	pig	la tigre	tiger
		il topo	mouse
miagolare	to meow	il tovagliolo	napkin
la mosca	fly	l'uccello	bird
la mucca/il bue	cow/ox	la volpe	fox
il mulo	mule	la zanzara	mosquito
il museo	museum/art gallery		

Così va il mondo! 14

Tema concettuale	**Rapporti uomo-donna**
Vocabolario	La casa
Note grammaticali	Il causativo Verbi modali Pronomi relativi
Per la comunicazione	Esprimere amore, odio, apprezzamento, tristezza, irritazione
Taccuino culturale	La condizione femminile
Letture	«Così va il mondo» «Si parva licet» di Cesare Pavese

Stimolo alla lettura

Come deve essere il tuo uomo/la tua donna ideale? Che cosa vuol dire *ideale*? Qualcosa che soddisfa ogni sogno, esigenza, aspirazione. Qualcosa privo di difetti, perfetto. Si dice *lavoro ideale, clima ideale, uomo ideale, donna ideale*. Parlare, per esempio, di *uomo ideale* oppure di *donna ideale* ci dice qualcosa dei nostri gusti e delle nostre preferenze. Come dovrebbe essere il tuo uomo/la tua donna ideale? Rispondi al seguente questionario con frasi complete. Discuti le tue risposte con gli altri membri della classe.

1. Come deve essere il tuo uomo/la tua donna ideale?
   ricco(-a), intelligente, romantico(-a), elegante, bello(-a), simpatico(-a)...

2. Che età deve avere?
   deve essere più giovane/vecchio(-a); deve avere più o meno la stessa età...

3. Che statura deve avere?
   media, alta, piccola...

4. Come deve essere di carattere?
   gentile, affettuoso(-a), dolce, paziente, comprensivo(-a), spiritoso(-a)...

5. Che stile di vita deve preferire?
   deve amare più la casa o la carriera; deve essere avventuroso(-a), indipendente, mondano(-a)...

6. Di che religione deve essere?
   cattolico(-a), protestante, anglicano(-a), ateo(-a)...

7. Che titolo di studio dovrebbe avere?
   laurea, diploma...

8. Quali doti naturali dovrebbe possedere?
   fedeltà, sincerità, onestà, altruismo, serietà...

9. Quali dovrebbero essere i suoi hobby?
   cucina, cinema/teatro, ricevere gli amici, gite, TV, sport/ginnastica, giardinaggio, lettura...

10. Quale professione dovrebbe esercitare?
    libero(-a) professionista, insegnante, avvocato, medico, impiegato(-a)...

Così va il mondo!

L'uomo/La donna ideale sembra esistere solo nell'immaginazione. Infatti, un'inchiesta condotta negli USA qualche tempo fa (vedi articolo che segue) mostra che molte donne (come pure molti uomini) non hanno una grande opinione dei/delle loro partner. Leggi attentamente il seguente brano soffermandoti sull'opinione che oggi le donne americane hanno dei loro uomini e viceversa.

COSÌ VA IL MONDO

a cura di Mirella SAVÀ

Nonostante[1] tutto... ebbene, sì!

L'Organizzazione Demoscopica Roper, condotta una specifica indagine[2] su circa tremila donne, ha voluto con un'inchiesta[3] confrontare[4] risposte con quelle date vent'anni fa sull'opinione che le americane hanno dei loro uomini.

Il risultato è abbastanza triste. Le donne americane considerano i loro compagni e mariti: meschini,[5] prepotenti,[6] ossessionati dal sesso, egocentrici e pigri. Nel 1970 l'inchiesta dava come risultato che i due terzi delle intervistate dichiarava che la maggior parte degli uomini era fondamentalmente gentile, affettuoso[7] e sollecito.[8] Oggi, le donne che conservano tale opinione sono sì e no la metà. Questa insoddisfazione femminile si spiega con le loro aumentate aspettative[9] nei confronti del partner. Ma il 70% delle intervistate ha dichiarato che il 50% dei maschi americani non appena vede una donna pensa subito a come si comporterebbe[10] in camera da letto, mentre preferirebbe che l'interesse mascolino si indirizzasse più verso altri lidi[11] del tipo: "Chissà che madre sarebbe; mi piacerebbe conoscere i suoi sogni sentimentali; amerà più la casa o la carriera?" eccetera.

Tutte le intervistate si sono dichiarate schiacciate[12] dallo stress del doppio lavoro: ufficio, casa. E la sera, eccole docciate,[13] pimpanti,[14] a sollevare il morale del marito anche se il loro è sotto i tacchi.[15]

Molte delle intervistate si dolgono[16] del fatto che per gli uomini americani l'unico giudizio di cui tengono conto è il proprio.

Quanto alle barzellette sulle suocere, sulle donne al volante e sulle bellone[17] si sono dichiarate arcistufe[18] mentre un buon 60% invoca la sparizione di donne nude sui giornali per soli uomini. Ma il 66% di tutte le indagate ha dichiarato che è meglio essere sposate che zitelle.[19]

Dal canto loro, gli uomini americani considerano le donne arriviste,[20] carrieriste, avide, spendaccione[21] e disordinate.

Ma in nessun luogo al mondo come negli Stati Uniti ci sono tanti bar, club, ristoranti, per "single". Posti dove uno che è solo o sola, va per trovarsi un compagno, ci pare... ∎

---

[1] *notwithstanding* [2] *survey, study* [3] *research study* [4] *to compare* [5] *mean, wretched*
[6] *arrogant, bullyish* [7] *affectionate* [8] *thoughtful, caring* [9] *expectations* [10] *would behave*
[11] *si... would turn toward other directions* [12] *crushed* [13] *showered* [14] *full of life* [15] *heels*
[16] *complain* [17] *gorgeous* [18] *sick and tired* [19] *spinsters* [20] *social climbers* [21] *overspenders*

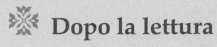 # Dopo la lettura

A. Ricordi quello che hai letto? Indica con un visto (√) le affermazioni corrette.

1. _____ Negli Stati Uniti ci sono pochissimi posti per «single».
2. _____ Gli uomini americani pensano che le donne siano meschine e prepotenti.
3. _____ Le donne americane sono stanche delle barzellette dei maschi sulle donne al volante, sulle suocere, ecc.
4. _____ Il 60% delle donne americane vorrebbe vedere la sparizione di donne nude sui giornali per soli uomini.
5. _____ La maggior parte delle donne americane preferirebbe non sposarsi.
6. _____ Le donne americane pensano che i loro uomini siano egoisti.
7. _____ Le donne americane non soffrono di stress.
8. _____ Le donne americane pensano che ai loro mariti non piaccia il sesso.
9. _____ Nel 1970 la maggior parte delle donne americane giudicava gli uomini egocentrici e pigri.

B. Parliamone! Rispondi liberamente alle seguenti domande, discutendo le tue risposte con gli altri membri della classe.

1. Pensi che gli uomini americani siano veramente egoisti e ossessionati dal sesso? Perché sì/no?
2. Secondo te, le donne americane sono arriviste, carrieriste, spendaccione e disordinate? Perché sì/no?

STIMOLO LINGUISTICO

A. Un'altra inchiesta! Ricordi i pronomi relativi? Completa le seguenti frasi usando **cui, che, ciò che, chi.**

Secondo l'indagine...

1. Gli uomini _____ sono stati intervistati hanno dichiarato che è meglio essere sposati.   2. Gli uomini preferiscono non uscire con donne _____ frequentano i club per «single».   3. _____ ha una carriera preferisce una donna che sia anche lei una professionista.
4. _____ ha rivelato l'indagine è che gli uomini oggi preferiscono donne indipendenti.   5. Per molte donne intervistate l'unico giudizio di _____ gli uomini tengono conto è il proprio.

B. Un'inchiesta in classe! Indica con un visto (√) le affermazioni che tu condividi (*share*). Poi paragona le tue opinioni con quelle degli altri membri della classe.

1. _____ Gli uomini oggi sono meschini e prepotenti.
2. _____ Gli uomini sono ossessionati dal sesso.
3. _____ I bar per «single» sono posti ideali per incontrare un/una partner.
4. _____ Le donne oggi sono carrieriste.
5. _____ Le donne sono schiacciate dallo stress del doppio lavoro: ufficio e casa.

VOCABOLARIO

LA CASA

l'aria condizionata	*air conditioning*
l'armadio a muro	*wall cupboard/walk-in closet*
l'arredamento	*decoration, furnishing*
l'aspirapolvere (*m.*)	*vacuum cleaner*
l'asciugatrice (*f.*)	*clothes dryer*
il bagno	*bathroom*
il balcone	*balcony*
la camera (da letto)	*bedroom*
il camino	*fireplace, chimney*
la cantina	*cellar*
il congelatore	*freezer*
la cucina	*stove, kitchen*
la doccia	*shower*
gli elettrodomestici	*appliances*
la finestra	*window*
il frigorifero	*refrigerator*
il garage/l'autorimessa	*garage*
l'ingresso	*entrance*
il lavandino	*wash basin*
la lavatrice	*washing machine*
il lavello	*sink*
il muro	*wall*
la parete	*internal wall, partition*
il pavimento	*floor*

il piano	*floor, story*
la porta	*door*
il ripostiglio	*storeroom, closet*
la sala da pranzo	*dining room*
la soffitta	*attic*
il soffitto	*ceiling*
il soggiorno/il salotto	*living room*
la stufa	*heater*
il tappeto	*carpet, wall-to-wall carpeting*
il tetto	*roof*
la vasca da bagno	*bathtub*

LA MOBILIA/I MOBILI	**FURNITURE**
la credenza	*hutch, sideboard*
il divano	*sofa*
il letto (a due piazze, ad una piazza)	*bed (double, single)*
la poltrona	*armchair*
la sedia	*chair*
il tavolo	*table*

ESPRESSIONI UTILI	
arredare la casa	*to decorate the house*
cambiare casa	*to move*
casa in affitto	*house for rent*
casa in vendita	*house for sale*
le faccende di casa	*house chores*
rifare il letto	*to make the bed*

■ Note these distinctions:

la casa	*house, home*
il palazzo	*apartment building*
l'appartamento	*apartment*
la villa/il villino	*country home*

■ Note the difference between **il muro**, *wall* (in general), and **la parete**, *internal wall*, *partition*. In the plural **i muri** refers to walls in general, whereas the form *le mura* refers to the walls of a city.

A. Giochiamo! Abbina le definizioni con le parole. Usa il dizionario, se necessario.

1. _____ il luogo dove abitiamo
2. _____ il posto dove si preparano e si cuociono i cibi
3. _____ copre una casa
4. _____ apertura nelle pareti di una casa
5. _____ muro interno della casa
6. _____ vasca usata per nuotare
7. _____ fa da «cielo» ad un ambiente
8. _____ mantiene fresca la casa

a. il tetto
b. la finestra
c. la parete
d. il soffitto
e. la cucina
f. l'aria condizionata
g. la casa
h. la piscina

B. La casa. Identifica gli oggetti e le parti della casa. Poi usa ogni parola in una frase che ne illustri il significato.

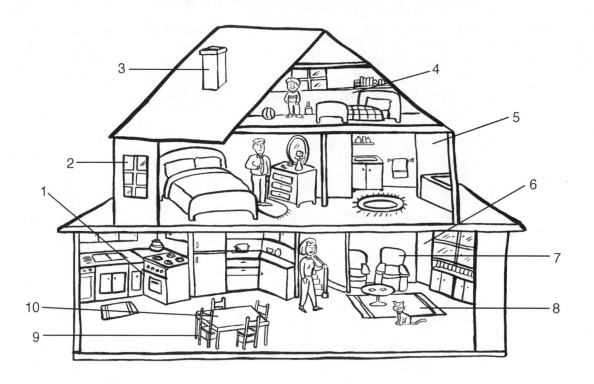

C. La mia casa. Descrivi dettagliatamente la tua casa.

NOTE GRAMMATICALI

IL CAUSATIVO

■ The construction **fare** + *infinito* can be used to render the idea *to make (or have) someone do something/to get someone to do something/to have something done by someone.* This is known as a causative construction.

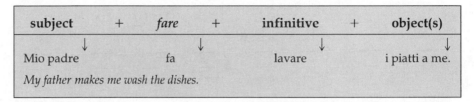

subject	+	*fare*	+	infinitive	+	object(s)
↓		↓		↓		↓
Mio padre		fa		lavare		i piatti a me.

My father makes me wash the dishes.

■ This structure underlies all the uses of the causative. Note the use of object pronouns with this construction. Note also that object pronouns are never attached to the infinitive following the verb **fare**.

Mia sorella ha fatto lavare i piatti al suo amico./Mia sorella glieli ha fatti lavare.
My sister had her friend wash the dishes./ My sister had him wash them.

Fa' lavare i piatti a lui!/Faglieli lavare!
Have him wash the dishes! /Have him wash them!

Non farglieli lavare!/Non glieli far lavare!
Don't have him wash them!

Pensavo che mi facesse guidare la sua macchina./Pensavo che me la facesse guidare.
I thought he would have me drive his car./I thought he would have me drive it.

■ Reflexive verbs used in causative constructions require the auxiliary **avere,** instead of the usual **essere**; and the reflexive pronouns are not required: **Mi hanno fatto divertire**. *They made me enjoy myself.;* **L'hanno fatto alzare presto**. *They had him wake up early.*

A. Ora tocca a te! Sostituisci agli infiniti tra parentesi il tempo e il modo corretti.

> MODELLO   Ieri Pierino mi (far fare) una brutta figura.
> **Ieri Pierino mi ha fatto fare una brutta figura.**

1. Non provare a convincermi. Qualsiasi cosa tu mi dica non mi (far cambiare) idea.   **2.** Ieri sera, perché Mario ti (fare arrabbiare)?   **3.** Ieri Antonio ci (fare aspettare) più di un'ora e poi non è nemmeno venuto.
4. Gianni, (far parlare) anche loro! Parli sempre tu!   **5.** Ragazzi, (far rispondere) anche a loro! Rispondete sempre voi!

B. Il piacere di delegare. Molte persone spesso delegano i lavori. Fa' il seguente esercizio, seguendo il modello.

> MODELLO   Chi laverà la macchina? (Luigi)
> **La faremo lavare a Luigi.**

1. Chi ha preparato la cena oggi? (la nonna)   **2.** Chi ha pulito la cucina? (papà)   **3.** Chi taglierà l'erba? (il vicino di casa)   **4.** Chi aggiusterà la macchina? (il meccanico)   **5.** Chi ha lavato i piatti? (mio fratello)
6. Chi guiderà la macchina? (l'autista)   **7.** Chi ha scritto l'esercizio sulla lavagna? (lo studente più bravo)   **8.** Chi ha portato il bambino dal dottore? (mia sorella)

VERBI MODALI

■ The verbs **potere, dovere, volere** are known as modal verbs because they allow you to express a modality (manner, condition, and so on). They are normally followed by an infinitive.

Posso venire anch'io?	*May I come too?*
Avrei dovuto farlo ieri.	*I should have done it yesterday.*
Pare che nessuno volesse uscire.	*It seems that no one wanted to go out.*

■ Modal verbs have the following characteristics:

1. In compound tenses, the auxiliary is determined by the infinitive.

Lei ha voluto scrivere.
Lei è voluta uscire.
Lei si è voluta divertire.

In ordinary conversational Italian, however, there is a tendency to use only **avere** as the auxiliary: **Lei ha voluto uscire.**

2. Pronouns and particles can be put before the modal or attached to the infinitive: **Glielo vogliono dare./Vogliono darglielo. Me ne hanno volute dare tre./Hanno voluto darmene tre.**

3. Note that the past participle agrees with the direct object pronoun (or **ne**) only if it precedes the participle.

Me ne hanno dovute dare due.   Hanno dovuto darmene due.

Penso che te le abbiano volute dare.   Penso che abbiano voluto dartele.

4. With reflexive verbs, if the pronoun precedes, then the usual agreement is maintained; if it is attached to the infinitive, then there is no agreement.

Maria non si è potuta divertire.   Maria non ha potuto divertirsi.

Voi vi siete dovuti alzare presto.   Voi avete dovuto alzarvi presto.

5. When used in conditional tenses, these verbs are translated as *could*, *should*, *would like* (present conditional) and *could have*, *should have*, *would have liked* (perfect conditional).

Potrei farlo io.	*I could do it.*
Dovrei farlo io.	*I should do it.*
Vorrei farlo io.	*I would like to do it.*
Avrei potuto farlo io.	*I could have done it.*
Avrei dovuto farlo io.	*I should have done it.*
Avrei voluto farlo io.	*I would have liked to do it.*

APPLICAZIONE

A. Giochiamo con i verbi! Dal seguente articolo di giornale mancano i verbi modali. Inseriscili opportunamente nelle loro forme appropriate.

Casa, uomini e donne!

Si dice che oggi tutti (dovere) essere uguali, o meglio che tutti (volere) essere uguali. Ma è tutt'altro che vero. Nel passato le donne (dovere) fare le faccende di casa. La situazione era semplice.

Prendiamo l'esempio di mia madre. Lei (dovere) sempre fare le faccende quando era giovane, anche se non le (volere) mai fare. Oggi, lei (potere) anche non farle, ma per via di abitudine, (volere) continuare ad essere lei la donna di casa. Se io (dovere) fare quello che ha fatto mia madre, sarei scappato via di casa! Oggi io (potere), (volere) e (dovere) fare molto di più, se avessi più tempo. Ma anche mia madre (potere) e (volere) fare molto di più nella sua vita, se avesse avuto più opportunità.

B. **Crisi matrimoniale!** Dalla lettera, che Luigi ha scritto a «Cara Stella» per avere consigli, mancano alcuni verbi. Completa le frasi con un verbo appropriato, scegliendo fra i seguenti. Ogni verbo può essere usato più di una volta.

potere   dovere   volere   sapere   fare   essere   cercare

> Cara Stella,
> il mio matrimonio che per molti anni _____ felice adesso
> attraversa un periodo di crisi. Non so che cosa _____
> successo a me e a mia moglie. Lei mi _____
> sempre arrabbiare e uno di questi giorni mi _____
> anche morire dalla rabbia. Recentemente _____
> di parlarne con lei, ma lei non _____ ascoltarmi.
> Lei _____ fare sempre a modo suo e io _____
> fare solo ciò che dice lei. In casa mia non
> _____ più fare tutto quello che _____.
> L'altro giorno mi ha accusato persino di tradirla.
> Come _____ pensare una cosa simile? Ho anche
> cercato di organizzare una vacanza soltanto per
> noi due, ma il risultato è stato zero: lei non
> _____ venire. Non _____ più che cosa fare.
> Lei _____ fare sempre di testa sua. Io _____
> piuttosto morire che vivere in questo inferno.
> Che cosa mi consiglia?
> Luigi

PRONOMI RELATIVI

■ A relative clause is introduced into a sentence by means of a pronoun which serves as a subject or an object in the relative clause. The relative pronouns of Italian are:

1. **che** = *that, which, who, whom.*

   L'articolo che ho letto ieri è molto interessante.
   The article that I read yesterday is very interesting.
   La persona che ha detto ciò ha ragione.
   The person who said that is right.

2. **cui** = *which, whom* after a preposition.

   L'articolo di cui ti ho parlato è molto interessante.
   The article of which I spoke to you is very interesting.
   La persona a cui ho parlato ha ragione.
   The person to whom I spoke is right.

3. Both **che** and **cui** can be replaced by **il quale** if there is an antecedent. This form agrees in gender and number with the noun it refers to.

   I fiori che (= i quali) ho comprato sono bellissimi.
   Questa è la ragazza con cui (= con la quale) sono uscito.

4. chi = *he/she/they who, anyone who,* or *whoever;* also *certain people/some people.*

Chi ha detto quello, ha mentito.
Whoever said that, lied.

Chi parla bene le lingue, ha buone possibilità di lavoro.
Anyone who speaks languages well has good job prospects.

C'è chi preferisce il lavoro alle vacanze.
Some people prefer work to vacationing.

5. quello/quel/ciò che = *what* (literally *that which*).

Quello che dici è assolutamente vero.
What you are saying is absolutely right.

Quel che vuoi fare non è possibile.
What you want to do is not possible.

Ciò che hai fatto ieri è sbagliato.
What you did yesterday is wrong.

6. il cui/la cui = *whose* (note that the article agrees with the noun it refers to).

Ecco la ragazza la cui intelligenza (l'intelligenza della quale) è ben nota.
Here's the girl whose intelligence is well known.

Ecco il regista il cui film (il film del quale) ha vinto l'Oscar.
Here is the director whose movie won the Oscar.

APPLICAZIONE

Giochiamo con i pronomi relativi! Ecco un articolo da cui mancano i pronomi relativi. Completa in modo opportuno.

L'AMORE NEL 2010!

La cosa _____ tutti noi desideriamo, e per _____ facciamo tante cose strane, continua ad essere l'amore. Lo scopo al _____ tutti miriamo è chiaro. Tutti vogliamo amare e farci amare. _____ non capisce questo, non sa proprio niente! L'amore è _____ ci rende veramente umani!

Ma come sarà questo nostro amore nel 2010? Vediamo _____ dicono gli esperti, _____ opinioni sono comunque discutibili (*questionable*). C'è _____ crede che nel futuro il rapporto _____ esiste oggi tra i i sessi cambierà. La cosa di _____

parlano spesso gli esperti, e alla _____ dedicano molta attenzione, è la mancanza di dialogo che spesso c'è tra gli esseri umani. _____ sostengono altri esperti, invece, è che il mondo non cambierà affatto. Questi esperti, _____ tesi di lavoro sono meno discutibili di quelle degli altri, pensano che l'umanità cambierà poco. Secondo loro il mondo nel _____ vivevano gli antichi non era poi tanto diverso dal nostro. Questi esperti prevedono un mondo in _____ l'amore continuerà ad essere la cosa più importante.

PER LA COMUNICAZIONE

ESPRIMERE AMORE, ODIO, APPREZZAMENTO, TRISTEZZA, IRRITAZIONE

Ti amo!/Ti voglio bene!	*I love you!*
essere innamorato di qualcuno	*to be in love with someone*
essere cotto di qualcuno	*to have a crush on someone*
Sono cotto di quella ragazza.	*I have a crush on that girl.*
Ti odio!/Ti detesto!	*I hate you!*
odiare qualcuno a morte	*to hate someone's guts*
essere un amore	*to be a darling*
Quel bambino è un amore.	*That child is a darling.*
essere depresso/triste	*to be depressed/sad*
essere di buon/cattivo umore	*to be in a good/bad mood*
Ma che diavolo vuoi?	*What on earth (the hell) do you want?*
Lasciami stare!/Lasciami in pace!	*Leave me alone!*
Non seccarmi!/Non scocciarmi!	*Don't bother me!*
Vattene!	*Go away!/Scram!/Get out!*

ALTRE PAROLE/ESPRESSIONI UTILI

litigare	*to argue*
bisticciare	*to bicker, scuffle*
arrabbiarsi	*to become angry*
offendersi (past part: offeso/past abs.: offesi, offendesti...)	*to become offended, hurt*
non essere d'accordo	*to disagree*
fare la pace	*to make up*
scusarsi/chiedere scusa	*to say one is sorry*
abbracciarsi	*to embrace/hug each other*
amarsi	*to love one another*
baciarsi	*to kiss each other*

A. Tra lui e lei. Dal seguente dialogo tra due innamorati mancano alcune delle parole elencate sopra. Completa in modo opportuno.

LUI: Basta! Non voglio sentire più niente! Vattene! Lasciami in

_____.

LEI: Perché? Non mi vuoi più bene?

LUI: Certo che ti voglio bene. Ma oggi sono giù di morale. Sono proprio

_____.

LEI: Di solito sei sempre così contento. Sei sempre di _____ umore! Come mai oggi sei così triste?

LUI: Perché tu non mi ami più! Tu mi _____! Ecco perché sono di _____ umore!

LEI: Tu sei pazzo. Io ti _____ bene! Io _____ solo te! Sai benissimo che sono _____ di te!

B. Ora tocca a te! Rispondi alle seguenti domande, discutendo le tue risposte con gli altri membri della classe.

1. Per quali motivi di solito bisticci/ti arrabbi con il tuo ragazzo/la tua ragazza?

2. Sei sempre d'accordo con quello che fa e dice il tuo ragazzo/la tua ragazza? Perché sì/no?

3. Dopo che tu e il tuo ragazzo/la tua ragazza avete litigato, chi è il primo di solito a chiedere scusa? Perché?

IL MOMENTO CREATIVO   Nella seguente lettera Laura scrive a «Cara Stella», chiedendole alcuni consigli. Leggi ciò che scrive Laura e rispondi tu alla sua lettera. Usa il dizionario per le parole che non conosci.

Mi chiamo Laura e ho ventisette anni. Mi sposerò l'anno prossimo. Nel mio futuro vorrei occuparmi dei miei figli, ma l'idea di star chiusa in casa mi angoscia. In realtà mi piacerebbe lavorare, avere un'attività che mi dia soddisfazione, senza per questo togliere (taking away) nulla alla famiglia. Per favore, mi dia un consiglio.

Taccuino Culturale

LA CONDIZIONE FEMMINILE

La condizione della donna italiana non è molto diversa da quella della donna che vive in altri paesi industrializzati.

Negli ultimi decenni la condizione sociale della donna italiana è cambiata profondamente. Ecco alcuni dei momenti più importanti di questo processo:

• Nel 1945 la donna italiana conquista il diritto di voto.
• Nel 1964 la donna italiana entra nella magistratura.
• Tra il 1966 e il 1968, sull'onda (*on the crest*) dei movimenti studenteschi, nasce il femminismo italiano, grazie al quale entrano in vigore durante questi anni molte leggi che tutelano i diritti delle donne.
• Nel 1977 lo stato italiano riconosce la parità di trattamento tra donne e uomini nel campo lavorativo. In questo anno, per la prima volta, una donna, Tina Anselmi, diventa ministro.
• Nel 1978 è approvata la legge sull'aborto.
• Nel 1979 una donna, Nilde Jotti, diventa presidente della Camera.
• Nel 1989 le donne entrano nella magistratura militare.
• Nel 1991 viene approvata la legge sulla parità tra uomo e donna. Lo Stato italiano offre incentivi a quelle imprese che favoriscono la donna.
• Nel 1992 la legge stabilisce che il 30% dei candidati nelle liste per le elezioni amministrative siano donne.

Oggi le donne lavorano in tutti i settori di lavoro e si sono assicurate un buono spazio nelle istituzioni. Tuttavia, anche se le principali fasi di emancipazione sono state superate, il cammino dell'emancipazione resta ancora in parte da compiere (*to complete*).

A. Ricordi quello che hai letto? Indica con un visto (√) le affermazioni corrette. Correggi le affermazioni false.

1. _____ Negli ultimi decenni la condizione sociale della donna italiana è cambiata radicalmente.

2. _____ La donna italiana ha conquistato il diritto di voto oltre 60 anni fa.

3. _____ Il femminismo italiano è nato negli anni settanta.

4. _____ La parità di trattamento tra donne e uomini in materia di lavoro è stata riconosciuta nel 1977.

5. _____ Nel 1977 per la prima volta una donna viene nominata ministro.

6. _____ In Italia la legge sull'aborto non è stata ancora approvata.

7. _____ Nilde Jotti è stata la prima donna italiana ad essere stata nominata ministro.

8. _____ Lo Stato italiano non ha mai dato incentivi a quelle imprese che favoriscono le donne.

9. _____ La donna italiana si è assicurata oggi un buono spazio nelle istituzioni.

10. _____ La donna italiana deve ancora raggiungere l'emancipazione totale.

B. Opinioni e paragoni! Rispondi alle seguenti domande, discutendo le tue risposte con gli altri membri della classe.

1. Esistono ancora delle «discrepanze» sociopolitiche e socioeconomiche tra uomini e donne nella nostra società? (Se sì, quali?)

2. Esistono ancora degli stereotipi comuni riguardo alle donne? (Se sì, quali?)

❊ Stimolo alla lettura

Il più grande amore. Discuti con gli altri membri della classe e con il tuo insegnante la storia dei seguenti rapporti amorosi. Quale di questi amori è stato, secondo te, il più grande?

a. Giulietta e Romeo
b. Antonio e Cleopatra
c. Adamo ed Eva

Si parva licet

Ora leggi con attenzione *Si parva licet* di Cesare Pavese, soffermandoti sul modo in cui lo scrittore italiano immagina il rapporto tra il primo uomo (Adamo) e la prima donna (Eva).

È alto mattino. Adamo, giovane aitante,[1] di gambe pelose[2] e petto largo. Esce dalla grotta in fondo a destra e si china[3] a raccogliere una manciata[4] di ciottoli.[5] Li getta a uno a uno con cura contro il tronco di una palma a sinistra. Qualche volta sbaglia la mira.[6]

ADAMO	*(dice a un tratto[7] riscuotendosi[8])* Io vado a pescare.[9]
LA VOCE DI EVA	*(dalla grotta)* Vacci. Che bisogno hai di dirlo?
ADAMO	Il fatto è che non ho voglia di andare a pescare.
LA VOCE DI EVA	Stupido.
ADAMO	*(guarda intorno, con aria svagata)* Questa la metto con tutte le altre, Eva. *(Silenzio)* Che cosa hai guadagnato quando m'hai detto stupido? *(Silenzio)*
	(Fremente) Il fatto è che se continui a trattarmi in questo modo, un bel giorno me ne vado e non mi vedi mai più. Non si può dirti una parola, che tu scatti.[10] È un bisogno, no, che abbiamo, tutti e due, di parlare? Tu non sai quel che voglia dire esser solo. Non sei mai stata sola. E dimentichi troppo sovente che sei stata fatta per tenermi compagnia...
LA VOCE DI EVA	Sì, caro, ma perché dirmi che vai a pescare?
ADAMO	*(si china a raccogliere ciottoli e storce[11] la bocca sorridendo)* Ho detto per dire,[12] Eva.
LA VOCE DI EVA	Sei più caro quando non dici per dire.
ADAMO	*(scaglia con rabbia i ciottoli)* Ebbene, vado a pescare.

Si sente una risatina di Eva. Adamo se ne va. Nella radura[13] si diffonde la fresca calma del mattino. Passa un capriolo[14] che saltella[15] e annusa[16] i petali di varie piante, poi schizza via a sinistra. Rientra Adamo, con la solita aria e, ciondolato[17] un po' a sinistra, si siede nel centro sopra a un sasso,[18] volgendo le spalle al fondo. Parla guardando innanzi a sé.[19]

Questa foresta è tutto, Eva. Se potesse parlare, mi tratterebbe come lei. Tronchi e tronchi, foglie e foglie, angoli scuri[20] che asciugano[21] al sole, altri che non asciugano, piena

---

[1] *robust, strapping*   [2] *hairy*   [3] *bends, stoops*   [4] *handful*   [5] *pebbles*   [6] *aim*   [7] *a... all of a sudden*   [8] *shaking himself*   [9] *fishing*   [10] *lose your temper, snap*   [11] *twists*   [12] **Ho...** *I said it as a manner of speaking*   [13] *clearing*   [14] *roe deer*   [15] *jumps*   [16] *smells*   [17] *staggered*   [18] *rock*   [19] **innanzi...** *in front of him*   [20] *dark*   [21] *dry*

di vita, piena di voci, ma di me, Adamo, s'infischia.[22] È la verità. Mi dà l'ombra,[23] mi dà il riparo,[24] mi dà il cibo e l'aria buona, ma confidenza nessuna.[25] Ah Signore. Signore, mi domando se capisci che cosa vuol dire esser solo.

Eva si è fatta sulla soglia[26] della grotta e il sole giallo la illumina dai piedi fino al collo. È bruna e muscolosa, e la faccia appare seminascosta dall'ombra e dai rametti[27] di convolvolo[28] che pendono sull'ingresso. Adamo si volta e la guarda rasserenato. Pausa.

EVA   Son queste adesso le tue orazioni?

ADAMO   Non pregavo, parlavo tra me.

EVA   (*sospettosa*) Però chiedevi qualcosa al Signore.

ADAMO   Non oso[29] più parlare al Signore. I suoi benefici sono a doppio taglio.[30]

EVA   (*avanzando: porta dei fiori infilati nei capelli*) Come sarebbe a dire?

ADAMO   (*con forzata gaiezza*) L'ultima volta che mi sono lagnato[31] ch'ero solo, mi ha mandato te. (*Fa per abbracciarla e sedersela sulle ginocchia*).

EVA   (*si scosta e dice seccamente*) Diventi volgare.

ADAMO   E tu impertinente.

EVA   Tutto perché al mattino non esco fuori come una bestia dalla tana,[32] e mi pettino[33] invece di scrollarmi[34] come fai tu.

ADAMO   Non hai da piacere che a me.

EVA   Per quel che te ne intendi...

ADAMO   (*con voce mutata*) Oh Eva, perché non smettiamo quest'ostilità che a me mi fa ammattire,[35] e a te serve a che cosa? Siamo soli a questo mondo e una mala parola nessuno ce la può risarcire.[36] Che bisogno abbiamo di maltrattarci a questo modo? Se ci fossero un'altra Eva o un altro Adamo, capirei.

EVA   Ci pensi troppo a quest'altra Eva. Me ne parli sempre. (*Beffarda*) Te l'ha forse promessa il Signore?

ADAMO   Sciocca. Lo sai bene che siamo soli.

EVA   Un'altra Eva... Siamo soli... Capisco. Dimmi una cosa, unico uomo: se invece di me il Signore avesse creato un'altra Eva, con gli stessi capelli, con lo stesso corpo, con la stessa voce, tu l'avresti accettata come hai fatto di me? E ti vanteresti[37] di volerle lo stesso bene e faresti le stesse smorfie,[38] e andresti a pescare per lei, insomma sarebbe la tua Eva? Sì o no?

---

[22] *doesn't give a damn* [23] *shade* [24] *shelter* [25] *does not treat me warmly* [26] *threshold* [27] *tiny branches* [28] *twining herb with large flowers* [29] *dare* [30] *a... two-edged* [31] *complained* [32] *den, lair* [33] *comb my hair* [34] *shaking my head* [35] **mi...** *driving me crazy* [36] *make up* [37] *would brag* [38] **faresti...** *you would make the same faces*

ADAMO	Come... un'altra come te? Con gli stessi capelli? Che si chiamasse Eva? Ma saresti tu.
EVA	Ecco. Sarei io. E poi ti lamenti.[39] Buffone.
ADAMO	Ma no, non hai capito. Se fosse un'altra, non saresti tu. Ma allora anch'io non sarei Adamo. (*Si ferma sorridendo*) Sciocchezze,[40] io sono Adamo e tu sei Eva.
EVA	(*lo guarda commiserando*) E se il Signore ne avesse fatte due di Eve e ti avesse dato la scelta, quale avresti scelto?
ADAMO	Due?... Non so... Ma te, certo... Due Eve?
EVA	E perché me?
ADAMO	Perché... Così... Ma ragiona, Eva...
EVA	Te lo dico io quello che avresti fatto: ci avresti prese tutte e due e costrette a stare nella stessa grotta. E poi ti lamenti che non ti do confidenza. Ci mancherebbe altro. Tu non mi capisci e non mi meriti. Ti sono caduta addosso[41] come una mela matura e hai creduto di raccogliermi senza fatica. E te la prendi ancora col[42] Signore. Ma stai fresco.[43] E può star fresco anche il Signore, se crede che abbia bisogno di te, o di lui (*esce a sinistra, lasciando Adamo esterrefatto*).
ADAMO	(*balza in piedi*) Basta! Hai sentito, Signore? (*Tende l'orecchio*) Silenzio.
	Non ha sentito. Non sente mai. (*Si riabbandona sul sasso, col capo tra le mani*).

[39] *complain*   [40] *nonsense*   [41] *on top of* (here: *into your arms*)   [42] **te...** *you are still angry with*
[43] **stai...** *you're in for it/in a nice fix*

❋ Dopo la lettura

A. Vero o falso? Indica se le seguenti affermazioni sono vere (V) o false (F). Correggi le affermazioni false.

1. _____ La scena ha luogo di notte.

2. _____ Adamo ha voglia di andare a pescare.

3. _____ Adamo minaccia (*threatens*) di andarsene via se Eva continuerà a criticarlo.

4. _____ Secondo Adamo, Eva è stata fatta per tenergli compagnia.

5. _____ Adamo decide di non andare a pescare.

6. _____ Nella foresta ci sono tanti alberi.

7. _____ Adamo pensa di essere solo.

8. _____ Secondo Adamo i benefici del Signore sono a doppio taglio.

9. _____ Eva pensa che Adamo voglia solo lei.

10. _____ Adamo pensa che il Signore lo ascolti.

B. Discussione in classe. Rispondi alle seguenti domande discutendo le tue risposte con gli altri membri della classe.

1. Che cosa significa il titolo della lettura? In che lingua è? Perché, secondo te, Pavese ha usato un titolo così? Sapresti dare alla commedia un titolo italiano?
2. Che tipo di «rapporto» hanno «il primo uomo e la prima donna»? Ti pare tipico o no? Perché?
3. Qual è, secondo te, il tema della lettura?
4. Adamo rappresenta simbolicamente gli uomini moderni e Eva le donne moderne? Perché sì/no?

C. Descrizioni. Descrivi...

1. le caratteristiche fisiche di Adamo.
2. le caratteristiche fisiche di Eva.
3. il carattere e il temperamento di Adamo.
4. il carattere e il temperamento di Eva.
5. il «Giardino del Paradiso».

D. Elenchi. Elenca le seguenti cose.

- le frasi che indicano amore, anche se ironiche (es. «E ti vanteresti di volerle lo stesso bene?»)
- le frasi che indicano dispiacere o irritazione (es. «Che bisogno hai di dirlo?»)
- le frasi che vengono espresse mentre due amanti bisticciano (*bicker*) (es. «Che cosa hai guadagnato quando m'hai detto stupido?»)
- le frasi che sono prettamente (*strictly*) ironiche o sarcastiche
- le frasi che indicano il desiderio di fare la pace

E. Lavoro di gruppo. Con un compagno/una compagna metti in scena...

1. il dialogo tra Adamo ed Eva di *Si parva licet*.
2. una continuazione al dialogo tra Adamo ed Eva di *Si parva licet*.

❋ Con fantasia

A. Cruciverba.

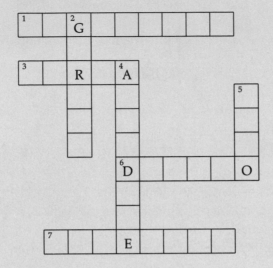

Orizzontali

1. salotto
3. apertura attraverso cui si entra in casa
6. sofà
7. permette di vedere fuori

Verticali

2. autorimessa
4. cambiare la casa esteticamente
5. parete

B. Con fantasia. La parola *casa* può avere significati diversi. Spiega il significato della parola *casa* in ciascuna delle seguenti frasi. Usa il dizionario, se necessario.

MODELLO   Il Milan, domenica, gioca in casa.
La squadra di calcio che si chiama «Milan» gioca a Milano, sul proprio campo.

1. I miei vicini hanno sempre la casa aperta. **2.** Senza un lavoro non so come farò a mandare avanti la casa. **3.** Lui non sa dove sta di casa la cortesia. **4.** Giorgio si trova in una casa di cura. **5.** Maria lavora per una casa farmaceutica.

C. Sibari... L'altro mare. Leggi con attenzione il seguente annuncio pubblicitario e completa le frasi in modo opportuno.

SIBARI... L'ALTRO MARE
villaggio marina di sibari

Ville su due piani
Giardino anteriore e posteriore, portico con barbecue, salone, angolo cottura, bagno, posto auto.

Primo piano: due camere, bagno, terrazzo. **L. 42.000.000**

OTTIMO INVESTIMENTO REDDITO CERTO

Mutuo compreso nel prezzo
40% in 10 anni
Dilazioni 25% da 1 a 10 anni

Autostrada Salerno · Reggio Calabria uscita Spezzano Albanese · Superstrada 106 fino al km. 27

Appartamenti (adiacenti spiaggia)
Giardino, portico o terrazzo.
Soggiorno, angolo cottura, due camere, bagno. **L. 33.800.000**
Mini appartamenti da L. 22.000.000

ACQUA POTABILE INESAURIBILE

pantanella CASE

Promozioni vendite immobiliari
Viale Mazzini, 6 · Roma
Telefono 38.44.41
La garanzia da sempre

Ufficio vendite Tel. 0981/74061

É UN'INIZIATIVA SIBARI VACANZE

1. Le ville in vendita sono su due _____.
2. Nelle ville ci sono due _____.
3. Al primo piano delle ville ci sono due _____.
4. Gli appartamenti sono adiacenti alla _____.
5. Ogni villa costa _____ di lire.
6. Il _____ è compreso nel prezzo.
7. Ogni appartamento consiste di un _____,
   un _____, un _____,
   un _____, un _____ cottura, e
   due _____ e un _____.

LESSICO UTILE

affettuoso	affectionate	lungo	long
allegro	happy	malinconico	melancholic
l'alloggio	housing	il mobile/la mobilia	piece of furniture/ furniture
amarsi	to love one another		
l'appartamento	apartment	il muro/la parete	wall/internal wall, partition
arrabbiarsi	to become angry		
l'arredamento	decoration, furnishing	non essere d'accordo	to disagree
arredare	to decorate	odiare	to hate
baciare	to kiss	offendersi	to become offended, hurt
il bagno	bathroom	il palazzo	apartment building
il balcone	balcony	piangere	to cry
bisticciare	to bicker, scuffle	il piano	floor
breve	brief	la porta	door
la camera (da letto)	bedroom	prendere in giro	to take in, take for a ride
la casa	house, home	prepotente	arrogant, bullyish
chiedere scusa	to say one is sorry	ridere	to laugh
contento	happy	rifare (il letto)	to make (the bed)
la cucina	kitchen	romantico	romantic
debole	weak	la sala da pranzo	dining room
depresso	depressed	scontento	unhappy
detestare	to detest	la sedia	chair
il divano	sofa	soddisfatto	satisfied
la finestra	window	la soffitta	attic
forte	strong	il soffitto	ceiling
il garage/ l'autorimessa	garage	il soggiorno/il salotto	living room
la gioia	joy	stancarsi	to become tired
l'inchiesta	research study	stanco	tired
l'indagine (f.)	survey, study	il tavolo	table
innamorarsi	to fall in love	il tetto	roof
innamorato cotto	madly in love	triste	sad
insoddisfatto	unsatisfied	la villa	country home
lamentarsi	to complain	voler bene a/amare	to love
litigare	to argue		

Idee moda

15

Tema concettuale	**La moda**
Vocabolario	L'abbigliamento
Note grammaticali	Il passivo
	Costruzioni verbali
	Verbo + infinito
	Espressioni verbali particolari
	Discorso diretto e indiretto
Per la comunicazione	In un negozio di abbigliamento
	In una calzoleria
Taccuino culturale	La moda in Italia
Letture	«Idee moda»
	«Le scarpe rotte» di Natalia Ginzburg

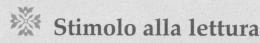

Stimolo alla lettura

A. Il piacere di saperlo! Servendoti di un dizionario etimologico o di una encliclopedia, prova a rispondere alle seguenti domande. Controlla le risposte a pagina 416.

1. Perché i «blue-jeans» si chiamano così?
2. Perché la cravatta si chiama così?
3. Perché d'estate si preferiscono i tessuti bianchi?
4. Perché le pantofole hanno questo nome?
5. Perché nell'antica Grecia era considerato cosa volgare portare il cappello?
6. Perché i fazzoletti sono quadrati?
7. Perché gli uomini portano i pantaloni e le donne le sottane?
8. Perché le maglie di lana cardigan si chiamano così?

B. Ora tocca a te! Servendoti di un dizionario etimologico, trova l'origine delle parole dei seguenti capi di abbigliamento e confronta le tue scoperte con quelle degli altri membri della classe.

pantaloni   bikini   bermuda   mutande

Idee moda

Leggi attentamente la seguente pubblicità, facendo particolare attenzione a ciò che indossano i modelli.

L'INVERNO SI VESTE CON I COLORI DELLA TERRA

A

Stile raffinato per entrambi alla UPIM. Lui indossa giacca di lana cachemire (L. 189.000), pantaloni in flanella[1] (L. 79.900), camica a righe (L. 49.900), e cravatta ETON BLUES di seta con disegni cachemire (L. 28.900). Lei è in sintonia, con giacca misto cachemire (L. 169.900), pantaloni cover IWS (L. 89.900), camicia di cotone a righine (L. 29.900).

Che ne dite di un bel parka, il giaccone degli esquimesi, per affrontare il freddo polare? E di un paio di shorts spiritosi da portare su calze di lana? Nei grandi magazzini UPIM c'è questo e molto altro ancora, sia per lui che per lei. La gamma[2] dei capi[3] da acquistare è vastissima e segue le tendenze-moda di quest'inverno, che prediligono[4] tinte come l'ocra, il marrone bruciato, il verde sottobosco. È un guardaroba aggiornato e bellissimo che tiene d'occhio qualità e prezzi. Alle lettrici di Grand Hotel la UPIM regala uno sconto[5] speciale del 10%: basterà presentare alla cassa il tagliando qui accanto.

Grand Hotel

Presentando questo tagliando alla cassa di un qualunque magazzino UPIM, si potrà usufruire dello

sconto 10%

sulle collezioni Donna-Uomo Autunno-Inverno '90/'91. Questo tagliando è personale, non cumulabile e verrà ritirato all'atto dell'acquisto. Validità: dal 2 al 30 novembre 1990

upim

Gruppo Rinascente

B

Lui è sportivissimo con il gilet[6] MASH trapuntato[7] (L. 59.900), capo d'obbligo per l'uomo alla moda, polo shetland (L. 49.900), pantaloni GREEN LEAVES in velluto a coste[8] (L. 49.900), camicia flanella a quadretti[9] (L. 30.900), guanti nappa[10] (L. 42.900).

C

Caldo color cammello per il cappotto di lana (L. 260.000) su completo[11] giacca a pieghe più gonna IWS (L. 180.000 e L. 119.000). La camicia è in misto seta (L. 95.000). Accessori UPIM.

---

[1] *flannel* [2] *range* [3] *articles, items* [4] *prefer* [5] *discount* [6] *vest* [7] *embroidered* [8] *corduroy, cord velvet*
[9] **a...** *checkered* [10] *of soft leather* [11] *suit*

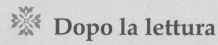

Dopo la lettura

A. Ricordi quello che hai letto? Indica con un visto (√) le affermazioni corrette.

1. Secondo l'articolo...
   a. _____ i vestiti descritti sono tutti in vendita alla UPIM.
   b. _____ il giaccone degli esquimesi si chiama parka.
   c. _____ le tinte preferite sono i colori della terra.
   d. _____ la gamma dei capi da acquistare alla UPIM è limitata.
   e. _____ la UPIM offre il 20% di sconto.

2. La modella dell'immagine A porta...
   a. _____ una gonna.
   b. _____ una camicia di cotone.
   c. _____ una giacca.
   d. _____ un paio di guanti.
   e. _____ una cravatta.

3. Il modello dell'immagine A porta...
   a. _____ un paio di pantaloncini.
   b. _____ una camicia a quadretti.
   c. _____ una giacca ed un paio di guanti.
   d. _____ una cravatta.

4. Il modello dell'immagine B porta...
   a. _____ un gilet.
   b. _____ una camicia a righe.
   c. _____ una giacca.
   d. _____ un paio di guanti.
   e. _____ un vestito.

5. La modella dell'immagine C porta...
   a. _____ un impermeabile
   b. _____ una camicia in misto seta
   c. _____ un completo
   d. _____ un paio di guanti
   e. _____ una giacca a pieghe

B. Rispondi alle seguenti domande.

1. La moda di quale stagione viene pubblicizzata nell'annuncio?
2. Quali colori sono di moda, secondo l'annuncio?   3. Che tipo di sconto la UPIM regala alle lettrici di *Grand Hotel*?   4. Quanto costa il cappotto di lana che indossa la modella dell'immagine C?   5. Quanto costa la giacca che indossa il modello dell'immagine B?   6. Quanto costano i pantaloni che indossa il modello dell'immagine B?

C. Parliamone! Rispondi liberamente alle seguenti domande, discutendo le tue risposte con gli altri membri della classe.

1. Secondo te, la società di oggi dà eccessiva importanza alla moda?
2. Secondo te, un uomo/una donna come deve vestirsi per essere elegante?
3. Conosci qualche stilista di moda italiano(-a)? Chi conosci? Quale stilista ti piace di più? Perché?
4. Quali oggetti di abbigliamento sono di moda oggi fra i giovani?

STIMOLO LINGUISTICO

A. La forma passiva. Trasforma le seguenti frasi nella forma passiva. Te la ricordi?

> MODELLO   Tua sorella usa molto il rossetto.
> **Il rossetto è usato molto da tua sorella.**

1. Gli esquimesi usano il giaccone Parka.
2. La UPIM offre il 10% di sconto.
3. Quel cliente ha acquistato l'ultima cravatta rossa.
4. I giovani portano spesso i blue-jeans.
5. Le donne preferiscono i colori della terra.
6. Molte donne oggi non usano più il trucco (*makeup*).
7. La UPIM ha regalato uno sconto speciale alle lettrici.
8. La cliente ha presentato il tagliando.

B. Che cosa ha detto Luigi? Ecco delle affermazioni che un commesso di un negozio di abbigliamento ha fatto un mese fa. Trasforma le frasi dal discorso diretto al discorso indiretto, come nel modello.

> MODELLO   Il commesso ha detto: «Devo andare ad una sfilata di moda».
> **Il commesso ha detto che doveva andare ad una sfilata di moda.**

Il commesso ha detto:

1. «Gli esquimesi usano il giaccone Parka».   **2.** «La UPIM offre il 10% di sconto».   **3.** «Quel cliente ha acquistato l'ultima cravatta rossa». **4.** «I giovani portano spesso i blue-jeans».   **5.** «Le donne preferiscono i colori della terra».   **6.** «Molte donne oggi non usano più il trucco». **7.** «La UPIM ha regalato uno sconto speciale alle lettrici».   **8.** «La cliente ha presentato il tagliando».

VOCABOLARIO L'ABBIGLIAMENTO

Capi di abbigliamento

la camicetta

la borsa

la gonna

l'ombrello

il cappello

la sciarpa

l'impermeabile (m.)

i guanti

il maglione

la cintura

i calzini
(il calzino)

la camicia
(pl. le camicie)

la cravatta

la giacca

il cappotto

i pantaloni

il vestito (l'abito)

le calze

le scarpe (la scarpa)

Altri capi di abbigliamento

l'abito da sera	*evening gown*
la biancheria intima	*underclothing*
la maglietta	*T-shirt*
i pantaloncini	*shorts*
le pantofole	*slippers*
la sottoveste	*slip*

A. Hai una memoria fotografica? Osserva per venti secondi i capi di abbigliamento illustrati nel vocabolario di pagina 399. Poi chiudi il libro e scrivi su un foglio di carta il nome dei diciotto capi di abbigliamento illustrati.

B. Come ti vestiresti? Descrivi liberamente come ti vestiresti per le seguenti occasioni. Cerca di essere molto preciso(-a) e di usare il tuo guardaroba.

> MODELLI   Cosa ti metteresti per una festa da ballo?
> **Mi metterei il vestito blue, la camicia bianca, la cravatta grigia con strisce blue, scarpe e calzini neri.**
> **Mi metterei una gonna nera e un maglione nero con una giacca di color rosso vivo. Calze e scarpe nere.**

Cosa ti metteresti per...

1. una intervista di lavoro?
2. per andare a sciare?
3. per uno sposalizio?
4. per andare al lavoro in una giornata molto fredda?
5. per andare al lavoro in una giornata molto calda?
6. per una cena in un ristorante con la tua ragazza/il tuo ragazzo?

C. Descrizioni! Descrivi davanti alla classe quello che indossa un tuo compagno/una tua compagna di classe. Poi lascia indovinare ai tuoi compagni la persona che stai descrivendo.

NOTE GRAMMATICALI

IL PASSIVO

■ Italian verbs, like English verbs, have both an active and a passive voice. In an active construction, the subject performs the action; in a passive construction, the subject of the verb is acted *upon*.

> Active subject + verb + object
> Passive new subject + **essere** + *past participle* + **da** + agent

■ In a passive construction, the auxiliary **essere** takes on the tense and mood of the active sentence. The agent (performer of the action) is preceded by the preposition **da** (*by*). Compare the active and passive forms of the following sentences.

Active	L'insegnante	interroga	lo studente.
		interrogherà	
		ha interrogato	
		interrogava	
		ecc.	

Passive	Lo studente	è interrogato	dall'insegnante.
		sarà interrogato	
		è stato interrogato	
		era interrogato	
		ecc.	

■ Note that the object of the active sentence (**lo studente**) becomes the subject in the passive sentence and that the subject (**l'insegnante**) becomes the agent.

■ The past participle of the passive verb agrees in gender and number with the new subject, because the auxiliary verb is **essere**.

I blue-jeans sono porta**ti** da molti giovani.	*Blue jeans are worn by many young people.*
Questa camicetta è stat**a** disegnat**a** da Armani.	*This blouse was designed by Armani.*

■ The passive is used primarily to emphasize an action or to highlight the object of the action. It is often used in print media (newspaper headlines) and scientific or academic writing to render the style more objective. In such cases, the agent is generally omitted. It can also be omitted when one does not know or does not want to provide such information.

L'inchiesta è stata condotta per determinare se i blue-jeans abbiano una funzione sociale.	*The survey was conducted to determine if blue jeans have a social function.*

■ The verb **venire** can also be used in place of **essere**. This use is possible only in the simple, not compound, tenses.

I blue-jeans vengono portati da molti giovani.	*Blue jeans are worn by many young people.*
La sfilata di moda viene fatta ogni settimana.	*The fashion show is presented every week.*

■ **Andare** can be used as an auxiliary, but this construction conveys the meaning of an action that *must* be done. Thus it serves as a replacement for **dover essere**.

Quel vestito deve essere lavato. Quel vestito va lavato.	*That dress should be washed.*
La domanda di lavoro va presentata in doppia copia.	*Two copies of the job application should be presented.*

A. **Dall'attivo al passivo.** Trasforma le seguenti frasi dalla forma attiva alla forma passiva.

> MODELLO   Molte persone usano i vestiti Armani.
> **I vestiti Armani sono usati da molte persone.**

1. Nel film *Nuovo Cinema Paradiso*, Philippe Noiret ha interpretato la parte principale.
2. Il Milan ha vinto l'incontro di calcio.
3. Secondo la leggenda, Romolo e Remo avrebbero fondato Roma.
4. Cristoforo Colombo scoprì l'America.
5. Un infermiere aiuterà la dottoressa durante le visite.
6. Credo che Marconi abbia inventato la radio.
7. Gli studenti organizzeranno una sfilata di moda per la fine dell'anno.
8. Bruto uccise Giulio Cesare.
9. Tutti ammiravano i suoi vestiti.

B. **Trasforma al passivo.** Stai scrivendo un saggio (*essay*) per un corso di psicologia. Alcune delle frasi che hai scritto sono nella forma attiva. Adesso trasformale al passivo per rendere lo stile della versione finale del saggio più «scientifico».

> MODELLI   Piaget studiò attentamente i soggetti.
> **I soggetti furono studiati attentamente da Piaget.**
> **I soggetti vennero studiati attentamente da Piaget.**

1. Hanno tradotto le sue opere in inglese.
2. Skinner formulò quelle ipotesi.
3. Secondo gli psicologi della scuola «Gestalt», la percezione influenza il pensiero.
4. Ripeterono l'esperimento due volte.
5. I ricercatori condurranno una nuova indagine sull'effetto degli stereotipi.
6. Gli scienziati ripeteranno quell'esperimento.
7. La psicologia cognitiva degli anni Settanta cambiò l'indirizzo della psicologia.

C. **I consigli dell'esperto(-a).** Reagisci ad ogni affermazione seguendo il modello.

> MODELLO   Noi non stiriamo le camicie regolarmente.
> **Ma le camicie vanno stirate regolarmente.**
> **Ma le camicie devono essere stirate regolarmente.**

1. Io non lavo i vestiti di seta a mano.
2. L'università dovrebbe abolire gli esami.
3. I figli non rispettano i genitori.
4. Molti non cucinano gli spaghetti al dente.
5. Non abbiamo tempo per analizzare con calma la situazione.

COSTRUZIONI VERBALI

Verbo + infinito

■ When a verb is followed by an infinitive, it falls into one of the following three constructions.

VERB + INFINITIVE	VERB + a + INFINITIVE	VERB + di + INFINITIVE
volere	cominciare	finire
dovere	riuscire	pensare
lasciare *to let*	insegnare	cercare
preferire	provare	chiedere
amare	aiutare	sperare
potere	costringere *to force*	decidere

VERB + INFINITIVE	VERB + a + INFINITIVE	VERB + di + INFINITIVE
Voglio lavorare.	Comincio a lavorare.	Finisco di lavorare.
Ho dovuto studiare.	Non sono riuscito a studiare.	Pensavo di studiare.

Espressioni verbali particolari

■ When a noun follows, the verb **pensare** is followed immediately by **a**: *Penso sempre a Maria./Penso sempre al lavoro, etc.* The verb **pensarne** *to think of* is followed by **di**: *Cosa ne pensi di quell'ipotesi?* Finally, note that the verb **pensarci** means *to think about, to take care of.*

—Ti vuoi mettere questo vestito?
—Ci sto pensando.
  I'm thinking about it.

—Mi puoi aiutare?
—Sì, ci penso io!
  Yes, I'll take care of it.

■ The verb **sentire** means *to hear something;* **sentirci** means *to (be able to) hear.*

Sento una bella musica.   *I hear a beautiful music/melody.*
Non ci sento bene.   *I can't hear well.*

■ The same distinction applies to seeing: **vedere** *to see something;* **vederci** *to (be able to) see.*

APPLICAZIONE

A. Frasi libere. Scrivi una frase con ognuno dei seguenti verbi fraseologici.

1. cominciare a
2. aiutare a
3. finire di
4. cercare di
5. pensare a

B. Completa! Completa il seguente dialogo tra Monica e Simona, usando *pensarne, vederci, pensarci, sentirci.*

MONICA: Simona! Simona! Simona, sto chiamando te. Ma non
            _____?
SIMONA: No, ero un po' distratta.
MONICA: Hai notato qualcosa di nuovo?
SIMONA: No...
MONICA: Ma ora nemmeno _____! Non hai notato il mio
            nuovo vestito?
SIMONA: Sì, infatti...
MONICA: Allora, cosa _____? Ti piace? Mi va bene?
SIMONA: È veramente bello. È stupendo!
MONICA: Sì, è bello, ma forse mi va un po' largo... Dovrei farlo restringere.
SIMONA: Non c'è problema! _____ io. Potrei restringerlo io.
MONICA: Veramente?
SIMONA: Certo!

DISCORSO DIRETTO E INDIRETTO

■ Direct discourse (spoken) becomes indirect when you restate, or report, what a person has said about someone or something.

DISCORSO DIRETTO	DISCORSO INDIRETTO
Claudio dice: «Maria **è** bella».	Claudio dice che Maria è bella.
Claudio dice: «Maria, **sei** bella».	Claudio dice che Maria è bella.
Claudio dice: «**Sono** elegante».	Claudio dice che è elegante.
Claudio dice: «**Siamo** eleganti».	Claudio dice che **sono** eleganti.

■ Note that demonstratives, possessives, and pronouns must be changed accordingly.

DISCORSO DIRETTO	DISCORSO INDIRETTO
«Il vestito è **mio**».	Nora dice che il vestito è **suo**.
«**Queste** scarpe sono belle».	Marco crede che **quelle** scarpe siano belle.
«**Le** scarpe non **mi** vanno bene».	Claudia dice che le scarpe non **le** vanno bene.

■ If the verb of saying—**dire, rispondere, pensare, dichiarare, esclamare,** etc —is in the present tense, the verb tense in the indirect discourse does not change. However, if the verb of saying is in the past (**ha detto, disse; ha risposto,** etc.), generally it is necessary to change the verb tense. Study the following examples.

DISCORSO DIRETTO	DISCORSO INDIRETTO	
	Dice che...	Ieri ha detto/disse che...
«Mi piace quel vestito».	... gli piace quel vestito.	... gli piaceva quel vestito.
«Ho comprato quella camicia».	... ha comprato quella camicia.	... aveva comprato quella camicia.
«Credo che quelle scarpe siano troppo strette».	... pensa che quelle scarpe siano troppo strette.	... pensava che quelle scarpe fossero troppo strette.
«Io comprerei quell'impermeabile, ma non mi piace».	... comprerebbe quell'impermeabile, ma non gli piace.	... avrebbe comprato quell'impermeabile, ma non gli piaceva.

Dal discorso diretto al discorso indiretto. Trasforma le seguenti frasi dal discorso diretto al discorso indiretto seguendo il modello.

> MODELLO Claudia: «Non mi sono messa la mia solita camicetta».
> **Claudia ha detto che non si era messa la sua solita camicetta.**

CLAUDIA: 1. «Non mi sono messa il mio solito vestito».
2. «Domani, però, me lo metterò».
3. «L'altro giorno mi ero messa la gonna a pieghe, ma poi me la sono tolta».

BARBARA: 4. «Neanche a me piace questo cappello».
5. «Questa maglietta è bellissima»!
6. «Stasera voglio uscire con una persona speciale».

DANIELA: 7. «Il vestito rosso ti sta veramente bene, Barbara».
8. «Non voglio mettermi quella giacca perché penso che mi stia male».
9. «Mia sorella non è venuta oggi perché aveva molto da fare».

PER LA COMUNICAZIONE

IN UN NEGOZIO DI ABBIGLIAMENTO

il vestito/l'abito	*suit, dress*
alla moda	*in style/fashion*
a pallini	*polkadots*
a quadri	*plaid*
a righe	*striped*
di cotone	*cotton*
di lana	*wool*
di lino	*linen*
di pelle	*leather*
di raso	*satin*
di seta	*silk*
la taglia/la misura	*size*
la vetrina	*store window*
(non) andare bene	*to (not) fit well*
indossare/portare	*to wear*
levarsi/togliersi	*to take off*
mettersi	*to put on*
provare/provarsi	*to try on*
spogliarsi	*to undress*
stare bene/male in	*to look good/bad in*

Che taglia porti/porta?	*What's your size?*
È troppo caro(-a).	*It's too expensive.*
È troppo stretto(-a)/largo(-a).	*It's too tight/loose.*
Ha qualcosa di meno caro?	*Do you have anything less expensive?*
Non mi piace il colore.	*I don't like the color.*
Potrei vedere qualcos'altro?	*Can you show me something else?*
Può farlo/farla allungare/accorciare/ allargare/restringere?	*Can you lengthen/shorten it/ let it out/take it in?*
Questo vestito ti/Le sta bene/male!	*You look good/bad in this suit!*
Vorrei lo scontrino.	*I would like the bill.*

■ In the plural, **i vestiti/gli abiti** can also mean clothes in general.

■ Note that *window* is rendered in three different ways.

la finestra	*window of a building*
il finestrino	*window of a vehicle*
la vetrina	*window of a store*

■ Note the use of **da** and **di** with nouns used as modifiers.

da = *function*		**di** = *material made of*	
abito da sera	*evening dress*	abito di lana	*wool dress*
camicia da notte	*nightshirt*	camicia di seta	*silk shirt*
scarpe da ballo	*dancing shoes*	scarpe di pelle	*leather shoes*

APPLICAZIONE

In un negozio di abbigliamento. Dal seguente dialogo tra un commesso e una cliente mancano alcune parole. Completa in modo opportuno. Nota che è possibile usare certe parole più di una volta.

COMMESSO: Buongiorno. In che cosa posso servirLa, signora?

CLIENTE: Cerco un _____. Qualcosa di elegante. Forse un abito _____ sera.

COMMESSO: Lasci fare a me, signora! Che _____ porta?

CLIENTE: Non sono sicura.

COMMESSO: Si accomodi in cabina e si _____ questo vestito.

CLIENTE: Va bene.

COMMESSO: Ah, Le sta proprio _____! È molto elegante.

CLIENTE: Ha ragione. Non mi _____ affatto male! Però non mi piacciono i vestiti di _____. Preferisco gli abiti di seta.

COMMESSO: Non si preoccupi. Si _____ questo e gliene porterò un altro.

CLIENTE: Ne ho visto uno _____ pelle in _____. Mi piacerebbe provare anche quello.

IN UNA CALZOLERIA

la calzoleria	*shoestore*
la borsa	*purse*
il tacco alto/basso/a spillo	*high/low/stiletto heel*
Che numero porti/porta?	*What size shoe do you wear?*
Sono troppo strette/larghe.	*They are too tight/loose.*
le scarpe da tennis/ginnastica	*tennis shoes*
la pantofola	*slipper*
il portafoglio	*wallet*
la scarpa	*shoe*
un paio di scarpe	*a pair of shoes*
lo stivale	*boot*
i lacci	*shoestrings/shoelaces*
i sandali	*sandals*

■ Note that **il paio** has a neuter plural (see Capitolo 3): **due paia di scarpe.**

APPLICAZIONE

A. Giochiamo con le parole! Completa gli spazi vuoti con l'aiuto delle definizioni.

1. __ C A __ __ __
2. __ T __ __ __ __ I
3. __ A __ Z __ __ __ __ A
4. P __ __ __ __ __ __ __ __ A
5. __ __ C __ I
6. T __ __ __ H __

DEFINIZIONI

1. Coprono il piede.
2. Scarpe che arrivano fino al ginocchio.
3. Negozio in cui si vendono scarpe.
4. Scarpa che si porta in casa.
5. Servono per allacciare le scarpe.
6. Possono essere alti, bassi o anche a spillo.

B. In un negozio di scarpe. Con un compagno/una compagna crea dei mini-dialoghi tra un commesso/una commessa e un/una cliente. Segui il modello.

MODELLO   scarpe / donna / 38 / borsa
—**Desidera, signora?**
—**Vorrei delle scarpe da donna.**
—**Che numero porta?**
—**Il trentotto.**
—**Altro?**
—**Potrei vedere quella borsa, per piacere?**
—**Certamente!**

1. scarpe / uomo / 43 / calzini
2. stivali / bambina / 33 / lacci
3. pantofole / donna / 37 / calze
4. stivali / uomo / 41 / calzini
5. pantofole / donna / 38 / borsa

IL MOMENTO CREATIVO   Discuti con gli altri membri della classe la seguente affermazione.
«Per essere accettati socialmente nel mondo di oggi è necessario avere una linea perfetta e vestirsi alla moda».

Taccuino Culturale

LA MODA IN ITALIA

Chi non conosce i nomi di Benetton, Armani, Ferrè, Krizia, Fendi, Valentino, Gucci o Versace? Gli stilisti italiani sono tra i più rinomati (*renowned*) e ricercati del mondo. Questo settore è economicamente cruciale per l'Italia: garantisce milioni di posti di lavoro e ha un ruolo importante nelle esportazioni. Il «made in Italy» è richiesto in tutto il mondo.

La maggiore azienda del settore è la Benetton, con sede (*main office*) a Treviso. Quest'azienda vende capi di abbigliamento in oltre sessanta paesi.

Nelle vetrine dei vari negozi o grandi magazzini possiamo trovare le seguenti scritte: prezzi fissi, liquidazione, svendita (*sale*), saldi di fine stagione (*end of season sale*), sconti, aperto (*open*), chiuso (*closed*), chiuso per ferie (*holidays*).

In Italia molte parole inglesi che riguardano l'abbigliamento sono entrate a far parte della lingua di tutti i giorni. Ecco alcuni esempi: *boxer* (per indicare mutande simili ai calzoncini dei pugili), *shorts* (pantaloncini corti), *pants* (per pantaloni), *pull* (maglione con scollatura), *sweater* (maglione sportivo di lana pesante, molto ampio).

A. Ricordi quello che hai letto? Completa le frasi scegliendo la risposta giusta. In alcuni casi tutte e due le risposte possono essere corrette.

1. Armani e Valentino sono...
   a. due stilisti italiani.
   b. due colleghi di Versace.

2. Il «made in Italy»...
   a. è richiesto in tutto il mondo.
   b. non è molto popolare.

3. La Benetton ha sede...
   a. nella città di Treviso.
   b. a New York.

4. «Svendita» vuol dire...
   a. vendita sotto costo.
   b. che i prezzi sono fissi.

5. La parola inglese *pull* in italiano viene usata per indicare...
   a. un maglione con scollatura.
   b. un maglione di lana molto pesante ed ampio.

6. La parola inglese *shorts* in italiano viene usata per indicare...
   a. dei calzoncini corti.
   b. un paio di mutande.

B. Opinioni e paragoni!

Pensi che...

1. la moda italiana sia la più elegante del mondo? Perché sì/no?
2. gli stilisti italiani siano troppo «prevedibili»? Perché sì/no?
3. la pubblicità della Benetton sia troppo provocante? Perché sì/no?

Stimolo alla lettura

A. La parola *scarpa*. La parola *scarpa*, che ricorre molto spesso nella lettura seguente, è all'origine di molte metafore. Per esempio, diciamo «quella persona non ha scarpe ai piedi» per dire che una persona è molto povera. Conosci altre espressioni con *scarpa*? Sapresti trovarle nel dizionario? Discuti queste espressioni con il tuo insegnante e gli altri membri della classe.

B. Completa le frasi Completa le frasi usando le seguenti parole nella loro forma appropriata. Usa il dizionario se necessario.

apposta	bagnato	bottone	calzolaio	prendersi cura
rimproverare	rotto	selciato	stufo	viziare

1. Le mie scarpe sono _____. Devo comprarmene un altro paio.
2. Sai, loro sono venuti _____ per te!
3. —Antonio, dove vai?
   —Vado dal _____. Dovrei farmi aggiustare queste scarpe.
4. Quando andavo in giro scalzo, sentivo il freddo del _____ sotto le piante dei piedi.
5. I genitori lo _____ fin da piccolo.
6. L'insegnante lo _____ per la sua neglizenza.
7. Le sue gambe erano nude e _____.
8. Sono _____ di lavorare. Ho bisogno di una bella vacanza.
9. Chi _____ dei bambini quando andrai a lavorare?
10. Prima di uscire ho dovuto attaccare un _____ a quel vestito rosso.

LETTURA

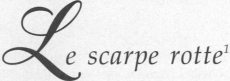

Le scarpe rotte[1]

Leggi attentamente il seguente brano di Natalia Ginzburg, facendo particolare attenzione al significato metaforico che l'autrice dà alla parola *scarpa*.

Io ho le scarpe rotte e l'amica con la quale vivo in questo momento ha le scarpe rotte anche lei. Stando insieme parliamo spesso di scarpe. Se le parlo del tempo in cui sarò una vecchia scrittrice famosa, lei subito mi chiede: «Che scarpe avrai?» Allora le dico che avrò delle scarpe di camoscio[2] verde, con una gran fibbia[3] d'oro da un lato.

Io appartengo a una famiglia dove tutti hanno le scarpe solide e sane.[4] Mia madre anzi[5] ha dovuto far fare un armadietto[6] apposta per tenerci le scarpe, tante paia ne aveva. Quando torno fra loro levano alte grida[7] di sdegno[8] e di dolore alla vista delle mie scarpe. Ma io so che anche con le scarpe

---

[1] *broken (past. part. of* **rompere***)*   [2] *suede*   [3] *buckle*   [4] *in good shape*   [5] *as a matter of fact*
[6] *cabinet*   [7] *yells (pl. of* **il grido***)*   [8] *scorn*

rotte si può vivere. Nel periodo tedesco ero sola qui a Roma, e non avevo che un solo paio di scarpe. Se le avessi date al calzolaio avrei dovuto stare due o tre giorni a letto, e questo non mi era possibile. Così continuai a portarle, e per giunta[9] pioveva, le sentivo sfasciarsi[10] lentamente, farsi molli[11] ed informi, e sentivo il freddo del selciato[12] sotto le piante dei piedi. È per questo che anche ora ho le scarpe rotte, perché mi ricordo di quelle e non mi sembrano poi tanto rotte al confronto, e se ho del denaro preferisco spenderlo altrimenti, perché le scarpe non mi appaiono più come qualcosa di molto essenziale. Ero stata viziata[13] dalla vita prima, sempre circondata da un affetto tenero e vigile,[14] ma quell'anno qui a Roma fui sola per la prima volta, e per questo Roma mi è cara, sebbene carica di[15] storia per me, carica di ricordi angosciosi, poche ore dolci. Anche la mia amica ha le scarpe rotte, e per questo stiamo bene insieme. La mia amica non ha nessuno che la rimproveri[16] per le scarpe che porta, ha soltanto un fratello che vive in campagna e gira con degli stivali da cacciatore. Lei e io sappiamo quello che succede quando piove, e le gambe sono nude e bagnate e nelle scarpe entra l'acqua, e allora c'è quel piccolo rumore a ogni passo, quella specie di sciacquettio.[17]

La mia amica ha un viso pallido e maschio, e fuma in un bocchino[18] nero. Quando la vidi per la prima volta, seduta a un tavolo, con gli occhiali cerchiati di tartaruga[19] e il suo viso misterioso e sdegnoso, col bocchino nero fra i denti, pensai che pareva un generale cinese. Allora non sapevo che aveva le scarpe rotte. Lo seppi più tardi. (...)

La mia amica qualche volta dice che è stufa[20] di lavorare, e vorrebbe buttar la vita ai cani. Vorrebbe chiudersi in una bettola[21] a bere tutti i suoi risparmi, oppure mettersi a letto e non pensare più a niente, e lasciare che vengano a levarle il gas e la luce, lasciare che tutto vada alla deriva[22] pian piano. Dice che lo farà quando io sarò partita. Perché la nostra vita comune durerà poco, presto io partirò e tornerò da mia madre e dai miei figli, in una casa dove non mi sarà permesso di portare le scarpe rotte. Mia madre si prenderà cura di me, m'impedirà di usare degli spilli[23] invece dei bottoni, e di scrivere fino a notte alta. E io a mia volta[24] mi prenderò cura dei miei figli, vincendo la tentazione di buttar la vita ai cani. Tornerò ad essere grave e materna, come sempre mi avviene quando sono con loro, una persona diversa da ora, una persona che la mia amica non conosce affatto.

Guarderò l'orologio e terrò conto del tempo, vigile ed attenta ad ogni cosa, e baderò[25] che i miei figli abbiano i piedi sempre asciutti[26] e caldi, perché so che così dev'essere se appena è possibile, almeno nell'infanzia. Forse anzi per imparare poi a camminare con le scarpe rotte, è bene avere i piedi asciutti e caldi quando si è bambini.

[9] **per...** *moreover*   [10] *come apart*   [11] *soft*   [12] *pavement*   [13] *spoiled*   [14] *vigilant, constant*
[15] **carica...** *filled with*   [16] *reproaches*   [17] *squish(ing)*   [18] *cigarette holder*   [19] *tortoise (shell)*
[20] *fed up*   [21] *tavern*   [22] **alla...** *down the drain*   [23] *pins*   [24] **a...** *on my part*   [25] *I will see that*
[26] *dry*

A. Ricordi quello che hai letto? Rispondi alle seguenti domande con frasi complete.

1. Con chi abita attualmente l'autrice del racconto?
2. Di che cosa parlano spesso insieme l'autrice e la sua amica?
3. A che tipo di famiglia appartiene l'autrice?
4. Che cosa ha dovuto far fare sua madre?
5. Durante il periodo tedesco, in quale città l'autrice si trovò sola?
6. Quanti e chi sono i membri della famiglia della sua amica?
7. Dove vuole chiudersi la sua amica e perché?
8. Dove andrà presto l'autrice?
9. Che cosa tornerà a fare l'autrice?

B. Descrizioni. Descrivi i personaggi del brano appena letto: l'autrice, la madre, l'amica.

C. Discussione in classe. Rispondi alle seguenti domande e discuti la tua risposta con il tuo insegnante e gli altri membri della classe.

1. Qual è, secondo te, il significato metaforico dell'espressione «avere le scarpe rotte»? **2.** Ti comporti in modo diverso quando sei in famiglia da quando sei con gli amici? Come? Perché?

 # Con fantasia

A. Descrizioni. Descrivi quello che si mette...

1. tuo padre per andare al lavoro. **2.** tua madre per andare al lavoro. **3.** un tuo amico/una tua amica per uscire il sabato sera. **4.** un tuo amico/una tua amica per andare a scuola/all'università.

B. Gioco anagrammatico! Anagramma le seguenti lettere e scoprirai delle parole che si riferiscono all'abbigliamento.

    MODELLO   glaiam = maglia

1. NITGAU **2.** CACAIG **3.** INZILAC **4.** CSARPIA **5.** TTAAVCRA
6. VISTAEL **7.** NNGAO **8.** SBROA **9.** URTNCIA

C. Lavoro di gruppo. Con un tuo compagno/una tua compagna metti in scena una delle seguenti situazioni.

SITUAZIONE A

In un negozio di abbigliamento un commesso/una commessa vuole vendere un abito che finora non è riuscito(-a) a vendere a nessuno.

SITUAZIONE B

Un cliente/Una cliente ritorna in un negozio di scarpe per restituire degli stivali appena comprati.

D. Giochiamo con i proverbi. Il proverbio «L'abito non fa il monaco» si può tradurre come *Clothes do not make the person,* e il proverbio «È nato con la camicia» come *He was born with a silver spoon in his mouth.* Adesso inventa, a piacere, nuovi proverbi basati sui seguenti capi di abbigliamento e spiega il loro significato.

> MODELLO   cappello
> **Chi porta il cappello, non sentirà freddo. (= Bisogna proteggersi contro i brutti tempi).**
> **Il cappello non elimina la calvizie (*baldness*). (= Non possiamo nascondere la nostra vera personalità).**

1. il cappello **2.** le scarpe **3.** la camicia **4.** i pantaloni

E. La pubblicità. Leggi la seguente pubblicità delle scarpe Timberland. Usa il dizionario per le parole che non conosci. Poi elenca tre motivi per cui, secondo la pubblicità, bisognerebbe comprare le scarpe Timberland.

Love me or leave me.

Guardale, toccale, annusale. Se non ti piacciono peggio per te.

Se ti piacciono provale. Provale e non riuscirai più a portare altro.

Perché c'è qualcosa di vagamente scandaloso nel modo in cui le Timberland, solo le Timberland, fanno stare comodo il tuo piede.

E non è tutto. Le Timberland durano una vita.

Perché più qualità vuol dire anche più durata.

Del resto la tua strada è già abbastanza dura perchè ci si mettano le scarpe a farti soffrire.

Prova un paio di Timberland e il vecchio problema con-che-cosa-le-porto diventa superfluo. Con tutto, è la risposta.

Timberland 🌲
"Un Classico in edizione originale"
RITZ
firma le grandi firme

F. Ora tocca a te! Prepara il testo di un annuncio pubblicitario per un capo di abbigliamento di tua scelta.

LESSICO UTILE

l'abbigliamento/il vestiario	clothing	il maglione	sweater
alla moda	in style/fashion	mettersi	to put on
asciutto	dry	l'ombrello	umbrella
la borsa	purse	il paio	pair
la calza	stocking	i pantaloni	pants, trousers
il calzino	sock	la pantofola	slipper
la calzoleria	shoestore	il portafoglio	wallet
la camicetta	blouse	il prezzo fisso	fixed price
la camicia	shirt	provare/provarsi	to try on
il cappello	hat	rompere	to break
il cappotto	coat	il rossetto	lipstick
la cintura	belt	la scarpa	shoe
la cravatta	tie	la sciarpa	scarf
il fazzoletto	handkerchief	lo sconto	discount
la fibbia	buckle	lo smalto	nail polish
la finestra	window of a building	lo spillo	pin
il finestrino	window of a vehicle	spogliarsi	to undress
la giacca	jacket	lo stivale	boot
la gonna	skirt	la taglia/la misura	size
il guanto	glove	truccarsi	to put on makeup
l'impermeabile (m.)	overcoat	il trucco	makeup
indossare/portare	to wear	l'unghia	fingernail
levarsi/togliersi	to take off	il vestito/l'abito	suit, dress
la maglietta	T-shirt	la vetrina	store window

RISPOSTE DELL'ESERCIZIO DI PAGINA 395

1. Deriva dal vecchio nome inglese di Genova, «Jene» o «Jenes», dove si produceva un tessuto pesante e ruvido importato negli Stati Uniti. Nel secolo scorso, con questo tipo di tessuto, Levi-Strauss produsse dei pantaloni di colore blu, che erano usati dai cercatori d'oro.
2. Perché nel XVII secolo era portata dai cavalieri croati.
3. Perché mentre il nero assorbe i raggi del sole, il bianco li riflette nella quasi totalità, per cui al corpo arriva meno calore.
4. Perché il vocabolo deriva dal greco «phellos = sughero» con il prefisso «pan = tutto», in quanto anticamente le calzature di casa venivano confezionate interamente con sughero, il che le rendeva più leggere e riposanti e, ovviamente, anche meno rumorose delle altre.
5. Perché solo le persone malate o quelle del basso popolo si coprivano la testa.
6. Perché, per porre fine alle stravaganze delle forme allora in uso, Luigi XIV, il re Sole, emise un proclama in cui era stabilito: «La lunghezza dei fazzoletti sia pari alla loro larghezza». Tale forma, imposta in Francia, venne adottata poi in tutti i paesi.
7. Perché in origine l'indumento (garment) più semplice aveva forma di sottana (pelle di animale avvolta intorno al corpo) e serviva per entrambi i sessi, finché gli uomini per le loro attività (corsa per difesa o offesa, uso del cavallo, lunghi percorsi a piedi per la caccia), sentirono il bisogno di un indumento più pratico. Perciò, soprattutto nelle zone fredde, iniziarono a fasciarsi le gambe, originando così i pantaloni ed abbandonando la sottana, che rimase alle donne, le quali non avevano tali necessità, poiché conducevano quasi esclusivamente una vita ritirata.
8. Perché il generale inglese J.T. Brudenell, conte di Cardigan, fu tra i primi a portare questo tipo di maglia di lana.

GLOSSARY

A

a dispetto di despite
a disposizione available
abbaiare to bark
abbastanza enough
abbigliamento/vestiario clothing
abitare to live, dwell
accelerare to speed up
accendere to turn on (e.g., the TV)
accettazione/check in check in
accorgersi to realize
acqua water
adesso/ora now
aereo plane
affatto at all
afferrare to grasp
affettato cold cut
affettivo of love, affective
affetto affection
affettuoso affectionate
affinché so that
agenda appointment book
agenzia di collocamento employment agency
agosto August
ala wing
alba dawn
albergo hotel
alla moda in style/fashion
allegro happy
alloggio housing
alto tall
alzare to raise up, lift
alzarsi to get up
amante lover
amarsi to love one another
ambiente ambiance, place
americano American
amichevole friendly
amicizia friendship
amico/a friend
ampio broad
ancora yet
andare to go
andare via to go away

antipasto apetizer
antipatico not nice
anzi as a matter of fact
apparecchiare la tavola to set the table
appartamento apartment
appena just
apprendere to learn
aprile April
aprire to open
arancia orange
arancione orange
architetto architect
arrabbiarsi to become angry
arredamento decoration, furnishing
arredare to decorate
Arrivederci Good-bye (fam)
ArrivederLa Good-bye (pol)
arrivo arrival
asciutto dry
ascoltare to listen to
aspettare to wait for
aspettativa expectation
assai quite, enough
assegno check
assegno turistico traveler's check
assumere to hire
atletica leggera track and field
attore/attrice actor
attrarre to attract
augurare to wish, augur
australiano Australian
automobilismo car racing
autobus/pullman bus
automobile/macchina automobile/car
autostrada highway
autunno fall, autumn
avanti forward, ahead
avanzare to advance, go ahead
avere to have
avere (un) mal di to have a (e.g. headache)
avere la testa fra le nuvole to have one's head in the clouds

avere una faccia tosta to be cheeky
avviarsi to set off on, go
avvicinarsi to get close
avvocato lawyer
azzurro blue

B

baciare to kiss
bacio kiss
badare to look after
bagaglio baggage
bagno bathroom
balcone balcony, window ledge
ballare to dance
barca boat
barzelletta joke
basso short (in height)
bastare to be enough
belga (m/f) Belgian
bello beautiful, handsone
benché although
benzina gas
bere to drink
bevanda drink
bianco white
bibita soft drink
biblioteca to the library
bicchiere drinking glass
bici(cletta) bicycle
biglietto ticket
binario track
biologo biologist
bisbetico fussy
bisognare to need
bisticciare to bicker, scuffle
blu dark blue
bocca mouth
bollettino meteorologico weather forecast
borsa purse
bottega shop
botteghino ticket booth
braccio arm
bravo good (at something)
breve brief

brillante brilliant
brutto ugly
bugia lie
Buonanotte (Buona notte)
   Good night
Buonasera (Buona sera)
   Good evening
Buongiorno (Buon giorno)
   Good morning/Good day
buono good
burro butter

C

caccia hunting
cadere to fall
caffè coffee
calcio soccer
calza stocking
calzino sock
calzoleria shoestore
camera room
camera (da letto) bedroom
camicetta/blusa blouse
camicia shirt
camion truck
camoscio suede
canadese Canadian
canale channel
cane dog
cantare to sing, chirp
canto song
capire to understand
capo di abbigliamento article of
   clothing
capolinea bus station (head of
   the line)
capoufficio office manager
cappello hat
capriccio whim
carattere character
carne meat
caro dear, expensive
carota carrot
carta d'imbarco boarding pass
cartella briefcase
casa house, home
casa editrice publishing house
cassiere/cassiera telller
cattivo bad
cavallo horse
cedere to give up, hand over

celeste light blue
cena dinner
cenare to have dinner
centrale central
cercare to look for
cestino waste basket
che what
chi who
chiacchierare to chat
chiacchiere gossip
chiamare to call
chiamarsi to be called, named
chiedere to ask for
chiedere scusa to say one is
   sorry
chiesa church
chiudere to close
chiunque whoever
Ciao Hi/Bye
ciclismo bicycle racing
cifra figure, number
ciglio eyelash, edge
cinema movies
cinese Chinese
cintura belt
circa almost, nearly
codice fiscale (equivalent of)
   social insurance number
cognata sister-in-law
cognato brother-in-law
cognome surname, family name
coincidenza connection
colazione breakfast
collo neck
colmare la lacuna to fill the gap
colonna sonora sound track
coltello knife
come how
cominciare to begin
compilare to fill-out
comporre to compose
comportarsi to behave, act
computer computer, word
   processor
concessionario car dealership
concorrere to compete
condividere to share
condurre to drive, conduct, lead
confine border, boundary
confrontare to compare
coniglio rabbit

conoscenza acquaintance
conoscere to know (someone),
   be familiar with
consigliare to recommend
contabile bookkeeper,
   accountant
contento happy
conto check, bill, account
copione script
corridoio corridor
corsia traffic lane
corso avenue
corto short (in length)
costare un occhio della testa to
   cost an arm and a leg
cravatta tie
credere to believe
criterio criterion
cronaca nera crime news
cucchiaio spoon
cucina kitchen
cucitrice stapler
cugina cousin (f)
cugino cousin (m)
culturismo body-building

D

danese Danish
danno damage
dare to give
dare fastidio to bother
dare la mancia to leave a tip
dare retta a to heed
data date
data di nascita date of birth
datore di lavoro employer
debole weak
deciso single-minded
dedurre to deduce
delusione disappointment
dente tooth
dentista dentist
dentro inside
depositare/versare to deposit
deposito/versamento deposit
depresso depressed
desiderare to desire
destra right
detestare to detest
di rado rarely
dicembre December

difetto   flaw, defect
dilettante   amateur
diletto   pleasure, delight
dimenticare/dimenticarsi   to forget
dire   to say
dire le barzellette   to tell jokes
dire una bugia/mentire (isc)   to tell a lie/to lie
direttore/direttrice   manager
dispari   odd
disperato   desperate
dito   finger
ditta/azienda   company
divano   sofa
diventare rosso/a   to become embarrassed
diventare/divenire   to become
divertirsi   to enjoy oneself
Divieto di sorpasso   No passing
Divieto di sosta   No parking
docente/insegnante   teacher
documentario   documentary
domani   tomorrow
domenica   Sunday
donna   woman
dono   gift
dopo   after
dopodomani   the day after tomorrow
doppiato   dubbed
doppio   double
dormire   to sleep
dote   talent
dove   where
dovere   to have to
dovunque   wherever
dozzina   a dozen
dritto   straight ahead
dubitare   to doubt

E

edificio   building
educato   courteous
elegante   elegant
energico   energetic
entrare   to enter
esatto   exact
eseguire   to perform
esigere   to demand, expect
esserci il sole   to be sunny

essere   to be
essere al verde   to be broke
essere bene/male   to be good/bad
essere certo   to be certain
essere chiaro   to be clear
essere di umore nero   to be in a bad mood
essere evidente   to be evident
essere giallo di rabbia   to be extremely angry
essere importante   to be important
essere in gamba   to be an OK person
essere indiscutibile   to be beyond question
essere inutile   to be useless
essere logico   to be logical
essere necessario   to be necessary
essere noto   to be known
essere ovvio   to be obvious
essere peccato   to be a pity
essere possibile/impossibile   to be possible/impossible
essere probabile/improbabile   to be probable/improbable
essere strano   to be strange
essere vero   to be true
est   east
estate   summer
evitare   to avoid

F

fabbrica   factory
faccenda   chore
faccia   face
fagiolino   string bean
fagiolo   bean
falegname   carpenter
familiare   family member
far finta   to pretend
fare   to do, make
fare amicizia   to make friends
fare bel tempo   to be nice
fare brutto/cattivo tempo   to be awful
fare caldo   to be hot, warm
fare colazione   to have breakfast
fare freddo   to be cold
fare fresco   to be cool

fare ginnastica   to exercise, work out
fare il biglietto   to purchase a ticket
fare la spesa   to shop
fare male a   to hurt
fare una gita   to go on a tour
fare/praticare uno sport   to play a sport
farmacia   drugstore
farmaco   medicine
farne di tutti i colori   to cause a lot of trouble
febbraio   February
febbre   fever, temperature
fermare   to stop
fermata   stop
fianco   hip
fibbia   buckle
fidanzato/a   fiancé/fiancée
figlia   daughter
figlio   son
fila   aisle, row
finestra   window
finestrino   window of a vehicle
finire   to finish
firma   signature
firmare   to sign
fiume   river
folto   dense
forbici   scissors
forchetta   fork
forestiero   stranger, foreigner
formaggio   cheese
forte   strong
fotocopiatrice   photocopier
fragola   strawberry
francese   French
fratello   brother
freccia   arrow
frenare   to brake
frequentare   to attend, frequent
fronte   forehead
frumento   wheat
frutta   fruit
fruttivendolo   fruit stand, vendor
fuggire   to escape
funzionare   to work, operate
fuori   outside
furbo   cunning

fuso orario time zone difference

G

galleria balcony
gamba leg
garage/autorimessa garage
gatto/gatta cat
gelato ice cream
genero son-in-law
geniale genial, best
gennaio January
gentile kind, gentle
giacca jacket
giallo yellow
giapponese Japanese
ginocchio knee
giocare to play
gioco game, trick
gioia joy
giornale newspaper
giovedì Thursday
girare to turn
girare un film to make a movie
gita tour
giugno June
gola throat
gonna skirt
grande big, large, great
granoturco corn
grasso fat
grattacielo skyscraper
Grazie Thank you
greco Greek
grigio gray
guadagnare to earn
guanto glove
guardare to look at, watch

I

ieri yesterday
immaginare to imagine
immagine image, picture
impegno engagement, commitment, diligence
impermeabile overcoat
impiegato/a employee
In bocca al lupo! Good luck!
inchiesta research study
incompetente incompetent

incontro encounter
incrocio intersection
indagine survey, study
indietro backward, back
indirizzo address
indossare/portare to wear
indurre to induce
inganno/ingannare deception, trap/to deceive
ingegnere engineer
ingenuo ingenuous, naive
inglese English
innamorarsi to fall in love with
innamorato cotto/a madly in love
inquadrare to plan, envision
inquinato polluted
insoddisfatto unstatisfied
intelligente intelligent
intervista interview
intuito intuition
inverno winter
investire to hit someone (in a car accident)
inviare to send
invitato invited guest
irritarsi to become irritated
isolato block

L

labbro lip
lago lake
lamentarsi to complain
lampeggiare to be ligthening
lasciare to leave (behind), to let
latte milk
latticino dairy product
lattina can
laurea university degree
lavare to wash
lavarsi to wash oneself
lavorare to work (at a job)
lavoro job
leone/leonessa lion
levarsi/togliersi to take off
lì/là there
libretto bancario bankbook
libretto degli assegni checkbook
licenziare to fire
linea aerea airline
lingua tongue

litigare to argue, fight
locale notturno night club
lontano far
luglio July
luna di miele honeymoon
lunedì Monday
lungo long
luogo di nascita place of birth
lupo wolf

M

madre mother
maggio May
maglione sweater
magro skinny
mai never
maiale pig, pork
maleducato ill-mannered
malinconico melancholic
malinteso misunderstanding
mamma mom
mancia tip
mangiare to eat
mano hand
manzo beef
marito husband
marrone brown
martedì Tuesday
marzo March
matita pencil
mattino/mattina morning
meccanico mechanic
medico doctor
mela apple
mento chin
mercato market
mercoledì Wednesday
meridionale south, southern
merluzzo cod
messicano Mexican
metterci to need, take
mettersi to put on
mezzanotte midnight
mezzogiorno noon
miagolare to meow
minuto minute
mobile/mobilia piece of furniture/furniture
modulo form
moglie wife
molle soft

molto/tanto much, many, a lot, very
morbido soft
mostra exhibition
moto(cicletta) motorcycle
municipio city hall
muro/parete wall/internal wall, partition
museo musuem, art gallery
musicista musician

N

naso nose
nave ship
neanche not even
nebbia fog
negozio store
nemico enemy
nero black
nessuno no one, nobody
neve/nevicare snow/to snow
né...né neither . . . nor
niente/nulla nothing
nipote grandson/nephew/ grandaughter/niece
nitrire to neigh
noioso boring
nome name
non esserci dubbio to be there no doubt
non essere d'accordo to disagree
nonna grandmother
nonno grandfather
nonostante notwithstanding
nord north
norvegese Norwegian
notte night
novembre November
numero number, shoe size
nuora daughter -in-law
nuotare to swim
nuoto swimming
nuvoloso cloudy

O

occhio eye
occidentale western
occorrere to need
odiare to hate
offendersi to become offended, hurt

oggi today
ogni tanto every once in a while
ombrello umbrella
orario schedule
ordinare to order
orecchio ear
orgoglio pride
orientale eastern
orologio watch, clock
orso bear
ospedale hospital
ossia that is to say
ottobre October
ovest west

P

padre father
pagare to pay (for)
paio pair
palazzo apartment building
pallacanestro basketball
pallavolo volleyball
panificio bakery
pantaloni pants
pantofola slipper
papà/babbo dad
parcheggio parking
parecchio several, a lot
pareggiare to draw, tie
pari even
parlare to speak
partecipazione (di nozze) wedding invitation, announcement
partenza departure
partire to leave, depart
partita game, match
pasticceria pastry shop
pasto meal
patata potato
patente di guida driver's licence
pattinaggio skating
pattinare to skate
pelle skin
penna pen
pensione bread-and-breakfast suite
pera pear
perché so that
perché why, because
perdere to lose

periferia suburbs
personalità personality
pesare to weigh
pesca peach
pesce fish
pettegolezzo gossip
petto chest
piacere to like, be pleasing to
piangere to cry
piano floor
piantina map of a city
piatto plate
piazza square
piccolo small
piede foot
pigrizia laziness
pigro lazy
pilota pilot
pioggia/piovere rain/to rain
pisello pea
pista path, ski run, track
più more
pizzicheria delicatessen
platea ground floor
pneumatico tire
poco little, a bit
poi then
poiché since
polacco Polish
pollo chicken, poultry
pomeriggio afternoon
pomodoro tomato
porre to put, place
posto seat
potere to be able to
povero poor
pranzare to have lunch
pranzo lunch
preciso precise
preferire to prefer
prefisso area code
prego You're welcome
prelevamento/prelevare withdrawal/to withdraw
premio prize
prendere in giro to take in, take for a ride
prenotazione reservation
prepotente arrogant, bullyish
presentare to introduce
presso/accanto a next to

presto   early
preventivo   estimate
prezzo fisso   fixed price
prima   first, before
prima che   before
prima colazione   breakfast
prima visione   premiere
primavera   spring
principe azzurro   Prince
   Charming
produrre   to produce
professionista   professional
programma a puntate   series
pronto soccorso   first-aid,
   emergency room
prossimo   next (e.g. next year)
provare   to rehearse
provare/provarsi   to try on
pubblicità   advertising
pugilato   boxing
punteggio   score
puntino metallico   staple
purché   provided that

Q

quadro generale   the overall
   picture
qualche volta   sometimes
quale   which
qualsiasi/qualunque   whichever
quando   when
quanto   how (much/many)
questura   police station
qui/qua   here

R

radio portatile   portable radio
ragazzo/a   boy/girl, boyfriend/
   girlfriend
rallentare   to slow down
recitare   to act
regalare   to give (as a gift)
regista   movie director
rendere   to render, return
rendersi conto   to realize
respirare   to breathe
rete televisiva   network
ricco   rich
ricordare   to remember
ricordare/ricordarsi   to
   remember

ridere   to laugh
ridotto   lobby
ridurre   to reduce
rifare (il letto)   to make (the bed)
rimanere   to remain
ripetere   to repeat
riuscire   to be able to
rivolgersi a   to turn to
romantico   romantic
romanzo   novel
rompere   to break
roseo   rosy, pink
rossetto   lipstick
rosso   red
rozzo   rough, scruffy
ruggire   to roar
rumore   noise
russo   Russian

S

sabato   Saturday
sala da pranzo   dining room
saldo/in saldo   (clearance) sale/
   on sale
salire   to go up, climb, ascend
salmone   salmon
saltare   to jump
santo   saint
sapere   to know
sbagliare   to make a mistake
scarpa   shoe
scelta   choice
scendere   to go down, descend
scheda/archivio   file
schermo   screen
schiena   back
sci   skiing
sciare   to ski
sciarpa   scarf
scontento   unhappy
sconto   discount
scontroso   touchy
scoprire   to discover
scorbutico   cranky
scorso   last (e.g. last year)
scuro   dark
sebbene   although
seccarsi   to be annoyed (irritated)
secco/umido   dry/humid
secondo   second, according to
sede   main office

sedersi   to sit (down)
sedia   chair
sedurre   to seduce
segnale   sign
segnare   to score
seguire   to follow
semaforo   traffic lights
sempre   always
sensibile   sensitive
sentire   to feel, hear
sentirsi   to feel
senza che   without
sera   evening
servirsi di   to make use of
settembre   September
settentrionale   north, northern
sfumatura   shade
significare/voler dire   to mean
simpatico   nice, pleasant
sinistra   left
smalto   nail polish
socievole   sociable
soddisfatto   satisfied
sofferenza   patience, compassion
soffitta   attic
soffitto   ceiling
soggiorno/salotto   living room
sogliola   sole
solo   only
sopportare   to bear, stand
sopracciglio   eyebrow
sorella   sister
sorriso   smile
sostenere   to maintain
sottoporre   to submit
sottrarre   to subtract
spagnolo   Spanish
spaventare   to scare off
specchio   mirror
spedire   to mail
spegnere   to turn off
sperare   to hope
spesso   often
spettegolare   to gossip
spifferare   to spill the beans
spillo   pin
spogliarsi   to undress
sportello   wicket
sposato   married
stadio   stadium
stamani   this morning

stampa the press
stancarsi to become tired
stanco tired
stanotte tonight, last night
stare to stay
stasera this evening
stato civile marital status
stazione (ferroviaria) train station
stereo stereo
stivale boot
strada road
stringa shoestring/shoelace
stupido stupid
sud south
sudare to perspire
sudore sweat
suocera mother-in-law
suocero father-in-law
suonare to play
supermercato supermarket
svedese Swedish
sveglia wake-up call
svegliare to wake (someone)
svegliarsi to wake up

T

taglia/misura size
tagliando coupon
taglio grosso/piccolo large/small bill
tardi late
tastare to feel (with the hands)
tavolo table
taxi/tassì taxi
tazza cup
tedesco German
telecomando remote control
telegiornale TV news
televisore TV set
temere to fear
tenere to hold, keep
tenero tender

testa head
tetto roof
tirare vento/esserci vento to be windy
titolo headline
titolo di studio qualification
tornare to return, go back
tovagliolo napkin
trarre to draw, pull
trasmissione transmission, broadcast
treno train
triste sad
troppo too much
trota trout
truccarsi to put on makeup
trucco makeup
tuonare to thunder
tuttavia however
tutto all, everything

U

uccello bird
ufficio postale post office
ulteriore further
ululare to howl
umore mood
una notte bianca a sleepless night
una vita grigia a monotonous life
unghia fingernail
uomo man
uovo egg
uscire to go out
uscita gate
uva grapes

V

vagone letto sleeping coach
valigia suitcase
vedere to see
vedere tutto rosso to be extremely angry
veduta point of view
veicolo/vettura vehicle
vendere to sell
vendita/in vendita sale/for sale
venerdì Friday
venire to come
verde green
verdura vegetables
versare to deposit
vestire to dress (someone)
vestirsi to dress oneself
vestito/abito suit, dress
vetrina store window
via street
viale avenue, boulevard
vicino near
videoregistratore VCR
Vietata l'uscita No exit
Vietato fumare No smoking
Vietato l'ingresso No entrance
Vietato parlare al conducente Do not speak to the driver
vigilia the day before
villa country home
vincere to win
viola violet, purple
vista eyesight
vitello veal
vivace lively
viziato spoiled
voce voice
volare to fly
voler bene a/amare to love
volerci to need
volere to want
volo flight
voltare to turn around

Z

zia aunt
zio uncle
zoo/giardino zoologico zoo

VERBS

I. REGULAR VERBS

	PRIMA CONIUGAZIONE	SECONDA CONIUGAZIONE	TERZA CONIUGAZIONE	
	INFINITO			
SEMPLICE PASSATO	parlare avere parlato	ripetere avere ripetuto	partire essere partito(-a)	capire avere capito
	GERUNDIO			
SEMPLICE COMPOSTO	parlando avendo parlato	ripetendo avendo ripetuto	partendo essendo partito(-a)	capendo avendo capito
	PARTICIPIO			
PRESENTE PASSATO	parlante parlato	ripetente ripetuto	partente partito(-a)	capito
	INDICATIVO			
PRESENTE	parlo parli parla parliamo parlate parlano	ripeto ripeti ripete ripetiamo ripetete ripetono	parto parti parte partiamo partite partono	capisco capisci capisce capiamo capite capiscono
IMPERFETTO	parlavo parlavi parlava parlavamo parlavate parlavano	ripetevo ripetevi ripeteva ripetevamo ripetevate ripetevano	partivo partivi partiva partivamo partivate partivano	capivo capivi capiva capivamo capivate capivano
PASSATO REMOTO	parlai parlasti parlò parlammo parlaste parlarono	ripetei ripetesti ripetè ripetemmo ripeteste ripeterono	partii partisti partì partimmo partiste partirono	capii capisti capì capimmo capiste capirono
FUTURO	parlerò parlerai parlerà parleremo parlerete parleranno	ripeterò ripeterai ripeterà ripeteremo ripeterete ripeteranno	partirò partirai partirà partiremo partirete partiranno	capirò capirai capirà capiremo capirete capiranno
PASSATO PROSSIMO	ho parlato hai parlato ha parlato abbiamo parlato avete parlato hanno parlato	ho ripetuto hai ripetuto ha ripetuto abbiamo ripetuto avete ripetuto hanno ripetuto	sono partito(-a) sei partito(-a) è partito(-a) siamo partiti(-e) siete partiti(-e) sono partiti(-e)	ho capito hai capito ha capito abbiamo capito avete capito hanno capito
TRAPASSATO PROSSIMO	avevo parlato avevi parlato sveva parlato avevamo parlato avevate parlato avevano parlato	avevo ripetuto avevi ripetuto aveva ripetuto avevamo ripetuto avevate ripetuto avevano ripetuto	ero partito(-a) eri partito(-a) era partito(-a) eravamo partiti(-e) eravate partiti(-e) erano partiti(-e)	avevo capito avevi capito aveva capito avevamo capito avevate capito avevano capito

	PRIMA CONIUGAZIONE	SECONDA CONIUGAZIONE	TERZA CONIUGAZIONE	
TRAPASSATO REMOTO	ebbi parlato avesti parlato ebbe parlato avemmo parlato aveste parlato ebbero parlato	ebbi ripetuto avesti ripetuto ebbe ripetuto avemmo ripetuto aveste ripetuto ebbero ripetuto	fui partito(-a) fosti partito(-a) fu partito(-a) fummo partiti(-e) foste partiti(-e) furono partiti(-e)	ebbi capito avesti capito ebbe capito avemmo capito aveste capito ebbero capito
FUTURO ANTERIORE	avrò parlato avrai parlato avrà parlato avremo parlato avrete parlato avranno parlato	avrò ripetuto avrai ripetuto avrà ripetuto avremo ripetuto avrete ripetuto avranno ripetuto	sarò partito(-a) sarai partito(-a) sarà partito(-a) saremo partiti(-e) sarete partiti(-e) saranno partiti(-e)	avrò capito avrai capito avrà capito avremo capito avrete capito avranno capito

CONGIUNTIVO

	PRIMA CONIUGAZIONE	SECONDA CONIUGAZIONE	TERZA CONIUGAZIONE	
PRESENTE	parli parli parli parliamo parliate parlino	ripeta ripeta ripeta ripetiamo ripetiate ripetano	parta parta parta partiamo partiate partano	capisca capisca capisca capiamo capiate capiscano
IMPERFETTO	parlassi parlassi parlasse parlassimo parlaste parlassero	ripetessi ripetessi ripetesse ripetessimo ripeteste ripetessero	partissi partissi partisse partissimo partiste partissero	capissi capissi capisse capissimo capiste capissero
PASSATO	abbia parlato abbia parlato abbia parlato abbiamo parlato abbiate parlato abbiano parlato	abbia ripetuto abbia ripetuto abbia ripetuto abbiamo ripetuto abbiate ripetuto abbiano ripetuto	sia partito(-a) sia partito(-a) sia partito(-a) siamo partiti(-e) siate partiti(-e) siano partiti(-e)	abbia capito abbia capito abbia capito abbiamo capito abbiate capito abbiano capito
TRAPASSATO	avessi parlato avessi parlato avesse parlato avessimo parlato aveste parlato avessero parlato	avessi ripetuto avessi ripetuto avesse ripetuto avessimo ripetuto aveste ripetuto avessero ripetuto	fossi partito(-a) fossi partito(-a) fosse partito(-a) fossimo partiti(-e) foste partiti(-e) fossero partiti(-e)	avessi capito avessi capito avesse capito avessimo capito aveste capito avessero capito

CONDIZIONALE

	PRIMA CONIUGAZIONE	SECONDA CONIUGAZIONE	TERZA CONIUGAZIONE	
PRESENTE	parlerei parleresti parlerebbe parleremmo parlereste parlerebbero	ripeterei ripeteresti ripeterebbe ripeteremmo ripetereste ripeterebbero	partirei partiresti partirebbe partiremmo partireste partirebbero	capirei capiresti capirebbe capiremmo capireste capirebbero
PASSATO	avrei parlato avresti parlato avrebbe parlato avremmo parlato avreste parlato avrebbero parlato	avrei ripetuto avresti ripetuto avrebbe ripetuto avremmo ripetuto avreste ripetuto avrebbero ripetuto	sarei partito(-a) saresti partito(-a) sarebbe partito(-a) saremmo partiti(-e) sareste partiti(-e) sarebbero partiti(-e)	avrei capito avresti capito avrebbe capito avremmo capito avreste capito avrebbero capito

IMPERATIVO

	PRIMA CONIUGAZIONE	SECONDA CONIUGAZIONE	TERZA CONIUGAZIONE	
	(tu) parla (Lei) parli (noi) parliamo (voi) parlate (Loro) parlino	(tu) ripeti (Lei) ripeta (noi) ripetiamo (voi) ripetete (Loro) ripetano	(tu) parti (Lei) parta (noi) partiamo (voi) partite (Loro) partano	(tu) capisci (Lei) capisca (noi) capiamo (voi) capite (Loro) capiscano

II. AUXILIARY VERBS

INFINITO

| SEMPLICE | avere | essere |
| PASSATO | avere avuto | essere stato(-a) |

GERUNDIO

| SEMPLICE | avendo | essendo |
| COMPOSTO | avendo avuto | essendo stato(-a) |

PARTICIPIO

| PRESENTE | avente | ente |
| PASSATO | avuto | stato(-a) |

INDICATIVO

PRESENTE	ho	sono
	hai	sei
	ha	è
	abbiamo	siamo
	avete	siete
	hanno	sono
IMPERFETTO	avevo	ero
	avevi	eri
	aveva	era
	avevamo	eravamo
	avevate	eravate
	avevano	erano
PASSATO REMOTO	ebbi	fui
	avesti	fosti
	ebbe	fu
	avemmo	fummo
	aveste	foste
	ebbero	furono
FUTURO	avrò	sarò
	avrai	sarai
	avrà	sarà
	avremo	saremo
	avrete	sarete
	avranno	saranno
PASSATO PROSSIMO	ho avuto	sono stato(-a)
	hai avuto	sei stato(-a)
	ha avuto	è stato(-a)
	abbiamo avuto	siamo stati(-e)
	avete avuto	siete stati(-e)
	hanno avuto	sono stati(-e)
TRAPASSATO PROSSIMO	avevo avuto	ero stato(-a)
	avevi avuto	eri stato(-a)
	aveva avuto	era stato(-a)
	avevamo avuto	eravamo stati(-e)
	avevate avuto	eravate stati(-e)
	avevano avuto	erano stati(-e)
TRAPASSATO REMOTO	ebbi avuto	fui stato(-a)
	avesti avuto	fosti stato(-a)
	ebbe avuto	fu stato(-a)
	avemmo avuto	fummo stati(-e)
	aveste avuto	foste stati(-e)
	ebbero avuto	furono stati(-e)

FUTURO ANTERIORE	avrò avuto	sarò stato(-a)
	avrai avuto	sarai stato(-a)
	avrà avuto	sarà stato(-a)
	avremmo avuto	saremo stati(-e)
	avrete avuto	sarete stati(-e)
	avranno avuto	saranno stati(-e)

CONGIUNTIVO

PRESENTE	abbia	sia
	abbia	sia
	abbia	sia
	abbiamo	siamo
	abbiate	siate
	abbiano	siano
IMPERFETTO	avessi	fossi
	avessi	fossi
	avesse	fosse
	avessimo	fossimo
	aveste	foste
	avessero	fossero
PASSATO	abbia avuto	sia stato(-a)
	abbia avuto	sia stato(-a)
	abbia avuto	sia stato(-a)
	abbiamo avuto	siamo stati(-e)
	abbiate avuto	siate stati(-e)
	abbiano avuto	siano stati(-e)
TRAPASSATO	avessi avuto	fossi stato(-a)
	avessi avuto	fossi stato(-a)
	avesse avuto	fosse stato(-a)
	avessimo avuto	fossimo stati(-e)
	aveste avuto	foste stati(-e)
	avessero avuto	fossero stati(-e)

CONDIZIONALE

PRESENTE	avrei	sarei
	avresti	saresti
	avrebbe	sarebbe
	avremmo	saremmo
	avreste	sareste
	avrebbero	sarebbero
PASSATO	avrei avuto	sarei stato(-a)
	avresti avuto	saresti stato(-a)
	avrebbe avuto	sarebbe stato(-a)
	avremmo avuto	saremmo stati(-e)
	avreste avuto	sareste stati(-e)
	avrebbero avuto	sarebbero stati(-e)

IMPERATIVO

(tu) abbi	(tu) sii
(Lei) abbia	(Lei) sia
(noi) abbiamo	(noi) siamo
(voi) abbiate	(voi) siate
(Loro) abbiano	(Loro) siano

III. VERBS CONJUGATED LIKE *CAPIRE* (ISC)

abbellire	*to make beautiful*	indebolire	*to weaken*
abolire	*to abolish*	indispettire	*to irritate, to annoy*
accudire	*to see, to attend (to)*	infastidire	*to annoy, to bother*
aderire	*to stick, to adhere (to)*	influire	*to influence, to affect*
agire	*to act, to operate*	ingerire	*to swallow*
aggredire	*to attach, to assault*	inghiottire	*to swallow*
ammonire	*to warn, to advise, to admonish*	ingrandire	*to enlarge*
applaudire	*to clap, to applaud*	inserire	*to insert*
arricchire	*to enrich*	intuire	*to sense, to guess (at), to intuit*
arrossire	*to blush, to flush*	istituire	*to found, to institute, to set up*
arrostire	*to roast, to grill*	istruire	*to instruct, to teach*
asserire	*to assert, to affirm*	perire	*to die, to perish*
assorbire	*to absorb*	preferire	*to prefer*
attribuire	*to attribute, to assign*	progredire	*to (make) progress, to proceed*
bandire	*to proclaim, to banish*	proibire	*to forbid, to prohibit*
chiarire	*to clarify*	pulire	*to clean*
colpire	*to hit, to strike*	punire	*to punish*
compatire	*to commiserate (with), to pity, to be sorry for*	rapire	*to rob, to kidnap*
		reagire	*to react*
concepire	*to conceive*	restituire	*to return, to give back*
condire	*to season, to flavour*	riferire	*to tell, to relate, to refer*
contribuire	*to contribute*	ringiovanire	*to make look (feel) younger, to rejuvenate*
costruire	*to construct, to build*		
definire	*to define*	riunire	*to reunite*
demolire	*to demolish*	riverire	*to revere, to respect*
digerire	*to digest*	sbalordire	*to shock, to astonish*
dimagrire	*to get thin, to lose weight*	sbigottire	*to dismay, to amaze*
diminuire	*to diminish, to decrease*	scolpire	*to sculpture, to carve*
distribuire	*to distribute*	seppellire	*to bury*
esaurire	*to use up, to exhaust*	sgualcire	*to crumple, to wrinkle*
eseguire	*to carry out, to execute, to perform*	smarrire	*to mislay, to lose*
		smentire	*to deny, to retract*
esibire	*to show, to exhibit, to display*	sostituire	*to replace*
fallire	*to fail, to be unsuccessful, to go bankrupt*	sparire	*to disappear, to vanish*
		spedire	*to send, to mail*
favorire	*to favour*	stabilire	*to establish, to set*
ferire	*to wound, to injure*	starnutire	*to sneeze*
finire	*to finish, to end*	stupire	*to stupefy, to amaze*
fiorire	*to flower, to bloom*	subire	*to suffer, to endure, to undergo*
fornire	*to supply, to provide*	suggerire	*to suggest*
garantire	*to guarantee, to warrant*	tossire	*to cough*
gradire	*to appreciate, to accept*	tradire	*to betray*
guarire	*to cure, to recover*	trasferire	*to transfer*
impallidire	*to (turn) pale*	ubbidire	*to obey*
impaurire	*to frighten, to scare*	unire	*to unite, to join*
impazzire	*to go crazy*		
impedire	*to prevent, to stop*		

IV. SOME COMMON IRREGULAR VERBS

accorgersi *to notice, to perceive*

PAST PARTICIPLE	accorto
PAST ABSOLUTE	mi accorsi, ti accorgesti, si accorse, ci accorgemmo, vi accorgeste, si accorsero

andare *to go* (auxiliary *essere*)

PRESENT INDICATIVE	vado, vai, va, andiamo, andate, vanno
FUTURE INDICATIVE	andrò, andrai, andrà, andremo, andrete, andranno
PRESENT SUBJUNCTIVE	vada, vada, vada, andiamo, andiate, vadano
PRESENT CONDITIONAL	andrei, andresti, andrebbe, andremmo, andreste, andrebbero
IMPERATIVE	va', vada, andiamo, andate, vadano

appendere *to hang*

PAST PARTICIPLE	appeso
PAST ABSOLUTE	appesi, appendesti, appese, appendemmo, appendeste, appesero

aprire *to open*

PAST PARTICIPLE	aperto
PAST ABSOLUTE	aprii or apersi, apristi, aprì or aperse, aprimmo, apriste, aprirono or apersero

bere *to drink*

PAST PARTICIPLE	bevuto
PRESENT INDICATIVE	bevo, bevi, beve, beviamo, bevete, bevono
IMPERFECT INDICATIVE	bevevo, bevevi, beveva, bevevamo, bevevate, bevevano
PAST ABSOLUTE	bevvi, bevesti, bevve, bevemmo, beveste, bevvero
FUTURE INDICATIVE	berrò, berrai, berrà, berremo, berrete, berranno
PRESENT SUBJUNCTIVE	beva, beva, beva, beviamo, beviate, bevano
IMPERFECT SUBJUNCTIVE	bevessi, bevessi, bevesse, bevessimo, beveste, bevessero
PRESENT CONDITIONAL	berrei, berresti, berrebbe, berremmo, berreste, berrebbero

cadere *to fall* (auxiliary *essere*)

PAST ABSOLUTE	caddi, cadesti, cadde, cademmo, cadeste, caddero
FUTURE INDICATIVE	cadrò, cadrai, cadrà, cadremo, cadrete, cadranno
CONDITIONAL PRESENT	cadrei, cadresti, cadrebbe, cadremmo, cadreste, cadrebbero

chiedere *to ask*

PAST PARTICIPLE	chiesto
PAST ABSOLUTE	chiesi, chiedesti, chiese, chiedemmo, chiedeste, chiesero

chiudere *to close*

PAST PARTICIPLE	chiuso
PAST ABSOLUTE	chiusi, chiudesti, chiuse, chiudemmo, chiudeste, chiusero

conoscere *to know*

PAST PARTICIPLE	conosciuto
PAST ABSOLUTE	conobbi, conoscesti, conobbe, conoscemmo, conosceste, conobbero

coprire *to cover*
PAST PARTICIPLE   coperto

correggere *to correct*
PAST PARTICIPLE   corretto
PAST ABSOLUTE   corressi, correggesti, corresse, correggemmo, correggeste, corressero

correre *to run* (auxiliary *essere/avere*)
PAST PARTICIPLE   corso
PAST ABSOLUTE   corsi, corresti, corse, corremmo, correste, corsero

dare *to give*
PRESENT INDICATIVE   do, dai, dà, diamo, date, danno
PAST ABSOLUTE   diedi, desti, diede, demmo, deste, diedero
FUTURE INDICATIVE   darò, darai, darà, daremo, darete, daranno
PRESENT SUBJUNCTIVE   dia, dia, dia, diamo, diate, diano
CONDITIONAL PRESENT   darei, daresti, darebbe, daremmo, dareste, darebbero
IMPERATIVE   da', dia, diamo, date, diano

decidere *to decide*
PAST PARTICIPLE   deciso
PAST ABSOLUTE   decisi, decidesti, decise, decidemmo, decideste, decisero

dipingere *to paint*
PAST PARTICIPLE   dipinto
PAST ABSOLUTE   dipinsi, dipingesti, dipinse, dipingemmo, dipingeste, dipinsero

dire *to say*
PAST PARTICIPLE   detto
PRESENT INDICATIVE   dico, dici, dice, diciamo, dite, dicono
IMPERFECT INDICATIVE   dicevo, dicevi, diceva, dicevamo, dicevate, dicevano
PAST ABSOLUTE   dissi, dicesti, disse, dicemmo, diceste, dissero
PRESENT SUBJUNCTIVE   dica, dica, dica, diciamo, diciate, dicano
IMPERFECT SUBJUNCTIVE   dicessi, dicessi, dicesse, dicessimo, diceste, dicessero
IMPERATIVE   di', dica, diciamo, dite, dicano

discutere *to discuss*
PAST PARTICIPLE   discusso
PAST ABSOLUTE   discussi, discutesti, discusse, discutemmo, discuteste, discussero

dividere *to divide*
PAST PARTICIPLE   diviso
PAST ABSOLUTE   divisi, dividesti, divise, dividemmo, divideste, divisero

dovere *to have to, must*
PRESENT INDICATIVE   devo, devi, deve, dobbiamo, dovete, devono
FUTURE INDICATIVE   dovrò, dovrai, dovrà, dovremo, dovrete, dovranno
PRESENT SUBJUNCTIVE   deva (debba), deva (debba), deva (debba), dobbiamo, dobbiate, devano (debbano)
PRESENT CONDITIONAL   dovrei, dovresti, dovrebbe, dovremmo, dovreste, dovrebbero

esprimere *to express*
PAST PARTICIPLE   espresso
PAST ABSOLUTE   espressi, esprimesti, espresse, esprimemmo, esprimeste, espressero

fare *to do, to make*
PAST PARTICIPLE   fatto
PRESENT INDICATIVE   faccio, fai, fa, facciamo, fate, fanno
IMPERFECT INDICATIVE   facevo, facevi, faceva, facevamo, facevate, facevano
PAST ABSOLUTE   feci, facesti, fece, facemmo, faceste, fecero
FUTURE INDICATIVE   farò, farai, farà, faremo, farete, faranno
PRESENT SUBJUNCTIVE   faccia, faccia, faccia, facciamo, facciate, facciano
PRESENT CONDITIONAL   farei, faresti, farebbe, faremmo, fareste, farebbero
IMPERFECT SUBJUNCTIVE   facessi, facessi, facesse, facessimo, faceste, facessero
IMPERATIVE   fa', faccia, facciamo, fate, facciano

leggere *to read*
PAST PARTICIPLE   letto
PAST ABSOLUTE   lessi, leggesti, lesse, leggemmo, leggeste, lessero

mettere *to put*
PAST PARTICIPLE   messo
PAST ABSOLUTE   misi, mettesti, mise, mettemmo, metteste, misero

morire *to die* (auxiliary *essere*)
PAST PARTICIPLE   morto
PRESENT CONDITIONAL   muoio, muori, muore, moriamo, morite, muoiono
FUTURE INDICATIVE   morrò, morrai, morrà, morremo, morrete, morranno (also morirò, morirai, etc.)
CONDITIONAL PRESENT   morrei, morresti, morrebbe, morremmo, morreste, morrebbero (also morirei, moriresti, etc.)
IMPERATIVE   muori, muoia, moriamo, morite, muoiano
PRESENT SUBJUNCTIVE   muoia, muoia, muoia, moriamo, moriate, muoiano

muovere *to move*
PAST PARTICIPLE   mosso
PRESENT INDICATIVE   muovo, muovi, muove, moviamo, movete, muovono
PAST ABSOLUTE   mossi, movesti, mosse, movemmo, moveste, mossero
IMPERATIVE   muovi, muova, moviamo, movete, muovano
PRESENT SUBJUNCTIVE   muova, muova, muova, moviamo, moviate, muovano

nascere *to be born* (auxiliary *essere*)
PAST PARTICIPLE   nato
PAST ABSOLUTE   nacqui, nascesti, nacque, nascemmo, nasceste, nacquero

nascondere *to hide*
PAST PARTICIPLE   nascosto
PAST ABSOLUTE   nascosi, nascondesti, nascose, nascondemmo, nascondeste, nascosero

offendere *to offend*
PAST PARTICIPLE   offeso
PAST ABSOLUTE   offesi, offendesti, offese, offendemmo, offendeste, offesero

offrire *to offer*
PAST PARTICIPLE   offerto
PAST ABSOLUTE   offrii (or offersi), offristi, offrì (or offerse), offrimmo, offriste, offrirono (or offersero)

perdere *to lose*
PAST PARTICIPLE   perduto or perso
PAST ABSOLUTE   persi (or perdei or perdetti), perdesti, perse (or perdè or perdette), perdemmo, perdeste, persero (or perderono or perdettero)

piacere *to like, to please, to be pleasing* (auxiliary *essere*)
PAST PARTICIPLE   piaciuto
PRESENT INDICATIVE   piaccio, piaci, piace, piacciamo, piacete, piacciono
PAST ABSOLUTE   piacqui, piacesti, piacque, piacemmo, piaceste, piacquero
PRESENT SUBJUNCTIVE piaccia, piaccia, piaccia, piacciamo, piacciate, piacciano

piangere *to cry, to weep*
PAST PARTICIPLE   pianto
PAST ABSOLUTE   piansi, piangesti, pianse, piangemmo, piangeste, piansero

potere *to be able to*
PRESENT INDICATIVE   posso, puoi, può, possiamo, potete, possono
FUTURE INDICATIVE   potrò, potrai, potrà, potremo, potrete, potranno
PRESENT SUBJUNCTIVE possa, possa, possa, possiamo, possiate, possano
PRESENT CONDITIONAL potrei, potresti, potrebbe, potremmo, potreste, potrebbero

prendere *to take*
PAST PARTICIPLE   preso
PAST ABSOLUTE   presi, prendesti, prese, prendemmo, prendeste, presero

ridere *to laugh*
PAST PARTICIPLE   riso
PAST ABSOLUTE   risi, ridesti, rise, ridemmo, rideste, risero

rimanere *to remain, to stay* (auxiliary *essere*)
PAST PARTICIPLE   rimasto
PRESENT INDICATIVE   rimango, rimani, rimane, rimaniamo, rimanete, rimangono
PAST ABSOLUTE   rimasi, rimanesti, rimase, rimanemmo, rimaneste, rimasero
FUTURE INDICATIVE   rimarrò, rimarrai, rimarrà, rimarremo, rimarrete, rimarranno
PRESENT CONDITIONAL rimarrei, rimarresti, riamarrebbe, rimarremmo, rimarreste, rimarrebbero
IMPERATIVE   rimani, rimanga, rimaniamo, rimanete, rimangano
PRESENT SUBJUNCTIVE rimanga, rimanga, rimanga, rimaniamo, rimaniate, rimangano

rispondere *to answer, to reply*
PAST PARTICIPLE   risposto
PAST ABSOLUTE   risposi, rispondesti, rispose, rispondemmo, rispondeste, risposero

rompere *to break*
PAST PARTICIPLE   rotto
PAST ABSOLUTE   ruppi, rompesti, ruppe, rompemmo, rompeste, ruppero

salire *to go up, to climb, to rise, to get on, to mount* (auxiliary *essere/avere*)
PRESENT INDICATIVE   salgo, sali, sale, saliamo, salite, salgono
IMPERATIVE   sali, salga, saliamo, salite, salgano
PRESENT SUBJUNCTIVE   salga, salga, salga, saliamo, saliate, salgano

sapere *to know*
PRESENT INDICATIVE   so, sai, sa, sappiamo, sapete, sanno
IMPERATIVE   sappi, sappia, sappiamo, sappiate, sappiano
PAST ABSOLUTE   seppi, sapesti, seppe, sapemmo, sapeste, seppero
FUTURE INDICATIVE   saprò, saprai, saprà, sapremo, saprete, sapranno
PRESENT SUBJUNCTIVE   sappia, sappia, sappia, sappiamo, sappiate, sappiano
PRESENT CONDITIONAL   saprei, sapresti, saprebbe, sapremmo, sapreste, saprebbero

scegliere *to choose*
PAST PARTICIPLE   scelto
PRESENT INDICATIVE   scelgo, scegli, sceglie, scegliamo, scegliete, scelgono
PAST ABSOLUTE   scelsi, scegliesti, scelse, scegliemmo, sceglieste, scelsero
IMPERATIVE   scegli, scelga, scegliamo, scegliete, scelgano
PRESENT SUBJUNCTIVE   scelga, scelga, scelga, scegliamo, scegliate, scelgano

scendere *to descend, to go down, to get down, to get off, to climb down* (auxiliary *essere/avere*)
PAST PARTICIPLE   sceso
PAST ABSOLUTE   scesi, scendesti, scese, scendemmo, scendeste, scesero

scoprire *to discover*
PAST PARTICIPLE   scoperto
PAST ABSOLUTE   scoprii (or scopersi), scopristi, scoprì (or scoperse), scoprimmo, scopriste, scoprirono (or scopersero)

scrivere *to write*
PAST PARTICIPLE   scritto
PAST ABSOLUTE   scrissi, scrivesti, scrisse, scrivemmo, scriveste, scrissero

sedersi *to sit down*
PAST PARTICIPLE   seduto
PRESENT INDICATIVE   mi siedo, ti siedi, si siede, ci sediamo, vi sedete, si siedono

spendere *to spend*
PAST PARTICIPLE   speso
PAST ABSOLUTE   spesi, spendesti, spese, spendemmo, spendeste, spesero

spegnere *to turn off*
PAST PARTICIPLE   spento
IMPERATIVE   spegni, spenga, spegniamo, spegnete, spengano

spingere *to push*
PAST PARTICIPLE   spinto
PAST ABSOLUTE   spinsi, spingesti, spinse, spingemmo, spingeste, spinsero

stare *to stay, to be* (auxiliary *essere*)
PRESENT INDICATIVE   sto, stai, sta, stiamo, state, stanno
PAST ABSOLUTE   stetti, stesti, stette, stemmo, steste, stettero
FUTURE INDICATIVE   starò, starai, starà, staremo, starete, staranno
PRESENT SUBJUNCTIVE   stia, stia, stia, stiamo, stiate, stiano
PRESENT CONDITIONAL   starei, staresti, starebbe, staremmo, stareste, starebbero
IMPERFECT SUBJUNCTIVE   stessi, stessi, stesse, stessimo, steste, stessero
IMPERATIVE   sta', stia, stiamo, state, stiano

tenere *to hold, to keep, to have*
PRESENT INDICATIVE   tengo, tieni, tiene, teniamo, tenete, tengono
PAST ABSOLUTE   tenni, tenesti, tenne, tenemmo, teneste, tennero
FUTURE INDICATIVE   terrò, terrai, terrà, terremo, terrete, terranno
PRESENT CONDITIONAL   terrei, terresti, terrebbe, terremmo, terreste, terrebbero
IMPERATIVE   tieni, tenga, teniamo, tenete, tengano
PRESENT SUBJUNCTIVE   tenga, tenga, tenga, teniamo, teniate, tengano

trarre *to draw, to pull, to take out*
PAST PARTICIPLE   tratto
PRESENT INDICATIVO   traggo, trai, trae, traiamo, traete, traggono
PAST ABSOLUTE   trassi, traesti, trasse, traemmo, traeste, trassero
IMPERFECT   traevo, traevi, traeva, traevamo, traevate, traevano
FUTURE INDICATIVE   trarrò, trarrai, trarrà, trarremo, trarrete, trarranno
PRESENT CONDITIONAL   trarrei, trarresti, trarrebbe, trarremmo, trarreste, trarrebbero
IMPERATIVE   trai, tragga, traiamo, traete, traggano
PRESENT SUBJUNCTIVE   tragga, tragga, tragga, traiamo, traiate, traggano
IMPERFECT SUBJUNCTIVE   traessi, traessi, traesse, traessimo, traeste, traessero

uccidere *to kill*
PAST PARTICIPLE   ucciso
PAST ABSOLUTE   uccisi, uccidesti, uccise, uccidemmo, uccideste, uccisero

uscire *to go out, to leave* (auxiliary *essere*)
PRESENT INDICATIVE   esco, esci, esce, usciamo, uscite, escono
PRESENT SUBJUNCTIVE   esca, esca, esca, usciamo, usciate, escano
IMPERATIVE   esci, esca, usciamo, uscite, escano

valere *to be worth, to be valid, to be of use* (auxiliary *essere*)
PAST PARTICIPLE   valso
PRESENT INDICATIVE   valgo, vali, vale, valiamo, valete, valgono
PAST ABSOLUTE   valsi, valesti, valse, valemmo, valeste, valsero
FUTURE INDICATIVE   varrò, varrai, varrà, varremo, varrete, varranno
PRESENT CONDITIONAL   varrei, varresti, varrebbe, varremmo, varreste, varrebbero
IMPERATIVE   vali, valga, valiamo, valete, valgano
PRESENT SUBJUNCTIVE   valga, valga, valga, valiamo, valiate, valgano

vedere *to see*

PAST PARTICIPLE	visto, veduto
PAST ABSOLUTE	vidi, vedesti, vide, vedemmo, vedeste, videro
FUTURE INDICATIVE	vedrò, vedrai, vedrà, vedremo, vedrete, vedranno
PRESENT CONDITIONAL	vedrei, vedresti, vedrebbe, vedremmo, vedreste, vedrebbero

venire *to come* (auxiliary *essere*)

PAST PARTICIPLE	venuto
PRESENT INDICATIVE	vengo, vieni, viene, veniamo, venite, vengono
FUTURE INDICATIVE	verrò, verrai, verrà, verremo, verrete, verranno
PRESENT SUBJUNCTIVJE	venga, venga, venga, veniamo, veniate, vengano
PRESENT CONDITIONAL	verrei, verresti, verrebbe, verremmo, verreste, verrebbero
IMPERATIVE	vieni, venga, veniamo, venite, vengano

vincere *to win*

PAST PARTICIPLE	vinto
PAST ABSOLUTE	vinsi, vincesti, vinse, vincemmo, vinceste, vinsero

vivere *to live* (auxiliary *essere/avere*)

PAST PARTICIPLE	vissuto
PAST ABSOLUTE	vissi, vivesti, visse, vivemmo, viveste, vissero
FUTURE INDICATIVE	vivrò, vivrai, vivrà, vivremo, vivrete, vivranno
CONDITIONAL	vivrei, vivresti, vivrebbe, vivremmo, vivreste, vivrebbero

volere *to want, to be willing, to desire, to wish*

PRESENT INDICATIVE	voglio, vuoi, vuole, vogliamo, volete, vogliono
PAST ABSOLUTE	volli, volesti, volle, volemmo, voleste, vollero
FUTURE INDICATIVE	vorrò, vorrai, vorrà, vorremo, vorrete, vorranno
PRESENT CONDITIONAL	vorrei, vorresti, vorrebbe, vorremmo, vorreste, vorrebbero
PRESENT SUBJUNCTIVE	voglia, voglia, voglia, vogliamo, vogliate, vogliano

abituarsi (a)	*to get used/accustomed (to)*
accettare (di)	*to agree (to)*
accorgersi (di)	*to notice, to become aware (of)*
affrettarsi (a)	*to hasten (to)*
aiutare (a)	*to help (with)*
appartenere (a)	*to belong (to)*
assomigliare (a)	*to resemble*
cercare (di)	*to try (to)*
chiedere (di)	*to ask (to, for)*
cominciare (a)	*to start, to begin*
credere (a, in)	*to believe (in)*
dare (a)	*to give (to)*
dimenticare (di)	*to forget (to)*
dipendere (da)	*to depend (on)*
divertirsi (a)	*to enjoy, to like*
domandare (di)	*to ask (to)*
eccellere (in)	*to excel (in)*
evitare (di)	*to avoid*
fingere (di)	*to pretend (to)*
finire (di)	*to finish*
forzare (a)	*to force, to compel (to)*
imparare (a)	*to learn (to)*
impedire (di)	*to prevent, to keep, to stop (from)*
incominciare (a)	*to begin, to start (to)*
infischiarsi (di)	*to care nothing (about, for)*
innamorarsi (di)	*to fall in love (with)*
insistere (in, su)	*to persist, to persevere (in, on)*
interessarsi (a)	*to be interested (in)*
lamentarsi (di)	*to complain (of, about)*
pensare (di)	*to think (about, of)*
pentirsi (di)	*to repent (of)*
permettere (di)	*to allow (to)*
pregare (di)	*to beg, to ask (to)*
preoccuparsi (di)	*to be worried, to be concerned (about)*
proibire (di)	*to forbid, to prohibit (to)*
promettere (di)	*to promise (to)*
proporre (di)	*to propose (to)*
provare (a)	*to try (to)*
rassegnarsi (a)	*to resign, to submit (to)*
ricordarsi (di)	*to remember*
rifiutare (di)	*to refuse (to)*
rinunciare (a)	*to give up, to renounce*
riuscire (a)	*to succeed (in)*
stancarsi (di)	*to get tired, to grow weary of; to be fed up (with)*
vergognarsi (di)	*to be (to feel) ashamed (of)*

VI. SOME COMMON ITALIAN PROVERBS

A buon intenditore poche parole.
A word to the wise is sufficient.

Al bisogno si conosce l'amico.
(L'amico si conosce nel bisogno).
A friend in need is a friend indeed.

Anno nuovo vita nuova.
The new year calls for a new way of life.

Batti il ferro quando è caldo.
Strike while the iron is hot.

Un bel gioco dura poco.
Jokes should not be carried too far.

Volere la botte piena e la moglie ubriaca.
To want to have one's cake and eat it too.

Il sangue non è acqua.
Blood is thicker than water.

Buon sangue non mente.
Blood will tell.

Buon vino fa buon sangue.
Good wine engenders good blood.

Casa mia, casa mia, per piccina che tu sia tu mi
   sembri una badia.
Home, sweet home, there's no place like home.

Chi cerca trova.
He who seeks will find.

Chi dorme non piglia pesci.
The early bird catches the worm.

Il tempo è denaro.
Time is money.

Il tempo è il miglior medico.
Time cures all things.

Chi ha tempo non aspetti tempo.
Make hay while the sun shines.

Chi la fa l'aspetti.
As we sow so do we reap.

Chi ben comincia è a metà dell'opera.
Well begun is half done.

Ride bene chi ride l'ultimo.
He laughs best who laughs last.

Il riso abbonda sulla bocca degli stolti.
Laughter is the hiccup of a fool.

Il riso fa buon sangue.
Laughter is the best medicine.

Chi si contenta gode.
A contented mind is a perpetual feast.

Chi tardi arriva male alloggia.
First come, first served.

Chi trova un amico, trova un tesoro.
A good friend is worth his weight in gold.

Chi va piano va sano e va lontano.
Slow and steady wins the race.

Fidarsi è bene, non fidarsi è meglio.
To trust is good, not to trust is better.

Finché c'è vita c'è speranza.
While there's life there's hope.

Gallina vecchia fa buon brodo.
Old hens make the best soup.

Tutto fa brodo.
It's all grist to one's mill.

Il buon giorno si vede dal mattino.
Well begun is half done.

Il lupo perde il pelo, ma non il vizio.
The leopard doesn't change its spots.

Il mondo è bello perché è vario.
Variety is the spice of life.

L'abito non fa il monaco.
Appearances can be deceptive.

La lingua batte dove il dente duole.
The tongue ever turns to the aching tooth.

L'appetito vien mangiando.
Appetite comes with eating.

Le bugie hanno le gambe corte.
Truth will out.

È meglio un uovo oggi che una gallina domani.
A bird in the hand is worth two in the bush.

Meglio tardi che mai.
Better late than never.

Non è tutt'oro quello che luce.
All that glitters is not gold.

Paese che vai, usanza che trovi.
When in Rome do as the Romans do.

Scherzo di mano, scherzo di villano.
Rough play is poor breeding's way.

Fra i due litiganti il terzo gode.
The onlooker gets the best of a fight.

Tra il dire e il fare c'è di mezzo il mare.
Easier said than done.

Una rondine non fa primavera.
One swallow does not make a summer.

Volere è potere.
Where there's a will there's a way.

Uomo avvisato è mezzo salvato.
Forewarned is forearmed.

Se son rose fioriranno.
Time will tell.

Chi s'aiuta, Dio l'aiuta.
God helps those who help themselves.

Ad ogni uccello il suo nido è bello.
There is no place like home.

Cosa rara, cosa cara.
Something rare, something dear.

Dimmi con chi vai e ti dirò chi sei.
A man is known by the company he keeps.

Tutto è bene quel che finisce bene.
All is well that ends well.

INDEX

adjectives 36, 88–91, 291, 353–356
  comparison of 353–356
  descriptive 36, 290
  miscellaneous 356
  positioning 88–91
  relative superlative 291
adverbs 358
airport 239
animals 348–349
articles 35, 61–62
  definite 61–62
  indefinite 35
asking for information 18, 179–181
avere + noun 15

banking 328, 333
bello 90–91
body 58–59
  metaphors of 60
buono 90–91

causative 377
ci 234–235
cinema 361, 363
clothing 399, 406–407, 408
colors 33–34
  metaphorical uses 34
conoscere 15
countries 168–169
cuisine 214

da 16, 87
  in temporal constructions 16, 87
date 129
demonstratives 119–120
direct speech 405
driving 238, 242

family 141, 156
fashion 410
feelings 46, 153–154, 382
feminism 384

food 196–197
food stores 213

geography 184
gente 5
glossary 417–423
going out 359
grande 90–91
greeting 20, 22

health 68–69, 71
house 374–375

impersonal **si** 232
indirect speech 405
interrogatives 18
introducing 20

jobs 318

languages 168–169
letter writing 98–99

marriage 48
months 112
music 363

nationalities 168–169
ne 235–236
negatives 19
nouns 6–9, 84–85, 259, 297–299,
  322, 350–352
  compound 351–352
  count vs. noncount 350–351
  ending in **-amma, -ema, -oma,
    -emma** 84
  ending in **-co, -ca, -cio, -cia, -go,
    -ga, -gio, -gia** 6–7
  ending in **-ista** 322

ending in **-si** 85
  gender 6, 297–298
  invariable 85, 259
  plural formation 6–7
  suffixes 298–299
  uses 8–9
numbers 114–115, 320–321
  cardinal 114–115
  ordinal 320–321

office 331
oral communication 96

partitives 208–210
party 360
piacere 42–43, 146
  in compound tenses 146
  vs. **essere simpatico** 43
phoning 97
politeness 304–305
possessives 121–122
  with relatives 143
prepositions 149–151
  contractions 149
professions 318
pronouns 10–11, 42–43, 171–175,
  202–203, 380–381
  direct object 171–175
  double 202–203
  indirect object 42–43, 174–175
  relative 380–381
  subject 10–11
  with verb forms 175–176
proverbs 438–439

quantity 208–210

reacting 302
restaurant 212

seasons 112

santo 90–91
sapere 15
sports 258, 272, 274
stare 15

talking about oneself 44–45
television 82–83, 100
time 123–124, 126–127
tradition 131
traffic 242
train station 240
transportation 228
travel 177–178

verbs 12–17, 37–40, 63, 65–67, 86–87,
    92–94, 116–118, 144–147, 170,
    199–200, 205–207, 229–230, 260,
    262–265, 292–296, 322–324, 326,
    400–401
    causative 378–379

charts 425–437
conditional 322–324
ending in **-care, -ciare, -gare,**
    -giare, -gliare, -iare 12–13,
    37–38
future 292–295
gerund 86, 206–207
hypothetical clauses 326
imperative 63
imperfect indicative 199–200
imperfect subjunctive 229–230
indefinite tenses 205–207
indicative vs. subjective mood
    40, 66–67, 92–94
infinitive 205–206
irregular verbs in the
imperative   65
irregular verbs in the present
    indicative 14–15
irregular verbs in the present
    subjunctive 39

modals 378–379
passive 400–401
past absolute 263–265
past participle 144–145
past subjunctive 170
perfect vs. imperfect 260
pluperfect 262
present indicative 12–13,
    16–17
present perfect 144–147
present progressive 86–87
present subjunctive 37–38
reflexive 116–118
with prepositions 17, 403

weather 268, 271
weekdays 112–113
work 330

Literary Credits

Lancia Film, for "Ciao, Irina", 1988.

C. M. Schulz, © 1995 United Features Syndicate, Inc., New York; "Il bambino ad una dimensione". Verona: Oscar Mondadori; "Viva la surf!"; "L'impareggiable Snoopy".

Grand Hotel for "Grand amore" and "Dottore" and "Fotoromanzo", 17 luglio 1992, XLVII, n. 29; for "Attrice per caso" and "Fotoromanzo", 2 nov. 1990 anno XLV N. 44; "Idee moda", 9 settembre 1990.

C. Cerati, for "Amore", from Padova: Marsilio *Un matrimonio perfetto.*

N. Salvataggio, for "Un dottore fatto in casa". Used by permission of Agenzia Letteraria Internazionale.

Panorama, for "Lettore Commodore" 29 dicembre 1991; "Caravans international", and "A tutto sponsor!", 16 febbraio 1993.

Oggi TV, 4 aprile 1994.

I. Cipriani, for "Fabbrica Programmi", La televisione, Roma: Editori Riuniti.

Cataloghi Buronova, 1986, for "Computer da polso".

R. Pezzani, for "Ghirlandetta mesi". © Copyright Casa Editrice Luigi Battei, Parma.

Epoca, for "Onkyo", and "Champion USA", 31 agosto 1993, n. 2238.

Gente, for "L'Italia dei viaggi" and "Oroscopo", 27 dicembre 1993.

L. Sciascia, for "Il lungo viaggio", *Il mare colore del vino.* Torino, 1973. Used by permission of Agenzia Letteraria Internazionale.

Oggi, for "La dieta correta", 6 aprile 1988; "Contro il logorio", 30 marzo 1988.

Giochi enigmistici, for Vignettes (pp. 249, 280).

Domenica Quiz, for "Tenente Kiss", 13 ottobre 1988.

Corriere dello sport, 6 dicembre 1993 and Corriere Canades, 24–25 nov. 1993, for *annunci corriere.*

Settimana enigmistica, 19 luglio 1986.

N. Ginsburg, for "La pigriaia" from *Mai devi domandarmi.* Milano, Garzanti.

Stop, for "Mezzi traporto".

Espresso, for "Grazie Mareno", 15 giuno 1980; "Sibari", 14 luglio 1984; "Timberland" 21 nov. 1982.

La repubblica, for "Tempo in Italia", 29 maggio 1993.

Toronto Sun, for "Hava a great day!"

Onda Tivù, for "Matrimonio all'italiana", 1 luglio 1989.

Mina, for "Cosi va il mundo".

C. Pavese, Racconti, for "Si parva licet", Torino, Einaudi, 1960. Used by permission of Giulio Einaudi Editore S. P. A.

Due Parola, 7 luglio 1994.

G. Celati, for "Storia di un falegname et d'un eremita", *Narratore delle pianure.* © Copyright Giangiacomo Feltrinelli Editore Milano, 1985.

Photo Credits

Brilliant/Palmer Photography pages 1, 20, 22, 48 left, 70, 100, 173, 191, 238, 251, 304 bottom, 313, 363 both, 409, 393; **Cohen, Stuart** pages 29, 48 right, 53, 71, 77, 107, 410 left; **Comstock**, Stuart Cohen pages 137, 221, 369, 384; **ImageWorks**, Bob Collins page 30; Patsie Davidson pages 156 top, 165; Dion Ogust pages 89, 217; **Liaison International**, Pool Mondale pages 253, 255, 267, 273, 274; **PhotoEdit**, Olympia page 382; A. Cukeric page 329; Carbone & Nicois pages 242, 333, 343; Patsie Davidson pages 156 top, 165; Greg Meadorb page 315; Mory Obaldini page 68; **Poe, Judy** pages 138, 155, 227, 325 **PhotoResearchersInc**, M. B. Duda page 130; **StockBoston**, Ann McQueen page 410; Christopher Brown page 156 right; Michael Dwyer page 183; Peter Menzel pages 130 left, 131, 304 left; **TonyStoneInternational**, Robert Frerck page 285; Sarah Stone page 163; Joe Cornish page 203; Trevor Wood page 214